Astrid Erll

Kollektives Gedächtnis und Erinnerungskulturen

Eine Einführung

3., aktualisierte und erweiterte Auflage

J. B. Metzler Verlag

Die Autorin
Astrid Erll ist Professorin für Anglophone Literaturen und Kulturen
an der Goethe-Universität Frankfurt.

Bibliografische Information der Deutschen Nationalbibliothek
Die Deutsche Nationalbibliothek verzeichnet diese Publikation in der Deutschen National-
bibliografie; detaillierte bibliografische Daten sind im Internet über http://dnb.d-nb.de
abrufbar.

ISBN 978-3-476-02645-3
ISBN 978-3-476-05495-1 (eBook)

Dieses Werk einschließlich aller seiner Teile ist urheberrechtlich geschützt. Jede Verwertung
außerhalb der engen Grenzen des Urheberrechtsgesetzes ist ohne Zustimmung des Verlages
unzulässig und strafbar. Das gilt insbesondere für Vervielfältigungen, Übersetzungen, Mikro-
verfilmungen und die Einspeicherung und Verarbeitung in elektronischen Systemen.

J. B. Metzler, Stuttgart
© Springer-Verlag GmbH Deutschland, 2017

Einbandgestaltung: Finken & Bumiller, Stuttgart (Foto: Maria Elisabeth Dorr,
Goethe-Universität Frankfurt)
Satz: primustype Hurler GmbH, Notzingen

J. B. Metzler ist Teil von Springer Nature
Die eingetragene Gesellschaft ist Springer-Verlag GmbH Deutschland
www.metzlerverlag.de
info@metzlerverlag.de

Inhaltsverzeichnis

Vorwort zur dritten Auflage IX
Vorwort zur zweiten Auflage X
Vorwort zur ersten Auflage XI

1 Einleitung: Warum ›Gedächtnis‹? 1
1.1 Warum eigentlich ›Gedächtnis‹? 1
1.2 Warum gerade jetzt? 2
1.3 Was bezeichnet ›kollektives Gedächtnis‹? 4
1.4 Gedächtnis, Erinnerung oder Vergessen? 6
1.5 Anliegen und Aufbau dieses Bandes 7

2 Die Erfindung des kollektiven Gedächtnisses: Eine kurze Geschichte der kulturwissenschaftlichen Gedächtnisforschung 11
2.1 Maurice Halbwachs: *Mémoire collective* 11
    2.1.1 *Cadres sociaux*: Das sozial geprägte individuelle Gedächtnis 12
    2.1.2 Generationengedächtnis und religiöse Topographie: Zwei Formen der kollektiven Vergangenheitsbildung 14
2.2 Aby Warburg: Mnemosyne – Pathosformeln und europäisches Bildgedächtnis 16
2.3 Pierre Nora: *Lieux de mémoire* 20
2.4 Aleida und Jan Assmann: Das ›kulturelle Gedächtnis‹ 24
    2.4.1 Kommunikatives und kulturelles Gedächtnis 24
    2.4.2 Kulturelles Gedächtnis, Schrift und politische Identität 26
    2.4.3 Gedächtnis als *ars* und *vis*, Funktionsgedächtnis und Speichergedächtnis 27
    2.4.4 Arbeit an der deutschen Erinnerungskultur 29
2.5 »Erinnerungskulturen«: Das Konzept des Gießener Sonderforschungsbereichs 434 31

3 Gedächtnisse: Disziplinspezifische Zugänge und interdisziplinäre Vernetzungsmöglichkeiten 35
3.1 Gedächtnis historisch und sozial: Geschichts- und Sozialwissenschaften 36
    3.1.1 Geschichte und/oder/als Gedächtnis 36
    3.1.2 Themen: Testfall Schoah und andere historische Erinnerungskulturen 40
    3.1.3 Konzepte: Memoria, *invented traditions*, Archiv 42
    3.1.4 Diesseits des *floating gap*: Zeitgeschichte, Oral History und Generationengedächtnis 45
    3.1.5 Social Memory Studies 47
3.2 Gedächtnis material: Kunst und Literaturwissenschaft 58
    3.2.1 Grundlagen: *Ars memoriae* 60
    3.2.2 Gedächtnis *der* Literatur I: Topoi und Intertextualität 61

| | | 3.2.3 | Gedächtnis *der* Literatur II: Kanon und Literaturgeschichte | 66 |

		3.2.3	Gedächtnis *der* Literatur II: Kanon und Literaturgeschichte	66
		3.2.4	Gedächtnis *in* der Literatur: Inszenierungen	68
		3.2.5	Literatur und die Medialität des Gedächtnisses	72
	3.3		Gedächtnis mental: Psychologische Gedächtnisforschung	78
		3.3.1	Kognitions-, Sozial- und Neuropsychologie des Gedächtnisses: Geschichte und Konzepte	79
		3.3.2	Erinnern im soziokulturellen Kontext: Ökologie, Kommunikativität und Narrativität des Gedächtnisses	84
		3.3.3	Psychologie und Kulturwissenschaft: Integrative Modelle des kollektiven Gedächtnisses	85
4			**Kollektives Gedächtnis und Erinnerungskulturen: Ein kultursemiotisches Modell**	93
	4.1		Metaphern – produktive, irreführende und überflüssige: Gedächtnis, Erinnerung und Vergessen auf kollektiver Ebene	94
	4.2		Materiale, soziale und mentale Dimension der Erinnerungskultur	98
	4.3		Kulturautobiographische, kultursemantische und kulturprozedurale Gedächtnissysteme	102
	4.4		Benachbarte Begriffe: Kollektive Identität, Erfahrung	105
	4.5		*Modi memorandi:* Kommunikatives und kulturelles Gedächtnis	108
		4.5.1	Kulturalität und Kommunikativität des kollektiven Gedächtnisses	109
		4.5.2	Nah- und Fernhorizont, Lebenswelt und Monument	110
		4.5.3	Plurale erinnerungskulturelle Phänomene	114
	4.6		Die andere Seite der Erinnerung: Vergessen, Zukunft	117
	4.7		Erinnerung in Bewegung: Transkulturelle und transnationale Perspektiven	123
		4.7.1	*Travelling Memory* – Transkulturalität und Erinnerung	124
		4.7.2	Konzepte entgrenzter Erinnerung: kosmopolitisch, multidirektional, postkolonial, migrantisch	127
		4.7.3	Europäisches Gedächtnis	130
5			**Medien und Gedächtnis**	135
	5.1		Mediale Gedächtniserzeugung	135
	5.2		Gedächtnisgeschichte als Mediengeschichte	138
	5.3		Medium des kollektiven Gedächtnisses: Ein erinnerungskulturwissenschaftlicher Kompaktbegriff	141
		5.3.1	Materiale Dimension: Kommunikationsinstrument, Technologie, Objektivation	143
		5.3.2	Soziale Dimension: Institutionalisierung und Funktionalisierung	145
	5.4		Funktionen von Gedächtnismedien	147
		5.4.1	Auf der kollektiven Ebene: Speicherung, Zirkulation, Abruf	147
		5.4.2	Auf der individuellen Ebene: Die medialen Rahmen des Erinnerns	150
	5.5		Medienkulturwissenschaftliche Gedächtnisforschung	151
		5.5.1	Mediatisierte Erinnerung: Konzepte	153
		5.5.2	Visuelle Erinnerungskultur: Fotografie, Film, Fernsehen	154
		5.5.3	Diachrone Dynamik: Prämediation – Remediation	160

6	**Literatur als Medium des kollektiven Gedächtnisses**.............	167
6.1	Literatur als symbolische Form der Erinnerungskultur	167
	6.1.1 Literatur und kollektives Gedächtnis: Schnittpunkte	168
	6.1.2 Literatur und Gedächtnismedien anderer Symbolsysteme: Unterschiede	170
6.2	Literarischer Text und erinnerungskultureller Kontext: Mimesis	173
	6.2.1 Erinnerungskulturelle Präfiguration: Der Bezug zur Wirklichkeit der Erinnerungskultur	173
	6.2.2 Literarische Konfiguration: Die Erzeugung fiktionaler Gedächtnisnarrative	174
	6.2.3 Kollektive Refiguration: Wirkungsweisen und Funktionen von Literatur in der Erinnerungskultur	175
6.3	Literatur als Medium des *collective* und des *collected memory*	178
	6.3.1 Kulturelle Texte: Literatur als Speichermedium	179
	6.3.2 Kollektive Texte und literarisches Nachleben: Literatur als Zirkulationsmedium	180
	6.3.3 Literatur als medialer Rahmen des Erinnerns	185
	6.3.4 Literatur als Medium der Gedächtnisbildung und der Gedächtnisreflexion	188

7	**Erzähltheoretische Kategorien: Die Rhetorik des kollektiven Gedächtnisses**	191
7.1	Fünf Modi der Rhetorik des kollektiven Gedächtnisses	191
7.2	Erfahrungshaftiger und monumentaler Modus: Zwei literarische Vergangenheitsregister	192
7.3	Historisierender Modus: Geschichte in der Literatur	199
7.4	Antagonistischer Modus: Literarische Erinnerungskonkurrenz	200
7.5	Reflexiver Modus: Literarische Beobachtung von Erinnerungskultur....	205
7.6	Perspektiven der erinnerungshistorischen Narratologie	211

8	**Anhang**	213
8.1	Auswahlbibliographie: Grundlagen, Handbücher und Lexika der kulturwissenschaftlichen Gedächtnisforschung	213
8.2	Personenregister	216
8.3	Sachregister	226

Vorwort zur dritten Auflage

Dieses Vorwort schreibe ich in der Bahn, auf der Rückreise von Amsterdam. Dort ist eben – es ist Anfang Dezember 2016 – eine »Memory Studies Association« gegründet worden. Nach fast drei Jahrzehnten intensiver Forschungsaktivität in Sachen ›Gedächtnis‹ ist dies ein längst überfälliger Schritt, der die diversen Kräfte des Feldes hoffentlich bündeln und den Dialog innerhalb der internationalen und multidisziplinären Memory Studies vereinfachen wird. Eine Einführung in die kulturwissenschaftliche Gedächtnisforschung bedeutet heute die Darstellung eines international etablierten Feldes, das Masterstudiengänge, Promotionsprogramme, einige Professuren und nun auch einen eigenen Verband aufweisen kann.

Möglich wurde die Gründung einer ›Memory Studies Association‹ vor allem auf der Basis internationaler Netzwerke, von denen ich nur einige erwähnen möchte, in die ich auch selbst involviert war und bin. Dies sei zugleich eine herzliche Danksagung an alle Beteiligten sowie insbesondere an die Initiator/inn/en dieser Netzwerke: »In Search of Transcultural Memory in Europe« (COST ISTME 2012–2016), das Gedächtnisforscher/innen aus über dreißig europäischen Ländern zusammenbrachte; »Network in Transnational Memory Studies« (NITMES, 2012–2015), das die transnationale Wende in der Gedächtnisforschung vorantrieb; »MNEMONICS – Network for Memory Studies«, das seit 2012 jährlich Sommerschulen für Doktorand/inn/en veranstaltet und so eine zentrale Initiative zum Training und Networking jüngerer Forscher/innen unseres Feldes geworden ist. Aleida Assmann, Stef Craps, Rosanne Kennedy, Jeffrey K. Olick, Michael Rothberg, Barbara Törnquist-Plewa und Vered Vinitzky-Seroussi nenne ich nur stellvertretend für viele andere, sehr geschätzte Kolleg/inn/en aus dem internationalen Feld, deren Inspirationen in diese dritte Auflage eingeflossen sind. Ein besonderes Dankeschön geht an Ann Rigney, seit nunmehr über einem Jahrzehnt meine Sparringspartnerin im besten Sinne.

Die Internationalisierung der Gedächtnisforschung hat seit der letzten Auflage dieses Buchs im Jahr 2011 einen enormen Schub erhalten. Aber auch lokale Aktivitäten haben diese dritte Auflage geprägt: An der Frankfurt Memory Studies Platform (www.memorystudies-frankfurt.com) konnte ich seit 2011 den interdisziplinären Dialog weiter erproben sowie den Versuch unternehmen, die Gedächtnisforschung sichtbarer und zugänglicher zu machen. Ich möchte allen Frankfurter Mitgliedern der Platform und allen International Fellows, die uns über die Zeit so wichtige Impulse gegeben haben, ganz herzlich danken. Gerade die an der Memory Studies Platform so aktiven (Post-)Doktorand/inn/en sind für mich jeden Tag ein Zeichen dafür, dass das Feld eine strahlende Zukunft hat.

Diese dritte Auflage wurde grundlegend aktualisiert, insbesondere mit Blick auf den ständig wachsenden und sich transformierenden Bereich der ›disziplinspezifischen Zugänge‹ (Kap. 3). Neue Kapitel kamen hinzu, andere wurden deutlich erweitert. So thematisiert Kapitel 4.6 das ›Vergessen‹ und die ›Zukunft‹ als zurzeit intensiv untersuchte Aspekte einer zuvor auf ›Erinnerung‹ und die ›Vergangenheit‹ fokussierten Gedächtnisforschung. Kapitel 4.7 trägt der neueren (und in ihren epistemologischen und forschungspraktischen Konsequenzen fundamentalen) ›transkulturellen und transnationalen Wende‹ in der Gedächtnisforschung Rechnung. Ute Hechtfischer vom Metzler Verlag danke ich dafür, dass sie mich ein weiteres Mal dazu bewogen hat, die Fäden dieser Einführung wiederaufzunehmen.

Frankfurt, im Dezember 2016   Astrid Erll

Vorwort zur zweiten Auflage

Sieben Jahre sind eine lange Zeit in der kulturwissenschaftlichen Gedächtnisforschung. Als ich im Herbst 2004 das Manuskript zur ersten Auflage diese Bandes abschließen konnte, war kaum abzusehen, wie sich das Feld weiter entwickeln würde. Der Schwung, mit dem es weiterging, hat nicht nur mich überrascht. Die Zahl der Publikationen, das Spektrum der beteiligten Disziplinen, die Forschungsbeiträge aus anderen Ländern sind kaum mehr zu überblicken. Heute ist die kulturwissenschaftliche Gedächtnisforschung noch interdisziplinärer, noch internationaler und als ein recht klar konturiertes Forschungsfeld sichtbar, das auch in der universitären Lehre und Doktorandenausbildung einen festen Platz eingenommen hat.

Die aktuellsten, innovativsten Beiträge und der engagierteste Dialog finden sich vor allem in zwei Bereichen der Gedächtnisforschung: in dem Feld der Medienkulturwissenschaft und in den Diskussionen um nationen- und kulturenübergreifendes Erinnern. Daher wurde dieser Band nicht nur grundlegend aktualisiert. Er enthält nun auch zwei neue Kapitel. In Kapitel 3.1.6 geht es um transnationale und transkulturelle Gedächtnisprozesse, z. B. um ›Erinnerung im globalen Zeitalter‹, um ›multidirektionale‹ Holocaust-Erinnerung und um das ›europäische Gedächtnis‹. Kapitel 5.3 gibt einen Überblick über medienkulturwissenschaftliche Ansätze in der Gedächtnisforschung, die sich Fotografie, Film, Fernsehen und den digitalen Medien widmen und dabei wichtige neue Methoden und Konzepte entwickelt haben.

Ich möchte mich sehr herzlich bei meinem Mitarbeiterinnen an der Goethe-Universität Frankfurt am Main bedanken, ohne die diese zweite Auflage kaum fertig geworden wäre: Sandra Heinen, Eva Jungbluth und Jordis Lau. Bei Frau Hechtfischer muss ich mich dieses Mal für ihre Geduld bedanken.

Frankfurt, im August 2011 Astrid Erll

Vorwort zur ersten Auflage

Dies ist das Handbuch, das ich vor einigen Jahren selbst gerne gelesen hätte. Wenn Studierende und Forschende einen Einstieg in das kulturwissenschaftliche Arbeitsfeld ›kollektives Gedächtnis und Erinnerungskulturen‹ suchen, sehen sie sich zuerst einmal mit einer überwältigenden und wohl unübertroffen heterogenen Masse von Beiträgen konfrontiert. In den einschlägigen Studien werden die antike Rhetorik und mittelalterliche Bibliotheken, nationale Traditionen und Kriegserfahrung, Generationalität und Autobiographie, schließlich Mahnmalsdebatten und neuronale Verschaltungen untersucht. Es beteiligen sich am Erinnerungs-Diskurs nicht nur so verschiedene akademische Fächer wie die Sozialwissenschaften, die Geschichtswissenschaft, Literaturwissenschaft, Philosophie und Psychologie; auch international ist das Forschungsfeld mittlerweile weit verzweigt. Eine Vielzahl von Begriffen, Konzepten und Methoden der kulturwissenschaftlichen Gedächtnisforschung ist dabei entstanden.

In diesem Handbuch geht es um die soziokulturelle Dimension des Erinnerns. Ziel ist es erstens, einen Überblick über die Geschichte der kulturwissenschaftlichen Gedächtnisforschung seit Maurice Halbwachs sowie über die zentralen Konzepte beteiligter Disziplinen zu gewähren. Zweitens wird ein integratives Modell von kollektivem Gedächtnis und Erinnerungskulturen entworfen, welches die bestehenden Ansätze zusammenführt und weiterentwickelt. Drittens liegt der Schwerpunkt auf der Medialität und Narrativität des kollektiven Gedächtnisses. Der Bedeutung von literarischen Texten in der Erinnerungskultur wird dabei spezielle Beachtung geschenkt.

Die Entstehungsbedingungen für dieses Buch wären vielleicht an keinem anderen Ort so gut gewesen wie an der Justus-Liebig-Universität Gießen, an der seit mehreren Jahren eine ebenso intensive wie anregende interdisziplinäre Zusammenarbeit in Sachen ›Gedächtnis und Erinnerung‹ stattfindet. Profitiert hat dieses Handbuch von den Tagungen und den diversen Arbeitsgruppen des Gießener Graduiertenzentrums Kulturwissenschaften (GGK), des Internationalen Promotionsprogramms »Literatur- und Kulturwissenschaft« (IPP) und nicht zuletzt des Gießener Sonderforschungsbereichs 434 »Erinnerungskulturen«. Insbesondere den Kolleginnen und Kollegen im SFB gilt mein herzlicher Dank. Die Ringvorlesungen, die Zusammenarbeit in der AG »Zeit – Medien – Identität« sowie die Semesterauftaktskolloquien zu den Gedächtniskonzepten der beteiligten kulturwissenschaftlichen Disziplinen haben dieses Handbuch außerordentlich bereichert.

Dem Austausch mit einigen Kolleg/inn/en im Sonderforschungsbereich hat das vorliegende Buch mehr zu verdanken, als durch Literaturhinweise kenntlich gemacht werden kann. Verpflichtet bin ich insbesondere Ansgar Nünning sowie Hanne Birk, Birgit Neumann und Stephanie Wodianka. Almuth Hammer und Andreas Langenohl möchte ich überdies für die Lektüre bestimmter Kapitel und für ihre wertvollen Hinweise danken. Ein besonderes Dankeschön geht schließlich auch an Meike Hölscher und Johanna Ruhl, die mich ebenso engagiert wie kompetent bei der Literaturrecherche und bei der Endredaktion des Textes unterstützt haben. Ute Hechtfischer von Metzler Verlag danke ich schließlich herzlich für ihr Vertrauen und für die äußerst angenehme Zusammenarbeit.

Gießen, im Dezember 2004   Astrid Erll

1 Einleitung: Warum ›Gedächtnis‹?

1.1 | Warum eigentlich ›Gedächtnis‹?

Das mag sich die eine oder der andere beim Betrachten dieses Buches fragen – oder schon seit längerem Mutmaßungen über **Sinn und Zweck des Begriffs** in der heutigen Diskussion angestellt haben. Warum und wie betreibt man eine Forschung zu ›Kultur und Gedächtnis‹ – als Literaturwissenschaftler, Kulturhistorikerin oder als Soziologe? Und was soll gewonnen sein, wenn wir dem bestehenden Begriffsrepertoire der Kulturwissenschaften – Mentalitäten, Identitäten, Symbole, Texte, Diskurse – nun noch das ›Gedächtnis‹ hinzufügen und Gesellschaftsformationen, historische Prozesse, Literatur, Kunst und Medien in dieser Perspektive ausleuchten?

›Gedächtnis‹ ist ein Thema, das zusammenführt wie kein anderes. Mit der Gedächtnisproblematik beschäftigen sich heute die unterschiedlichsten gesellschaftlichen Diskurse, kulturellen Symbolsysteme und wissenschaftlichen Zweige *gemeinsam*. Erinnerungspraxis und deren Reflexion ist um die Jahrtausendwende zu einem gesamtkulturellen, interdisziplinären und internationalen Phänomen geworden.

- Als **gesamtkulturelles Phänomen** spielt Gedächtnis in verschiedenen Bereichen der kulturellen Praxis eine bedeutende Rolle: Erinnern und Vergessen werden in der zeitgenössischen Literatur und Kunst inszeniert. Gedächtnis stellt geradezu ein Topthema in Tages- und Wochenzeitungen dar. Es ist (in Deutschland seit Bitburg, dem Historikerstreit und der Walser/Bubis-Debatte) zu einem kontroversen Diskussionsgegenstand in Politik und Öffentlichkeit geworden. Und Gedächtnis beschäftigt uns in Form einer anwachsenden *heritage industry*, als Freizeitgestaltung, auch am Wochenende.
- Als **interdisziplinäres Phänomen** ist Gedächtnis zweitens im Lauf der vergangenen zwei Jahrzehnte zu einem ›Leitbegriff der Kulturwissenschaften‹ (A. Assmann 2002) geworden. Altertums- und Religionswissenschaften, Soziologie, Politologie und Geschichtswissenschaft, Literaturwissenschaft und Kunstgeschichte, Medienwissenschaft, Pädagogik, Philosophie, Psychologie und die Neurowissenschaften beteiligen sich an der der Erforschung des Zusammenhangs von Kultur und Gedächtnis.
- Diese Beschäftigung ist keineswegs auf Deutschland beschränkt, sondern drittens ein **internationales Phänomen**: Im französischen Kontext ist Pierre Noras einflussreiches Konzept der Erinnerungsorte entstanden, das schnell Nachfolger in anderen Ländern fand. Ein *memory-boom* (Huyssen 1995) in Gesellschaft und Wissenschaft ist in den USA ebenso wie in Israel, Großbritannien, den Niederlanden, Südafrika, Australien, Kanada oder Argentinien zu verzeichnen. Transnationale Erinnerungsorte wie der Elfte September zeigen schließlich, dass es dabei keineswegs mehr allein um das nationale Gedächtnis geht. Religion, Ideologie, Ethnie, Generation und Geschlecht gehören heute zu den zentralen Koordinaten kollektiven Erinnerns in zunehmend transkulturellen und transnationalen Formationen.

Als Konzept und als Praxis überschreiten ›Gedächtnis‹ und ›Erinnerung‹ kulturelle Bereiche, Disziplinen und Nationen. Daraus ergibt sich auch: Der **Gedächtnis-Begriff ermöglicht und erfordert den Dialog**. Der Zusammenhang von Kultur und Gedächtnis kann von keiner Einzeldisziplin aus allein bearbeitet werden. Daher »stellen Gedächtnis und Erinnerung nicht nur ein transdisziplinäres Forschungsfeld dar, das keine Disziplin für sich allein zu reklamieren vermag, sondern ein interdisziplinäres, das zwischen den verschiedenen Forschungsbereichen Interaktionen ermöglicht und erfordert« (Pethes/Ruchatz, 2001, S. 9). Das Gedächtnis-Thema hat dabei einen **Brückenschlag zwischen Sozial-, Geistes- und Naturwissenschaften** ermöglicht, wie vermutlich in diesem Jahrhundert kein anderes.

Für Studierende und Wissenschaftler/innen handelt es sich bei der neueren Gedächtnisforschung in vielerlei Hinsicht um einen Glücksfall, »a rare combination of social relevance and intellectual challenge« (Kansteiner 2002, S. 180). Eine **intellektuelle Herausforderung** stellt nicht nur die Tatsache dar, dass bei der Bearbeitung des Gedächtnis-Themas die jeweiligen disziplinären Zugriffsweisen mit allgemeinen Kultur- und Medientheorien sowie mit den Ansätzen und Erkenntnissen der Nachbardisziplinen zusammenfließen. Möglich wird durch Konzepte kultureller Erinnerung auch eine Beschäftigung mit Konstellationen und Artefakten, die historisch und kulturell so weit auseinander liegen wie die ägyptischen Pyramiden und die AIDS-Epidemie in den USA (ersteres J. Assmann 1992; letzteres Sturken 1997). Zugleich hat die **soziale Relevanz** kollektiver Erinnerungspraktiken eine Präsenz der kulturwissenschaftlichen Forschung auch im öffentlichen Raum zur Folge (dazu sehe man sich beispielhaft die Feuilletons und ›Wissens‹-Abteilungen der *FAZ* und der *ZEIT* in den letzten Jahren an). Diskussionen wie die um das »Mahnmal für die ermordeten Juden Europas« oder um den armenischen Völkermord zeigen, dass mit dem Thema ›Gedächtnis‹ stets auch ein Dialog zwischen (internationaler) Politik, Wissenschaft, Kunst und Öffentlichkeit verbunden ist.

1.2 | Warum gerade jetzt?

Wie kommt es zu dieser außerordentlichen Präsenz des Gedächtnis-Themas? Die Vielzahl der zurzeit kursierenden Erklärungen für unsere Obsession mit dem Gedächtnis wird wohl nur durch die Flut von Gedenkfeiern, Gedächtnis-Kontroversen und erinnerungsgeschichtlichen Abhandlungen übertroffen. Michael Kammen (1995, S. 247–51) hat bereits Mitte der 1990er Jahre nicht weniger als neun **Gründe für die Aktualität des *memory*-Diskurses** in den USA identifiziert, so z. B. die Vielzahl der US-amerikanischen Jubiläen, die seit den 1980er Jahren gefeiert werden, Multikulturalismus, die Leugnung des Holocaust, die Erinnerung an den Vietnam-Krieg, die Etablierung einer *memory industry* und das Ende des Kalten Krieges. Deutlich wird an Kammens Liste, dass ›Gedächtnis‹ als aktuelles gesamtkulturelles, interdisziplinäres und internationales Phänomen kaum monokausal zu erklären ist. Kammen selbst plädiert für einen »**explanatory pluralism**« (ebd., S. 251). Zweitens fällt auf, dass von den genannten Erklärungsansätzen nicht einmal die Hälfte auch auf den deutschen Kontext zutrifft. Und dabei erlebt auch Deutschland seit Beginn der 1990er Jahre eine an gesellschaftlicher Verbreitung und akademischer Verzweigung wohl beispiellose Erinnerungskonjunktur. Jedes Land kann offenbar seine nationenspezifischen Gründe für ein internationales Phänomen anführen – für den »Aufstieg von Erinnerung zur Pathosformel unserer Zeit« (Radonic/Uhl 2015, S. 8). Im Großen

und Ganzen scheint die transnationale Aktualität des Themas ›Gedächtnis‹ auf drei Faktoren zurückführbar zu sein:
1. **Historische Transformationsprozesse:** Von internationaler Bedeutung ist das Schwinden derjenigen Generation, die Holocaust und Zweiten Weltkrieg miterlebt hat. Für die kulturelle **Erinnerung an die Schoah** bedeutet dies einen tiefen Einschnitt, denn damit bricht auch die mündliche Überlieferung von Lebenserfahrung im Rahmen des ›kommunikativen Gedächtnisses‹ ab. Ohne Zeitzeugen der Geschichte sind Gesellschaften, wie Aleida und Jan Assmann gezeigt haben, auf zwei andere Modi des Vergangenheitsbezugs angewiesen: auf die wissenschaftlich-historische Forschung und auf das mediengestützte ›kulturelle Gedächtnis‹. Zudem wurde durch das **Ende des Kalten Krieges** auch die binäre Struktur von östlicher und westlicher Erinnerungskultur aufgebrochen. Nach der Auflösung der Sowjetunion trat eine Vielzahl nationaler und ethnischer Gedächtnisse hervor. Mit dem Übergang von autoritären Regimes zur Demokratie in zahlreichen Ländern – wie etwa in Südafrika, Argentinien oder Chile – sind **Wahrheits- und Versöhnungskommissionen** zu einer zentralen Form gesellschaftlicher Erinnerungsarbeit geworden. Gerade aus britischer, französischer und US-amerikanischer Perspektive kommt schließlich deutlich die zunehmende Multi(erinnerungs-)kulturalität westlicher Gesellschaften als Folge von **Dekolonialisierung und Migrationsbewegungen** in den Blick. Denn mit der Vielfalt der Ethnien und Religionszugehörigkeiten in einer Gesellschaft geht auch eine Vielfalt von Traditionen und Geschichtsbildern einher. Die Anerkennung von Minderheiten erfordert das zu Gehör-Bringen ihrer Vergangenheitsversionen. In den genannten Feldern konturiert sich Gedächtnis als ein hochgradig politisches Phänomen mit stark ethischen Implikationen (zu diesen Themen vgl. v. a. Kap. 3.1).
2. **Wandel der Medientechnologien und Wirkung der Medien:** Häufig werden auch Veränderungen auf dem Gebiet der Medientechnologie als Grund für die Präsenz des Gedächtnis-Themas im internationalen Diskurs angeführt. Digitale Medien eröffnen heute ungeahnte Möglichkeiten der Speicherung von Daten. Das Internet hat sich rapide zu einer Art globalem Mega-Archiv entwickelt. Die **digitale Revolution** führt uns den paradoxen Zusammenhang von medialen Speichermöglichkeiten und der Gefahr des Vergessens vor Augen. Denn solange Informationen auf Festplatten ruhen, sind sie ›totes Wissen‹. Auswahl und Aneignung des Erinnerungswürdigen wird angesichts der digitalen Datenfülle jedoch immer schwieriger. Zugleich sind mit den sozialen Medien neue Formen des Erinnerns entstanden. Zweitens spielen (durchaus auch traditionellere) **Medien der Vergangenheitsrepräsentation** als Ausdruck und Motor der gegenwärtigen Erinnerungskonjunktur eine wichtige Rolle: Semi-fiktionale Kinofilme über die Schoah (z. B. Spielbergs *Schindlers Liste*, 1994), Historienfilme und filmische Mythosaktualisierungen, populäres Geschichtsfernsehen (von Guido Knopps Zeitzeugeninterviews bis zu international angelegten dokumentarischen Dramaserien wie *14 – Tagebücher des Ersten Weltkriegs*, 2014) sowie schließlich – als Beispiel für das bewährte Gedächtnismedium Buch – der ›Fall Wilkomirski‹, ein weltweiter Skandal über eine gefälschte Holocaust-Autobiographie (*Bruchstücke*, 1995), sind einige typische Ausprägungen der heutigen Gedächtnis-Medienlandschaft. Gemeinsam ist den angeführten Beispielen, dass sie die Frage aufwerfen, welche Rolle Medien bei der Suggestion von Authentizität spielen können und wie stark sie Geschichtsbilder mitprägen (zu diesem Thema vgl. Kap. 5.).

3. **Geistes- und wissenschaftsgeschichtliche Dimension:** Der Gedächtnisdiskurs hat sich auch in der **Folge der postmodernen Geschichtsphilosophie** und des Poststrukturalismus etabliert. Die Einsicht in die wirklichkeitskonstituierende Kraft von Repräsentation und in die Geformtheit und Narrativität der Geschichtsschreibung, die Rede vom ›Ende der Geschichte‹ (Francis Fukuyama) oder doch zumindest vom ›Ende der Großen Erzählungen‹ (Jean-François Lyotard) haben Vorstellungen von Geschichte als monolithischem ›Kollektivsingular‹ (Reinhart Koselleck), als objektiv Gegebenem oder als Prozess der teleologischen Progression unterhöhlt. Die kulturwissenschaftliche Gedächtnisforschung vereint das Interesse an Geschichte mit den Einsichten der postmodernen Theoriebildung, indem sie fragt, wie soziale Gruppen Vergangenheiten durch Signifikationsprozesse immer wieder aufs Neue erzeugen. Gerade im deutschen Kontext weist das Gedächtnis-Paradigma zudem eine wissenschaftspolitische Dimension auf. Die **kulturwissenschaftliche Erweiterung der geisteswissenschaftlichen Einzeldisziplinen** und der gemeinsame Fokus auf den Problembereich ›Erinnerung und Gedächtnis‹ versprechen, die Beschäftigung mit gegenwärtiger und vergangener Kultur für das gesellschaftliche System neu zu legitimieren, und zwar in zweierlei Hinsicht: Die Kulturwissenschaften fungieren als Institutionen, die unser kulturelles Erbe verwalten. Ihre Methoden, wie Quellenkunde oder Textkritik, ermöglichen eine wissenschaftlich fundierte Beschäftigung mit dem Überlieferten. Zugleich handelt es sich bei den Kulturwissenschaften um eine Instanz, die die Erinnerungspraxis – wissenschaftliche, politische oder ästhetische – mit Hilfe eines theoretischen und begrifflichen Instrumentariums reflektieren kann, verschiedene Erinnerungskulturen zu vergleichen und aktuelle Diskussionen kritisch zu begleiten vermag. Mit den Worten Aleida Assmanns (2002, S. 45): »[D]em kulturwissenschaftlichen Gedächtnisdiskurs wächst hier eine wichtige Aufgabe der reflektierenden Beobachtung und therapeutischen Begleitung sozialer und politischer Prozesse zu.«

1.3 | Was bezeichnet ›kollektives Gedächtnis‹?

Mit dem Gedächtnis-Begriff ist nicht nur eine zusammenführende, sondern auch eine auseinandertreibende, eine zentrifugale Dynamik verbunden. Denn als ein Resultat des *memory boom* in den vergangenen Jahrzehnten ist zu verzeichnen, dass wir es heute mit einer **Vielzahl von Begriffen und Konzepten** zu tun haben, deren Gemeinsamkeiten und Unterschiede keinesfalls klar sind. In grob chronologischer Reihenfolge von den 1920er Jahren bis heute lauten einige der einflussreichsten Begriffe *mémoire collective*, ›Mnemosyne‹, *lieux de mémoire*, ›kulturelles Gedächtnis‹ und ›kommunikatives Gedächtnis‹, *social memory*, ›Erinnerungskulturen‹, ›soziales Vergessen‹ und *transcultural memory*. Kulturwissenschaftliche Gedächtnisforschung ist heute ein »nonparadigmatic, transdisciplinar, centerless enterprise« (Olick/Robbins 1998, S. 106) und damit auch ein »Paradebeispiel dafür, wie weit Methoden und Fragestellungen trotz der engen Verwandtschaft der Gegenstände in den einzelnen Disziplinen voneinander entfernt sein können« (Pethes/Ruchatz 2001, S. 5).

Die Heterogenität der Konzepte und disziplinären Zugriffsweisen auf möglicherweise identische Gegenstände stellt eine der wichtigsten Herausforderungen der heutigen Gedächtnisforschung dar. Eine andere Provokation, der sie sich stellen muss, ist die weit verbreitete Kritik an eben dieser Idee, dass sie sich mit identischen

Phänomenen befasse. Denn für viele Skeptiker bedeutet der Gedächtnis-Begriff im Gegenteil eine unzumutbare Homogenisierung höchst verschiedener Gegenstände. Können, ja dürfen, individuelle Bewusstseinsprozesse, Mythen, Bauwerke, Mahnmalsdebatten, Autobiographien und das Betrachten von Fotos im Familienkreis tatsächlich gleichermaßen unter dem Leitbegriff ›kollektives Gedächtnis‹ zusammengefasst werden? Oder handelt es sich dabei um eine **unzulässige Überdehnung des Begriffs?** Läuft ›Gedächtnis‹ Gefahr, zu einer *catch-all category* (vgl. Zelizer 1995, S. 235) zu werden?

In diesem Buch wird eine optimistischere Sichtweise vertreten. Trotz aller zentrifugalen Kräfte und trotz der Gefahr des Verwischens von Grenzen lohnt es, sich mit dem Zusammenhang von ›Kultur‹ und ›Gedächtnis‹ zu beschäftigen. Denn erinnerungskulturwissenschaftliche Forschung ist eine exzellente Strategie, »neue Problemzusammenhänge sichtbar zu machen, wo man bisher nur Disparates wahrgenommen hat« (A. Assmann 2002, S. 40). Gedächtnis ist dabei zunächst als ein »***diskursives Konstrukt***« (Pethes/Ruchatz 2001, S. 13) zu begreifen, das sich in verschiedenen Kontexten – sprachlicher, sozialer, historischer, nationaler oder disziplinärer Art – unterschiedlich konstituiert. (Ein wichtiges Ziel dieses Buches ist es daher, die Geschichte, Unterschiede und Zusammenhänge zwischen verschiedenen Gedächtniskonzepten aufzuzeigen und in einem Modell beispielhaft zusammenzuführen; vgl. Kap. 2–4).

Dieser Einführung liegt ein **weiter Begriff von ›kollektivem Gedächtnis‹** zugrunde, der unter seinem Dach tatsächlich so heterogene Phänomene wie neuronale Verschaltungen, das Alltagsgespräch und die Tradition vereint. Eine vorläufige **Definition** lautet: Das ›kollektive Gedächtnis‹ ist ein Oberbegriff für all jene Vorgänge biologischer, psychischer, medialer und sozialer Art, denen Bedeutung bei der wechselseitigen Beeinflussung von Vergangenheit, Gegenwart und Zukunft in kulturellen Kontexten zukommt.

Diese expansive Begriffsverwendung lässt sich nicht nur bis auf den Gründungsvater der kulturwissenschaftlichen Gedächtnisforschung, Maurice Halbwachs, zurückverfolgen; sie rechtfertigt sich gerade auch aus dem Interesse an kulturwissenschaftlicher Genauigkeit. Denn erst durch ihre Verortung im Gesamtkomplex ›kollektives Gedächtnis‹ erschließen sich die **Zusammenhänge zwischen einzelnen Phänomenen der Erinnerungskultur**. Um die in Deutschland immer noch aktuellste erinnerungskulturelle Konstellation als Beispiel zu nehmen: Phänomene wie die autobiographische Erinnerung der (Ur-)Großeltern an das ›Dritte Reich‹, wissenschaftliche Geschichtsschreibung und Lehrpläne für den Geschichtsunterricht, die Vorstellungen von der Nazi-Vergangenheit bei der heutigen (Ur-)Enkelgeneration, Gedenkfeiern und Skandale wie die Jenninger-Rede von 1988 zum 50. Jahrestag der sogenannten ›Reichskristallnacht‹, Mahnmale wie Peter Eisenmans Stelenfeld vor dem Berliner Reichstagsgebäude, lokale Initiativen wie die »Stolpersteine«, die Bedeutung von literarischen Werken wie Imre Kertész' *Roman eines Schicksallosen* (1996), von Spielfilmen wie Oliver Hirschbiegels *Der Untergang* (2004) oder von satirischen Comics wie Walter Moers' *Adolf – Der Bonker* (2006) lassen sich nicht isoliert voneinander betrachten. Wer die individuelle Erinnerung, die Geschichtsschreibung oder den fiktionalen Text aus dem kollektiven Gedächtnis herausrechnen möchte (weil dafür ja schon Begriffe bestehen, weil man keine allumfassende Supertheorie möchte, weil man Angst um die Existenzberechtigung der eigenen Disziplin hat usw.), wird die Verbindungslinien nicht erkennen können, die zwischen solchen Phänomenen verlaufen.

›Kollektives Gedächtnis‹ ist nicht die Alternative zu – oder ›das Andere‹ der – ›Geschichte‹, es ist auch nicht der Gegenpol zur individuellen Lebenserinnerung, sondern es stellt den Gesamtkontext dar, innerhalb dessen solche verschiedenartigen kulturellen Phänomene entstehen. Gerade um Missverständnissen, Verwechslungen und der Tendenz von Kritikern zum Schattenboxen vorzubeugen, muss das Konzept des kollektiven Gedächtnisses daher zunächst sehr weit angelegt sein. Innerhalb dieses Feldes sind dann allerdings **begriffliche und konzeptuelle Differenzierungen** vonnöten, deren Entwicklung – gerade wenn es um den internationalen Dialog geht – immer noch zu den dringlichsten Aufgaben der Gedächtnisforschung gehört. Diese Einführung will zu diesem Unternehmen einen Beitrag leisten, indem sie zwischen wörtlichen, metonymischen und metaphorischen Verwendungen des Gedächtnis-Begriffs differenziert, verschiedene Systeme und Modi des kollektiven Gedächtnisses voneinander abgrenzt sowie schließlich auf eine Reihe unterschiedlicher Dimensionen, Symbolsysteme, Medien und Formen der Erinnerungskultur aufmerksam macht (vgl. dazu Kap. 4).

1.4 | Gedächtnis, Erinnerung oder Vergessen?

Diese Frage ist natürlich falsch gestellt. Auf keinen der drei Begriffe kann oder sollte in der kulturwissenschaftlichen Forschung verzichtet werden. Es gibt allerdings wissenschaftliche Kontexte, in denen der ein oder andere Begriff privilegiert wird. So sprechen Aleida (1999) und Jan Assmann (1992) vom kulturellen *Gedächtnis*, Elena Esposito (2002) akzentuiert das soziale *Vergessen* und die Wissenschaftler/innen aus dem Umkreis des Sonderforschungsbereichs »Erinnerungskulturen« (Gießen, 1997–2009) widmen sich der Dynamik und Pluralität von *Erinnerung* (vgl. Kap. 2.5; zur Dynamik der Erinnerung vgl. auch Bal/Crewe/Spitzer 1999; Irwin-Zarecka 2004; Rigney 2005).

Gedächtnis, Erinnerung und Vergessen hängen auf individueller wie auf kollektiver Ebene eng miteinander zusammen (zu Sinn und Unsinn der metaphorischen Übertragung individualpsychologischer Begriffe auf die kollektive Ebene vgl. Kap. 4.1). Über die Disziplinen hinweg besteht weitgehend Einigkeit, dass **Erinnern** als ein Prozess, Erinnerungen als dessen Ergebnis und **Gedächtnis** als eine Fähigkeit oder eine veränderliche Struktur zu konzipieren ist. Gedächtnis ist allerdings unbeobachtbar. Allein aus der Untersuchung konkreter, in ganz bestimmten soziokulturellen Kontexten situierter Erinnerungsakte lassen sich Hypothesen über seine Beschaffenheit und Funktionsweisen ableiten. Aus dieser Unterscheidung ergibt sich der Titel dieses Buches: **Kollektives Gedächtnis** ist der Fokus kulturwissenschaftlicher Neugier, **Erinnerungskulturen** sind ihr Untersuchungsgegenstand.

Bei aller Heterogenität der Begriffsbestimmungen lassen sich zwei zentrale Merkmale des Erinnerns anführen, über die weitgehend Einigkeit herrscht: sein **Gegenwartsbezug** und **konstruktiver Charakter**. Erinnerungen sind keine objektiven Abbilder vergangener Wahrnehmungen, geschweige denn einer vergangenen Realität. Es sind subjektive, hochgradig selektive und von der Abrufsituation abhängige Rekonstruktionen. Erinnern ist eine sich in der Gegenwart vollziehende Operation des Zusammenstellens (*re-member*) verfügbarer Daten. Vergangenheitsversionen ändern sich mit jedem Abruf, gemäß den veränderten Gegenwarten. (Prüfen Sie doch einmal den Wandel Ihrer eigenen Erinnerungen, etwa an die Art und Bedeutung Ihres ersten Rendezvous.) Individuelle und kollektive Erinnerung ist damit zwar nie ein Spiegel der Vergangenheit, wohl aber ein aussagekräftiges Indiz für die Bedürfnisse und Belange der Erinnernden in der Gegenwart. Die erinnerungskulturwissenschaftliche Forschung richtet ihr Interesse folglich nicht in erster Linie auf die jeweils erinnerten Vergangenheiten, sondern auf die Gegenwarten des Erinnerns.

Erinnern und Vergessen sind zwei Seiten – oder verschiedene Prozesse – desselben Phänomens: des Gedächtnisses. (Soziales) **Vergessen** ist Voraussetzung für (kulturelle) Erinnerung. Denn *total recall*, die lückenlose Erinnerung an jedes einzelne Ereignis der Vergangenheit, käme für das Individuum ebenso wie für die Gruppe oder die Gesellschaft dem totalen Vergessen gleich. Das hat Friedrich Nietzsche bereits 1871 in seiner Kritik am Historismus, *Vom Nutzen und Nachteil der Historie für das Leben*, betont. Vergessen ist notwendig für die Ökonomie des Gedächtnisses, für seine Fähigkeit zur Schemabildung (vgl. dazu Kap. 4.6)

1.5 | Anliegen und Aufbau dieses Bandes

Gegenstand dieser Einführung ist der **Zusammenhang von Kultur und Gedächtnis**. Dieser Zusammenhang ist auf individueller wie auf kollektiver Ebene wirksam: Der Einzelne erinnert stets in soziokulturellen Kontexten; Kultur entsteht erst durch die Etablierung eines ›kollektiven Gedächtnisses‹ über Symbole, Medien, Interaktion und Institutionen. Um beide Ebenen und um ihre vielfache Durchdringung wird es gehen – und zwar auf eine Weise, die es interessierten Studierenden und Forschenden gestatten soll, den Einstieg in ein mittlerweile geradezu labyrinthisch verzweigtes Forschungsfeld zu finden.

Dieser Band will weder die Sachgeschichte kultureller Erinnerung noch die Geschichte der allgemeinen (und bis um 1900 dominant philosophischen) Gedächtnisreflexion rekapitulieren – obwohl beide Aspekte vereinzelt einfließen. Die **Geschichte des Erinnerns als Sachgeschichte** ist über 5000 Jahre alt. Sie reicht zurück bis zu den ägyptischen Pyramiden, wie Jan Assmann gezeigt hat. Einen guten Überblick über die Geschichte des kulturellen Gedächtnisses bieten die Bücher von Jan Assmann (1992) und Aleida Assmann (1999) zusammen gelesen. Die Vielfalt der historischen Erinnerungskulturen findet sich aufgefächert in der Schriftenreihe des Gießener Sonderforschungsbereichs (*Formen der Erinnerung*, hrsg. v. Günter Oesterle 1997 ff.). Auch die **Geschichte der Reflexion über Gedächtnis** reicht weit zurück, im westlichen Kulturkreis bis zu Platon und Aristoteles. Einzureihen in die lange Liste der Gedächtnisphilosophen und protopsychologischen Denker, die zentrale Beiträge zu der Frage nach dem Ort und der Funktionsweise des Gedächtnisses geleistet haben, sind etwa Aurelius Augustinus, Giordano Bruno, Michel de Montaigne, John Locke, David Hume, Immanuel Kant, G. W. F. Hegel, Friedrich Nietzsche, Henri Bergson, Sigmund Freud und Edmund Husserl. Sehr empfehlenswerte Textsammlungen und Darstellungen zur Geschichte der Gedächtnisreflexion sind bereits erschienen (vgl. Harth 1991; Fleckner 1995; Draaisma 1999).

Im Zentrum der folgenden Kapitel stehen statt dessen **kulturwissenschaftliche Theorien des kollektiven Gedächtnisses** (mit ihrem jeweiligen Angebot an Begriffen, Konzepten und Methoden), wie sie seit den 1920er Jahren entworfen und diskutiert werden – Theorien, die die Konstruktivität, Kollektivität, Zeichen- und Medienprägtheit des Erinnerns im soziokulturellen Kontext erkennen und problematisieren. Die Entstehung eines modernen Kulturverständnisses und die Theoriebildung zum kollektiven Gedächtnis waren eng aneinander gekoppelt. Beide, Kultur und Gedächtnis, können als ›selbstgesponnene Bedeutungsgewebe des Menschen‹ (Max Weber) begriffen werden. Erinnerung ist ein konstitutiver Bestandteil des ›semiotischen Mechanismus der Kultur‹ (Jurij Lotman und Boris Uspeskij). Gemeinsam ist den verschiedenen Ansätzen der kulturwissenschaftlichen Gedächtnisforschung daher, dass sie das Gedächtnis als Voraussetzung, Bestandteil und/oder Produkt kultureller Prozesse begreifen.

Mit dieser dezidiert kulturwissenschaftlichen Ausrichtung liegt der Fokus dieser Einführung notwendigerweise auch auf der transdisziplinären und transnationalen Dimension der Erforschung des Phänomens ›Gedächtnis‹. Tatsächlich hat die Beschäftigung mit Kultur und Gedächtnis Fächer- und Landesgrenzen längst überwunden. **Organe des internationalen und interdisziplinären Dialogs** in Sachen Gedächtnisforschung sind die Zeitschriften *History & Theory* (seit 1960), *Memory & History* (seit 1989; hrsg. von Saul Friedländer) und *Rethinking History* (seit 1997). Zu den wichtigsten Buchreihen gehören »Studies in Memory and Narrative« (seit 1998, zunächst bei Routledge, nun bei Transaction Press), »Cultural Memory in the Present« (seit 1998, Stanford University Press, hrsg. von Mieke Bal und Hent de Vries), »Media and Cultural Memory/Medien und kulturelle Erinnerung« (seit 2004, de Gruyter, hrsg. von Astrid Erll und Ansgar Nünning) und »Erinnerungskulturen/Memory Culture« (seit 2012, transcript, hrsg. v. Aleida Assmann und Birgit Schwelling).

Die von Andrew Hoskins 2008 gegründete Zeitschrift *Memory Studies* (Sage) hat das neue Forschungsfeld erstmals bei seinem mittlerweile international eingebürgerten Namen – Memory Studies – genannt. Sie gilt heute als zentrale Plattform des internationalen und interdisziplinären Dialogs in Sachen ›kollektives Gedächtnis‹. Die gleichnamige Buchserie erscheint seit 2009 bei Palgrave Macmillan. Die Memory Studies sind heute als akademisches Feld in Forschung und Lehre etabliert – und zwar beinahe weltweit. Eine beträchtliche Zahl an Zentren für Gedächtnisforschung wurde etwa seit der Jahrtausendwende errichtet. Es wurden Bachelor- und Master-Programme im Bereich der Memory Studies entworfen. Wissenschaftliche Handbücher und Lexika dokumentieren die diversen Richtungen der Gedächtnisforschung (vgl. Pethes/Ruchatz 2001; Erll/Nünning 2008; Gudehus/Eichenberg/Welzer 2010; Radstone/Schwarz 2010; Keightley/Pickering 2013; Kattago 2014; Nikulin 2015; Tota/Hagen 2016). Anthologien stellen die Grundlagentexte des Feldes zusammen (vgl. Rossington/Whitehead et al. 2007; Olick et al. 2010). Und die Zahl der Einführungen in die Gedächtnisforschung wächst beständig (vgl. Misztal 2003; Cubitt 2007; Pethes 2008; Whitehead 2009).

Dieses Buch bietet einen Überblick über die kulturwissenschaftliche Gedächtnisforschung – ihre Geschichte und aktuellsten Entwicklungen, ihre internationale und interdisziplinäre Dimension. Im Zentrum stehen Gedächtniskonzepte, die in Deutschland, Frankreich, den Niederlanden, den USA, Kanada, Australien und Großbritannien entwickelt wurden. (Dieser Fokus auf die westliche Welt spiegelt zurzeit noch den internationalen Diskurs – und die sprachlichen Kompetenzen der Autorin. Punktuell werden jedoch auch Forschungsergebnisse aus Afrika, Südamerika und Asien miteinbezogen.) Bei den Disziplinen, die heute am deutlichsten zum Feld der Memory Studies beitragen und daher in diesem Band in einiger Ausführlichkeit gewürdigt werden, handelt es sich um die Geschichts- und Sozialwissenschaften, Philosophie, Literaturwissenschaft, Psychologie und Medienwissenschaft.

In einem ersten Schritt stellt diese Einführung die historische und in einem zweiten die systematische Dimension der kulturwissenschaftlichen Gedächtnisforschung dar. Drittens wird das Augenmerk auf die mediale Konstruktion von Gedächtnis gerichtet. Ein viertes und zentrales Anliegen ist es schließlich, Literatur als ein machtvolles Medium des kollektiven Gedächtnisses in den Blick zu rücken:

- Kapitel 2 stellt die maßgeblichen Theorien des kollektiven Gedächtnisses im 20. Jahrhundert vor (von Maurice Halbwachs *mémoire collective* bis zur gegenwärtigen ›Erinnerungskulturen‹-Forschung) und konturiert damit **Geschichte und Grundlagen** der kulturwissenschaftlichen Gedächtnisforschung.
- Kapitel 3 bietet angesichts einer hoch ausdifferenzierten Forschungslandschaft einen Überblick über **disziplinenspezifische Gedächtniskonzepte** (Geschichts- und Sozialwissenschaften, Literaturwissenschaft und Psychologie). Dabei werden stets Ansätze und Möglichkeiten zur interdisziplinären Vernetzung im Blick behalten.
- Kapitel 4 entwirft ein **kultursemiotisches Modell** von kollektivem Gedächtnis und Erinnerungskulturen. Unter der Leitperspektive von Erinnerungskultur als mehrdimensionalem Zeichensystem werden vorhandene Konzepte zusammengeführt, verschiedene Formen des kollektiven Bezugs auf Vergangenheit unterschieden und Schlüsselbegriffe der Gedächtnisforschung (vom ›Vergessen‹ bis zum *travelling memory*) diskutiert.
- Kapitel 5 trägt der bedeutenden **Rolle der Medien** für kulturelles Erinnern Rechnung. Darin wird gezeigt, wie Gedächtnis durch Medien konstruiert wurde und wird, aus welchen Komponenten sich ein Gedächtnismedium zusammensetzt und welche verschiedenen Funktionen es in der Erinnerungskultur zu erfüllen vermag. Exemplarisch wird die Bedeutung von Einzelmedien in der Erinnerungskultur (Film, Fotografie) beleuchtet und die mediale Logik des Erinnerns (Prämediation und Remediation) dargestellt.
- Die beiden letzten Kapitel (6 und 7) entwerfen die Grundlagen einer ›erinnerungshistorischen Literaturwissenschaft‹, indem sie **Literatur als Medium des kollektiven Gedächtnisses** konzipieren und einige Kategorien zur Analyse von konkreten Texten der Erinnerungskultur (und ihrer ›Rhetorik des kollektiven Gedächtnisses‹) vorstellen.

Literatur

Assmann, Aleida: *Erinnerungsräume. Formen und Wandlungen des kulturellen Gedächtnisses.* München: Beck 1999.
Assmann, Aleida: »Gedächtnis als Leitbegriff der Kulturwissenschaften«. In: Lutz Musner & Gotthart Wunberg (Hrsg.): *Kulturwissenschaften: Forschung – Praxis – Positionen.* Wien: WUV 2002, S. 27–45.
Assmann, Jan: *Das kulturelle Gedächtnis. Schrift, Erinnerung und politische Identität in frühen Hochkulturen.* München: Beck 1992.
Bal, Mieke, Jonathan Crewe & Leo Spitzer (Hrsg.): *Acts of Memory: Cultural Recall in the Present.* Hanover/London: UP of New England 1999.
Cubitt, Geoffrey: *History and Memory: Historical Approaches.* Manchester: Manchester UP 2007.
Draaisma, Douwe: *Die Metaphernmaschine. Eine Geschichte des Gedächtnisses.* Darmstadt: Primus 1999.
Erll, Astrid & Ansgar Nünning (Hrsg.): *Cultural Memory Studies. An International and Interdisciplinary Handbook.* Unter Mitarbeit von Sara B. Young. Berlin/New York: de Gruyter 2008.
Esposito, Elena: *Soziales Vergessen. Formen und Medien des Gedächtnisses der Gesellschaft.* Frankfurt a. M.: Suhrkamp 2002.
Fleckner, Uwe (Hrsg.): *Die Schatzkammern der Mnemosyne. Ein Lesebuch mit Texten zur Gedächtnistheorie von Platon bis Derrida.* Dresden: Verlag der Kunst 1995.
Gudehus, Christian, Ariane Eichenberg & Harald Welzer (Hrsg.): *Gedächtnis und Erinnerung: Ein interdisziplinäres Handbuch.* Stuttgart/Weimar: Metzler 2010.

Harth, Dietrich (Hrsg.): *Die Erfindung des Gedächtnisses*. Texte zusammengestellt und eingeleitet von Dietrich Harth. Frankfurt a. M.: Keip 1991.

Huyssen, Andreas: *Twilight Memories. Marking Time in a Culture of Amnesia*. New York: Routledge 1995.

Irwin-Zarecka, Iwona: *Frames of Remembrance: The Dynamics of Collective Memory*. New Brunswick, NJ: Transaction Publishers 1994.

Kammen, Michael: »Review of ›Frames of Remembrance. The Dynamics of Collective Memory‹ by Iwona Irwin-Zarecka«. In: *History and Theory* 34,3 (1995), S. 245–62.

Kansteiner, Wulf: »Finding Meaning in Memory. A Methodological Critique of Collective Memory Studies«. In: *History and Theory* 41,2 (2002), S. 179–197.

Kattago, Siobhan (Hrsg.): *The Ashgate Research Companion to Memory Studies*. Farnham, Surrey, UK: Ashgate 2014.

Keightley, Emily & Michael Pickering (Hrsg.): *Research Methods for Memory Studies*. Edinburgh: Edinburgh UP 2013.

Misztal, Barbara A.: *Theories of Social Remembering*. Maidenhead: Open UP 2003.

Nikulin, Dmitri: *Memory: A History*. Oxford: Oxford UP 2015.

Olick, Jeffrey K. & Joyce Robbins: »Social Memory Studies. From ›Collective Memory‹ to the Historical Sociology of Mnemonic Practices«. In: *Annual Review of Sociology* 24 (1998), S. 105–140.

Olick, Jeffrey K., Vered Vinitzky-Seroussi & Daniel Levy (Hrsg.): *The Collective Memory Reader*. Oxford: Oxford UP 2010.

Pethes, Nicolas: *Kulturwissenschaftliche Gedächtnistheorien. Zur Einführung*. Hamburg: Junius 2008.

Pethes, Nicolas & Jens Ruchatz (Hrsg.): *Gedächtnis und Erinnerung. Ein interdisziplinäres Lexikon*. Reinbek: Rowohlt 2001.

Radonic, Ljiljana & Heidemarie Uhl (Hrsg.): *Gedächtnis im 21. Jahrhundert: Zur Neuverhandlung eines kulturwissenschaftlichen Leitbegriffs*. Bielefeld: transcript, 2015.

Radstone, Susannah & Bill Schwarz (Hrsg.): *Memory: Histories, Theories, Debates*. New York: Fordham UP 2010.

Rigney, Ann: »Plenitude, Scarcity and the Circulation of Cultural Memory«. In: *Journal of European Studies* 35,1 (2005), S. 11–28.

Rossington, Michael, Anne Whitehead et al. (Hrsg.): *Theories of Memory: A Reader*. Baltimore: Johns Hopkins UP 2007.

Sturken, Marita: *Tangled Memories: The Vietnam War, the AIDS Epidemic, and the Politics of Remembering*. Berkeley/Los Angeles/London: University of California Press 1997.

Tota, Anna L. & Trever Hagen (Hrsg.): *Routledge International Handbook of Memory Studies*. London/ New York: Routlegde 2016.

Whitehead, Anne: *Memory. The New Critical Idiom*. London: Routledge 2009.

Zelizer, Barbie: »Reading the Past against the Grain: The Shape of Memory Studies«. In: *Critical Studies in Mass Communication* 12 (1995), S. 214–239.

2 Die Erfindung des kollektiven Gedächtnisses: Eine kurze Geschichte der kulturwissenschaftlichen Gedächtnisforschung

Wenn in diesem Kapitel von der ›Erfindung‹ des kollektiven Gedächtnisses die Rede ist, so soll damit betont werden, dass im Folgenden nicht eine Sachgeschichte, sondern eine **Forschungsgeschichte** rekapituliert wird. Stiftung, Pflege und Reflexion des kulturellen Erbes scheinen zur anthropologischen Grundausstattung des Menschen zu gehören, und die Sachgeschichte des kollektiven Gedächtnisses ist bis in die Antike zurückzuverfolgen. Allerdings setzte erst mit dem Beginn des 20. Jahrhunderts eine wissenschaftliche Beschäftigung mit diesen Phänomenen ein. Formen des kollektiven Bezugs auf Vergangenheit wurden bewusst beobachtet und zum Gegenstand kulturwissenschaftlicher Theoriebildung gemacht. Die kulturwissenschaftliche Grundannahme von der Konstruiertheit menschlicher Sinnwelten und Erinnerungen gilt dabei allerdings auch für die Ebene der Theoriebildung: Jede theoretische Annahme über Inhalte oder Funktionsweisen des kollektiven Gedächtnisses ist selbst ein Konstrukt und hat mehr von einer **wissenschaftlichen** ›*Erfindung*‹ als von einem Auffinden kultureller Gegebenheiten.

Vor allem aus zwei Traditionssträngen speist sich die heutige Forschung zum kollektiven Gedächtnis. Beide haben ihren Ausgangspunkt in den 1920er Jahren. Es handelt sich um **Maurice Halbwachs'** soziologische Studien zur *mémoire collective* und **Aby Warburgs** kulturhistorische Beschäftigung mit einem europäischen Bildgedächtnis. Halbwachs und Warburg waren die ersten, die das Phänomen ›kollektives Gedächtnis‹ im Rahmen einer modernen Kulturtheorie beim Namen genannt und systematisch untersucht haben.

Doch erst in den 1980er Jahren findet das Gedächtnis-Thema in der kulturhistorischen Forschung wieder Interesse. **Pierre Noras** *lieux de mémoire* haben sich dabei als das international einflussreichste Konzept erwiesen. **Aleida und Jan Assmann** haben einige Jahre darauf mit dem ›kulturellen Gedächtnis‹ ein Konzept vorgelegt, das im deutschsprachigen Raum das wirkungsvollste und im internationalen Vergleich das am besten ausgearbeitete ist. Mit dem Begriff der ›**Erinnerungskulturen**‹ hat der Gießener Sonderforschungsbereich 434 (seit 1997) schließlich ein mehrdimensionales Modell für die kulturwissenschaftliche Gedächtnisforschung entworfen, das Dynamik, Kreativität, Prozesshaftigkeit und Pluralität der kulturellen Erinnerung akzentuiert.

2.1 | Maurice Halbwachs: *Mémoire collective*

Der französische Soziologe Maurice Halbwachs (1877–1945), ein Schüler Henri Bergsons und Émile Durkheims, hat drei Schriften verfasst, in denen er seinen Begriff der *mémoire collective* entwickelt und die heute eine zentrale Stellung bei der Beschäftigung mit dem kollektiven Gedächtnis einnehmen. 1925 veröffentlichte Halbwachs die Studie **Les cadres sociaux de la mémoire** (*Das Gedächtnis und seine sozialen Bedingungen*, 1985), in der er versucht, die soziale Bedingtheit der Erinnerung nachzuweisen. Damit richtet er sich gegen Gedächtnistheorien seiner Zeitgenossen, Henri Bergson und Sigmund Freud etwa, die Erinnerung als einen rein individuellen Vorgang verstehen. Halbwachs' Theorie, nach der jede noch so persönliche Erinnerung eine *mémoire collective*, ein kollektives Phänomen ist, erntete heftigen Widerspruch – nicht zuletzt von seinen Kollegen an der Universität Straßburg, Charles Blondel und Marc Bloch. Letzterer warf Halbwachs, wie der Durkheim-Schule generell, eine unzulässige Kollektivierung individualpsychologischer Phänomene vor (vgl. Bloch 1925).

Angeregt von der Kritik machte sich Halbwachs daran, sein Konzept des kollektiven Gedächtnisses in einem zweiten Buch weiter auszuführen. Über fünfzehn Jahre arbeitete er an der Schrift **La mémoire collective** (*Das kollektive Gedächtnis*, 1991), die allerdings erst 1950, unvollständig und postum erscheinen sollte (für eine zuverlässige französische Ausgabe vgl. Halbwachs 1997). Zuvor veröffentlichte Halbwachs ein drittes Buch, das an einem Fallbeispiel die Formen und Funktionsweisen des kollektiven Gedächtnisses aufzeigt, **La topographie légendaire** *des Évangiles en Terre Sainte* (1941; *Stätten der Verkündigung im Heiligen Land*, 2003). Im August 1944 deportierten die Nazis Halbwachs nach Buchenwald. Am 16. März 1945 wurde er dort ermordet (vgl. auch Vromen 1975; Namer 2000; Becker 2003; Marcel/Mucchielli 2008).

Halbwachs' Schriften zum kollektiven Gedächtnis, wie die Beschäftigung mit der kulturellen Dimension von Gedächtnis und Erinnerung überhaupt, gerieten in der Nachkriegszeit in Vergessenheit. Heute kommt allerdings kein theoretischer Entwurf des kollektiven Gedächtnisses ohne einen Rekurs auf den Soziologen aus. **Drei Untersuchungsbereiche** können in Halbwachs' Studien zur *mémoire collective* unterschieden werden, die in drei maßgebliche Richtungen der Forschung zum kollektiven Gedächtnis weisen:
- erstens Halbwachs' Theorie zur sozialen Bedingtheit individueller Erinnerung,
- zweitens seine Untersuchungen zu Formen und Funktionen des zwischen den Generationen gebildeten Gedächtnisses und
- drittens schließlich seine Ausweitung des Begriffs der *mémoire collective* auf den Bereich kultureller Überlieferung und Traditionsbildung, auf das, was heute mit der Terminologie Aleida und Jan Assmanns als ›kulturelles Gedächtnis‹ bezeichnet wird.

Damit vereint Halbwachs – ohne explizit darauf zu verweisen – **zwei grundlegende** (und grundverschiedene) **Konzepte von kollektivem Gedächtnis** (vgl. dazu Kap. 4.1):
1. kollektives Gedächtnis als Gedächtnis des Individuums, das sich im Horizont eines soziokulturellen Umfeldes herausbildet (vgl. Kap. 2.1.1);
2. kollektives Gedächtnis als der durch Interaktion, Kommunikation, Medien und Institutionen innerhalb von sozialen Gruppen und Kulturgemeinschaften erfolgende Bezug auf Vergangenes (vgl. Kap. 2.1.2).

2.1.1 | *Cadres sociaux:* Das sozial geprägte individuelle Gedächtnis

Die These von der sozialen Bedingtheit individueller Erinnerung beruht auf dem Konzept der *cadres sociaux*, das den Ausgangspunkt der Halbwachs'schen Theorie des kollektiven Gedächtnisses darstellt. Im ersten Teil von *Das Gedächtnis und seine sozialen Bedingungen* zeigt Halbwachs anhand von Überlegungen zum Traum und zur Sprache detailliert die kollektiven Anteile des autobiographischen Gedächtnisses auf und kommt zu dem Schluss, dass der **Rückgriff auf *cadres sociaux*, soziale Bezugsrahmen**, unabdingbare Voraussetzung für jede individuelle Erinnerung ist. Soziale Rahmen sind für Halbwachs zunächst schlicht die Menschen, die uns umgeben. Der Mensch ist ein soziales Wesen. Ohne andere Menschen bleibt ihm nicht nur der Zugang zu so eindeutig kollektiven Phänomenen wie Sprache oder Sitten verwehrt, sondern, so Halbwachs, auch der zum eigenen Gedächtnis. Dies liegt zum einen daran, dass wir Erfahrungen meist im Kreis anderer Menschen machen. Diese können uns später helfen, die Ereignisse zu erinnern.

Sehr viel grundlegender ist für Halbwachs aber die Tatsache, dass uns durch Interaktion und Kommunikation mit unseren Mitmenschen, Wissen über Daten und Fakten, kollektive Zeit- und Raumvorstellungen sowie Denk- und Erfahrungsströmungen vermittelt werden. Weil wir an einer kollektiven symbolischen Ordnung teilhaben, können wir vergangene Ereignisse verorten, deuten und erinnern. Denn aus den ›sozialen Rahmen‹ im wörtlichen Sinne, unserem sozialen Umfeld, leiten sich ›soziale Rahmen‹ im metaphorischen Sinne ab: **Denkschemata**, die unsere Wahrnehmung und Erinnerung in bestimmte Bahnen lenken. *Cadres sociaux* bilden also den umfassenden, sich aus der materialen, mentalen und sozialen Dimension kultureller Formationen konstituierenden Horizont, in den unsere Wahrnehmung und Erinnerung eingebettet ist. So hätte für Halbwachs wohl ein Caspar Hauser keine Erinnerung, der einsame Robinson Crusoe aber sehr wohl, weil er im Geiste auf die sozialen Bezugsrahmen seiner Heimat zurückgreifen kann. Von zentraler Bedeutung ist für Halbwachs, den Soziologen, allerdings die soziale Gruppe, denn ohne sie können Sinnwelten weder entstehen noch weitergegeben werden.

Soziale Rahmen vermitteln und perspektivieren die Inhalte des kollektiven Gedächtnisses – den Vorrat an für das Kollektiv relevanten Erfahrungen und geteiltem Wissen: »Es würde in diesem Sinne ein kollektives Gedächtnis und einen gesellschaftlichen Rahmen des Gedächtnisses geben, und unser individuelles Denken wäre in dem Maße fähig sich zu erinnern, wie es sich innerhalb dieses Bezugsrahmens hält und an diesem Gedächtnis partizipiert« (Halbwachs 1985, S. 21). Unsere Wahrnehmung ist gruppenspezifisch, unsere individuellen Erinnerungen sind sozial geprägt, und beide Formen der Weltzuwendung und Sinnstiftung sind undenkbar ohne das Vorhandensein eines kollektiven Gedächtnisses. Allerdings handelt es sich bei dem kollektiven Gedächtnis nicht um eine von organischen Gedächtnissen losgelöste, überindividuelle Instanz. **Kollektives und individuelles Gedächtnis** stehen vielmehr in einer Beziehung wechselseitiger Abhängigkeit, so dass »das Individuum sich erinnert, indem es sich auf den Standpunkt der Gruppe stellt, und das Gedächtnis der Gruppe sich verwirklicht und offenbart in den individuellen Gedächtnissen« (ebd., S. 23). Erst über individuelle Erinnerungsakte wird das kollektive Gedächtnis beobachtbar, denn »jedes individuelle Gedächtnis ist ein ›**Ausblickspunkt**‹ auf das kollektive Gedächtnis« (Halbwachs 1991, S. 31). Dieser Ausblickspunkt ist als Standort zu verstehen, den Menschen aufgrund ihrer Sozialisation und kulturellen Prägungen einnehmen. Jeder Mensch gehört mehreren sozialen Gruppen an: der Familie, der Religionsgemeinschaft, der Belegschaft am Arbeitsplatz usw. Er verfügt daher über einen Vorrat unterschiedlicher, gruppenspezifischer Erfahrungen und Denksysteme. Nicht die Erinnerung selbst also, sondern die Kombination der Gruppenzugehörigkeiten und daraus resultierender Erinnerungsformen und -inhalte sind demnach das wirklich Individuelle, das die Gedächtnisse einzelner Menschen voneinander unterscheidet.

2.1.2 | Generationengedächtnis und religiöse Topographie: Zwei Formen der kollektiven Vergangenheitsbildung

Halbwachs unterscheidet verschiedene Ausprägungen kollektiver Gedächtnisse und führt im zweiten Teil von *Das Gedächtnis und seine sozialen Bedingungen* einige soziologische Fallbeispiele an – Familie, Religionsgemeinschaft, soziale Klassen. Das Familiengedächtnis ist ein typisches **intergenerationelles Gedächtnis**. Seine Träger sind all jene Familienmitglieder, die den Erfahrungshorizont des Familienlebens teilen. Ein derartiges kollektives Gedächtnis konstituiert sich durch soziale Interaktion (durch gemeinschaftliche Handlungen und geteilte Erfahrungen) und durch Kommunikation (wiederholtes gemeinsames Vergegenwärtigen der Vergangenheit). Durch mündliche Erzählungen, bei Familienfesten etwa, haben auch diejenigen am Gedächtnis teil, die das Erinnerte nicht selbst miterlebt haben. Auf diese Weise findet ein **Austausch lebendiger Erinnerung** zwischen Zeitzeugen und Nachkommen statt. Das kollektive Generationengedächtnis reicht daher so weit, wie sich die ältesten Mitglieder der sozialen Gruppe zurückerinnern können.

Das Generationengedächtnis trennt Halbwachs radikal von der Zeitgeschichte. Für ihn handelt es sich um zwei Formen des Vergangenheitsbezugs, die einander ausschließen. Gleich zu Beginn einer Gegenüberstellung von ›gelebter‹ und ›geschriebener‹ Geschichte in *Das kollektive Gedächtnis* betont Halbwachs (1991, S. 66), »daß die Geschichte im allgemeinen an dem Punkt beginnt, an dem die Tradition aufhört – in einem Augenblick, an dem das soziale Gedächtnis erlischt und sich zersetzt«. **Geschichte und Gedächtnis** sind unvereinbar: Geschichte ist für Halbwachs universal, sie zeichnet sich durch eine unparteiische Gleichordnung aller vergangenen Ereignisse aus. Im Zentrum ihres Interesses stehen Gegensätze und Brüche. Das kollektive Gedächtnis hingegen ist partikular. Seine Träger sind zeitlich und räumlich begrenzte Gruppen, deren Erinnerung stark wertend und hierarchisierend ist. Eine zentrale Funktion des Vergangenheitsbezugs im Rahmen kollektiver Gedächtnisse ist **Identitätsbildung**. Erinnert wird, was dem Selbstbild und den Interessen der Gruppe entspricht. Hervorgehoben werden dabei vor allem Ähnlichkeiten und Kontinuitäten, die demonstrieren, dass die Gruppe dieselbe geblieben ist. Die Teilhabe am kollektiven Gedächtnis zeigt an, dass der sich Erinnernde zur Gruppe gehört.

Für Halbwachs ist das Anliegen der Geschichte die Vergangenheit. Das kollektive Gedächtnis hingegen orientiert sich an den Bedürfnissen und Belangen der Gruppe in der Gegenwart und verfährt daher stark selektiv und rekonstruktiv. Dabei sind **Verzerrungen und Umgewichtungen** bis hin zur Fiktion möglich. Ein Abbild der Vergangenheit liefert das Gedächtnis daher nicht, im Gegenteil: »[D]ie Erinnerung ist in sehr weitem Maße eine Rekonstruktion der Vergangenheit mit Hilfe von der Gegenwart entliehenen Gegebenheiten und wird im Übrigen durch andere, zu früheren Zeiten unternommene Rekonstruktionen, vorbereitet« (ebd., S. 55). Hier klingt schon an, was der radikale Konstruktivismus ein halbes Jahrhundert später als das ›Konstruieren von Wirklichkeit‹ bezeichnen wird.

Die Begrenzung seiner Untersuchungen auf Generationengedächtnisse, deren Medium die alltägliche Kommunikation ist und deren Inhalte in erster Linie individuell-autobiographische Erinnerungen darstellen, durchbricht Halbwachs in *Das Gedächtnis und seine sozialen Bedingungen* schon in den Kapiteln zum Adel und zu religiösen Gruppengedächtnissen und erst recht in seiner späteren Studie zur **christlichen Gedächtnis-Topographie Palästinas**. In *La topographie légendaire* wendet er seine Aufmerksamkeit stärker geformten kollektiven Gedächtnissen zu, deren Zeithorizonte über Tausende von Jahren hinwegreichen und die daher der Gegenstände und Gedächtnisorte zur Rahmenbildung bedürfen. Materiale Phänomene – Architektur, Pilgerwege, Gräber etc. – treten in den Vordergrund der Betrachtung. An dieser Stelle überschreitet Halbwachs den Untersuchungsbereich der kollektiv geprägten Erinnerung an gelebte Geschichte und tritt ein in den Bereich des kollektiv konstruierten Wissens über eine ferne Vergangenheit und seiner Überlieferung durch **Traditionsbildung**.

Halbwachs' Theorie des kollektiven Gedächtnisses zeichnet sich durch einen sehr weiten, Disziplinen und Forschungsgegenstände übergreifenden, Anwendungsbereich aus. Dies hat zwei Auswirkungen: Zum einen erscheint das theoretische Konzept der *mémoire collective* als nicht ausreichend begrifflich differenziert und konsistent. Halbwachs' Begriffsverwendungen haben daher nicht in ihrer Gesamtheit als Basis eines kulturwissenschaftlichen Theorieentwurfs dienen können. Zum anderen ist aber zu beobachten, dass einzelne Elemente seiner Begriffsbildung in verschiedenen Disziplinen adaptiert wurden. So avancierte Halbwachs zum **Ahnherr unterschiedlicher Theorieentwürfe** (vgl. Echterhoff/Saar 2002). Innerhalb der Psychologie setzte man sich immer wieder mit Halbwachs' Theoretisierung der kollektiven Bedingtheit individueller Erinnerung auseinander und begriff die *cadres sociaux* als (kulturspezifische) Schemata (vgl. Bartlett 1932). Die Oral History knüpft an seine Untersuchungen zum Generationen- und Alltagsgedächtnis an (vgl. kritisch Niethammer 2000). Wo Halbwachs das kollektive Gedächtnis an Raum und Gegenstände bindet und damit aus dem begrenzten Horizont lebendiger Generationen löst, wie beispielsweise in seinen Untersuchungen zur religiösen Topographie Palästinas, erscheint er als wegweisend für kulturwissenschaftliche Ansätze, die sich mit der Tradierung kulturellen Wissens beschäftigen (vgl. J. Assmann 1992).

Halbwachs' *mémoire collective*	1. Sozial bedingtes individuelles Gedächtnis	→ Sozialpsychologie
	2. Generationengedächtnis	→ Oral History
	3. Tradierung kulturellen Wissens	→ Theorie des kulturellen Gedächtnisses (A. und J. Assmann)

Drei Dimensionen von Halbwachs' Konzept der *mémoire collective* und einige Zweige ihrer wissenschaftlichen Weiterführung

Literatur

Assmann, Jan: *Das kulturelle Gedächtnis. Schrift, Erinnerung und politische Identität in frühen Hochkulturen*. München: Beck 1992.
Bartlett, Frederic C.: *Remembering. A Study in Experimental and Social Psychology*. Cambridge: Cambridge UP 1932.
Becker, Annette: *Maurice Halbwachs: un intellectuel en guerres mondiales 1914–1945*. Paris: Viénot 2003.
Bloch, Marc: »Mémoire collective, tradition et coutume«. In: *Revue de Synthèse Historique* 40 (1925), S. 73–83.
Echterhoff, Gerald & Martin Saar (Hrsg.): *Kontexte und Kulturen des Erinnerns. Maurice Halbwachs und das Paradigma des kollektiven Gedächtnisses*. Konstanz: UVK 2002.
Egger, Stephan (Hrsg.): *Maurice Halbwachs – Aspekte des Werks*. Konstanz: UVK 2003.
Halbwachs, Maurice: *Das Gedächtnis und seine sozialen Bedingungen*. Frankfurt a. M.: Suhrkamp 1985 (orig.: *Les cadres sociaux de la mémoire*. Paris: Alcan 1925).
Halbwachs, Maurice: *Stätten der Verkündigung im Heiligen Land. Eine Studie zum kollektiven Gedächtnis*. Konstanz: UVK 2003 (orig.: *La topographie légendaire des Évangiles en Terre Sainte. Étude de mémoire collective*. Paris: Presses universitaires de France 1941).

Halbwachs, Maurice: *Das kollektive Gedächtnis*. Frankfurt a. M.: Fischer 1991 (orig.: *La mémoire collective*. Paris: Presses universitaires de France 1950).
Halbwachs, Maurice: *La mémoire collective*. Hrsg. v. Gérard Namer. Paris: Albin Michel 1997.
Halbwachs, Maurice: *Maurice Halbwachs in der édition discours*. Bd. 1–7. Hrsg. v. Stephan Egger & Frank Schultheiss. Konstanz: UVK 2003.
Marcel, Jean-Christophe & Laurent Mucchielli: »Maurice Halbwachs' mémoire collective«. In: Astrid Erll & Ansgar Nünning (Hrsg.), unter Mitarbeit von Sara B. Young: *Cultural Memory Studies: An International and Interdisciplinary Handbook*. Berlin/New York: de Gruyter 2008, S. 141–150.
Namer, Gérard: *Mémoire et société*. Paris: Méridiens Klincksieck 1987.
Namer, Gérard: *Halbwachs et la mémoire sociale*. Paris: L'Harmattan 2000.
Niethammer, Lutz: *Kollektive Identität. Heimliche Quellen einer unheimlichen Konjunktur*. Reinbek: Rowohlt 2000.
Vromen, Suzanne: *The Sociology of Maurice Halbwachs* (Unveröffentlichte Doktorarbeit, New York University 1975).

2.2 | Aby Warburg: Mnemosyne – Pathosformeln und europäisches Bildgedächtnis

Der zweite bedeutende Entwurf einer Konzeption des kollektiven Gedächtnisses geht ebenfalls auf einen Wissenschaftler der 1920er Jahre zurück. Der Kunst- und Kulturhistoriker Aby Warburg (1866–1929) gilt heute allgemein als bedeutender Vordenker einer modernen, interdisziplinär orientierten und ihre Quellenbasis erweiternden Kulturwissenschaft (vgl. Warburg 1979). Bis heute bekannt ist die **Kulturwissenschaftliche Bibliothek Warburg** in Hamburg. Ihre Anlage zeichnete sich dadurch aus, dass Warburg, mit dem Ziel, die ›grenzpolizeiliche Befangenheit‹ der Einzeldisziplinen zu umgehen, seine umfangreiche Sammlung nach kulturgeschichtlichen Themengruppen ordnete und so zu einer epochen-, medien-, genre- und fächerübergreifenden Betrachtungsweise anregte. Mit Warburgs Bibliothek war ein Kreis von so bedeutenden Forschern wie Ernst Cassirer, Erwin Panofsky oder Hellmut Ritter verbunden. Nach Warburgs Tod konnte die Bibliothek im Jahr 1933 vor den Nazis nach London gerettet werden. Seit 1944 ist das **Warburg Institute** ein Teil der University of London. Die Hamburger Warburg-Stiftung gibt in Zusammenarbeit mit dem Berliner Akademie Verlag den Nachlass Aby Warburgs heraus.

Warburg hatten Zeit seines Lebens zwei kunsthistorische Probleme beschäftigt: Die Kontinuität einer **Sternsymbolik** (Warburg 1993) und das **Nachleben der Antike** in der Frührenaissance (Warburg 1998). Beiden Phänomenen näherte sich Warburg durch die Untersuchung der Wiederaufnahme bildhafter Details in verschiedenen Epochen und Kulturräumen. Doch erst spät, Mitte der 1920er Jahre, verbindet Warburg seine kunsthistorische Forschung explizit mit einer Theorie des kollektiven Gedächtnisses. Die von ihm beobachtete **Wiederkehr künstlerischer Formen** – z. B. bewegte Gewandmotive antiker Fresken in Renaissancegemälden Botticellis und Ghirlandaios oder gar auf Briefmarken der 1920er Jahre – interpretierte Warburg nicht so sehr als Ergebnis einer bewussten Aneignung der Antike durch Künstler späterer Epochen, sondern führte sie auf die erinnerungsauslösende Kraft kultureller Symbole zurück (vgl. Warburg 2010; Gombrich 1992 [1970]; Michels 2007).

Eine besondere Bedeutung kommt dabei den sogenannten **Pathosformeln** zu. Renaissancekünstler griffen bei dem Versuch, ›Superlative‹ des menschlichen Ausdrucks – leidenschaftliche Erregung in Gebärde oder Physiognomie – darzustellen, auf die Symbolik antiker Vorbilder zurück. Solche Symbole, in denen sich das antike Pathos (als heidnische emotionale Intensität) niedergeschlagen hatte, bezeichnete

Warburg als Pathosformeln. Um die besondere Überlebenskraft des den Symbolen innewohnenden Affektgehalts zu erklären, griff er auf das Modell des Gedächtnispsychologen Richard Semon zurück: Bei Pathosformeln, so Warburg, handelt es sich um **kulturelle ›Engramme‹** oder ›Dynamogramme‹, die ›mnemische Energie‹ speichern und unter veränderten historischen Umständen oder an weit entfernten Orten wieder zu entladen vermögen. Das Symbol ist eine kulturelle ›Energiekonserve‹. Kultur beruht auf dem Gedächtnis der Symbole. Warburg entwarf auf diese Weise ein Konzept des kollektiven Bildgedächtnisses, das er u. a. auch als ›soziales Gedächtnis‹ bezeichnete (vgl. dazu auch Kany 1987; Ginzburg 1995; Michaud 2004; Didi-Huberman 2010).

Für Warburg sind mit dem sozialen Gedächtnis zutiefst moralische Fragen verbunden, denn das antike Pathos ist eine Erinnerung, der der Künstler erliegen, die er aber auch beherrschen kann. Mit der Wiederaufnahme von Pathosformeln verbinden sich zwei Grundaspekte der Kultur, ›**Ausdruck**‹ **und** ›**Orientierung**‹: Der affektive Gehalt symbolischer Gebärden bietet dem mit ihnen in Kontakt kommenden ›zivilisierten‹ Künstler zwar die Chance eines intensiven und prägnanten bildhaften Ausdrucks, stellt aber durch sein Herrühren aus ›primitiven‹ Schichten der Kultur, in denen das Ich noch nicht Herr der Dinge war, auch eine Bedrohung dar. Kunst bewegt sich immer in der gefahrenvollen Zone zwischen Magie und Logik, zwischen ›primitiver‹ Ekstase und ›zivilisierter‹ Selbstbeherrschung. Entscheidend ist, ob es der Künstler vermag, die überlieferte Symbolik aufzunehmen und zugleich in sicherer Distanz zu halten, um durch diesen Balanceakt Klarheit und Schönheit zu schaffen. Warburg geht es um die ›**künstlerische Sophrosyne**‹, die Mäßigung und moralische Selbstbehauptung des modernen Menschen angesichts der Erinnerung an die tiefen Schichten seiner Kultur. Künstlerische Techniken der Sophrosyne können die Betonung des bloß metaphorischen Charakters der Symbole, z. B. durch die Grisailletechnik, oder zeitgemäße Neuinterpretationen, etwa im christlichen Sinne, sein. »[In] diesem Sinne ist das Reservoir des überlieferten Kulturgutes nach Warburg ein ›**Leidschatz der Menschheit**‹, der darauf wartet, in humanen Besitz verwandelt zu werden« (Diers 1995; vgl. auch Warnke 1980).

Warburg betont die für jede Zeit und jeden Ort typischen Veränderungen und **Aktualisierungen des sozialen Gedächtnisses**. So ermöglicht die Untersuchung des spezifischen Zusammenspiels von Kontinuität und Umdeutung kultureller Symbolik in Kunstwerken Rückschlüsse auf die mentale Dimension der Kultur: »Die Abweichungen der Wiedergabe, im Spiegel der Zeit erschaut, geben die bewußt oder unbewußt auswählende Tendenz des Zeitalters wieder und damit kommt die wunschbildende, idealsetzende Gesamtseele an das Tageslicht« (zit. n. Gombrich 1992, S. 359).

Wie zentral der Gedächtnisbegriff und der Gedanke der künstlerischen ›Erbgutverwaltung‹ in Warburgs Denken wurde, zeigt sein letztes Ausstellungsprojekt, das den Titel »**Mnemosyne**« (1924–1929) trägt (vgl. Warburg 2000; Bauerle 1988) – den Namen derjenigen Muse, die für die Erinnerung steht und zugleich Mutter der übrigen Musen ist. Es handelt sich um einen Atlas, der ein epochen- und länderüberschreitendes Bildgedächtnis veranschaulichen sollte. In Warburgs Zusammenstellung scheinbar heterogener Tafeln konturiert sich eine übergreifende, Europa und Asien verbindende »Erinnerungsgemeinschaft« (zit. n. Kany 1987, S. 176).

Die Tatsache, dass Warburg für seinen Gedächtnisbegriff neben dem Ausdruck ›soziales Gedächtnis‹ auch den des »europäischen Kollektivgedächtnisses« (zit. n. Gombrich 1992, S. 359) verwendet, bedeutet eine enorme Ausweitung der Trägerschaft. Dies ist möglich, weil Warburg als zentrales Medium des Kollektivgedächtnisses nicht die mündliche Rede, sondern das potentiell lange Zeiten überdauernde und weite Räume durchquerende Kunstwerk annimmt. So erlaubt Warburgs Gedächtnisbegriff, den historisch variablen und gruppen- oder nationenspezifischen Ausprägungen kultureller Erinnerung Rechnung zu tragen und zugleich deren Einbettung in die **europäisch-asiatische ›Erinnerungsgemeinschaft‹** nicht aus dem Blick zu verlieren.

> **Zusammengefasst:** Halbwachs' und Warburgs Vorstellungen von Kollektivgedächtnis unterscheiden sich grundlegend voneinander. Während Halbwachs' Schriften zum kollektiven Gedächtnis durchaus als theorielastig zu bezeichnen sind, hat Warburg eine allgemeine Theorie oder Systematik nicht hinterlassen. Warburg geht induktiv, vom Material her, vor – ganz gemäß seinem berühmten Diktum: »Der liebe Gott steckt im Detail.« Dabei rückt er die **materiale Dimension der Kultur** in den Vordergrund. Ihn beschäftigt die Frage nach der Erinnerung evozierenden und Kultur kontinuierenden Wirkung kultureller Objektivationen (d. h. Vergegenständlichungen, Äußerungsformen). Es geht ihm in erster Linie um die ausdrucksstarke und eng mit unbewussten, psychischen Prozessen verbundene visuelle Kultur, allerdings in einem so weiten, medien- und disziplinübergreifenden Sinne, dass er auch Objektivationen der Alltagskultur, Feste oder literarische Quellen heranzieht. Halbwachs hingegen argumentiert von der **sozialen Dimension der Kultur** aus (zu dieser Unterscheidung vgl. auch Kap. 4.2). Ihm geht es in erster Linie um die aktive, bewusste, konstruktive und Bedürfnissen der Gegenwart entsprechende Aneignung einer identitätsbezogenen Vergangenheit durch soziale Gruppen.
> Die Gemeinsamkeit beider Entwürfe liegt allerdings in der Erkenntnis, dass **Kultur und ihre Überlieferung Produkte menschlicher Tätigkeit** sind. Anfang des 20. Jahrhunderts war diese Annahme keineswegs eine Selbstverständlichkeit. Inspiriert von Darwin und dem Evolutionismus und Biologismus der Jahrhundertwende versuchten viele Wissenschaftler, das Phänomen der Überlebenskraft von Kulturen mit Konzepten von ›Rassengedächtnis‹ zu erklären. Aufgezeigt zu haben, dass der Schlüssel zu einer Kontinuierung vergänglicher sozialer und mentaler Aspekte der Kultur nicht in einer Art genetischem Gedächtnis liegt, sondern vielmehr in ihrer Vermittlung durch soziale Interaktion und Festschreibung in materialen Objektivationen, ist Halbwachs' und Warburgs Verdienst. Zugleich haben beide durch ihre Arbeitsweise demonstriert, dass dem Phänomen ›kollektives Gedächtnis‹ nur durch eine **Fächergrenzen überschreitende Methodik** beizukommen ist.
> Halbwachs' und Warburgs Studien sind Teil einer höchst angeregten Diskussion um das kollektive Gedächtnis in den 1920er Jahren. Der Psychoanalytiker **T. Reik** veröffentlicht 1920 Gedanken »Über kollektives Vergessen«. **Arnold Zweig** entwirft in seinem *Caliban*-Essay (1927) ein von Sigmund Freuds Psychoanalyse inspiriertes Konzept kollektiver ›Gruppenleidenschaften‹, anhand dessen er den zeitgenössischen Antisemitismus zu erklären versucht. **Siegfried Kracauer** interessiert sich in dem 1927 veröffentlichten Aufsatz »Die Photographie« für die Unterschiede zwischen fotografischen und Gedächtnis-Bildern. **Frederic Bartlett** beginnt Ende des Jahrzehnts mit seinen Experimenten zu kul-

turspezifischen Schemata und konstruktiven Prozessen des Erinnerns (*Remembering*, 1932). Mit Identitätskonzepten, Zeitwahrnehmung und dem Gedächtnis von Generationen beschäftigen sich **Wilhelm Pinder** (*Das Problem der Generation in der Kunstgeschichte Europas*, 1926) und **Karl Mannheim** (*Das Problem der Generationen*, 1928/29).

In diesem Kontext ist schließlich auch **Walter Benjamin** zu nennen, der bezweifelt, dass in der Moderne, und insbesondere nach dem Schock der Materialschlachten im Ersten Weltkrieg, mitteilbare Erfahrungen und sinnstiftende Erinnerungen noch möglich seien (vgl. »Der Erzähler«, 1936). In seinem Essay »Über den Begriff der Geschichte« (1940) kritisiert Benjamin die historistische Tradition des 19. Jahrhunderts, die durch ihre Auswahlkriterien stets nur die ›Geschichte der Sieger‹ hervorbringe. Stattdessen plädiert Benjamin mit Hilfe des der jüdischen Tradition entlehnten Begriffs des ›Eingedenkens‹ dafür, die Geschichte ›gegen des Strich zu bürsten‹ und das Gedächtnis der Opfer und der Namenlosen zu überliefern (für einen Vergleich von Warburgs und Benjamins Symbolkonzeptionen vgl. auch Zumbusch 2004).

Literatur

Bauerle, Dorothée: *Gespenstergeschichten für ganz Erwachsene. Ein Kommentar zu Aby Warburgs Bilderatlas Mnemosyne*. Münster: LIT 1988.

Bredekamp, Horst, Michael Diers & Charlotte Schoell-Glass (Hrsg.): *Aby Warburg. Akten des internationalen Symposiums Hamburg 1990*. Weinheim: VCH, Acta Humaniora 1991.

Didi-Huberman, Georges: *Das Nachleben der Bilder: Kunstgeschichte und Phantomzeit nach Aby Warburg*. Berlin: Suhrkamp 2010.

Diers, Michael: »Mnemosyne oder das Gedächtnis der Bilder. Über Aby Warburg«. In: Otto Gerhard Oexle (Hrsg.): *Memoria als Kultur*. Göttingen: Vandenhoeck & Ruprecht 1995, S. 79–94.

Forster, Kurt W.: *Aby Warburgs Kulturwissenschaft. Ein Blick in die Abgründe der Bilder*. Berlin: Matthes & Seitz, 2017.

Ginzburg, Carlo: »Kunst und soziales Gedächtnis. Die Warburg-Tradition«. In: Ders.: *Spurensicherung. Die Wissenschaft auf der Suche nach sich selbst*. Berlin: Wagenbach 1995, S. 63–127.

Gombrich, Ernst H.: *Aby Warburg. Eine intellektuelle Biographie*. Hamburg: Europäische Verlags-Anstalt 1992 (orig.: *Aby Warburg. An Intellectual Biography*. London: Warburg Institute 1970).

Kany, Roland: *Mnemosyne als Programm. Geschichte, Erinnerung und die Andacht zum Unbedeutenden im Werk von Usener, Warburg und Benjamin*. Tübingen: Niemeyer 1987.

Michaud, Philippe-Alain: *Aby Warburg and the Image in Motion*. New York: Zone Books 2004.

Michels, Karen: *Aby Warburg. Im Bannkreis der Ideen*. München: Beck 2007.

Warburg, Aby: *Ausgewählte Schriften und Würdigungen*. Hrsg. v. Dieter Wuttke. Baden-Baden: Koerner 1979.

Warburg, Aby: *Bildersammlung zur Geschichte von Sternglaube und Sternkunde im Hamburger Planetarium*. Hrsg. v. Uwe Fleckner, Robert Galitz, Claudia Naber & Herwart Nöldeke. Hamburg: Dölling und Galitz 1993.

Warburg, Aby: *Gesammelte Schriften. Studienausgabe*. Hrsg. v. Horst Bredekamp, Michael Diers, Kurt W. Forster, Nicholas Mann, Salvatore Settis & Martin Warnke. Berlin: Akademie-Verlag 1998 ff.

Warburg, Aby: *Die Erneuerung der heidnischen Antike. Kulturwissenschaftliche Beiträge zur Geschichte der europäischen Renaissance*. Reprint der von Gertrud Bing unter Mitarbeit von Fritz Rougemont edierten Ausgabe von 1932. Neu hrsg. von Horst Bredekamp & Michael Diers. Berlin: Akademie-Verlag 1998.

Warburg, Aby: *Der Bilderatlas Mnemosyne*. Hrsg. v. Martin Warnke unter Mitarbeit v. Claudia Brink. Berlin: Akademie-Verlag 2000.

Warburg, Aby: *Werke in einem Band. Auf der Grundlage der Manuskripte und Handexemplare*. Hrsg. v. Sigrid Weigel, Martin Treml & Perdita Ladwig. Frankfurt a. M.: Suhrkamp 2010.

Warnke, Martin: »Der Leidschatz der Menschheit wird humaner Besitz«. In: Werner Hoffmann, Georg Syamken & Martin Warnke (Hrsg.): *Die Menschenrechte des Auges. Über Aby Warburg*. Frankfurt a. M.: Europäische Verlagsanstalt 1980, S. 113–186.

Zumbusch, Cornelia: *Wissenschaft in Bildern. Symbol und dialektisches Bild in Aby Warburgs Mnemosyne-Atlas und Walter Benjamins Passagen-Werk*. Berlin: Akademie-Verlag 2004.

2.3 | Pierre Nora: *Lieux de mémoire*

Während Halbwachs' und Warburgs Schriften heute allgemein als zentrale Grundlegungen der Theoriebildung zum kollektiven Gedächtnis diskutiert werden, fanden sie zur Zeit ihrer Entstehung nur wenig Gehör. Interdisziplinär und kulturwissenschaftlich ausgerichtete Untersuchungen zum Gedächtnis als kollektiv bedingtes oder Kultur konstituierendes und kontinuierendes Phänomen wurden auf breiter Basis erst in den 1980er Jahren wieder aufgenommen. Eines der einflussreichsten Konzepte wurde im Bereich der französischen Geschichtswissenschaft entwickelt. Es handelt sich um Pierre Noras siebenbändiges Werk **Les lieux de mémoire** (1984–92; dt. 2005), mit denen vor allem die Halbwachs'sche Trennung zwischen Geschichte und Gedächtnis eine erneute Würdigung erfährt (vgl. François 1996; Carrier 2002).

In seinem programmatischen Aufsatz »Entre mémoire et histoire« (*Zwischen Geschichte und Gedächtnis*, 1998), der *Les lieux de mémoire* vorangestellt ist, betont Nora ganz im Sinne von Halbwachs' »Gedächtnis, Geschichte: keineswegs sind dies Synonyme, sondern [...] in jeder Hinsicht Gegensätze« (1998 [1990], S. 13). Doch anders als Halbwachs, der noch von der Existenz kollektiver Gedächtnisse ausgeht, resümiert Nora mit Blick auf unsere Zeit: »Nur deshalb spricht man so viel vom Gedächtnis, weil es keines mehr gibt« (ebd., S. 11). Zum Gegenstand seiner Reflexion werden deshalb ›**Erinnerungsorte**‹. Sie sind in der Tradition der antiken Mnemotechnik als *loci* im weitesten Sinne zu verstehen, die die Erinnerungsbilder der französischen Nation aufrufen. Sie können geographische Orte, Gebäude, Denkmäler und Kunstwerke ebenso umfassen wie historische Persönlichkeiten, Gedenktage, philosophische und wissenschaftliche Texte oder symbolische Handlungen. So zählen Paris, Versailles und der Eiffelturm als Erinnerungsorte, aber auch Jeanne D'Arc, die französische Flagge, der 14. Juli, die Marseillaise und Descartes' *Discours de la méthode*.

Allerdings vermögen Erinnerungsorte nicht ein kollektives Gedächtnis im Halbwachs'schen Sinne zu konstituieren. Ganz im Gegenteil erklärt Nora: »**Es gibt *lieux de mémoire*, weil es keine *milieux de mémoire* mehr gibt**« (ebd.). Ihren Ursprung haben die französischen Erinnerungsorte Nora zufolge im 19. Jahrhundert, zur Zeit der III. Republik. Damals vermochte das nationale Gedächtnis noch kollektive Identität zu stiften. Doch dieses ›bewohnte‹ Gedächtnis zerfällt im 20. Jahrhundert: Für Nora befindet sich die heutige Gesellschaft in einem Übergangsstadium, in dem die Verbindung zur lebendigen, gruppen- und nationenspezifischen, identitätsbildenden Vergangenheit abreißt. Daher fungieren Erinnerungsorte als eine Art künstlicher Platzhalter für das nicht mehr vorhandene, natürliche kollektive Gedächtnis.

Bei den von Nora herausgegebenen *Les lieux de mémoire* handelt es sich um eine Sammlung von Aufsätzen über Elemente der französischen Kultur, die zwar für Aspekte einer gemeinsamen Vergangenheit stehen, in ihrer Vielfalt aber **kein verbindliches Gesamtbild der Erinnerung** ergeben. Jeder Einzelne wird seine eigene Auswahl aus dem Angebot der Erinnerungsorte treffen. Ihre Pluralisierung lässt keine

Hierarchisierung, keine Anordnung zu einer kohärenten Erzählung oder einem Sinngefüge zu. Zudem ist der Bruch, der die Vergangenheit von der Gegenwart trennt, zu groß, als dass Erinnerungsorte in dem heutigen Betrachter noch Reaktionen hervorrufen könnten, die anders als sentimentalisch zu bezeichnen wären. Erinnerungsorte sind daher Zeichen, die nicht nur auf zu erinnernde Aspekte der französischen Vergangenheit, sondern zugleich immer auch auf das abwesende lebendige Gedächtnis verweisen.

In seinen theoretischen Vorüberlegungen legt Nora die Voraussetzungen dar, die ein Ereignis oder Gegenstand erfüllen muss, um als Erinnerungsort bezeichnet zu werden. Ihm zufolge können **drei Dimensionen der Erinnerungsorte** unterschieden werden: eine materielle, eine funktionale und eine symbolische (vgl. ebd., S. 32).

- **Materielle Dimension**: Es handelt sich bei Erinnerungsorten um kulturelle Objektivationen im weitesten Sinne. Hierzu werden nicht nur ›fassbare‹ Gegenstände, wie Gemälde oder Bücher gerechnet. Auch vergangene Ereignisse oder Schweigeminuten weisen eine materielle Dimension auf, weil sie, wie Nora erläutert, ein »materieller Ausschnitt einer Zeiteinheit« (ebd., S. 32) seien.
- **Funktionale Dimension**: Solche Objektivationen müssen in der Gesellschaft eine Funktion erfüllen: Berühmte Bücher beispielsweise, wie die *Histoire de France* von Ernest Lavisse (vgl. ebd., S. 43–95), werden, bevor sie zum Erinnerungsort avancieren, zunächst zu einem bestimmten Zweck hergestellt. So diente die *Histoire de France* als Schulbuch und strukturierte den Ablauf des Geschichtsunterrichts. Die schon erwähnte Schweigeminute hat die Funktion, »periodisch eine Erinnerung wachzurufen« (ebd. S. 32).
- **Symbolische Dimension**: Schließlich muss der Objektivation neben ihrer Funktion noch eine symbolische Bedeutung zu Eigen sein. Dies ist beispielsweise der Fall, wenn Handlungen zum Ritual werden oder Orte mit einer »symbolischen Aura« (ebd.) umgeben sind. Erst durch die intentionale symbolische Überhöhung, ob sie der Objektivation schon zum Zeitpunkt ihrer Entstehung, oder erst nachträglich zugesprochen wird, wird ein Gegenstand der Kultur zum Erinnerungsort.

Die letztgenannten Merkmale, symbolische Dimension und Intentionalität, unterscheiden Erinnerungsorte von anderen kulturellen Objektivationen:

> Am Anfang muß es einen Willen geben, etwas im Gedächtnis festzuhalten. Gäbe man das Prinzip dieser Vorgängigkeit auf, würde man schnell von einer enggefaßten Definition [...] zu einer möglichen, aber unscharfen Definition abgleiten, die theoretisch jedes einer Erinnerung würdige Objekt einschlösse (ebd.).

Diese recht klare **Definition der Erinnerungsorte** wird allerdings im Verlauf der drei Bände – *La République*, *La Nation* und *Les France* – mit ihren insgesamt 130 Beiträgen nach und nach dekonstruiert: Auch Redeweisen (›Sterben für das Vaterland‹), Denkfiguren (›Gaullisten und Kommunisten‹) oder soziale Umgangsformen (›Galanterie‹) avancieren als *lieux de mémoire* zum Gegenstand erinnerungshistorischer Studien. So stellt sich für viele Kritiker die Frage, was denn alles zum Erinnerungsort werden kann (vgl. etwa den Boer/Frijhoff 1993). Die Antwort lautet vermutlich: alle kulturellen Phänomene (ob material, sozial oder mental), die auf kollektiver Ebene bewusst oder unbewusst in Zusammenhang mit Vergangenheit oder nationaler Identität gebracht werden. Weitere Schneisen in das Dickicht der Erinnerungsorte geschlagen haben Aleida Assmann (1996), die zwischen **Medien und Topoi** des kulturellen Gedächtnisses unterscheidet, und Patrick Schmidt (2004), der ausgehend von der Assmann'schen Unterscheidung zeigt, dass und wie die einzelnen *lieux de mémoire* netzartig miteinander verbunden sind.

Nicht unproblematisch ist überdies Noras strikte **Trennung von Geschichte und Gedächtnis**. Während Halbwachs' Polemik wohl noch vor dem Hintergrund des Historismus im 19. Jahrhundert zu verstehen ist, erscheint die völlige Ausblendung der memorialen Funktion der Geschichtsschreibung angesichts der schon in den 1970er Jahren einsetzenden Diskussionen um Konstrukthaftigkeit, Perspektivität und Standortgebundenheit der Historiographie befremdlich. Schwer nachzuvollziehen ist außerdem Noras stark wertbesetzte Konstruktion einer **Verfallsgeschichte des Gedächtnisses**, bzw. sein »zivilisationskritisches Timbre«, wie Niethammer (1995, S. 28) treffend bemerkt. Nora zufolge sind die heutigen Erinnerungskulturen mit »Demokratisierung und Vermassung«, dem »Ende der Gedächtnisgesellschaften« und dem »Ende der Gedächtnisideologien« konfrontiert. Dem setzt Nora eine romantisierte Version von ursprünglichen *milieux de mémoire*, etwa der »bäuerlichen Welt [...], jener Gedächtnisgemeinschaft par excellence« (Nora 1998, S. 11 f.), gegenüber.

Auch an Noras **Konstrukt einer *nation-mémoire***, einer französischen Nationalerinnerung, wurde Kritik geübt. Hue Tam Ho Tai (2001) weist darauf hin, dass Nora trotz aller angestrebter Polyphonie sowohl die französischen Kolonien als auch die Erinnerungskulturen der Immigranten außer Acht lasse (vgl. auch Judt 1998; Taithe 1999). Andreas Huyssen betont, dass Erinnerungsorte im Zeitalter der Globalisierung grundlegend anders konzipiert werden müssen: »the *lieux de mémoire* today function not just in an expanded field but in a field altered by globalization« (2003, S. 97). Und Ann Rigney (2005) plädiert dafür, stärker die Dynamik, die Bewegung von Erinnerungsorten in den Blick zu nehmen (für eine Bestandsaufnahme der Perspektiven von Noras »Erfolgskonzepts« für die zukünftige Gedächtnisforschung vgl. auch Berger/Seiffert 2014).

Noras *Lieux de mémoire* sind wohl das prominenteste Beispiel für eine **erinnerungshistorisch ausgerichtete Geschichtsschreibung** (er selbst bezeichnet sein Verfahren als ›Geschichte zweiten Grades‹), in der eine (wiewohl nicht restlos überzeugende) theoretische Konzeption des kollektiven Gedächtnisses mit konkreten Analysen zur Herausbildung und Tradierung von Vergangenheitsversionen verbunden wird. Dabei sind die *lieux de mémoire* nicht auf die klassischen, für die Geschichtswissenschaft typischen gesellschaftlichen Bereiche, Medien und Formen beschränkt. Es handelt sich bei den Erinnerungsorten im Gegenteil um einen Objektbereich, der die Vertreter unterschiedlichster Disziplinen zu Untersuchungen anzuregen vermag.

Kaum verwunderlich also, dass Noras Projekt auch in anderen Ländern Anklang fand. In Anlehnung an Noras Methode haben Etienne François und Hagen Schulze das Projekt **Deutsche Erinnerungsorte** (2001) initiiert, das im Gegensatz zum französischen Vorbild jedoch stark europäisch ausgerichtet ist. Internationale Autorinnen und Autoren, die Abwechslung von Innen- und Außenperspektiven sowie die Darstellung von auch für Nachbarstaaten bedeutsamen Erinnerungsorten (z. B. Versailles und Karl der Große), stehen für die Öffnung Deutschlands nach Europa auch auf dem Gebiet der Erinnerungsgeschichte (vgl. auch Carcenac-Lecomte et al. 2000). Weitere Nationen und Regionen werden nach dem Vorbild von Noras *Lieux de mémoire* erinnerungshistorisch in den Blick genommen – etwa amerikanische *sites of memory* (Kammen 1991; Hebel 2003), italienische *luoghi della memoria* (vgl. Isnenghi 1987 ff.), Gedächtnisorte in Quebec (Kolboom/Grzonka 2002), niederländische *Plaatsen van Herinnering* (Wesseling 2005/6) und Erinnerungsorte der DDR (Sabrow 2009).

Neuere Publikationen zeigen dabei eine immer größere Sensibilität für Erinnerungsorte als komplexe inter-, multi-, und transkulturelle Konstellationen. Bei *België, een parcours van herinnering* (Tollebeek/Buelens 2008) und *Lieux de mémoire au Luxembourg/Erinnerungsorte in Luxembourg* (Kmec et al. 2008) trifft dies – vielleicht nicht sonderlich überraschend – auf Bände zu, deren Gegenstand durch Bilingualismus und Diglossie gekennzeichnete Staaten sind. Zudem werden mehr und mehr Forschungsprojekte zu **transnationalen Erinnerungsorten** durchgeführt (Le Rider/Csáky/Sommer 2002; Hebel 2009), und aus dieser Perspektive gerät mehr und mehr **die transnationale Dynamik europäischer Erinnerungsorte** in den Blick (Buchinger et al. 2009; Majerus et al. 2009; den Boer et al. 2012; François/Serrier 2012) (vgl. dazu auch Kap. 4.7).

Literatur

Assmann, Aleida: »Im Zwischenraum zwischen Geschichte und Gedächtnis. Bemerkungen zu Pierre Noras *Lieux de mémoire*«. In: François 1996, S. 19–27.

Berger, Stefan & Joana Seiffert (Hrsg.): *Erinnerungsorte. Chancen, Grenzen und Perspektiven eines Erfolgskonzeptes in den Kulturwissenschaften*. Essen: klartext, 2014.

Buchinger, Kirstin, Claire Gantet & Jakob Vogel (Hrsg.): *Europäische Erinnerungsräume*. Frankfurt a. M.: Campus 2009.

Carcenac-Lecomte, Constance, Katja Czarnowski, Sybille Frank, Stefanie Frey & Torsten Lüdtke (Hrsg.): *Steinbruch Deutsche Erinnerungsorte*. Frankfurt a. M. et al.: Lang 2000.

Carrier, Peter: »Pierre Noras *Les lieux de mémoire* als Diagnose und Symptom des zeitgenössischen Erinnerungskultes«. In: Gerald Echterhoff & Martin Saar (Hrsg.): *Kontexte und Kulturen des Erinnerns. Maurice Halbwachs und das Paradigma des kollektiven Gedächtnisses*. Konstanz: UVK 2002, S. 141–162.

den Boer, Pim & Willem Frijhoff (Hrsg.): *Lieux de mémoire et identités nationales*. Amsterdam: Amsterdam UP 1993.

den Boer, Pim, Heinz Duchhardt, Georg Kreis & Wolfgang Schmale (Hrsg.): *Europäische Erinnerungsorte*. Bde. 1–3. München: Oldenbourg Verlag 2012.

François, Etienne (Hrsg.): *Lieux de mémoire, Erinnerungsorte. D'un modèle français à un projet allemand*. Berlin: Centre Marc Bloch 1996.

François, Etienne & Hagen Schulze (Hrsg.): *Deutsche Erinnerungsorte*. 3 Ede. München: Beck 2001.

François, Étienne & Thomas Serrier (Hrsg.): *Lieux de mémoire européens*. Paris: la Documentation française, 2012 (= documentation photographique).

Hebel, Udo (Hrsg.): *Sites of Memory in American Literatures and Cultures*. Heidelberg: Winter 2003.

Hebel, Udo J. (Hrsg.): *Transnational American Memories*. Berlin/New York: de Gruyter 2009.

Huyssen, Andreas: *Present Pasts: Urban Palimpsests and the Politics of Memory*. Stanford, CA: Stanford UP 2003.

Isnenghi, Mario (Hrsg.): *I luoghi della memoria*. 3 Bde. Rom/Bari: Laterza 1987–97.

Judt, Tony: »A la Recherche du Temps Perdu. Review of Pierre Nora, The Realms of Memory: The Construction of the French Past«. In: *New York Review of Books* 3 (1998), S. 51–58.

Kammen, Michael: *The Mystic Chords of Memory. The Transformation of Tradition in American Culture*. New York: Knopf 1991.

Kolboom, Ingo & Sabine Alice Grzonka (Hrsg.): *Gedächtnisorte im anderen Amerika. Tradition und Moderne in Québec / Lieux de mémoire dans l'autre Amérique. Tradition et modernité au Québec*. Heidelberg: Synchron 2002.

Kmec, Sonja, Michael Margue, Benoît Majerus & Pit Péporté (Hrsg.): *Lieux de mémoire au Luxembourg: usages du passé et construction nationale = Erinnerungsorte in Luxembourg: Umgang mit der Vergangenheit und Konstruktion der Nation*. Luxembourg: Éditions Saint-Paul 2008.

Le Rider, Jacques, Moritz Csáky & Monika Sommer (Hrsg.) *Transnationale Gedächtnisorte in Zentraleuropa*. Innsbruck: Studien-Verlag 2002.

Majerus, Benoît, Sonja Kmec, Michael Margue, Pit Péporté (Hrsg.): *Dépasser le cadre national des » Lieux de mémoire «. Nationale Erinnerungsorte hinterfragt. Innovations méthodologiques, approches comparatives, lectures transnationales. Methodologische Innovationen, vergleichende Annäherungen, transnationale Lektüren*. Brüssel: Lang, 2009.

Niethammer, Lutz: »Diesseits des ›Floating Gap‹. Das kollektive Gedächtnis und die Konstruktion von Identität im wissenschaftlichen Diskurs«. In: Kristin Platt & Mihran Dabag (Hrsg.): *Generation und Gedächtnis. Erinnerungen und kollektive Identitäten*. Opladen: Leske und Budrich 1995, S. 25–50.
Nora, Pierre (Hrsg.): *Les lieux de mémoire I. La République*. Paris: Gallimard 1984; *Les lieux de mémoire II. La Nation*. Paris: Gallimard 1986; *Les lieux de mémoire III. Les France*. Paris: Gallimard 1992.
Nora, Pierre: *Zwischen Geschichte und Gedächtnis*. Frankfurt a. M.: Fischer 1998 [1990].
Nora, Pierre: *Erinnerungsorte Frankreichs*. Hrsg. v. Etienne François. München: Beck 2005.
Rigney, Ann: »Plenitude, Scarcity and the Circulation of Cultural Memory«. In: *Journal of European Studies* 35,1 (2005), S. 11–28.
Sabrow, Martin (Hrsg.). *Erinnerungsorte der DDR*. München: Beck, 2009.
Schmidt, Patrick: »Zwischen Medien und Topoi: Die *lieux de mémoire* und die Medialität des kulturellen Gedächtnisses«. In: Astrid Erll & Ansgar Nünning (Hrsg.): *Medien des kollektiven Gedächtnisses. Konstruktivität, Historizität, Kulturspezifität*. Berlin/New York: de Gruyter 2004, S. 25–43.
Tai, Hue Tam Ho: »Remembered Realms. Pierre Nora and French National Memory«. In: *American Historical Review* 106,3 (2001), S. 906–922.
Taithe, Bertrand: »Monuments aux morts? Reading Nora's *Realms of Memory* and Samuel's *Theatres of Memory*«. In: *History of the Human Sciences* 12,2 (1999), S. 123–139.
Tollebeek, Jo, Geert Buelens et al. (Hrsg.): *België, een parcours van herinnering*. Amsterdam: Bakker 2008.
Wesseling, Henk (Hrsg.): *Plaatsen van Herinnering*, 4 Bde. Hrsg. v. Wim Blockmans, Herman Pleij, Maarten Prak, Marita Mathijsen, Jan Bank & Wim van den Doel. Amsterdam: Bakker 2005–2006.

2.4 | Aleida und Jan Assmann: Das ›kulturelle Gedächtnis‹

Mit dem Begriff des kulturellen Gedächtnisses, den Aleida und Jan Assmann Ende der 1980er Jahre prägten, verbindet sich das im deutschsprachigen Raum meistdiskutierte Konzept der kulturwissenschaftlichen Gedächtnisforschung. Zentrales Verdienst der Theorie des kulturellen Gedächtnisses ist es, die Verbindung von Kultur und Gedächtnis systematisch, begrifflich differenziert und theoretisch fundiert aufgezeigt zu haben (eine gute Zusammenfassung bietet Assmann/Assmann 1994). Vor allem durch die Akzentuierung des Zusammenhangs von kultureller **Erinnerung**, kollektiver **Identitätsbildung** und politischer **Legitimierung** macht die Assmann'sche Theorie Phänomene beschreibbar, auf die die Kulturwissenschaften seit den 1980er Jahren verstärkt ihr Augenmerk richten. Durch den in zahlreichen Sammelbänden (vgl. bes. Assmann/Hölscher 1988; Assmann/Harth 1991a,b) demonstrierten hohen Grad der Anschließbarkeit an etablierte Disziplinen, Forschungsgegenstände und Methoden wird mit dem Begriff des kulturellen Gedächtnisses ein gemeinsames Forschungsfeld eröffnet, das so unterschiedliche akademische Fächer wie Geschichtswissenschaft, Altertumswissenschaft, Religionswissenschaft, Kunstgeschichte, Literaturwissenschaft oder Soziologie unter einem Dach zu vereinen vermag. Damit schafft die Theorie des kulturellen Gedächtnisses die Voraussetzungen für eine Zusammenschau bislang disparater Felder durch ein gemeinsames Erkenntnisinteresse.

2.4.1 | Kommunikatives und kulturelles Gedächtnis

Zentrale Voraussetzung des Assmann'schen Konzeptes ist die begriffliche Trennung zweier Register des kollektiven Gedächtnisses. Der in vielen Zügen den Erkenntnissen von Halbwachs verpflichtete Theorieentwurf basiert auf der grundlegenden Einsicht, dass zwischen einem kollektiven Gedächtnis, das auf Alltagskommunikation basiert, und einem kollektiven Gedächtnis, das sich auf symbolträchtige kulturelle Objektivationen stützt, ein qualitativer Unterschied besteht. Daher unterscheiden Jan und Aleida Assmann zwischen **zwei ›Gedächtnis-Rahmen‹**, dem ›kommunikativen Gedächtnis‹ einerseits und dem ›kulturellen Gedächtnis‹ andererseits. Jan Assmann stellt Merkmale des kommunikativen Gedächtnisses und des kulturellen Gedächtnisses – bewusst überpointiert – gegenüber, um zu zeigen, dass sich Inhalte, Formen, Medien, Zeitstruktur und Träger dieser beiden Gedächtnis-Rahmen grundlegend unterscheiden (vgl. J. Assmann 1992, S. 56; zu einer Weiterentwicklung des Modells vgl. A. Assmann 2002, 2006, 2007; zu einer näheren Untersuchung der Unterscheidung von kommunikativem und kulturellem Gedächtnis vgl. Kap. 4.5):

- Das **kommunikative Gedächtnis** entsteht durch Alltagsinteraktion, hat die Geschichtserfahrungen der Zeitgenossen zum Inhalt und bezieht sich daher immer nur auf einen begrenzten, ›mitwandernden‹ Zeithorizont von ca. 80 bis 100 Jahren. Die Inhalte des kommunikativen Gedächtnisses sind veränderlich und erfahren keine feste Bedeutungszuschreibung. Jeder gilt hier als gleich kompetent, die gemeinsame Vergangenheit zu erinnern und zu deuten. Das kommunikative Gedächtnis gehört laut Jan Assmann zum Gegenstandsbereich der Oral History. Es dient Jan und Aleida Assmann als Oppositionsbegriff und Abgrenzungsfolie zum kulturellen Gedächtnis, welches den eigentlichen Fokus ihrer Forschung darstellt.
- Bei dem **kulturellen Gedächtnis** handelt es sich hingegen um eine an feste Objektivationen gebundene, hochgradig gestiftete und zeremonialisierte, v. a. in der kulturellen Zeitdimension des Festes vergegenwärtigte Erinnerung. Das kulturelle Gedächtnis transportiert einen festen Bestand an Inhalten und Sinnstiftungen, zu deren Kontinuierung und Interpretation Spezialisten ausgebildet werden (z. B. Priester, Schamanen oder Archivare). Sein Gegenstand sind mythische, als die Gemeinschaft fundierend interpretierte Ereignisse einer fernen Vergangenheit (wie etwa der Auszug aus Ägypten oder der Kampf um Troja). Zwischen der im Rahmen des kommunikativen und der im Rahmen des kulturellen Gedächtnisses erinnerten Zeit klafft also eine Lücke – oder in den Worten den Ethnologen Jan Vansina: ein mitwanderndes *floating gap*.

In dem 1988 erschienenen Aufsatz »Kollektives Gedächtnis und kulturelle Identität« prägt Jan Assmann den Begriff ›kulturelles Gedächtnis‹ und definiert ihn wie folgt:

Unter dem Begriff kulturelles Gedächtnis fassen wir den jeder Gesellschaft und jeder Epoche eigentümlichen Bestand an Wiedergebrauchs-Texten, -Bildern und -Riten zusammen, in deren ›Pflege‹ sie ihr Selbstbild stabilisiert und vermittelt, ein kollektiv geteiltes Wissen vorzugsweise (aber nicht ausschließlich) über die Vergangenheit, auf das eine Gruppe ihr Bewußtsein von Einheit und Eigenart stützt (J. Assmann 1988, S. 15).

Ein Bündel **zentraler Merkmale** legt den Gebrauch des **Begriffs ›kulturelles Gedächtnis‹** fest (vgl. ebd., S. 13–15):
- **Identitätskonkretheit** bedeutet, dass soziale Gruppen ein kulturelles Gedächtnis konstituieren, aus dem sie ihre Identität ableiten.
- Mit **Rekonstruktivität** wird der Einsicht in die Gegenwartsbezogenheit jeglicher Erinnerung Rechnung getragen: Das kulturelle Gedächtnis ist ein retrospektives Konstrukt.
- **Geformtheit** ist das erste distinktive Merkmal zur Unterscheidung zwischen kommunikativem und kulturellem Gedächtnisrahmen. Das kulturelle Gedächtnis ist auf die Kontinuierung von Sinn anhand fester Ausdrucksformen und -medien

angewiesen. Ein zentrales Stabilisierungsverfahren ist dabei die Bildung von »**Erinnerungsfiguren**«, die Verbindung von einem Bild und einem Begriff oder Narrativ (wie z. B. die Erinnerungsfigur ›Exodus‹, vgl. J. Assmann 1992, S. 37).
- **Organisiertheit** bezeichnet die Institutionalisierung des kulturellen Gedächtnisses und die Spezialisierung ihrer Trägerschaft.
- Aus der **Verbindlichkeit** des kulturellen Gedächtnisses ergibt sich für die Gruppe eine ›klare Wertperspektive und ein Relevanzgefälle‹.
- Das Merkmal der **Reflexivität** verweist schließlich auf die Tatsache, dass das kulturelle Gedächtnis die Lebenswelt der Gruppe, ihr Selbstbild und nicht zuletzt sich selbst reflektiert.

	kommunikatives Gedächtnis	kulturelles Gedächtnis
Inhalt	Geschichtserfahrungen im Rahmen indiv. Biographien	mythische Urgeschichte, Ereignisse in einer absoluten Vergangenheit
Formen	informell, wenig geformt, naturwüchsig, entstehend durch Interaktion, Alltag	gestiftet, hoher Grad an Geformtheit, zeremonielle Kommunikation, Fest
Medien	lebendige Erinnerung in organischen Gedächtnissen, Erfahrungen und Hörensagen	feste Objektivationen, traditionelle symbolische Kodierung/Inszenierung in Wort, Bild, Tanz usw.
Zeitstruktur	80–100 Jahre, mit der Gegenwart mitwandernder Zeithorizont von 3–4 Generationen	absolute Vergangenheit einer mythischen Urzeit
Träger	unspezifisch, Zeitzeugen einer Erinnerungsgemeinschaft	spezialisierte Traditionsträger

Gegenüberstellung von kommunikativem Gedächtnis und kulturellem Gedächtnis (In: J. Assmann 1992, S. 56)

2.4.2 | Kulturelles Gedächtnis, Schrift und politische Identität

Die in Deutschland wohl immer noch einflussreichste Studie der kulturwissenschaftlichen Gedächtnisforschung ist Jan Assmanns ***Das kulturelle Gedächtnis*** (1992). Mit seiner Übersetzung als *Cultural Memory and Early Civilization* (2011) ist dieses Grundlagenwerk nun auch in englischer Sprache verfügbar. In *Das kulturelle Gedächtnis* geht es um die Verbindung von Erinnerung, kollektiver Identitätsbildung und politischer Machtausübung und um die Unterschiede und Gemeinsamkeiten oraler und skripturaler Kulturen. »Gesellschaften imaginieren Selbstbilder und kontinuieren über die Generationenfolge hinweg eine Identität, indem sie eine Kultur der Erinnerung ausbilden; und sie tun das […] *auf ganz verschiedene Weise*«, betont Jan Assmann (ebd., S. 18). Sein Ziel ist es, diese Unterschiede in der ›**konnektiven Struktur**‹ (d. h. in der Sozial- und in der Zeitdimension *verbindende* Struktur; vgl. ebd., S. 16) von Gesellschaften anhand einer Kulturtypologie aufzuzeigen. Als Beispiele wählt der Ägyptologe frühe Hochkulturen des Abendlandes und des alten Orients – Ägypten, Israel, die Hethiter und Griechenland.

Die beiden zentralen Medien des kulturellen Gedächtnisses, **Mündlichkeit und Schriftlichkeit**, haben mit Blick auf die Herstellung kultureller Kohärenz grundsätzlich die gleiche Funktion: Sie sind funktionsäquivalent. Allerdings wirkt sich die Einführung der Schrift auf die Formen der Vergegenwärtigung kultureller Vergangenheit aus. In diesem Zusammenhang spricht Jan Assmann von der **rituellen Kohärenz** oraler Kulturen und der **textuellen Kohärenz** skripturaler Kulturen. Orale Kulturen sind auf die genaue Wiederholung ihrer Mythen, auf Repetition, angewiesen, denn das kulturelle Gedächtnis wird in den organischen Gedächtnissen der Sänger oder Schamanen bewahrt und jede Variation könnte den Überlieferungszusammenhang gefährden. Textuelle Kohärenz beruht hingegen auf der Auslagerung kulturellen Sinns in das Medium der Schrift. Im Rahmen einer ›zerdehnten Situation‹ (Konrad Ehlich) wird eine spätere Wiederaufnahme der Mitteilung gewährleistet. So entsteht die Möglichkeit, mehr zu überliefern, als das Gedächtnis des Einzelnen zu behalten vermag. Allerdings bedürfen die verbindlichen, kanonischen Texte des kulturellen Gedächtnisses in jeder Gegenwart aufs Neue der Aneignung. Ihr Sinn muss ausgelegt, interpretiert werden. Textuelle Kohärenz geht mit den kulturellen Verfahren des Kommentars, der Imitation oder der Kritik einher.

Als mögliche gedächtnispolitische Strategien nennt Jan Assmann die ›heiße‹ und die ›kalte‹ Option: Gesellschaften können Erinnerung zum Motor ihrer Entwicklung machen. Dann handelt es sich um **heiße Kulturen**, wie im Falle des alten Israels. Sie können den geschichtlichen Wandel durch Erinnerung an das ewig Gleiche jedoch auch ›einfrieren‹. Beispiele für derartig **kalte Kulturen** sind das alte Ägypten oder das mittelalterliche Judentum. Das Gedächtnis heißer Kulturen beruht auf ›Mythen‹ im Sinne von Geschichte(n) über eine gemeinsame Vergangenheit, die Orientierung in der Gegenwart und Hoffnung für die Zukunft bieten. Diese Mythen entfalten in der Regel sowohl eine **fundierende** als auch eine **kontrapräsentische Motorik**: Fundierend und bestehende Systeme legitimierend wirkt der Mythos dort, wo er von der Gesellschaft als Ausdruck einer gemeinsamen Geschichte, aus der sich die gegenwärtigen Verhältnisse ableiten, wahrgenommen wird. Eine kontrapräsentische und potentiell delegitimierende Bedeutung nimmt er an, wenn durch ihn den Defizienzerfahrungen der Gegenwart eine Erinnerung an die vergangene, bessere Zeit gegenübergestellt wird.

Die Fallstudien im zweiten Teil von *Das kulturelle Gedächtnis* zeigen, dass Schrift, kulturelles Gedächtnis und politische Identität auf das Engste miteinander verschränkt sind. Gemeinschaftlicher, identitätsbildender kultureller Sinn wird in Schriftkulturen durch **normative und formative Texte** gestiftet und kontinuiert – durch Texte also, die auf die Fragen ›was sollen wir tun‹ und ›wer sind wir‹ antworten. Sie konstituieren den monumentalen Diskurs Ägyptens, sind Voraussetzung der religiösen Erinnerung als Widerstand in Israel und fördern die Ethnogenese, die Entstehung einer Kultur, in Griechenland.

2.4.3 | Gedächtnis als *ars* und *vis*, Funktionsgedächtnis und Speichergedächtnis

Ihrem 1999 erschienenen Buch **Erinnerungsräume (engl. Übers. 2011)** stellt Aleida Assmann eine grundlegende Unterscheidung voran: Gedächtnis als *ars* einerseits, als *vis* andererseits. Die Vorstellung von **Gedächtnis als *ars***, als Kunst oder Technik, geht auf das topologisch geprägte Modell der antiken Mnemotechnik zurück. Gedächtnis als *ars* erscheint als ein Wissensspeicher, in den Informationen eingelagert und in der gleichen Form wieder abgerufen werden können. Mit der Vorstellung von **Gedächtnis als *vis***, einer anthropologischen ›Kraft‹, wird hingegen die Dimension der Zeit und ihre transformierende Wirkung auf die Gedächtnisinhalte akzentuiert. Damit rücken Prozesshaftigkeit und Rekonstruktivität der Erinnerung ins Zentrum des Interesses. Gedächtnis als *vis* impliziert immer auch Vergessen. Denn aus der

Fülle des zu Erinnernden können nur einige wenige, der gegenwärtigen Situation entsprechende Elemente ausgewählt werden.

Aleida Assmann macht diese beiden Vorstellungstraditionen zur Grundlage einer Kulturtypologie: Um 1800 – mit dem Prestigeverfall der antiken Mnemotechnik, der Philosophie Lockes, der Entstehung des bürgerlichen Subjekts und schließlich der »romantischen Konzeption von Identität-durch-Erinnerung« – verortet sie die Ablösung der bis dahin dominanten Konzeption von Gedächtnis als *ars* durch ein Verständnis von Gedächtnis als *vis* (ebd., S. 89–113). Zum »Patron des Paradigmas der identitätsstiftenden Erinnerung« (ebd., S. 29) wurde dann im 19. Jahrhundert der Philosoph und Kulturkritiker Friedrich Nietzsche.

Um Prozesse der Aktivierung und des Vergessens von Inhalten des kulturellen Gedächtnisses beschreibbar zu machen, trifft Aleida Assmann eine weitere Unterscheidung: die zwischen **Funktions- und Speichergedächtnis**. Funktionsgedächtnis nennt Assmann das »bewohnte Gedächtnis«. Es besteht aus »bedeutungsgeladenen Elementen«, die zu einer kohärenten Geschichte konfiguriert werden können und sich durch »Gruppenbezug, Selektivität, Wertbindung und Zukunftsorientierung« auszeichnen. Das Speichergedächtnis hingegen ist das »unbewohnte Gedächtnis«, eine »amorphe Masse« ungebundener, »bedeutungsneutraler Elemente«, die keinen »vitalen Bezug« zur Gegenwart aufweisen (ebd., S. 134 f.).

Auf kollektiver Ebene enthält das Speichergedächtnis das unbrauchbar, obsolet und fremd Gewordene, das neutrale, identitäts-abstrakte Sachwissen, aber auch das Repertoire verpaßter Möglichkeiten, alternativer Optionen und ungenutzter Chancen. Beim Funktionsgedächtnis dagegen handelt es sich um ein angeeignetes Gedächtnis, das aus einem Prozeß der Auswahl, der Verknüpfung, der Sinnkonstitution [...] hervorgeht. Die strukturlosen, unzusammenhängenden Elemente treten ins Funktionsgedächtnis als komponiert, konstruiert, verbunden ein. Aus diesem konstruktiven Akt geht *Sinn* hervor, eine Qualität, die dem Speichergedächtnis grundsätzlich abgeht (ebd., S. 137).

Die Beziehung zwischen diesen beiden Modi der Erinnerung bezeichnet Aleida Assmann als perspektivische: Das Funktionsgedächtnis ist als Vordergrund zu denken, der sich vor dem Hintergrund des Speichergedächtnisses abhebt.

Zwar erfüllt das Funktionsgedächtnis so zentrale Aufgaben wie Identitätskonstruktion oder die Legitimierung einer bestehenden Gesellschaftsform. Das Speichergedächtnis ist deshalb aber nicht weniger wichtig. Es dient als »Reservoir zukünftiger Funktionsgedächtnisse«, als »Ressource der Erneuerung kulturellen Wissens«

	Speichergedächtnis	Funktionsgedächtnis
Inhalt	Das Andere, Überschreitung der Gegenwart	Das Eigene, Fundierung der Gegenwart auf einer bestimmten Vergangenheit
Zeitstruktur	anachron: Zweizeitigkeit, Gestern neben dem Heute, kontrapräsentisch	diachron: Anbindung des Gestern an das Heute
Formen	Unantastbarkeit der Texte, autonomer Status der Dokumente	selektiver = strategischer, perspektivischer Gebrauch von Erinnerungen
Medien und Institutionen	Literatur, Kunst, Museum, Wissenschaft	Feste, öffentliche Riten kollektiver Kommemoration
Träger	Individuen innerhalb der Kulturgemeinschaft	kollektivierte Handlungssubjekte

Unterschiede zwischen Speicher und Funktionsgedächtnis (In: Assmann/Assmann 1994, S. 123)

und damit als »Bedingung der Möglichkeit kulturellen Wandels« (ebd., S. 140). Alle Elemente des Speichergedächtnisses können, wenn sie für die Gesellschaft eine zusätzliche Sinndimension erhalten, in das Funktionsgedächtnis übergehen. Entscheidend sind daher nicht nur Inhalte der beiden Gedächtnisebenen, sondern auch der **Grad der Durchlässigkeit** zwischen ihnen, der die Möglichkeit von Veränderung und Erneuerung bestimmt.

Durch die Unterscheidung zwischen einem Speicher- und einem Funktionsbereich werden **Wandlungsmöglichkeiten und -prozesse des kulturellen Gedächtnisses** erklärbar – eben jene Phänomene, deren Geschichte Aleida Assmann von der Antike bis zur Postmoderne in *Erinnerungsräume* erzählt. Aleida Assmanns Begriff des kulturellen Gedächtnisses ›im weiteren Sinne‹ zieht eine enorme Ausweitung des Gegenstandsbereichs nach sich. Ins Blickfeld geraten nun alle Objektivationen einer gegebenen Kultur, die von der Gesellschaft aufbewahrt werden, also nicht nur die zentralen Wiedergebrauchs-Texte, -Bilder und -Riten, sondern auch Dokumente, die im Archiv lagern, längst vergessene Kunstwerke, kaum beachtete Bauwerke usw. Mit dem von Jan Assmann 1988 aufgestellten Merkmalsbündel, das sich offensichtlich nur auf den Funktionsbereich – auf ein kulturelles Gedächtnis ›im engeren Sinne‹ – bezieht, hat das Funktions- *und* Speicherbereich umfassende Kulturgedächtnis nur noch das Merkmal der Geformtheit gemeinsam.

Mit der Unterscheidung von Speicher- und Funktionsgedächtnis kann zudem erklärt werden, warum es sich bei Assmanns Begriff des kulturellen Gedächtnisses nicht einfach um eine ›Neuauflage‹ des **Traditionsbegriffs** handelt. Das ›kulturelle Gedächtnis‹ besteht im Gegensatz zur ›Tradition‹ sowohl im »Modus der Potentialität als Archiv, als Totalhorizont« als auch im »Modus der Aktualität« (J. Assmann 1988, S. 13). Mit dem Traditionsbegriff bekommt man nur die Aktualität, also den Funktionsbereich des kulturellen Gedächtnisses, in den Blick. Damit bezeichnet der Assmann'sche Begriff des kulturellen Gedächtnisses als Gesamtheit von Funktionsgedächtnis *und* Speichergedächtnis nicht nur einen größeren Objektbereich, als dessen Teilmenge Traditionen zu begreifen wären. Mit ihm kann auch beschrieben werden, woraus sich Traditionen speisen und was bei ihrer Konstitution in Vergessenheit gerät.

2.4.4 | Arbeit an der deutschen Erinnerungskultur

Eine Hinwendung zur gegenwärtigen deutschen Erinnerungskultur vollzieht Aleida Assmann bereits in *Geschichtsvergessenheit-Geschichtsversessenheit* (1999), vor allem aber mit *Der lange Schatten der Vergangenheit* (2006) und *Geschichte im Gedächtnis* (2007). Diese Studien zeichnen sich durch die Ausweitung ihres Quellenkorpus von Literatur und Kunst auf eine Vielzahl erinnerungskulturellen Materials, wie etwa autobiographische Zeugnisse, politische Verlautbarungen oder Geschichtsfernsehen, aus.

Das neue Unbehagen an der Erinnerungskultur (2013) stellt eine »Intervention« dar, die Aleida Assmann nicht nur als Wissenschaftlerin, sondern auch als kritische Intellektuelle unternimmt. Dabei geht es weniger um allgemeine Gedächtnistheorie als um den spezifischen Fall einer »**ethischen Erinnerungskultur**« (ebd., S. 32), wie sie in Deutschland seit den 1980er Jahren aufgebaut – und stets kontrovers diskutiert – wurde. (Dieser Begriff unterscheidet sich von dem analytischen Begriff ›Erinnerungskulturen‹ in Kap. 2.5.) Mit dem Schwinden der Zeitzeugengeneration geht die

Erinnerung an den Holocaust in den Bereich des rein medial vermittelten kulturellen Gedächtnisses über. Wie soll die dritte und vierte Generation einer Tätergesellschaft des Holocausts gedenken? Und welche Herausforderungen bringen Migration, Transnationalisierung und Europäisierung für die deutsche Erinnerungskultur mit sich?

Aleida Assmann setzt sich mit kritischen Stimmen auseinander, die ein übermäßiges und fehlgeleitetes Erinnern an den Holocaust auf Kosten von Zukunftsvisionen monieren. In den ebenso kontroversen wie unübersichtlichen Diskurs über die deutsche Erinnerungskultur führt Assmann einige wichtige Unterscheidungen ein: Im Anschluss an Werner Konitzer differenziert sie etwa zwischen **Opferorientierung und Opferidentifizierung**, zwischen der »emphatischen Identifikation mit den Opfern« (*mitfühlen mit*) und einer fehlgeleiteten »Identifikation *als* Opfer« (*sich fühlen als*) (ebd., S. 63). »Die Haltung der deutschen Holocaust-Erinnerung ist opferorientiert, aber nicht opferidentifiziert, denn hier spielt die Täterperspektive ja eine nicht zu eliminierende Rolle« (ebd., S. 66). Der Kritik daran, dass sich die Bundesrepublik auf einen negativen Gründungsmythos – den Holocaust – beziehe und daraus ein Mangel an Visionen für Zukunft und Fortschritt folge, hält sie entgegen, »dass aus der Gewaltgeschichte Europas ja gerade seine zukunftsweisenden Werte herausdestilliert wurden« (ebd., S. 74 f.). Kritik an der Praxis deutscher Erinnerungskultur übt sie aber auch selbst, etwa wenn sie »die Entchristlichung des politischen Vokabulars« anmahnt. Begriffe wie ›Erlösung‹ oder ›Versöhnung‹ hätten im »säkularen Sprachraum« der deutschen Erinnerungskultur »keine Referenz« und schürten zudem »hochgeschraubte Erwartungen«. Sie seien durch Begriffe wie »gemeinsame bzw. empathische Erinnerung« und »Vertrauen« zu ersetzen (ebd., S. 116). Mit ihren Überlegungen zu Deutschland als Migrationsgesellschaft, zur europäischen Erinnerung und zum »dialogischen Erinnern« partizipiert Assmann an der neueren Wende der Gedächtnisforschung hin zu transnationalen und transkulturellen Fragestellungen (vgl. dazu. Kap. 4.7).

Ist die Zeit aus den Fugen? (2013) ist das zeittheoretische Pendant zu Aleida Assmanns Überlegungen zur neueren deutschen Erinnerungskultur. Ihre These lautet, »dass mit den 1980er Jahren nicht nur das 20. Jahrhundert endete, sondern mit ihm auch die fraglose Geltung der temporalen Struktur des Modernisierungsparadigmas« (ebd., S. 18). In Anlehnung an François Hartog spricht Assmann von »kulturellen Zeitregimes« (ebd., S. 19). Das seit ca. 1770 in der westlichen Welt regierende **Zeitregime der Moderne** war ein radikal auf die Zukunft ausgerichtetes und von der Idee des Fortschritts geleitetes (vgl. ebd., S. 21). Erst seit den 1980er Jahren haben sich die »Zugänge zur Vergangenheit vervielfältigt« (ebd., S. 277), unter anderem, weil in Zeiten der Globalisierung die »temporale Ontologie« des Modernisierungsparadigmas »als eine kulturelle Konstruktion erkennbar« (ebd., S. 246) geworden ist. In Auseinandersetzung mit den Zeit- und Modernisierungstheorien von Reinhart Koselleck, Hans-Ulrich Wehler oder Bruno Latour deutet Assmann den Abschied vom Zeitregime der Moderne daher weniger als Krise oder als Verlust von Zukunftsvisionen denn als ein »Stück zurückgewonnener Normalität« (ebd., S. 280).

Literatur

Wichtige Schriften der Assmann'schen Theorie des kulturellen Gedächtnisses in chronologischer Reihenfolge

Assmann, Jan & Tonio Hölscher (Hrsg.): *Kultur und Gedächtnis*. Frankfurt a. M.: Suhrkamp 1988.
Assmann, Jan: »Kollektives Gedächtnis und kulturelle Identität«. In: Assmann/Hölscher 1988, S. 9–19.
Assmann, Aleida & Dietrich Harth (Hrsg.): *Kultur als Lebenswelt und Monument*. Frankfurt a. M.: Fischer 1991a.
Assmann, Aleida & Dietrich Harth (Hrsg.): *Mnemosyne. Formen und Funktionen der kulturellen Erinnerung*. Frankfurt a. M.: Fischer 1991b.
Assmann, Jan: *Das kulturelle Gedächtnis. Schrift, Erinnerung und politische Identität in frühen Hochkulturen*. München: Beck 1992 (engl. Übers. *Cultural Memory and Early Civilization: Writing, Remembrance, and Political Imagination*. New York: Cambridge UP 2011).
Assmann, Aleida & Jan Assmann: »Das Gestern im Heute. Medien und soziales Gedächtnis«. In: Klaus Merten, Siegfried J. Schmidt & Siegfried Weischenberg (Hrsg.): *Die Wirklichkeit der Medien. Eine Einführung in die Kommunikationswissenschaft*. Opladen: Westdeutscher Verlag 1994, S. 114–140.
Assmann, Jan: *Moses der Ägypter. Entzifferung einer Gedächtnisspur*. München/Wien: Hanser 1998.
Assmann, Aleida: *Erinnerungsräume. Formen und Wandlungen des kulturellen Gedächtnisses*. München: Beck 1999 (engl. Übers.: *Cultural Memory and Western Civilization: Functions, Media, Archives*. New York: Cambridge UP 2011)
Assmann, Aleida & Ute Frevert: *Geschichtsvergessenheit – Geschichtsversessenheit. Vom Umgang mit deutschen Vergangenheiten nach 1945*. Stuttgart: Deutsche Verlags-Anstalt 1999.
Assmann, Jan: *Religion und kulturelles Gedächtnis. Zehn Studien*. München: Beck 2000.
Assmann, Aleida: »Vier Formen des Gedächtnisses«. In: *Erwägen, Wissen, Ethik* 13,2 (2002), S. 183–190.
Assmann, Jan: »Das kulturelle Gedächtnis«. In: *Erwägen, Wissen, Ethik* 13,2 (2002), S. 239–247.
Assmann, Aleida: *Der lange Schatten der Vergangenheit: Erinnerungskultur und Geschichtspolitik*. München: Beck 2006 (engl. Übers.: *Shadows of Trauma: Memory and the Politics of Postwar Identity*. New York: Fordham, 2016).
Assmann, Aleida: *Geschichte im Gedächtnis: Von der individuellen Erfahrung zur öffentlichen Inszenierung*. München: Beck 2007.
Assmann, Aleida: *Das neue Unbehagen an der Erinnerungskultur. Eine Intervention*. München: Beck 2013.
Assmann, Aleida: *Ist die Zeit aus den Fugen? Aufstieg und Fall des Zeitregimes der Moderne*. München: Hanser 2013.
Assmann, Aleida: *Formen des Vergessens*. Göttingen: Wallstein 2016.

2.5 | »Erinnerungskulturen«: Das Konzept des Gießener Sonderforschungsbereichs 434

Von 1997 bis 2008 wurden an der Justus-Liebig-Universität Gießen mit Förderung der Deutschen Forschungsgemeinschaft im Sonderforschungsbereich (SFB) 434 »**Erinnerungskulturen**« untersucht. Der SFB interessierte sich für die Inhalte und Formen kultureller Erinnerung von der Antike bis ins 21. Jahrhundert. Beteiligt waren etwa hundert Wissenschaftler/innen aus elf kulturwissenschaftlichen Disziplinen. Gemeinsam mit Historikern und Germanisten forschten unter dem Dach des SFB Latinisten, Gräzisten, Kunsthistoriker, Romanisten, Anglisten, Orientalisten, Philosophen, Politologen und Soziologen.

Das im *Erstantrag* von 1996 (S. 11) formulierte Ziel des SFB »Erinnerungskulturen« war »eine konsequente Historisierung der Kategorie der historischen Erinnerung«. Dem zunächst recht statisch und überhistorisch angelegten Assmann'schen Modell des kulturellen Gedächtnisses wurde damit ein Konzept gegenübergestellt, das Dynamik, Kreativität, Prozesshaftigkeit und vor allem die **Pluralität der kulturellen Erinnerung** in den Vordergrund rückt. Dieses Bestreben drückt sich erstens in der Privilegierung des Erinnerungs-Begriffs vor dem (oftmals mit Speichermetaphern assoziierten) Gedächtnis-Begriff aus. Zweitens zeigt die Verwendung des Plurals – Erinnerungskultur*en* – die Vielfalt und historisch-kulturelle Variabilität von Erinnerungspraktiken und -konzepten an. Somit ist »nicht nur in einem kumulativen, sondern in einem theoretisch reflektierten Sinn von Erinnerungskulturen im Plural die Rede« (ebd., S. 16):

> Der Begriff [Erinnerungskulturen] verweist auf die Pluralität von Vergangenheitsbezügen, die sich nicht nur diachron in unterschiedlichen Ausgestaltungen des kulturellen Gedächtnisses manifestiert, sondern auch synchron in verschiedenartigen Modi der Konstitution der Erinnerung, die komplementäre ebenso wie konkurrierende, universale wie partikulare, auf Interaktion wie auf Distanz- und Speichermedien beruhende Entwürfe beinhalten können (Sandl 2005, S. 100).

Im Rahmen des SFB »Erinnerungskulturen« wurde ein **Modell zur Beschreibung von kulturellen Erinnerungsprozessen** entworfen. Dabei geht es, wie Marcus Sandl (ebd., S. 108) betont, »nicht um eine Synthese oder die Einheit des Gegenstandes [...], sondern um die Suche nach operativen Faktoren und transversalen Linien, die unterschiedliche Möglichkeiten der thematischen, methodischen und theoretischen Zurichtung des Themas eröffnen«. (Die folgende Übersicht orientiert sich an dem von Günter Lottes entworfenen Forschungsprogramm des *Erstantrags* aus dem Jahr 1996 sowie an Sandl 2005).

Auf einer ersten Ebene werden **Rahmenbedingungen des Erinnerns** untersucht, die durch vier Faktoren bestimmt sind:
- die **Gesellschaftsformation**, bzw. den Typus der Gesellschaft, innerhalb der erinnert wird (z. B. Adelsgesellschaft, bürgerliche Gesellschaft, funktional differenzierte Gesellschaft der Postmoderne),
- ihre **Wissensordnung**, im Sinne einer epochalen Diskursformation mit eigenen Regeln,
- ihr **Zeitbewusstsein**, das von der Geschwindigkeit, dem Umfang und der Art des historischen Wandels geprägt wird (bestes Beispiel sind die von Reinhart Koselleck untersuchten Beschleunigungserfahrungen im Kontext des Modernisierungsprozesses um 1800), sowie
- ihre **Herausforderungslage**: Hiermit sind Krisen von überkommenen Erklärungs- und Interpretationsmustern angesichts gesellschaftlicher Umbrüche gemeint.

Auf einer zweiten Ebene geht es um die **Ausformung spezifischer Erinnerungskulturen**. Auch hier sind vier Aspekte von zentralem Interesse:
- die **Erinnerungshoheit** in einer Gesellschaft, deren jeweilige Ausprägung entlang einer Skala mit den Polen ›hegemoniale Erinnerungskultur‹ und ›Konkurrenz von Erinnerungskulturen‹ zu konzipieren ist,
- die **Erinnerungsinteressen** verschiedener gesellschaftlicher Gruppen; sie können miteinander in Konkurrenz treten, aber auch nebeneinander existieren, sich überlagern und durchdringen,
- die **Erinnerungstechniken**, die mnemotechischen Strategien, Kommunikationsweisen und Gedächtnismedientechnologien einer Gesellschaft,
- die **Erinnerungsgattungen,** verschiedene Darstellungsformen von Vergangenheit (wie etwa Historienbild, Geschichtsfilm, historischer Roman oder Historiographie).

2.5 »Erinnerungskulturen«: Das Konzept des Gießener Sonderforschungsbereichs 434

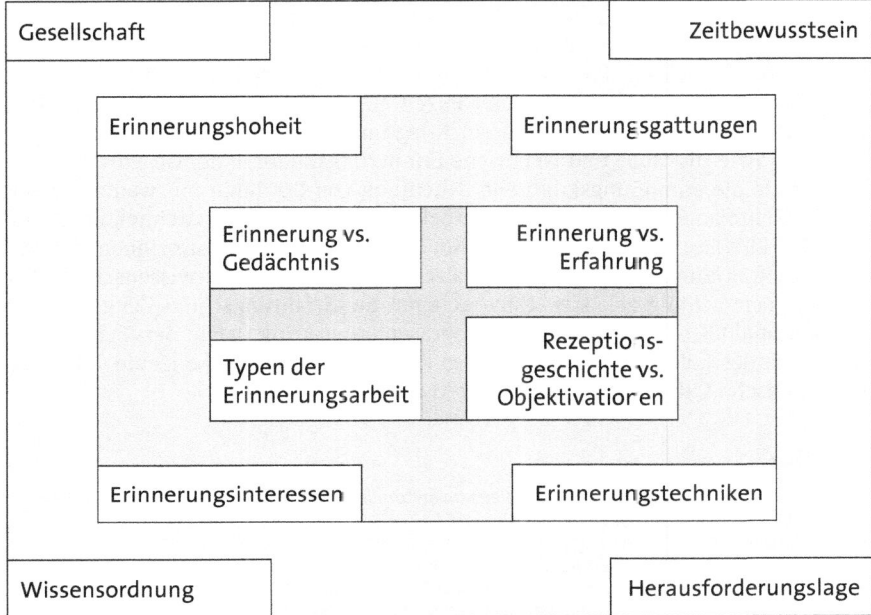

Matrix des Forschungsprogramms des SFB ›Erinnerungskulturen‹ (in: *Erstantrag* 1996)

Die dritte Ebene beleuchtet die Äußerungsformen und Inszenierungsweisen des vergangenheitsbezogenen Sinns, bzw. das konkrete **Erinnerungsgeschehen**:
- Auf dieser Ebene sind **Gedächtnis und Erinnerung** voneinander abzugrenzen. Kulturelles Gedächtnis wird hierbei als eine diskursive Formation verstanden, Erinnerung als Abruf *und* Neukonstitution von Wissen über Vergangenheit.
- Der **Typus der Erinnerungsarbeit** reicht dabei von ›wissenschaftlich-diskursiven‹ bis zu rein ›imaginativ-fiktiven‹ Strategien.
- Zentral ist überdies eine Unterscheidung zwischen **erfahrener und nicht-erfahrener Vergangenheit**, also zwischen Vergangenheit als individuelle Lebenserfahrung und der Aneignung eines Erinnerungsraums jenseits der Erfahrungsschwelle. Diese beiden Alternativen, die grob mit Aleida und Jan Assmanns kommunikativem und kulturellem Gedächtnis korreliert werden können (vgl. dazu auch Kap. 4.5), erfordern jeweils andere Strategien der kulturellen Erinnerung.
- Ein weiteres wichtiges Thema ist die **Rezeptionsgeschichte der Objektivationen**, d. h. der Gegenstände und Medien des kulturellen Gedächtnisses. Hierbei ist zu unterscheiden zwischen der ursprünglich intendierten Botschaft eines Gedächtnismediums und dessen tatsächlicher Aneignung durch historische Erinnerungskulturen. Der Erinnerungswert kultureller Objektivationen ist damit historisch, aber auch sozial und kulturell veränderlich.

Die **Forschung und Publikationen** des SFB »Erinnerungskulturen« konzentrierten sich stark auf die zweite Ebene des Modells, die Ausformung spezifischer Erinnerungskulturen, und stellen damit einen wichtigen Beitrag zu einer kulturhistorischen Gedächtnisforschung dar (vgl. dazu die Publikationen der bei Vandenhoeck & Ruprecht seit 2000 erscheinenden Reihe »Formen der Erinnerung« und die bei de

Gruyter seit 2004 erscheinende Reihe »Medien und kulturelle Erinnerung«). Untersucht wurden u. a. religiöse Erinnerungskulturen der römischen Antike, adelige und bürgerliche Erinnerungskulturen des Spätmittelalters, Meditation als eine spezifische Erinnerungspraxis der Frühen Neuzeit, protestantische Erinnerungskulturen, deutsch-jüdische Erinnerungskulturen, Krieg und Erinnerung im 19. und 20. Jahrhundert sowie russische und islamische Erinnerungskulturen der Gegenwart. Überdies wurde die erinnerungskulturelle Bedeutung von bis dahin nur wenig beachteten Gedächtnismedien in den Blick gerückt, wie etwa Gärten, Architektur, Druckgraphik, Literatur und Körper. Schließlich haben die Mitarbeiter/innen des SFB einen Beitrag zur Ausarbeitung zentraler Konzepte der kulturwissenschaftlichen Gedächtnisforschung geleistet. Dazu gehören die Erfahrungs- und Zeitgeschichte, Generationalität, Bilderverbot und Repräsentationskritik nach der Schoah, die Medialität des kollektiven Gedächtnisses sowie die Gedächtniskonzepte der Literaturwissenschaft, das Vergessen und der Mythos.

Literatur

Erll, Astrid & Ansgar Nünning (Hrsg.): *Medien und kulturelle Erinnerung / Media and Cultural Memory.* Berlin/New York: de Gruyter, seit 2004.

Erstantrag des SFB 434 ›Erinnerungskulturen‹. Justus-Liebig-Universität Gießen 1996.

Oesterle, Günter (Hrsg.): *Erinnerung, Gedächtnis, Wissen. Studien zur kulturwissenschaftlichen Gedächtnisforschung.* Göttingen: Vandenhoeck & Ruprecht 2005 (= FdE 26).

Reulecke, Jürgen & Birgit Neumann (Hrsg.): *Formen der Erinnerung.* Göttingen: Vandenhoeck & Ruprecht, seit 2000.

Sandl, Marcus: »Historizität der Erinnerung/Reflexivität des Historischen. Die Herausforderung der Geschichtswissenschaft durch die kulturwissenschaftliche Gedächtnisforschung«. In: Oesterle 2005, S. 89–120.

3 Gedächtnisse: Disziplinspezifische Zugänge und interdisziplinäre Vernetzungsmöglichkeiten

Obwohl ›Gedächtnis‹ seit den 1980er Jahren, im Zuge seiner verstärkten kulturwissenschaftlichen Erforschung, weithin als ein genuin transdisziplinäres Phänomen verstanden wird, dessen Funktionsweisen kaum von der Warte eines einzelnen Faches aus zu begreifen sind, haben sich doch auch disziplinspezifische Gedächtniskonzepte herausgebildet. In den Geschichts- und Sozialwissenschaften, der Literaturwissenschaft und der Psychologie konstituiert sich der Gegenstand ›Gedächtnis‹ heute auf so unterschiedliche Weise, dass in der Tat wohl besser von ›Gedächtnissen‹ im Plural zu sprechen wäre. Dennoch: Die Disziplinen bewegen sich durchaus aufeinander zu. Zunehmend versuchen Wissenschaftler/innen, integrative Modelle des kollektiven Gedächtnisses zu entwerfen. Sowohl solche Modelle als auch eine Kenntnis fachspezifischer Konzepte und Hintergrundannahmen bilden die Voraussetzung für eine erfolgreiche interdisziplinäre Gedächtnisforschung. In diesem Kapitel wird das Augenmerk daher auf beides gerichtet: auf einige disziplinspezifische Zugänge zum Gedächtnis und auf mögliche interdisziplinäre Vernetzungsmöglichkeiten.

Ein Wort sei hier zur **aktuellen Lage der internationalen Memory Studies** angebracht: In ihrem programmatischen Artikel »Memory Studies: The State of an Emergent Field« (2016) werten die Politikwissenschaftlerinnen Anamaria Dutceac Segesten und Jenny Wüstenberg eine online-Umfrage unter 255 Wissenschaftler/innen aus, die sich dem Feld der interdisziplinären Gedächtnisforschung zugehörig fühlen. 24 % der Befragten haben in Geschichte promoviert, 13 % in Politikwissenschaft/International Relations, 10 % in Soziologie. Zu den weiteren ›Herkunftsfächern‹ gehören die Literaturwissenschaften, Anthropologie/Ethnologie, Kommunikations-, Medien- und Filmwissenschaften, Kulturwissenschaften, Area Studies und Psychologie (ebd., S. 9). Die von den Befragten am häufigsten verwendeten Methoden sind Diskursanalyse und narrative Analyse, Archivforschung, Interviews und Medienanalyse. Insgesamt sehen die Autorinnen das Feld in einem mittleren Stand der Entwicklung hin zu einer akademischen Disziplin. Mit einer Unterscheidung der Autorinnen (ebd., S. 3) ist zu konstatieren, dass das Feld der Memory Studies sehr wohl *etabliert* ist, denn eine wachsende Anzahl von Wissenschaftler/inne/n engagiert sich in der Gedächtnisforschung, es sind Publikationsforen (v. a. die Zeitschrift *Memory Studies*) und internationale Netzwerke entstanden, Anthologien mit Schlüsseltexten (Olick et al. 2010) und Handbücher zu Konzepten und Methoden publiziert worden (Erll/Nünning 2008; Keightley/Pickering 2013). Das Feld ist jedoch noch nicht *institutionalisiert*, denn es existieren kaum Masterprogramme, Promotionsprogramme oder Professuren im Bereich der Memory Studies. Dutceac Segesten und Wüstenberg (2016, S. 5) beschreiben das Feld als noch im ›branding stage« befindlich: Forschung, die als Beitrag zu den Memory Studies begriffen werden könnte, segelt häufig noch unter anderer Flagge – etwa als Transitional Justice Studies, Heritage Studies oder Popular History Studies. Diesem Zustand trägt auch dieses Kapitel Rechnung: Dargestellt werden hier vor allem solche Ansätze, die sich bewusst im Feld der Gedächtnisforschung verorten. Doch vereinzelt werden auch relevante Beiträge benachbarter Felder ›eingemeindet‹ und auf ihre Bedeutung für den Diskurs der Memory Studies hin diskutiert.

3.1 | Gedächtnis historisch und sozial: Geschichts- und Sozialwissenschaften

Die Geschichts- und Sozialwissenschaften gehören heute zu den engagiertesten Disziplinen bei der Erforschung von kollektiven Erinnerungspraktiken. Wichtige Grundlagen der transdisziplinären und kulturwissenschaftlichen Erinnerungsforschung sind hier geschaffen worden – was kaum verwunderlich ist, denn Geschichtsbewusstsein und die soziale Dimension des Erinnerns gehören zu den zentralen Koordinaten des kollektiven Gedächtnisses. Mit Maurice Halbwachs' *mémoire collective* und Pierre Noras *lieux de mémoire* wurden die beiden wichtigsten Vertreter der sozial- und geschichtswissenschaftlichen Gedächtnisforschung bereits vorgestellt (vgl. Kap. 2). Im Folgenden geht es stärker um die disziplinspezifischen Anliegen und Diskussionen im Horizont der kulturwissenschaftlichen Gedächtnisforschung.

3.1.1 | Geschichte und/oder/als Gedächtnis

Ein zentraler und in gewisser Weise am Anfang der neueren historischen Gedächtnisforschung stehender Problemkomplex ist der um ›**Geschichte und/oder/als Gedächtnis**‹, mit dem sich die geschichtswissenschaftliche Disziplin verstärkt seit Anfang der 1970er Jahre beschäftigt. In seinem Zentrum steht die Frage, ob Geschichtsschreibung nicht selbst eine Form kollektiver Erinnerung sei. Schließlich handelt es sich schon bei historischen Quellen um kulturelle Artefakte, die vergangene Wirklichkeit nicht widerspiegeln, sondern immer schon perspektivisch deuten. Hinzu kommt, dass die Tätigkeit der Historiker/innen keineswegs dem naiven Objektivitätsideal gerecht zu werden vermag, das noch Halbwachs seiner polemischen Gegenüberstellung von unbeteiligter Geschichte und wertendem Gedächtnis zugrunde legte. Historiker/innen sind an ihren historischen Standort und ihre persönliche Perspektive gebunden. Sie wählen aus, gewichten, überformen das historische Geschehen mit rhetorischen Mitteln, überführen es in eine narrative Struktur und deuten es damit zugleich (vgl. White 1973).

Nicht zuletzt wird die Frage diskutiert, welche gesellschaftlichen Funktionen die Geschichtsschreibung übernehmen soll: Geht es um die objektive und unbeteiligte Rekonstruktion der Vergangenheit oder um eine Auseinandersetzung mit Geschichte, die Partei ergreift, Zeugnis ablegt und in der Gegenwart ›etwas will‹? Hat die Historiographie also eine dominant **wissenschaftliche Funktion** oder eine dominant **memoriale Funktion**? (vgl. A. Assmann 1999, S. 143 f.; vgl. auch Habermas 1998). Bei dem ›**Historikerstreit**‹ von 1986/87 (vgl. Augstein 1987) und vielleicht noch mehr im Rahmen der ›Historisierungsdebatte‹ (1985–88), die sich paradigmatisch am Briefwechsel zwischen Martin Broszat und Saul Friedländer aufzeigen lässt (vgl. Berg 2003), ging es um das Spannungsfeld zwischen ›objektiv-wissenschaftlichen‹ und ›subjektiv-erinnernden‹ Formen der Auseinandersetzung mit dem Holocaust.

Gerade in der Geschichtswissenschaft ist der Gedächtnis-Diskurs besonders aufgeladen, weil mit ihm auch das **Selbstverständnis der Disziplin** auf dem Spiel zu stehen scheint (vgl. Wischermann 1996). »Der Begriff des Gedächtnisses erschien vielen Historikern als trojanisches Pferd der postmodernen Kritik an den historischen Meistererzählungen oder zumindest als Versuch der Popularisierung des Geschichtlichen« (Sandl 2005; vgl. auch Niethammer 1993). Optimistisch gewendet, scheint Gedächtnisforschung Historiker/innen beides zu ermöglichen: ein Studium der Vergangenheit und zugleich eine Integration der Erkenntnisse der Postmoderne. Daher wird Erinnerung von einigen Geschichtstheoretikern auch als neuer Leitbegriff einer theoretisch reflektierten Kulturgeschichte gehandelt (vgl. dazu die grundlegenden Aufsätze von Confino 1997; Megill 1998; Kansteiner 2002; sowie die Praxis einer die Grenzen zwischen Geschichte und kultureller Erinnerung verwischenden Geschichtsschreibung in Raphael Samuels *Theatres of Memory*, 1994). Kurz, der Zusammenhang von Kultur und Gedächtnis ist wohl in keiner anderen Disziplin so zentral und zugleich so heiß umstritten wie in der Geschichtswissenschaft (vgl. dazu auch die Diskussionen in den Zeitschriften *History & Memory* sowie *History & Theory*). Jan Assmann (1998, S. 26) betont, dass **Gedächtnisgeschichte** »nicht im Gegensatz zur Geschichtswissenschaft steht, sondern [...] einen ihrer Zweige wie auch Ideengeschichte, Sozialgeschichte, Mentalitätsgeschichte oder Alltagsgeschichte« bildet. In diesem Sinne zeigen Stefan Berger und William Niven (2014) in *Writing the History of Memory*, wie Historiker von der Antike bis zur Gegenwart Gedächtnisgeschichte geschrieben und theoretisiert haben. Marek Tamm (2015) versammelt neue »Perspektiven auf Mnemogeschichte«, die um die Konzepte des ›Ereignisses‹ und des ›Nachlebens‹ kreisen.

Einige wichtige Positionen in der Diskussion um ›Geschichte und/oder/als Gedächtnis‹ sollen im Folgenden kurz rekapituliert werden. Ihr Spektrum reicht von Versuchen, die Ähnlichkeiten oder gar Identität zwischen Geschichte und Gedächtnis – *History as an Art of Memory*, wie es Patrick Hutton (1993) formuliert – aufzuzeigen, bis hin zur emotionsgeladenen Betonung ihrer Nichtvereinbarkeit (hierfür grundlegend sind die Beiträge von Halbwachs und Nora, vgl. Kap. 2).

Jacques LeGoff schreibt in *Geschichte und Gedächtnis* (1992; orig.: *Storia e memoria*, 1977 ff.) eine der einschlägigsten Geschichten des Erinnerns von der Antike bis zur Gegenwart (ebd., S. 87–136; zu seiner Mediengeschichte vgl. auch Kap. 5.2). Im Vorwort zur französischen Ausgabe umreißt LeGoff kurz seine Vorstellung von der Beziehung zwischen beiden Formen des Vergangenheitsbezugs, wobei deutlich wird, dass es sich um zwei verschiedene, wenngleich sich wechselseitig beeinflussende Verfahren der Wissensorganisation handelt. Für LeGoff muss die historische Disziplin

nach Objektivität streben und auf dem Glauben an eine historische ›Wahrheit‹ begründet bleiben. Erinnerung ist ein Rohstoff der Geschichte. In Geist, Wort oder Schrift stellt sie den Vorrat dar, aus dem die Historiker schöpfen. [...] Im übrigen speist die Disziplin ihrerseits die Erinnerung und tritt damit in den großen dialektischen Prozeß von Erinnern und Vergessen ein, den Individuen und Gesellschaften durchleben. Der Historiker ist dazu da, um über dies Erinnern und Vergessen Rechenschaft abzulegen, um es in denkbaren Stoff umzuwandeln, um es zu einem Gegenstand des Wissens zu machen (ebd., S. 11 f.).

›Geschichte *oder* Gedächtnis‹ ist die Alternative, vor die **Josef Hayim Yerushalmi** zufolge das Judentum im Verlauf seiner mehrtausendjährigen Geschichte gestellt wurde. Sein klassisches Buch *Zachor: Erinnere Dich! Jüdische Geschichte und jüdisches Gedächtnis* (1988; orig.: *Zakhor. Jewish History and Jewish Memory*, 1982) dreht sich um eine Erinnerungsgemeinschaft, in der das **Erinnerungsgebot (za-chor!)** eine herausragende Rolle spielt. In vier Vorlesungen zeigt Yerushalmi, dass sich die schriftliche Fixierung aktueller Ereignisse, wie sie die Geschichtsschreibung leistet, und das Gedächtnis als gelebte Tradition im Fall der jüdischen Erinnerungsgeschichte gegenseitig ausschlossen. Während die biblischen Texte Yerushalmi zufolge noch einen gewissen Sinn für historische Zeit und historischen Wandel aufweisen, betreiben die Juden nach Abschluss des biblischen Kanons praktisch keine Geschichtsschreibung mehr. Das jüdische Gedächtnis wird in den Jahrhunderten nach der Zerstörung des zweiten Tempels in den ahistorisch angelegten rabbinischen Schriften repräsentiert: Die in der Bibel erzählten Begebenheiten werden zu Archetypen für jedes weitere historische Geschehen. Folglich wird auf die Aufzeichnung des Aktuellen im jüdischen Mittelalter gänzlich verzichtet. Erst im 19. Jahrhundert setzt eine wissenschaftliche Erforschung der jüdischen Geschichte ein. Doch als Folge der Säkularisierung geht mit dem Aufstieg der modernen jüdischen Geschichtsschreibung auch der Verfall des jüdischen Gedächtnisses, einer lebendigen – wenngleich in unserem Sinne kaum geschichtsbewussten – Tradition einher. Ein orientierungsbildendes Gedächtnis vermag die moderne Historiographie, die sich – so Yerushalmi (1988, S. 107) – unglücklicherweise aus der Literatur herausgelöst hat, allerdings nicht mehr zu konstituieren. Yerushalmi betont daher,

daß es mehrere durchaus gangbare und in sich ehrliche, von einander aber ganz verschiedene Wege gibt, wie Menschen die Wahrnehmung ihrer kollektiven Vergangenheit strukturieren. Die moderne Geschichtsschreibung ist dabei zwar die neueste, aber eben doch nur eine Methode, den anderen einerseits deutlich überlegen, andererseits auch nicht ohne Mängel, vielleicht sogar unterlegen – Gewinn und Verlust zugleich (ebd., S. 12 f.).

Auf die Funktionen von ›Geschichtsschreibung *als* Gedächtnis‹ hat bereits **Bernard Lewis** im Jahr 1975 verwiesen. Er unterscheidet zwischen
1. *remembered history*, dem kollektiven Gedächtnis in Halbwachs' Sinne,
2. *recovered history*, der historiographischen Rekonstruktion von durch das kollektive Gedächtnis verdrängten Elementen der Vergangenheit (für Lewis eine modernes und europäisches Phänomen), und
3. *invented history*, der Geschichtsversion, die ein (neuartiges) ideologisches Ziel verfolgt.

Mit dem Titel »Geschichte als soziales Gedächtnis« (1991; orig.: »History as Social Memory«, 1989) richtet sich **Peter Burke** in seinem grundlegenden, viele weitere Entwicklungen der kulturwissenschaftlichen Gedächtnisforschung vorwegnehmenden Artikel klar gegen die »traditionelle Auffassung, nach der das Gedächtnis die Ereignisse und die Geschichte das Gedächtnis widerspiegelt« (ebd., S. 289). Im Gegenteil:

Die Historiographie jedoch wird in neueren Studien über deren Geschichte kaum anders behandelt als das Gedächtnis in der Perspektive von Halbwachs, nämlich als das Produkt sozialer Gruppen: römischer Senatoren, chinesischer Mandarine, von Benediktinermönchen, Universitätslehrern usw. (Burke 1991, S. 290).

Auswahl und Deutung geschichtlicher Ereignisse in der Historiographie sind sozial und kulturell bedingt. Burke bekennt sich damit zu einem ›historischen Relativismus‹ (ebd., S. 291), ohne dabei jedoch auf den Anspruch der sozialen Erinnerung im Rahmen der historischen Disziplin – »verläßlich, plausibel, verständig« (ebd.) – zu verzichten. Burke fordert eine ›**Sozialgeschichte des Erinnerns**‹ unter den Leitfragen »Wer verlangt von wem und warum was zu erinnern? Wessen Vergangenheitsversion wird aufgezeichnet und konserviert?« (ebd., S. 298).

Jörn Rüsen (1994) schließlich führt den Begriff der ›historischen Erinnerung‹ als einer spezifischen kulturellen Leistung ein (vgl. ebd., S. 214), die in der **Geschichtskultur** eine Äußerungsform des historischen Bewusstseins darstelle (zum Geschichtsbewusstsein als Bindeglied zwischen Geschichte und kollektivem Gedächtnis vgl. Funkenstein 1989). Der über Erinnerung erfolgende sinnhafte Bezug auf zeitliche Prozesse – in Rüsens Worten »Sinnbildung über Zeiterfahrung« – ist stets narrativ verfasst (ebd., S. 8). Als Dimensionen der Geschichtskultur unterscheidet Rüsen eine ästhetische, eine politische und eine kognitive. Der letzteren ordnet er die historische Wissenschaft zu:

> Sie ist nicht die praktisch wirkungsvollste, aber sie unterscheidet sich von allen anderen Formen bewußter historischer Erinnerungsarbeit dadurch, daß sie für ihre Erinnerungsleistungen besondere Ansprüche erhebt, eben diejenigen, die mit dem Namen Wissenschaft bezeichnet werden (ebd., S. 30 f.).

Zunehmend eingeklagt wird in der geschichtswissenschaftlichen Diskussion um das Gedächtnis auch die Bedeutung der **historischen Erinnerung des Individuums**. Geschichtskultur und historisches Bewusstsein müssen in individuellen Gedächtnissen aktualisiert werden, um soziale Wirkung zu entfalten (vgl. Crane 1997; Wischermann 2002). Der Mediävist Johannes Fried betrachtet das Verhältnis von individueller Erinnerung und Geschichte in seinem Buch *Der Schleier der Erinnerung* (2004) in neuro- und kognitionswissenschaftlicher Perspektive und verweist auf die Konstrukthaftigkeit erzählender Quellen.

> **Zusammengefasst:** Viele Probleme sind in der Diskussion um ›Geschichte und/oder/als Gedächtnis‹ entstanden, weil die beiden Begriffe üblicherweise einfach nebengeordnet werden, um dann ihre Differenz oder Identität zu postulieren. Dieses von Halbwachs geerbte, von Nora popularisierte und in vielen aktuellen Publikationen kontinuierte Verfahren führt schon im Ansatz zu einer Schieflage, weil mit ihm ein **wenig fruchtbares Oppositionspaar** gebildet wird. Kerwin Lee Klein (2000, S. 128 f.) fasst in seinem kritischer Abriss über das neuerliche Auftauchen des *memory*-Begriffs im historischen Diskurs zusammen: »Where history is concerned, memory increasingly functions as antonym rather than synonym; contrary rather than complement and replacement rather than supplement.« Doch wo schon der Begriff des kollektiven Gedächtnisses ein notorisch schillernder ist, wird in der geschichtswissenschaftlichen Diskussion häufig nicht ganz klar, welche Aspekte des ›**Kollektivsingulars Geschichte**‹ (Reinhart Koselleck) ihm eigentlich entgegengesetzt werden: Selektives und angeeignetes Gedächtnis vs. die Totalität des historischer Geschehens? Methodisch ungeregeltes, identitätskonkretes und ›gelebtes‹ Gedächtnis vs. die wissenschaftliche, scheinbar neutrale und objektive Geschichtsschreibung, also vs. die Historie? ›Authentisches‹ Gedächtnis vs. bestimmte, ideologisch befrachtete Geschichtsmodelle oder Geschichtsbilder? Gedächtnis und seine breite und heterogene Trägerschaft vs. die institutionalisierte Zunft der Geschichtswissenschaftler?
> Im Folgenden wird das kollektive Gedächtnis der Geschichte (als einem modernespezifischen Bezug auf vergangenes Geschehen) hierarchisch übergeordnet. Der geschichtswissenschaftliche Bezug auf Vergangenheit findet unter dem Dach einer umfassenden Erinnerungskultur statt. Bei ›Geschichte‹ handelt es sich um *eine* **symbolische Form des Bezugs auf Vergangenheit**. Geschichtsschreibung ist ihr Medium. Zum kollektiven Gedächtnis tragen daneben auch beispielsweise Religion, Mythos und Kunst bei.

3.1.2 | Themen: Testfall Schoah und andere historische Erinnerungskulturen

Ein Ergebnis der Diskussion um ›Geschichte und/oder/als Gedächtnis‹ ist die Beschäftigung mit konkreten Ausprägungen **historischer Erinnerungskulturen**. Große-Kracht (1996, S. 21) stellt fest: »Das Interesse vieler Historikerinnen und Historiker zielt heute weniger darauf zu zeigen, *wie es eigentlich gewesen* ist, als vielmehr darauf zu zeigen, wie Geschichte eigentlich *gelesen* worden ist.« Die **Historiographie** wird dabei selbst **als ein Medium kollektiven Erinnerns** begriffen, die Geschichtswissenschaft als eine machtvolle Institution in Prozessen der gesellschaftlichen Aushandlung von Vergangenheitsversionen.

Damit einhergehend hat sich die Einsicht durchgesetzt, dass es wohl keine überhistorisch gültigen Antworten auf die Frage nach dem Verhältnis von Geschichte und Gedächtnis gibt. Nicht nur die Vergangenheitsversionen historischer Erinnerungskulturen sowie die Verfahren ihrer kollektiven Konstitution und Veränderung stehen daher im Mittelpunkt vieler geschichtswissenschaftlicher Studien, sondern auch die historisch variablen Vorstellungen von Geschichte und Gedächtnis. Es geht also um die **erinnerungskulturelle Praxis** und um deren **Selbstreflexion** – und zwar auf beiden Zeitebenen: Sowohl der Forschungsgegenstand (das jüdische Mittelalter, der britische Viktorianismus oder die feministische Postmoderne) als auch der Kontext, in dem eine geschichtswissenschaftliche Studie entsteht, werden als historische Erinnerungskulturen begriffen, die Auswahl und Deutung des vergangenen Geschehens – als Geschichte und als ›Geschichte der Geschichte‹ – maßgeblich beeinflussen.

Die historische Gedächtnisforschung arbeitet zunehmend interdisziplinär mit den Sozial-, Literatur- und Kunstwissenschaften, aber auch mit Sozialpsychologie und Psychoanalyse zusammen. Ein besonders intensiv erforschtes Feld sind die traumatischen Erfahrungen der **Schoah** und die Konsequenzen, die sich daraus für die Ausformung von Erinnerungskulturen ergeben (vgl. z. B. Berg/Jochimsen/Stiegler 1996; Diner 1988, 1995; zur transnationalen Dimension vgl. Kap. 4.7). Gerade hier treten die Grenzen des rein wissenschaftlich-historiographischen Bezugs auf Vergangenheit deutlich zu Tage. Die Schoah ist daher eine Art Testfall für das Leistungsvermögen einer historischen Erinnerungsforschung. **Saul Friedländer** weist in seinem 1993 erschienenen Buch *Memory, History and the Extermination of the Jews of Europe* darauf hin, dass es sich bei der Schoah um ein ›Grenzereignis‹ handelt, das den Rahmen des historischen Diskurses übersteigt. Angemessen repräsentiert sei dieses undarstellbare Ereignis allein in der individuellen Erinnerung – in der unkontrollierbaren Wiederkehr des verdrängten Traumas.

Trauma und Repräsentation sind Leitthemen einer psychoanalytisch und repräsentationskritisch ausgerichteten Forschung zur Erinnerungsgeschichte des Holocaust geworden (vgl. die verschiedenen Studien von James E. Young). **Psychoanalytische Zugänge** zum Geschichtsbewusstsein (Rüsen/Straub 1998) wurden dabei insbesondere im Bereich der US-amerikanischen Holocaust-Forschung erprobt (z. B. Dominick LaCapra: *History and Memory after Auschwitz*, 1998). Durch eine Verbindung von Konzepten der Psychoanalyse und der Geschichtswissenschaft eröffnen sich Fragen wie die nach den latenten motivationalen Hintergründen historischer Akteure (Verdrängung, Projektion, Sublimierung) oder nach der transgenerationellen **Weitergabe von Traumata** (vgl. Laub/Felman 1992). Dan Diner (1986) stellt **Deckerinnerungen** an den Holocaust (d. h. die Ersetzung und Verdeckung problematischer Erlebnisse durch die Erinnerung an unwichtige Ereignisse) sowohl auf deutscher als auch auf jüdischer Seite fest. Henry Rousso (1987) diagnostiziert ein »Vichy-Syndrom« in der französischen Gesellschaft. Bei Lawrence Langer (1991) geht es um *Holocaust testimonies*, d. h. um **Zeugenschaft** als Kategorie einer psychoanalytisch ausgerichteten historischen Forschung (vgl. Elm/Kößler 2007). Die Beschäftigung mit dem **Tätergedächtnis** schließlich erweist sich in der erinnerungshistorischen Forschung zur Schoah als recht heikel, wenn sie über den Befund einer möglichen Traumatisierung der Täter (und ihrer Kinder) hinaus auch die Vergleichbarkeit beider Erfahrungen nahe legt. (Eine Übersicht über die philosophische, psychologische und kulturwissenschaftliche Traumaforschung bietet Kansteiner 2004).

Weitere wichtige **Themen der historischen Gedächtnisforschung** sind (um eine sehr kleine Auswahl aus einem kaum mehr zu überblickenden Feld zu treffen) beispielsweise die Erinnerung an Faschismus in Deutschland (vgl. Assmann/Frevert 1999; Wolfrum 1999; Olick 2005; Confino 2006; Kansteiner 2006) und in anderen Nationen (komparatistisch Cornelißen/Klinkhammer/Schwentker 2003) sowie die Erinnerung an den Ersten Weltkrieg, aus dessen Erforschung wichtige Schlüsselkonzepte für die Gedächtnisforschung hervorgegangen sind (vgl. Mosse 1990; Winter 1995; Winter/Sivan 1999). Im angloamerikanischen Bereich wurde die Herausbildung eines veränderten USA-Bildes durch Geschichtspolitik und Kommemorationspraktiken im 20. Jahrhundert (Kammen 1991; Bodnar 1992) untersucht. Mit Blick auf Lateinamerika hat Elizabeth Jelin (2003) die Bedeutung von staatlicher Repression für gesellschaftliche Erinnerung analysiert. Die Themen der Forschung zu nichtwestlichen Erinnerungskulturen reichen vom Stalinismus (Roth 1995) bis nach Vietnam (Tai 2001). Genealogien des Erinnerns und die selbstreflexive Dimension der Erinnerungskultur insbesondere in der Zeit der Moderne sind Gegenstand von Beiträgen wie David Lowenthals *The Past is a Foreign Country* (1985), Matt Matsudas *The Memory of the Modern* (1996) und Peter Fritzsches *Stranded in the Present* (2004). Mit den Ursachen des *memory*-Boom in Moderne und Postmoderne beschäftigt sich Andreas Huyssens einschlägige Studie *Twilight Memories* (1995).

Eine solche Liste von Themen geschichtswissenschaftlicher Gedächtnisforschung könnte beliebig lang fortgesetzt werden. Zu überbordend und international ist die Beschäftigung mit historischen Erinnerungskulturen mittlerweile, als dass ein thematisches Ordnungskriterium noch sinnvoll wäre. So richtet sich auch Alon Confino (1997, S. 1387) dezidiert **gegen eine ›topische Definition‹** des kollektiven Gedächtnisses, und gibt zu bedenken, dass aus einer thematisch definierten Erinnerungsgeschichte schnell eine bloße Ansammlung unterschiedlicher Epochen, Medien und Ereignisse, ein Feld ohne Zentrum oder Verbindung zwischen den einzelnen Themen werden würde. Statt Themen stehen daher im folgenden **Konzepte der historischen Gedächtnisforschung** im Vordergrund. Es geht um Ansätze, die für Erinnerungskulturen ›diesseits und jenseits des *floating gap*‹ entwickelt wurden, die also – mit den Begriffen von Aleida und Jan Assmann – ebenso den weiteren Horizont des kulturellen Gedächtnisses abstecken wie den engeren Horizont des kommunikativen Gedächtnisses (vgl. dazu auch Kap. 4.5).

3.1.3 | Konzepte: Memoria, *invented traditions*, Archiv

›Memoria‹, die ›Erfindung von Traditionen‹ und das ›Archiv‹ sind – neben den bereits erwähnten *lieux de mémoire* – drei der zentralen und dabei zugleich höchst verschiedene Konzepte der geschichtswissenschaftlichen Gedächtnisforschung. Alle drei Konzepte sind zur Untersuchung von Langzeitversionen des kollektiven Gedächtnisses geschaffen worden, die über die Grenze des Generationengedächtnisses hinausreichen. Sie sind daher stärker auf die abgeschlossene Geschichte (wie das Mittelalter und die Zeitalter der Nationalstaaten) als auf die Zeitgeschichte ausgerichtet.

Die **mediävistische Memoria-Forschung** begreift das mittelalterliche Totengedenken in Ritus und Liturgie als soziale Handlung, die eine Gemeinschaft der Lebenden mit den Heiligen und den Toten konstituiert – oder, wie Gerhard Oexle (1983) es formuliert: die »**Gegenwart der Toten**« evoziert. Im Mittelpunkt des bis auf die 1950er Jahre, den Forscherkreis um den Freiburger Mediävisten Gerd Tellenbach (zur Geschichte der Memoria-Forschung vgl. Borgolte 1998), zurückreichenden Forschungszweigs zur mittelalterlichen Memorialüberlieferung stehen die Libri Memoriales – Memorialbücher – zu denen Oexle (1994, S. 308) erläutert: »Immer handelt es sich um Aufzeichnungen von Namen. Denn es ist der Vorgang der Namensnennung, der Namensrezitation, der für die Memoria konstitutiv ist.« Hatten sich die Mittelalterhistoriker zunächst mit so offensichtlichen Textsorten wie Gedenkbüchern, Nekrologien und Totenannalen beschäftigt, so wurde im Rahmen einer stärker interdisziplinär ausgerichteten Memoria-Forschung (Schmid/Wollasch 1984; Schmid 1985) bald deutlich, dass die Memoria alle Gattungen der Überlieferung durchdringt (vgl. Ohly 1984) und ein bedeutsames sozialgeschichtliches Phänomen darstellt (vgl. auch Althoff/Fried/Geary 2002).

Oexle (1995) hat mit dem Begriff der ›**Memoria als Kultur**‹ die zunächst auf das Mittelalter und die geschichtswissenschaftliche Disziplin beschränkte Forschungsrichtung konsequent in einem transdisziplinären und kulturhistorischen Kontext verortet: Oexle (1994, S. 301) begreift »Memoria als ein ›totales‹ soziales Phänomen (Marcel Mauss), das alle Dimensionen des Lebens umfaßt und sich in allen Bereichen des Lebens auswirkt, das also nicht nur die Religion betrifft, sondern auch Wirtschaft, Alltagsleben, Philosophie, Kunst, Geschichtsschreibung, die menschlichen Beziehungen, das soziale Verhalten und Handeln insgesamt«. Von einer solchen Beschäftigung mit der sozialen Dimension der mittelalterlichen ›Memoria‹ grenzt Oexle (ebd., S. 299) Studien zur ›Ars Memorativa‹ ab, zu den kulturellen Voraussetzungen sowie den rhetorischen, literarischen und künstlerischen Erscheinungsformen des Gedächtnisses im Mittelalter, die im folgenden Kapitel (3.2.1) als maßgeblich im Rahmen der Kunst- und Literaturgeschichte erforschtes Terrain dargestellt werden.

Eric Hobsbawm und Terence Ranger haben mit dem Sammelband *The Invention of Tradition* (2000 [1983]) gezeigt, dass gerade die Nationalgedächtnisse des 19. Jahrhunderts auf Formen der **Erfindung von Traditionen** basieren. Sie unterscheiden zwischen veränderlichen ›Gebräuchen‹ (*custom*) einerseits und zumeist erfundenen, stets jedoch statischen ›Traditionen‹ (*tradition*) andererseits. Schottland, Wales, die britische Monarchie, indische und afrikanische Kolonien haben ihre spezifischen erfundenen Traditionen. Das Zeitalter der Nationalstaaten in Europa zwischen 1870 und 1914 ist die Hoch-Zeit dieser Praxis. Hobsbawm unterscheidet **drei Typen** – bzw. Funktionen – von erfundenen Traditionen seit der industriellen Revolution (vgl. ebd. S. 9):

- die Etablierung oder Symbolisierung sozialer Gemeinschaften,
- die Legitimierung von Institutionen, Status- oder Machtverhältnissen sowie
- die Durchsetzung von Überzeugungen, Wertsystemen und Verhaltenskonventionen.

Erfundene Traditionen sind Hobsbawm zufolge ›Antworten‹ auf neuartige Situationen (vgl. ebd., S. 2). Dabei wird entweder Bezug auf bis dahin noch nicht dominant erinnerte vergangene Ereignisse, Personen oder Institutionen genommen oder es werden gleich neuartige Vergangenheiten konstruiert. Immer geht es jedoch um »the use of ancient materials to construct invented traditions of a novel type for quite novel purposes« (ebd., S. 6). Hobsbawm und Rangers Modell der Entstehung von Nationalgedächtnis korreliert eng mit Benedict Andersons (1983) Vorstellung von Nationen als *imagined communities*. Beide Konzepte sind im Kontext der angloamerikanischen historischen Nationalismusforschung zu verorten (für neue Perspektiven auf die Verbindung von Nation und Gedächtnis vgl. Olick 2003).

Konzepte vom **Archiv** als ›Gedächtnis der Herrschaft und der Macht‹ sind in erster Linie aus den geschichtswissenschaftlichen und philosophischen Strömungen des französischen Poststrukturalismus hervorgegangen. Dies sind kritische Strömungen, die sich gegen die Vorstellung von neutralen Quellen und von der Wertfreiheit ihrer institutionalisierten Sammlung und Aufbewahrung – des Archivs also – wenden. In dieser Stoßrichtung taucht das Konzept erstmals in **Michel Foucaults** *Archäologie des Wissens* (1973; orig.: *L'archéologie du savoir*, 1969) auf, einer Art alternativer Wissenschaftsgeschichtsschreibung. Anstelle der in der klassisch-hermeneutischen Geschichtswissenschaft dominierenden und Kontinuitätsvorstellungen implizierenden Leitkonzepte wie Tradition, Einfluss, Entwicklung und Evolution, Mentalität und Geist führt Foucault Begriffe wie die des Bruchs, der Diskontinuität und der Grenze in die historische Analyse ein. Das ›Archiv‹ versteht er metaphorisch, d. h. *nicht* in seiner materiellen und institutionellen Dimension, sondern vielmehr als »Gesetz dessen, was gesagt werden kann, das System, das das Erscheinen der Aussagen als einzelner Ereignisse beherrscht« (ebd., S. 187; zu einer Kritik an Foucaults immateriellen Archiv-Begriff vgl. Groys 1992).

Mit Bezug auf das Archiv im wörtlichen Sinne betont der Philosoph **Jacques Derrida** in seinem Buch *Dem Archiv verschrieben: Eine Freudsche Impression* (1997; orig.: *Mal d'archive*, 1995): »Keine politische Macht ohne Kontrolle des Archivs, wenn nicht gar des Gedächtnisses. Die wirkliche Demokratisierung bemißt sich stets an diesem essentiellen Kriterium: an der Partizipation am und dem Zugang zum Archiv, zu seiner Konstitution und zu seiner Interpretation« (ebd., S. 14 f.). Aber er versteht das Archiv auch als einen psychologischen Trieb, vergleichbar mit Freuds Todestrieb: »Niemals verzichtet man darauf – dies ist das Unbewußte selbst –, sich eine Macht über das Dokument, über seinen Besitz, seine Zurückhaltung oder seine Auslegung anzueignen« (ebd., »Waschzettel«, o. S.). Für Derrida ist *le mal d'archive*, das Archivübel, ein widersprüchlicher Impuls: einerseits zu sammeln und zu erinnern und andererseits zu zerstören und zu vergessen (vgl. auch Pompe/Scholz 2002).

Aleida Assmann (1999, S. 345) verortet das Archiv »als institutionalisiertes Gedächtnis der Polis [...] zwischen Funktionsgedächtnis und Speichergedächtnis [...], je nachdem, ob es eher als Herrschaftsinstrument oder als ausgelagertes Wissensdepot organisiert ist«. Mit Jan Assmanns (2002) Unterscheidung zwischen **Archiv und Krypta** soll den Formen des kulturellen Unbewussten Rechnung getragen werden. Die Krypta tritt neben das Archiv als »das Apokryphe, Ausgegrenzte und Verbotene« (ebd., S. 246). In Weiterführung von Sigmund Freuds Psychoanalyse kann von ›kultureller Kryptenbildung‹ die Rede sein, wenn Bereiche der kulturellen Überlieferung »unterdrückt, marginalisiert, in subkulturelle Folklore abgeschoben oder geradezu kriminalisiert« (ebd.) werden. Die Unterscheidung zwischen Funktionsgedächtnis, Archiv und Krypta akzentuiert also die jeweilige Funktionalisierung von Gedächtnisbeständen.

Diana Taylor kritisiert in *The Archive and the Repertoire* (2003, 19 f.) die westliche Privilegierung des Archivs und differenziert zwischen zwei gleichwertigen Formen der kulturellen Übertragung: **Archiv und Repertoire.** »The ›archive‹ exists as documents, maps, literary texts, letters, archeological remains, bones, videos, CDs, all those items supposedly resistant to change«. Das Repertoire hingegen »enacts embodied memory: performances, gestures, orality, movement, dance, singing – in short, all those acts usually thought of as ephemeral, nonreproducible knowledge«.

Die politische Dimension der Archive wird heute vor allem in Staaten mit Kolonialvergangenheit oder einer Geschichte autoritärer Herrschaft diskutiert. Mit Blick auf Südafrika versammeln Hamilton et al. (2002, S. 7) Schlüsseltexte der Archivforschung in dem Bewusstsein, dass die Archive des Landes ein »transformation, or refiguring« benötigen. Ann Stoler liest niederländische **koloniale Archive** in *Along the Archival Grain* (2008) zunächst ›entlang des Strichs‹, um die spezifische Logik des Archivs zu erkennen und in einem zweiten Schritt ein ›gegen den Strich Lesen‹ zu ermöglichen.

Mit der digitalen Revolution sind schließlich grundlegend neue Formen des Archivs entstanden (vgl. Ernst 2007). Statt Hierarchie und Ausschlussmechanismen scheinen die Kennzeichen **digitaler Archive** Partizipation, Kommunikation und Inklusion zu sein. Allerdings werfen sie neue Fragen auf, etwa nach Zugangsmöglichkeiten, Authentizität und Legalität (vgl. Jimerson 2009; sowie Kap. 5.5).

Zusammengefasst: An den dargestellten geschichtswissenschaftlichen Konzepten zur Untersuchung des kollektiven Gedächtnisses zeigt sich sowohl die **Internationalität** als auch die **Nationenspezifik** der Gedächtnisforschung: Memoria ist (wie auch etwa die Unterscheidung zwischen kulturellem und kommunikativem Gedächtnis) ein stark Deutschland-basiertes Konzept, das Archiv (wie auch die *lieux de mémoire*) französischen Ursprungs, die *invention of tradition* aus dem anglo-amerikanischen Bereich hervorgegangen. Es sind zwar Aneignungsprozesse zu verzeichnen, die nicht nur zwischen den Disziplinen erfolgen (etwa die oben erwähnte Verknüpfung von Geschichtswissenschaft und Psychoanalyse), sondern auch zwischen den nationalen Wissenschaftskulturen. Dabei ist aber auch von Anpassungen der Konzepte an den jeweiligen wissenschaftlichen und auch erinnerungskulturellen Kontext auszugehen, wie es das Beispiel der *lieux de mémoire* bislang am deutlichsten zeigt (vgl. Kap. 2.3).

Neue interdisziplinäre Perspektiven haben sich in der Erforschung von **Genealogie und Erbe** ergeben (Willer/Weigel/Jussen 2013). Die Arbeit an diesen Begriffen hat gezeigt, wie mittelalterliche Praktiken, neuzeitliche Theorien und aktuelle Diskussionen etwa um DNA und Epigenetik als Bestandteile eines Diskursfeldes zu rekonstruieren sind, das Natur- und Kulturwissenschaften gleichermaßen umspannt. Neu belebt wurde die interdisziplinäre Diskussion außerdem durch die Frühe Neuzeit-Forschung. Unter dem Schlagwort *memory before modernity* sind Studien entstanden, die den oft allzu pauschalen Diskurs um ›moderne Erinnerung‹ kritisch hinterfragen. Sie zeigen, dass viele vermeintlich typisch moderne Erinnerungspraktiken (z. B. Erinnerungsorte, Souvenirs, kosmopolitische Erinnerung) in der ein oder anderen Form bereits in vormodernen Epochen zu finden waren und dass, umgekehrt, vormoderne Erinnerungspraktiken noch in unsere Zeit hineinwirken (Lundin et al. 2015; Kuijpers et al. 2013; Pollmann 2017).

3.1.4 | Diesseits des *floating gap*: Zeitgeschichte, Oral History und Generationengedächtnis

Während mit den oben genannten Konzepten die institutionell abgesicherten und vermittelten religiösen, politischen und kulturellen Gedächtnisse einer Erinnerungskultur untersucht werden können, widmen sich die Zeitgeschichte, die Generationenforschung und die Oral History den Erinnerungsgemeinschaften »diesseits des *floating gap*« (Niethammer 1995), also der Aneignung und Deutung von Geschichtserfahrung, die von der unmittelbaren Gegenwart aus ca. 80 bis 100 Jahre in die Vergangenheit zurückreicht. Es geht um Geschichte als Lebenserfahrung, um die Tradierung von Vergangenheitsversionen durch Kommunikation und Interaktion im Alltag, kurz: um das ›kommunikative Gedächtnis‹.

Die vielfältigen Durchdringungen zwischen Geschichte und Gedächtnis werden auf dem Gebiet der **Zeitgeschichte** ganz besonders evident (vgl. Althaus 2000; Hockerts 2001; Laqueur 2004). Mehrere wichtige deutsche Forschungseinrichtungen zur Zeitgeschichte widmen sich daher auch verstärkt erinnerungskulturellen Fragestellungen: die »Forschungsstelle für Zeitgeschichte« in Hamburg (FZH), das »Zentrum für Zeithistorische Forschung« in Potsdam (ZZF) und das Frankfurter Fritz Bauer Institut zur Geschichte und Wirkung des Holocaust (vgl. deren Schriftenreihen).

Ein in Deutschland geprägtes und zunächst auf den Kontext deutscher Erinnerungskultur bezogenes Konzept ist die ›**Vergangenheitsbewältigung**‹ (vgl. das gleichnamige Lexikon, Fischer/Lorenz 2015). Grundlegend hierfür war Norbert Freis Studie *Vergangenheitspolitik: Die Anfänge der Bundesrepublik und die NS-Vergangenheit*, in der der Autor noch 1996 (S. 7) schreiben konnte, ›daß die Geschichte der ›Vergangenheitsbewältigung‹ [...] bis vor kurzem kaum Gegenstand historischer Forschung war« (vgl. auch Arenhövel 2000; kritisch Jureit/Schneider 2010). Heute gehört dieses Thema – auch in inter- und transnationaler Perspektive und über den Gegenstand der NS-Zeit hinausgehend – zu den Kernbereichen der Gedächtnisforschung (vgl. Frei 2006).

Der ›natürliche Feind des Zeithistorikers‹ sei der Zeitzeuge, sagt ein geflügeltes Wort und verweist damit auf die Konkurrenz zwischen lebendiger Erinnerung und wissenschaftlicher Geschichtsschreibung als zwei Formen des Vergangenheitsbezugs. Eine produktive Nutzung als historische Quelle erfährt lebendige Erinnerung jedoch bei Vertretern der **Oral History** (vgl. Niethammer/von Plato 1983–85; Niethammer 1985 [1980]; Perks/Thomson 1998). Ziel dieses Ansatzes ist es, der Zeitgeschichtsschreibung, die in erster Linie auf schriftliche und bildliche Dokumente zurückgreift, eine andere Art des Quellenmaterials hinzuzufügen. Die Oral Historians nutzen dabei produktiv, was schon Gegenstand der Halbwachs'schen Untersuchungen zum Generationengedächtnis war und mit dem Begriff Aleida und Jan Assmanns als ›kommunikatives Gedächtnis‹ bezeichnet werden kann – die eng an organische Gedächtnisse gebundene lebendige Erinnerung an kollektiv relevante Ereignisse.

Die Methode der Oral History besteht darin, mit Zeitzeugen **lebensgeschichtliche Interviews** durchzuführen und Rückschlüsse auf historische Wahrnehmungs- und Verhaltensweisen zu ziehen. Bei der frühen Oral History, die sich bereits in den 1950er Jahren in den USA etablierte und danach in Großbritannien im Rahmen von *History Workshops* Arbeitergeschichte rekonstruierte (Thompson 1978), war problematisch, dass die Geschichtswissenschaftler diese Zeugnisse einfach nur sammelten, dabei jedoch über »keine praktibale Erinnerungstheorie verfügte[n]« und Zeitzeugen dabei häufig – so ein Wort von Ruth Klüger – zu »Rohmaterial« herabwürdigten (Wischermann 1996, S. 78). Neuere, sich auf Biographieforschung und Theorien des kollektiven Gedächtnisses berufende Ansätze betonen jedoch, dass Erinnerungen, und speziell die autobiographischen Erinnerungen, die wir zu Lebensgeschichten gestalten, retrospektive Konstrukte sind. Sie haben häufig sehr viel weniger mit der vergangenen Wirklichkeit zu tun als mit dem Hier und Jetzt der Interviewsituation. Die Oral History schreibt daher neben der Zeit- immer auch Gedächtnis- und Erinnerungsgeschichte (vgl. Platt/Dabag 1995; von Plato 2000; zur Erinnerung an den Stalinismus vgl. Figes 2007).

Ein wichtiger Bereich der Gedächtnisforschung, der sich vor allem aus der Oral History heraus entwickelt hat, sind Untersuchungen zum Verhältnis von **Gedächtnis und Geschlecht**. Bereits Leydesdorff, Passerini und Thompson (*Gender and Memory*, 1996) haben Oral History aus feministischer Perspektive betrieben. Mit *Gender and Cultural Memory* (2002) legten Hirsch und Smith (2002) die Grundlagen für eine kulturwissenschaftliche Beschäftigung mit diesem Thema (vgl. auch den Band zu *gendered memories* von Neubauer/Geyer-Ryan 2000; Penkwitt 2006). Geschlechtsspezifische Perspektiven auf Holocaust-Erinnerung, u. a. mit der Methode lebensgeschichtlicher Interviews, bietet Reading (2002; vgl. auch Eschebach/Jacobeit/Wenk 2002). Stärker aus historischer Perspektive, mit Blick auf das 19. und 20. Jahrhundert, arbeiten Paletschek/Schraut (2008). Aktuelle Formationen geschlechtsspezifischer Erinnerung untersuchen Schwarz/Müller (2008) und Nagelschmidt/Probst/Erdbrügger (2010).

Zwischen Oral History, Sozialwissenschaft und Sozialpsychologie angesiedelt sind die **vergleichende Tradierungsforschung** mit ihren Studien zum Familien- und Generationengedächtnis (vgl. z. B. Bar-On/Schmidt 1993). Angela Keppler (*Tischgespräche*, 1994) hat in Konversationsanalysen gezeigt, dass die Einheit der Familiengeschichte gar nicht so sehr in der einheitlichen Geschichte besteht, sondern in der Kontinuität der Gelegenheiten und der Akte des gemeinsamen Sich-Erinnerns. Harald Welzer, Sabine Moller und Karoline Tschuggnall stellen in dem Buch *Opa war kein Nazi* (2002) die Ergebnisse einer Mehrgenerationenstudie zur Tradierung von Geschichtsbewusstsein dar. Das Familiengedächtnis als Teilbereich des kommunikativen Gedächtnisses ist ein wichtiger Rahmen dafür, »wie das gelernte Geschichtswissen gedeutet und gebraucht wird« (ebd., S. 13; vgl. auch Leonhard 2002). Bei der intergenerationellen Kommunikation – das haben Interviews ergeben, in denen Großeltern, Eltern und Enkel jeweils nach der Methode der ›Stillen Post‹ dieselbe Geschichte erzählen sollten – orientiert sich die Erinnerung an die Vergangenheit an aktuellen Sinnbedürfnissen des Erzählenden. Vergleichende Tradierungsforschung ist daher vor allem eine ›Weitererzählforschung‹ (Koch/Welzer 2005). Beobachtet haben Welzer und seine Forschergruppe eine ›**kumulative Heroisierung**‹ bei der Wiedergabe der Erfahrungen der Großelterngeneration im ›Dritten Reich‹: »Die Tendenz zur Heroisierung der Großelterngeneration zeigt in aller Deutlichkeit die gar nicht zu überschätzende Wirkung, die von Loyalitätsbindungen an geliebte Menschen auf das Geschichtsbewusstsein und auf die jeweiligen Vergangenheitskonstruktionen ausgehen« (Welzer/Moller/Tschuggnall 2002, S. 64). Bei der kumulativen Heroisierung handelt es sich auch um einen Effekt des **sozialen Gedächtnisses** (Harald Welzer: *Das soziale Gedächtnis*, 2001, S. 12), dem »Universum einer Vergangenheitsbildung en passant«. Das soziale Gedächtnis ist die nicht-intentionale Seite des kulturellen und kommunikativen Gedächtnisses. Es konstituiert sich in den »absichtslose[n] Praktiken des Verfertigens und Vergegenwärtigens von Vergangenheit« (ebd., S. 18).

Anders als Ansätze zum Mehrgenerationengedächtnis, die die ›Gedächtnisbildung *zwischen* den Generationen‹ untersuchen, verstehen Studien zum **Generationsgedächtnis** Altersklassen als Erinnerungsgemeinschaften. Sie sind damit nicht auf den Bereich der Zeitgeschichte beschränkt (auch die Romantiker werden beispielsweise als Generationen untersucht), wohl aber auf Analysen von (historischem) kommunikativem Gedächtnis. Gängige Etiketten wie ›Baby Boomer‹, ›68er Generation‹, ›Generation Golf‹ oder die ›89er Generation‹ (Leggewie 1995) zeigen schon, dass sich die Geschichts- und Sozialwissenschaften damit auf einem zurzeit sehr populären Terrain bewegen. Anknüpfen kann die historische Generationalitätsforschung etwa an Wilhelm Dilthey und an die Soziologie **Karl Mannheims**. In seinem Essay »Das Problem der Generationen« (1970 [1928/29]) trifft Mannheim bis heute gültige Aussagen zur generationellen Identität und zur generationsspezifischen Erinnerung. So wird etwa angenommen, dass ungefähr zwischen dem siebzehnten und dem fünfundzwanzigsten Lebensjahr die **Formativperiode** anzusetzen ist – eine Zeit, in der generationentypische politische Ansichten entwickelt werden (vgl. Schuman/Scott 1989; Kraft/Weißhaupt 2009; zur ›Genea-Logik‹ des Zusammenspiels von Generation und Genealogie vgl. Weigel 2006; Erll 2014).

Geschichtswissenschaftliche Untersuchungen haben insbesondere den Zusammenhang von Kriegserfahrung und der Ausformung generationsspezifischer Erinnerungskulturen in den Blick genommen (Wohl 1979; Reulecke 2003). In diesem Zusammenhang wurde die Generation der **Kriegskinder**, also die in Europa um 1940 Geborenen, intensiv erforscht und mit interdisziplinären, geschlechtsspezifischen, nationenvergleichenden und intergenerationellen Perspektiven gearbeitet (vgl. Ewers et al. 2006; Radebold/(Bohleber/Zinnecker 2008; Seegers/Reulecke 2009; Heinlein 2010).

3.1.5 | Social Memory Studies

Auch die Sozialwissenschaften widmen sich seit Mitte der 1980er Jahre verstärkt der Gedächtnisforschung. Soziologie, Politologie, politische Philosophie und Ethnologie haben Beiträge zu einem Feld geleistet, das man mit den US-amerikanischen Soziologen Jeffrey K. Olick und Joyce Robbins (1998) als **Social Memory Studies** bezeichnen kann (vgl. auch Fentress/Wickam: *Social Memory*, 1992; sowie Irwin-Zarecka 1994). Die Kernfrage dieses Feldes lautet, mit einem Titel von Paul Connerton, *How Societies Remember* (1989). Soziologisch reformuliert geht es in der Gedächtnisforschung darum,

Vergangenheitsrepräsentationen zunächst *ausschließlich hinsichtlich des sozialen Kontextes zu beschreiben, den ihre Praktiken involvieren*: persönliche Erinnerung (individuelle Ebene), mikrosoziale Erinnerung (in Kleingruppen wie etwa Familien), makrosoziale Erinnerung (durch soziale Großformen wie Schichten, Klassen, Nationen etc. kodeterminierte Erinnerung), kulturelle Figurationen (Kulturen, Mentalitäts- oder epistemische Perioden) (Langenohl 2000, S. 25).

Die international sehr weit verzweigten Social Memory Studies zeichnen sich durch ihren einhelligen Rekurs auf Maurice Halbwachs' Konzept der *mémoire collective* aus. Ein weiteres Fundament sind die soziologischen und philosophischen Schriften der Frankfurter Schule, vor allem Hannah Arendts und Theodor W. Adornos. Die Genealogie einer so verstandenen Gedächtnisforschung zeichnen Olick, Vinitzky-Seroussi und Levy materialreich in ihrem *Collective Memory Reader* (2011) nach.

Wenn Halbwachs der neueren kulturwissenschaftlichen Gedächtnisforschung den Begriff des kollektiven Gedächtnisses hinterlassen hat, dann ist **Peter L. Berger und Thomas Luckmann** die Ausarbeitung des für sie maßgeblichen theoretischen Ansatzes – des Sozialkonstruktionismus – zu verdanken. Berger und Luckmanns wissenssoziologische Abhandlung ***Die gesellschaftliche Konstruktion der Wirklichkeit*** (1969 [1966]) ist Fundament und Fundus für die konstruktivistische und kultursemiotische Beschäftigung mit dem kollektiven Gedächtnis. Gesellschaften, so zeigen die Autoren, konstruieren sich eine Wirklichkeit, die bald als gegebene Realität erscheint und auf ihre Konstrukteure wieder zurückwirkt. Drei Stadien sind bei diesem Prozess von Bedeutung: erstens **Externalisierung** (»das heißt Entäußerung von subjektiv gemeintem Sinn«, ebd., S. 53), zweitens **Objektivation** (Vergegenständlichung, bzw. »der Vorgang, durch den die Produkte tätiger menschlicher Selbstentäußerung objektiven Charakter gewinnen«, ebd., S. 64 f.) und drittens **Internalisierung** (die »Einverleibung, durch welche die vergegenständlichte gesellschaftliche Welt im Verlauf der Sozialisation ins Bewusstsein zurückgeholt wird«, ebd., S. 65). Zum Vorgang der Institutionalisierung des gesellschaftlichen Wissens über die Wirklichkeit gehören Sedimentbildung und Tradition. Um Wissen von einer Generation an die andere weiterzugeben – und erst durch diesen Übergang von eigener Erinnerung zur Tradition entsteht gesellschaftliche Wirklichkeit (vgl. ebd., S. 66) – sind Zeichenprozesse und Medien nötig: »Intersubjektive Erfahrungsablagerungen können erst dann als gesellschaftlich bezeichnet werden, wenn ihre Objektivation mit Hilfe eines Zeichensystems vollzogen worden ist, das heißt, wenn die Möglichkeit vorhanden ist, die Objektivation gemeinsamer Erfahrung zu wiederholen« (ebd., S. 72). (Für eine konsequente wissenssoziologische Reformulierung der Gedächtnistheorie vgl. Berek 2009).

Eine **systemtheoretische Perspektivierung** des kollektiven Gedächtnisses hat Elena Esposito in *Soziales Vergessen* (2002) vorgenommen. ›Gedächtnis‹ kann systemtheoretisch, in Anlehnung an Niklas Luhmann (1997, S. 585), als verkürzter Ausdruck für die Rekursivität kommunikativer Operationen begriffen werden. Die Hauptfunktion des Gedächtnisses ist das Vergessen, d. h. das »Verhindern der Selbstblockierung des Systems durch ein Gerinnen der Resultate früherer Beobachtungen« (ebd., S. 579). Erinnern stellt die Ausnahme dar. In der Perspektive der Systemtheorie ist außerdem eine strikte **Trennung zwischen dem psychischen und dem sozialen Bereich** vorzunehmen. Daher ist von ›sozialem Gedächtnis‹ die Rede, ohne dass dabei dessen Repräsentationen in individuellen Gedächtnissen mitgedacht werden. Die Gesellschaft besteht aus Kommunikationen. Das Gedächtnis der Gesellschaft entsteht dadurch, dass Kommunikationen auf Kommunikationen Bezug nehmen. Ergebnis sind ›**Semantiken**‹: »Themen, über die kommuniziert werden kann und die

Begriffe, die man in der Erwartung benutzen kann, verstanden zu werden« (Esposito 2002, S. 21). Dabei hängt das Gedächtnis der Gesellschaft von den verfügbaren Kommunikationstechnologien ab. Esposito geht davon aus, dass ein »zirkulärer Zusammenhang gegenseitiger Beeinflussung zwischen Gedächtnis und Kommunikationsmedien besteht« (Esposito 2002, S. 10; vgl. auch Kap. 5.2).

Der **Ethnologie** verdankt die kulturwissenschaftliche Gedächtnisforschung zahlreiche Grundlagen. So ging aus der ethnologischen Forschung zu Oralität und Literalität J. A. Barnes' (1990 [1947]) Konzept der **strukturellen Amnesie** hervor: In schriftlosen Kulturen werden allein die sozial relevanten Aspekte der Stammesgeschichte tradiert. Für mehr ist kein Platz im kollektiven Gedächtnis, das in oralen Gesellschaften keine Möglichkeit zur externen Auslagerung auf Medien bietet (vgl. Kap. 5.; kritisch dazu Goody 2000). Barnes' Denkfigur sowie Jan Vansinas Standardwerk *De la tradition orale* (1961) bilden das Fundament für die Assmann'sche Differenzierung von kulturellem und kommunikativem Gedächtnis (vgl. Kap. 2.4). Eine ähnliche Unterscheidung trifft Michael Herzfeld in seiner Studie zu »sozialer« und »monumentaler Zeit«:

Between social and monumental time lies a discursive chasm, separating popular from official understandings of history. Social time is the grist of everyday experience. [...] Monumental time, by contrast, is reductive and generic. It encounters events as realizations of supreme destiny, and it reduces social experience to collective predictability (Herzfeld 1991, 10).

In der **Ethnographie des Gedächtnisses** nicht-westlicher Gesellschaften wird die Methode der Oral History häufig auf innovative Weise mit der Erforschung anderer Gedächtnismedien und -praktiken verknüpft. Das zeigen beispielsweise Studien zu Afrika (Diawara/Lategan/Rüsen 2010), China (Jing 1996) und Japan (Yoneyama 1999). Wie auch die ›transkulturelle und transnationale Gedächtnisforschung‹ (vgl. Kap. 4.7) versucht die Ethnologie, Schnittpunkte von Gedächtnisforschung und Postcolonial Studies produktiv zu nutzen (Werbner 1998); und mit der Zeitgeschichte teilt sie das Interesse an der transgenerationellen Weitergabe von Gewalterfahrung und Traumata (Argenti/Schramm 2010; für einen kritischen Überblick über die ethnologische Gedächtnisforschung vgl. Berliner 2005).

Gerade zeitgeschichtliche Fragestellungen (vgl. Kap. 3.1.4) berühren stets auch die sozial- und politikwissenschaftlichen Disziplinen. So fragt Zygmunt Bauman (1989) etwa nach den Möglichkeiten einer Soziologie nach Auschwitz und gelangt zu einer soziologischen Theorie der moralischen Verantwortung. Tatsächlich sind es die **ethischen Implikationen** des Erinnerns und Vergessens, die häufig zum Gegenstand von Studien werden, welche an der Grenze von Sozialwissenschaften und politischer Philosophie anzusiedeln sind, wie etwa Paul Ricœurs *Gedächtnis, Geschichte, Vergessen* (2004 [2000]) oder Jeffrey Blusteins *The Moral Demands of Memory* (2008) oder Axel Honneths (2015) Überlegungen zur Anerkennungsstruktur des kollektiven Gedächtnisses. In *Die Ethik der Erinnerung* (2002) unterscheidet **Avishai Margalit** zwischen gemeinsamer (*common*) und geteilter (*shared*) Erinnerung. Letztere impliziert eine gewisse Konvergenz der Perspektiven:

Gemeinsame Erinnerung ist demzufolge ein Begriff, der eine Summe zum Ausdruck bringt. Er umschließt Menschen, die sich alle an eine bestimmte, von jedem Einzelnen erlebte Episode erinnern. [...]

Eine **geteilte Erinnerung** hingegen ist mehr als ein bloßer Speicher individueller Erinnerungen; sie bedarf der Verständigung. Auch ist die geteilte Erinnerung geeichte, objektivierte Erinnerung, denn sie integriert die verschiedenen Perspektiven derer, die sich erinnern, in *eine* Version oder zumindest in eine kleine Zahl von Versionen (Margalit 2002, S. 35).

Die wohl sichtbarste Ausprägung von Erinnerungspolitik in den vergangenen Jahrzehnten ist die von Jeffrey Olick so genannte »**Politik der Reue**« (2007, S. 14). Damit beschreibt Olick »the rise of [...] a new framework for confronting past misdeeds«. Die Politik der Reue ist zu einem allgegenwärtigen, international gültigen Prinzip des Umgangs mit Gewaltgeschichte geworden, das »Emblem unserer Zeit« (vgl. auch Tavuchis 1991; Shriver 1995; zu Restitution vgl. Diner/Wunberg 2007). Gerade aus postkolonialer Perspektive sind jedoch auch kritische Sichtweisen auf Entschuldigungsrituale artikuliert worden – vor allem auf solche, die nicht die volle Übernahme historischer Verantwortung implizieren, denen keine Kompensationsleistungen folgen und die damit eher der ›Entschuldung‹ der Täter als der Heilung »historischer Wunden« (Chakrabarty 2007) zu dienen scheinen (Rigney 2012; Schwelling 2012).

Mit der Politik der Reue werden vor allem Ereignisse des Zweiten Weltkriegs und der Kolonialgeschichte aufgearbeitet. In Übergangsgesellschaften (etwa in Lateinamerika, den Nachfolgestaaten der Sowjetunion oder in Südafrika) findet sie oft ihren Ausdruck in *transistional justice*. Übergangsjustiz kann retributiv (vergeltend, strafend) oder restorativ (wiederherstellend, versöhnend) sein (Kollmorgen et al. 2015). Beispiele für retributive Justiz sind die Nürnberger Prozesse oder die internationalen Strafgerichtsverfahren in Den Haag. Restorative Ziele verfolgen **Wahrheits- und Versöhnungskommissionen**. Solche Kommissionen sind in Ländern mit so unterschiedlichen Vergangenheiten wie Argentinien, Kanada, Ghana, Ruanda, Marokko und Osttimor zu finden. Die in Südafrika von Nelson Mandela nach dem Ende des Apartheid-Regimes eingesetzte »Truth and Reconciliation Commission« (TRC) hat weltweit große Bedeutung als Modellinstitution erlangt (Bell/Ntsebeza 2001). Ihr Abschlussbericht ist ein Dokument, das (etwa mit seiner Differenzierung verschiedener Formen von ›Wahrheit‹) große Relevanz auch für die allgemeine Gedächtnisforschung hat (*Truth and Reconciliation Commission* 1999). Heute gibt es viele verschiedene Formen, vergangenes Unrecht zu erinnern, von strafrechtlicher Verfolgung bis zur Amnestie, durch Arbeit auf nationaler oder lokaler Ebene oder durch verschiedene Medien und Methoden (für einen vergleichenden Überblick vgl. Kritz 1995; Hayner 2010; für eine historische Perspektive vgl. Elster 2004).

Die Sozialwissenschaften gehen heute von einer mnemonischen Sozialisation in mnemonischen Gemeinschaften über die Tradierung und Aneignung von (stets narrativ verfasster) soziobiographischer Erinnerung aus (Zerubavel 1996, 2003). Weitere zentrale **Untersuchungsfelder** der Social Memory Studies sind ›kollektive Identität-durch-Erinnerung‹ (vgl. Gillis 1994; Ben-Amos/Weissberg 1999; Giesen 1999; kritisch: Niethammer 2000), ›kulturelles Trauma‹ (Alexander et al. 2004) und ›Tätertrauma‹ (Giesen/Schneider 2004) sowie die Aushandlung von Erinnerungskonflikten. Auf die Delegitimierung des hegemonialen Gedächtnisses durch *contre-mémoire*, das Gegengedächtnis, hat bereits Foucault (1987, S. 85) hingewiesen. Heute geht es um *counter-memory* (Zemon Davis/Starn 1989), »umkämpfte Vergangenheiten« (Bock 1999; Radstone/Hodgkin 2003) und »Erinnerungskonflikte« (Langenohl 2001). Das Verhältnis von Politik und Gedächtnis haben Reichel (1999), Kölsch (2000), Leggewie/Meyer (2005) und König (2008) ausgeleuchtet. Grundlegende soziologische Fallstudien zum kollektiven Gedächtnis in den USA haben Schudson (1992) und Schwartz (2008) vorgelegt. In den vergleichenden Genozidstudien gehen Soziologie, Kriminologie und Geschichtswissenschaften interdisziplinäre Allianzen ein (Cohen 2000; Bloxham/Moses 2010). Wichtige Anregungen kommen auch aus den Nachbarfeldern der Heritage Studies (Isar/Anheier/Viejo-Rose 2011) und der Tourismusforschung (vgl. Lennon/Foley 2000 zum *dark tourism*). Bowker (2005) untersucht aus der Perspektive der Science & Technology Studies Erinnerungspraktiken in den Wissenschaften selbst. In einem neueren Handbuch zur *Sozialität des Erinnerns* (Dimbath/Heinlein 2014) explorieren die Autor/innen Konzepte wie ›Latenz und Emergenz‹, ›Beschleunigung‹, ›soziale Integration‹ und das ›Organisationsgedächtnis‹ als Elemente einer sozialwissenschaftliche Gedächtnisforschung.

Zu den neueren Entwicklungen der im weitesten Sinne sozialwissenschaftlichen Gedächtnisforschung gehört die ›**forensische Wende**‹. Eyal Weizman und Thomas Keenan erläutern in *Mengele's Skull* (2012), dass die zentrale Bedeutung von Dokumenten und Zeitzeugen (hierfür steht der Eichmann-Prozess) heute zunehmend durch die Hinwendung zu materiellen Objekten der Geschichte abgelöst wird, die nun gleichsam vor dem öffentlichen ›Forum‹ Zeugnis ablegen. Ein solcher reflektiert szientifischer, beweisorientierter Zugang zur Vergangenheit kennzeichnet die ›forensische Architektur‹ (Franke/Weizman 2014), bei der Gedächtnisforschung, politische Praxis und Aktivismus ineinander übergehen. Eine forensische Logik leitet auch die Exhumierung von Massengräbern v. a. der Franco-Diktatur in Spanien, aber auch in Srebrenica, Chile, Argentinien und Korea. Ferrándiz und Robben (2015) untersuchen aus ethnographischer Perspektive das Zusammenwirken von kultureller Erinnerung mit den dort zum Einsatz kommenden Methoden der Archäologie und der DNA-Analyse.

Vertreter/innen der Soziologie haben auf der Basis von Globalisierungs- und Kospomopolitismustheorien schließlich die Grundlagen für die ›transkulturelle und **transnationale Wende**‹ in der Gedächtnisforschung gelegt (vgl. Kap. 4.7). Dabei richtet sich der Blick u. a. auf internationale Beziehungen (Langenbacher/Shain 2010) und auf transnationale Gedächtnispolitik in Europa (Sierp/Wüstenberg 2015). Die neuere Forschung zu (oft transnational operierenden) **Gedächtnis-Aktivisten** (*memory activists* vgl. Gluck 2007) zeichnet nicht nur differenziertere Bilder von den Akteuren der Erinnerungskultur, sondern hat durch ihren Fokus auf (vergangene und potentiell wieder aktivierbare) Visionen auch den längst überfälligen Blick auf die Potentialitäten, die ›**Zukunftshaltigkeit der Erinnerung**‹ gelenkt (vgl. dazu Kap. 4.6).

Bei allen Forschungsaktivitäten der sozialwissenschaftlichen Gedächtnisforschung kommt Olick und Robbins (1998) zufolge prozessualen und narrativen Ansätzen besondere Bedeutung zu. Gerade auf dem Gebiet der Narrativität bestehen – wie noch zu zeigen sein wird – wichtige Anknüpfungspunkte zwischen sozial- und geschichtswissenschaftlicher, kunst- und literaturwissenschaftlicher sowie psychologischer Gedächtnisforschung.

Literatur

Dutceac Segesten, Anamaria & Jenny Wüstenberg: »Memory Studies: The State of an Emergent Field.« In: *Memory Studies*, online Vorabveröffentlichung (2016), S. 1–16.
Erll, Astrid & Ansgar Nünning (Hrsg.): *Cultural Memory Studies. An International and Interdisciplinary Handbook*. Unter Mitarbeit von Sara B. Young. Berlin/New York: de Gruyter 2008.
Keightley, Emily & Michael Pickering (Hrsg.): *Research Methods for Memory Studies*. Edinburgh: Edinburgh UP 2013.
Olick, Jeffrey K., Vered Vinitzky-Seroussi & Daniel Levy (Hrsg.): *The Collective Memory Reader*. Oxford: Oxford UP 2010.

Geschichte und/oder/als Gedächtnis (Kap. 1.1)

Assmann, Aleida: *Erinnerungsräume. Formen und Wandlungen des kulturellen Gedächtnisses*. München: Beck 1999.
Assmann, Jan: *Moses der Ägypter. Entzifferung einer Gedächtnisspur*. München/Wien: Hanser 1998.

Augstein, Rudolf (Hrsg.): *»Historikerstreit.« Die Dokumentation der Kontroverse um die Einzigartigkeit der nationalsozialistischen Judenvernichtung*. München et al.: Piper 1987.
Berg, Nicolas: *Der Holocaust und die westdeutschen Historiker: Erforschung und Erinnerung*. Göttingen: Wallstein 2003.
Berger, Stefan & William J. Niven (Hrsg.): *Writing the History of Memory*. London: Bloomsbury Academic 2014
Burke, Peter: »Geschichte als soziales Gedächtnis«. In: Aleida Assmann & Dietrich Harth (Hrsg.): *Mnemosyne. Formen und Funktionen der kulturellen Erinnerung*. Frankfurt a. M.: Fischer 1991, S. 289–304 (orig.: »History as Social Memory«. In: Thomas Butler (Hrsg.): *Memory. History, Culture and the Mind*. New York: Blackwell 1989, S. 97–113).
Confino, Alon: »Collective Memory and Cultural History. Problems of Method«. In: *American Historical Review* 102,5 (1997), S. 1386–1403.
Crane, Susan A.: »Writing the Individual back into Collective Memory«. In: *American Historical Review* 105,5 (1997), S. 1372–1385.
Diner, Dan: »From History to Memory and Back«. In: Bundesministerium für Wissenschaft und Verkehr/Internationales Forschungszentrum Kulturwissenschaften (Hrsg.): *The Contemporary Study of Culture*. Wien: Turia und Kant 1999, S. 117–123.
Fried, Johannes: *Der Schleier der Erinnerung. Grundzüge einer historischen Memorik*. München: Beck 2004.
Funkenstein, Amos: »Collective Memory and Historical Consciousness«. In: *History and Memory. Studies in the Representation of the Past* 1,1 (1989), S. 5–26.
Habermas, Jürgen: »Über den öffentlichen Gebrauch der Historie«. In: Ders.: *Die postnationale Konstellation. Politische Essays*. Frankfurt a. M.: Suhrkamp 1998, S. 47–61.
Hutton, Patrick: *History as an Art of Memory*. Hanover, NH: UP of New England 1993.
Kansteiner, Wulf: »Finding Meaning in Memory. A Methodological Critique of Collective Memory Studies«. In: *History & Theory* 41,2 (2002), S. 179–197.
Klein, Kerwin Lee: »On the Emergence of Memory in Historical Discourse«. In: *Representations* 69 (2000), S. 127–150.
LeGoff, Jacques: *Geschichte und Gedächtnis*. Frankfurt a. M./New York: Campus 1992 (orig.: *Storia e memoria*. Turin: Giulio Einaudi 1977 ff.).
Lewis, Bernard: *History. Remembered, Recovered, Invented*. Princeton, NJ: Princeton UP 1975.
Megill, Allan: »History, Memory, Identity«. In: *History of the Human Sciences* 11,3 (1998), S. 37–62.
Niethammer, Lutz: »Die postmoderne Herausforderung. Geschichte als Gedächtnis im Zeitalter der Wissenschaft«. In: Wolfgang Küttler, Jörn Rüsen & Ernst Schulin (Hrsg.): *Geschichtsdiskurs*. Bd. 1: *Grundlagen und Methoden der Historiographiegeschichte*. Frankfurt a. M.: Fischer 1993, S. 31–49.
Rüsen, Jörn: *Historische Orientierung. Über die Arbeit des Geschichtsbewußtseins, sich in der Zeit zurechtzufinden*. Köln/Weimar/Wien: Böhlau 1994.
Samuel, Raphael: *Theatres of Memory*. London: Verso 1994.
Sandl, Marcus: »Historizität der Erinnerung/Reflexivität des Historischen. Die Herausforderung der Geschichtswissenschaft durch die kulturwissenschaftliche Gedächtnisforschung«. In: Oesterle 2005, S. 89–120.
Tamm, Marek: *Afterlife of Events: Perspectives on Mnemohistory*. Basingstoke: Palgrave 2015.
White, Hayden: *Metahistory. The Historical Imagination in Nineteenth-Century Europe*. Baltimore/London: Johns Hopkins UP 1973.
Wischermann, Clemens (Hrsg.): *Die Legitimität der Erinnerung und die Geschichtswissenschaft*. Stuttgart: Franz Steiner 1996.
Wischermann, Clemens (Hrsg.): *Vom kollektiven Gedächtnis zur Individualisierung der Erinnerung*. Stuttgart: Franz Steiner 2002.
Yerushalmi, Yosef Hayim: *Zachor. Erinnere Dich! Jüdische Geschichte und jüdisches Gedächtnis*. Berlin: Wagenbach 1988 (orig.: *Zakhor. Jewish Memory and Jewish History*. Seattle: Univ. of Washington Press 1982).

Erinnerungshistorische Forschung zu Schoah und Trauma (Kap. 1.2)

Berg, Nicolas, Jess Jochimsen & Bernd Stiegler (Hrsg.): *Schoah – Formen der Erinnerung: Geschichte, Philosophie, Literatur, Kunst*. München: Fink 1996.
Diner, Dan: »Negative Symbiose. Deutsche und Juden nach Auschwitz«. In: Ders. (Hrsg.): *Ist der Nationalsozialismus Geschichte? Zu Historisierung und Historikerstreit*. Frankfurt a. M.: Fischer 1986, S. 185–197.
Diner, Dan (Hrsg.): *Zivilisationsbruch. Denken nach Auschwitz*. Frankfurt a. M.: Fischer 1988.
Diner, Dan: *Kreisläufe. Nationalsozialismus und Gedächtnis*. Berlin: Berlin Verlag 1995.

Elm, Michael & Gottfried Kößler (Hrsg.): *Zeugenschaft des Holocaust. Zwischen Trauma, Tradierung und Ermittlung*. Frankfurt a. M.: Campus 2007.

Friedländer, Saul: *Memory, History, and the Extermination of the Jews of Europe*. Bloomington: Indiana UP 1993.

Große-Kracht, Klaus: »Gedächtnis und Geschichte. Maurice Halbwachs – Pierre Nora«. In: *Geschichte in Wissenschaft und Unterricht* 47 (1996), S. 21–31.

Kansteiner, Wulf: »Menschheitstrauma, Holocausttrauma, kulturelles Trauma: Eine kritische Genealogie der philosophischen, psychologischen und kulturwissenschaftlichen Traumaforschung seit 1945«. In: Friedrich Jaeger & Jörn Rüsen (Hrsg.): *Handbuch der Kulturwissenschaften*. Band 3: *Themen und Tendenzen*. Stuttgart/Weimar: Metzler 2004, 109–138.

LaCapra, Dominick: *History and Memory after Auschwitz*. Ithaca, NY: Cornell UP 1998.

Langer, Lawrence: *Holocaust Testimonies. The Ruins of Memory*. New Haven, CN/London: Yale UP 1991.

Laub, Dori & Shoshana Felman: *Testimony. Crises of Witnessing in Literature, Pychoanalysis and History*. New York: Routledge 1992.

Rousso, Henry: *Le Syndrome de Vichy 1944 à nos jours*. Paris: Le Seuil 1987.

Rüsen, Jörn & Jürgen Straub (Hrsg.): *Die dunkle Spur der Vergangenheit. Psychoanalytische Zugänge zum Geschichtsbewusstsein*. Frankfurt a. M.: Suhrkamp 1998 (= Erinnerung, Geschichte, Identität 2).

Young, James E.: *Nach-Bilder des Holocaust in zeitgenössischer Kunst und Architektur*. Hamburg: Hamburger Edition 2002 (orig.: *At Memory's Edge. After-Images of the Holocaust in Contemporary Art and Architecture*. New Haven: Yale UP 2000).

Ausgewählte Themen der erinnerungshistorischen Forschung (Kap. 1.2)

Assmann, Aleida & Ute Frevert: *Geschichtsvergessenheit – Geschichtsversessenheit. Vom Umgang mit deutschen Vergangenheiten nach 1945*. Stuttgart: Deutsche Verlags-Anstalt 1999.

Bodnar, John: *Remaking America. Public Memory, Commemoration, and Patriotism in the 20th Century*. Princeton: University of Princeton Press 1992.

Confino, Alon: *Germany as a Culture of Remembrance: Promises and Limits of Writing History*. Chapel Hill: University of North Carolina Press 2006.

Cornelißen, Christoph, Lutz Klinkhammer & Wolfgang Schwentker (Hrsg.): *Erinnerungskulturen. Deutschland, Italien und Japan seit 1945*. Frankfurt a. M.: Fischer 2003

Fritzsche, Peter: *Stranded in the Present: Modern Time and the Melancholy of History*. Cambridge, MA: Harvard UP 2004.

Huyssen, Andreas: *Twilight Memories: Marking Time in a Culture of Amnesia*. New York: Routledge 1995.

Jelin, Elizabeth: *State Repression and the Labors of Memory*. Minneapolis: University of Minnesota Press 2003.

Kammen, Michael: *The Mystic Chords of Memory. The Transformation of Tradition in American Culture*. New York 1991.

Kansteiner, Wulf: *In Pursuit of German Memory: History, Television, and Politics After Auschwitz*. Athens, OH: Ohio UP 2006.

Lowenthal, David: *The Past is a Foreign Country*. Cambridge: Cambridge UP 1995 [1985].

Matsuda, Matt K.: *The Memory of the Modern*. New York/Oxford: Oxford UP 1996.

Mosse, George L.: *Fallen Soldiers. Reshaping the Memory of the World Wars*. New York/Oxford: Oxford UP 1990.

Olick, Jeffrey K.: *In the House of the Hangman: The Agonies of German Defeat, 1943–1949*: Chicago: University of Chicago Press 2005.

Roth, Michael S.: *The Ironist's Cage. Memory, Trauma, and the Construction of History*. New York: Columbia UP 1995.

Tai, Hue-Tam Ho (Hrsg.): *The Country of Memory: Remaking the Past in Late Socialist Vietnam*. Berkeley: University of California Press 2001.

Winter, Jay & Emmanuel Sivan (Hrsg.): *War and Remembrance in the 20th Century*. Cambridge: Cambridge UP 1999.

Winter, Jay: *Sites of Memory, Sites of Mourning. The Great War in European Cultural History*. Cambridge: Cambridge UP 1995.

Wolfrum, Edgar: *Geschichtspolitik in der Bundesrepublik Deutschland. Der Weg zur bundesrepublikanischen Erinnerung 1948–1990*. Darmstadt: WBG 1999.

Memoria, *invented traditions*, Archiv (Kap. 1.3)
Althoff, Gerd, Johannes Fried & Patrick J. Geary (Hrsg.): *Medieval Concepts of the Past: Ritual, Memory, Historiography*. Cambridge: Cambridge UP 2002.
Anderson, Benedict: *Imagined Communities. Reflections on the Origin and Spread of Nationalism*. London/New York: Verso 1983.
Assmann, Aleida: *Erinnerungsräume. Formen und Wandlungen des kulturellen Gedächtnisses*. München: Beck 1999.
Assmann, Jan: »Das kulturelle Gedächtnis«. In: *Erwägen, Wissen, Ethik* 13,2 (2002), S. 239–247.
Borgolte, Michael: »Memoria. Zwischenbilanz eines Mittelalterprojekts«. In: *Zeitschrift für Geschichtswissenschaft* 46,3 (1998), S. 197–210.
Derrida, Jacques: *Dem Archiv verschrieben*. Brinkmann & Bose: Berlin 1997 (orig.: *Mal d'Archive*. Paris: Editions Galilée 1995).
Ernst, Wolfgang: *Das Gesetz des Gedächtnisses: Medien und Archive am Ende des 20. Jahrhunderts*. Berlin: Kulturverlag Kadmos 2007.
Foucault, Michel: *Die Archäologie des Wissens*. Frankfurt a. M. Suhrkamp 1973 (orig.: *L'archéologie du savoir*. Paris: Gallimard 1969).
Groys, Boris: *Über das Neue. Versuch einer Kulturökonomie*. München: Hanser 1992.
Hamilton, Carolyn et al. (Hrsg.): *Refiguring the Archive*. Cape Town: David Philip 2002.
Hobsbawm, Eric & Terence Ranger (Hrsg.): *The Invention of Tradition*. Cambridge: Cambridge UP 2000 [1983].
Jimerson, Randall C.: *Archives Power: Memory, Accountability, and Social Justice*. Chicago: Society of American Archivists 2009.
Kuijpers, Erika, Judith Pollmann, Johannes Müller & Jasper Steen: *Memory Before Modernity: Practices of Memory in Early Modern Europe*. Leiden: Brill 2013.
Lundin, Matthew, Hans Medick, Mitchell Merback, Judith Pollmann & Susanne Rau: »Forum: Memory Before Modernity: Cultures and Practices in Early Modern Germany.« *German History* 33,1 (2015), S. 100–122.
Oexle, Otto Gerhard: »Die Gegenwart der Toten«. In: Herman Braet & Werner Verbeke (Hrsg.): *Death in the Middle Ages*. Leuven 1983 (= Mediaevalia Lovaniensia, Serie I, 9).
Oexle, Otto Gerhard: »Memoria in der Gesellschaft und in der Kultur des Mittelalters«. In: Joachim Heinzle (Hrsg.): *Modernes Mittelalter. Neue Bilder einer populären Epoche*. Frankfurt a. M./Leipzig: Insel-Verlag 1994.
Oexle, Otto Gerhard (Hrsg.): *Memoria als Kultur*. Göttingen: Vandenhoeck & Ruprecht 1995.
Ohly, Friedrich: »Bemerkungen eines Philologen zur Memoria«. In: Schmid/Wollasch 1984, S. 9–68.
Olick, Jeffrey K. (Hrsg.): *States of Memory: Continuities, Conflicts, and Transformations in National Retrospection*. Durham: Duke UP 2003 (= Politics, History, and Culture).
Pollmann, Judith: *Memory in Early Modern Europe*, 1500–1800. Oxford: Oxford UP 2017.
Pompe, Hedwig & Leander Scholz (Hrsg.): *Archivprozesse. Die Kommunikation der Aufbewahrung*. Köln: DuMont 2002.
Schmid, Karl & Joachim Wollasch (Hrsg.): *Memoria. Der geschichtliche Zeugniswert des liturgischen Gedenkens im Mittelalter*. München: Fink 1984.
Schmid, Karl (Hrsg.): *Gedächtnis, das Gemeinschaft stiftet*. München/Zürich: Schnell & Steiner 1985.
Stoler, Ann Laura: *Along the Archival Grain: Thinking Through Colonial Ontologies*. Princeton, NJ: Princeton UP 2008.
Taylor, Diana: *The Archive and the Repertoire: Performing Cultural Memory in the Americas*. Durham: Duke UP 2003.
Willer, Stefan, Sigrid Weigel & Bernhard Jussen: *Erbe: Übertragungskonzepte zwischen Natur und Kultur*. Berlin: Suhrkamp 2013.

Zeitgeschichte, Oral History und Generationengedächtnis (Kap. 1.4)
Althaus, Claudia: *Erfahrung denken. Hannah Arendts Weg von der Zeitgeschichte zur politischen Theorie*. Göttingen: Vandenhoeck & Ruprecht 2000 (= Formen der Erinnerung 6).
Arenhövel, Mark: *Demokratie und Erinnerung. Der Blick zurück auf Diktatur und Menschheitsverbrechen*. Frankfurt a. M.: Campus 2000.
Bar-On, Dan & Christoph J. Schmidt (Hrsg.): *Die Last des Schweigens. Gespräche mit Kindern von Nazi-Tätern*. Frankfurt a. M./New York: Campus 1993.
Erll, Astrid: »Generation in Literary History: Three Constellations of Generationality, Genealogy, and Memory.« *New Literary History* 45,3 (2014), S. 385–409.

Ewers, Hans-Heino, Jana Mikota, Jürgen Reulecke & Jürgen Zinnecker (Hrsg.): *Erinnerungen an Kriegskindheiten: Erfahrungsräume, Erinnerungskultur und Geschichtspolitik unter sozial- und kulturwissenschaftlicher Perspektive*. Weinheim/München: Juventa 2006.
Figes, Orlando: *The Whisperers: Private Life in Stalin's Russia*. London: Allen Line 2007.
Fischer, Torben & Matthias N. Lorenz (Hrsg.): *Lexikon der »Vergangenheitsbewältigung« in Deutschland. Debatten- und Diskursgeschichte des Nationalsozialismus nach 1945*. 3. A. Bielefeld: Transcript 2015.
Frei, Norbert: *Vergangenheitspolitik: Die Anfänge der Bundesrepublik und die NS-Vergangenheit*. München: Beck 1996.
Frei, Norbert: *Transnationale Vergangenheitspolitik: Der Umgang mit deutschen Kriegsverbrechern in Europa nach dem Zweiten Weltkrieg*. Göttingen: Wallstein 2006.
Heinlein, Michael: *Die Erfindung der Erinnerung. Deutsche Kriegskindheiten im Gedächtnis der Gegenwart*. Bielefeld: Transcript 2010.
Hockerts, Hans Günter: »Zugänge zur Zeitgeschichte. Primärerfahrung, Erinnerungskultur, Geschichtswissenschaft«. In: *Aus Politik und Zeitgeschichte* 28 (2001), S. 15–31.
Jureit, Ulrike & Christian Schneider: *Gefühlte Opfer: Illusionen der Vergangenheitsbewältigung*. Stuttgart: Klett-Cotta 2010.
Keppler, Angela: *Tischgespräche. Über Formen kommunikativer Vergemeinschaftung in Familien*. Frankfurt a. M.: Suhrkamp 1994.
Koch, Torsten & Harald Welzer: »Weitererzählforschung. Zur seriellen Reproduktion erzählter Geschichte«. In: Thomas Hengartner & Brigitta Schmidt-Lauber (Hrsg.): *Leben – Erzählen*. Berlin/Hamburg: Reimer 2005, S. 165–82.
Kraft, Andreas & Mark Weißhaupt (Hrsg.): *Generationen: Erfahrung – Erzählung – Identität*. Konstanz: UVK 2009.
Laqueur, Walter (Hrsg.): *Collective Memory*. Sonderheft *Journal of Contemporary History* 39,4 (2004).
Leggewie, Claus: *Die 89er – Porträt einer Generation*. Hamburg: Hoffmann und Campe 1995.
Leonhard, Nina: *Politik- und Geschichtsbewusstsein im Wandel: Die politische Bedeutung der nationalsozialistischen Vergangenheit im Verlauf von drei Generationen in Ost und Westdeutschland*. Münster: Lit 2002.
Mannheim, Karl: »Das Problem der Generationen« [1928/29]. In: Ders.: *Wissenssoziologie. Auswahl aus dem Werk*. Hrsg. v. Kurt H. Wolff. Neuwied/Berlin: Luchterhand 1970, S. 509–565.
Niethammer, Lutz & Alexander von Plato (Hrsg.): *Lebensgeschichte und Sozialkultur im Ruhrgebiet 1930–1960*. 3 Bde. Berlin/Bonn 1983–1985.
Niethammer, Lutz (Hrsg.): *Lebenserfahrung und kollektives Gedächtnis. Die Praxis der ›Oral History‹*. Frankfurt a. M.: Suhrkamp 1985 [1980].
Niethammer, Lutz: »Diesseits des ›Floating Gap‹. Das kollektive Gedächtnis und die Konstruktion von Identität im wissenschaftlichen Diskurs«. In: Platt/Dabag 1995, S. 25–50.
Perks, Robert & Alistair Thomson (Hrsg.): *The Oral History Reader*. London/New York: Routledge 1998.
Plato, Alexander von: »Zeitzeugen und die historische Zunft. Erinnerung, kommunikative Tradierung und kollektives Gedächtnis in der qualitativen Geschichtswissenschaft«. In: *BIOS* 13 (2000), S. 5–29.
Platt, Kristin & Mihran Dabag (Hrsg.): *Generation und Gedächtnis. Erinnerungen und kollektive Identitäten*. Opladen: Leske und Budrich 1995.
Radebold, Hartmut, Werner Bohleber & Jürgen Zinnecker (Hrsg.): *Transgenerationale Weitergabe kriegsbelasteter Kindheiten. Interdisziplinäre Studien zur Nachhaltigkeit historischer Erfahrungen über vier Generationen*. Weinheim Juventa Verlag 2008.
Reulecke, Jürgen (Hrsg.): *Generationalität und Lebensgeschichte im 20. Jahrhundert*. München: Oldenbourg 2003.
Schuman, Howard & Jacqueline Scott: »Generations and Collective Memory«. In: *American Sociological Review* 54,3 (1989), S. 359–381.
Seegers, Lu & Jürgen Reulecke (Hrsg.): *Die »Generation der Kriegskinder«. Historische Hintergründe und Deutungen*. Gießen: Psychosozial-Verlag 2009.
Thompson, Paul: *The Voice of the Past*. Oxford: Oxford UP 1978.
Weigel, Sigrid: *Genea-Logik: Generation, Tradition und Evolution zwischen Kultur und Naturwissenschaften*. Paderborn: Fink 2006.
Welzer, Harald (Hrsg.): *Das soziale Gedächtnis. Geschichte, Erinnerung, Tradierung*. Hamburg: Hamburger Edition 2001.
Welzer, Harald, Sabine Moller & Karoline Tschuggnall: »*Opa war kein Nazi.*« *Nationalsozialismus und Holocaust im Familiengedächtnis*. Frankfurt a. M.: Fischer 2002.
Wohl, Robert: *The Generation of 1914*. Cambridge, MA: Harvard UP 1979.

Gedächtnis und Geschlecht (Kap. 1.4)
Eschebach, Insa, Sigrid Jacobeit & Silke Wenk (Hrsg.): *Gedächtnis und Geschlecht. Deutungsmuster in Darstellungen des nationalsozialistischen Genozids.* Frankfurt a. M./New York: Campus 2002.
Hirsch, Marianne & Valerie Smith (Hrsg.): *Gender and Cultural Memory.* Sonderheft *Signs* 28,1 (2002).
Leydesdorff, Selma, Luisa Passerini & Paul Thompson (Hrsg.): *Gender and Memory.* Oxford: Oxford UP 1996.
Nagelschmidt, Ilse, Inga Probst & Torsten Erdbrügger (Hrsg.): *Geschlechtergedächtnisse. Gender-Konstellationen und Erinnerungsmuster in Literatur und Film der Gegenwart.* Berlin: Frank & Timme 2010.
Neubauer, John & Helga Geyer-Ryan (Hrsg.): *Gendered Memories.* Amsterdam/Atlanta, GA: Rodopi 2000 (= Literature as Cultural Memory 4).
Paletschek, Sylvia & Sylvia Schraut (Hrsg.): *The Gender of Memory. Cultures of Remembrance in Nineteenth- and Twentieth-Century Europe.* Frankfurt a. M./New York: Campus 2008.
Penkwitt, Meike (Hrsg.) *Erinnern und Geschlecht: Zeitschrift für interdisziplinäre Frauenforschung.* Freiburg i. Br.: Fritz 2006.
Reading, Anna: *The Social Inheritance of the Holocaust: Gender, Culture, and Memory.* New York: Palgrave Macmillan 2002.
Schwarz, Anja & Sabine Lucia Müller (Hrsg.): *Iterationen: Geschlecht im kulturellen Gedächtnis.* Querelles. Jahrbuch für Frauen- und Geschlechterforschung 13. Göttingen: Wallstein 2008.

Social Memory Studies (Kap. 1.5)
Alexander, Jeffrey C. et al. (Hrsg.): *Cultural Trauma and Collective Identity.* Berkeley, CA: University of California Press 2004.
Argenti, Nicolas & Katharina Schramm (Hrsg.): *Remembering Violence: Anthropological Perspectives on Intergenerational Transmission.* New York: Berghahn Books 2010.
Barnes, John A.: »Postscript. Structural Amnesia« [1947]. In: Ders.: *Models and Interpretations. Selected Essays.* Cambridge: Cambridge UP 1990, S. 52–53.
Bauman, Zygmunt: *Modernity and the Holcaust.* Ithaca, NY: Cornell UP 1989.
Ben-Amos, Dan & Liliane Weissberg (Hrsg.): *Cultural Memory and the Construction of Identity.* Detroit: Wayne State UP 1999.
Berek, Mathias: *Kollektives Gedächtnis und die gesellschaftliche Konstruktion der Wirklichkeit. Eine Theorie der Erinnerungskulturen.* Wiesbaden: Harrassowitz 2009.
Berger, Peter L. & Thomas Luckmann: *Die gesellschaftliche Konstruktion der Wirklichkeit. Eine Theorie der Wissenssoziologie.* Frankfurt a. M.: Fischer 1999 (orig.: *The Social Construction of Reality.* Garden City, NY: Doubleday 1966).
Berliner, David C.: »The Abuses of Memory: Reflections on the Memory Boom in Anthropology«. In: *Anthropological Quarterly* 78,1 (2005), S. 197–211.
Bloxham, Donald & Dirk A. Moses (Hrsg.): *The Oxford Handbook of Genocide Studies.* Oxford: Oxford UP 2010.
Blustein, Jeffrey: *The Moral Demands of Memory.* Cambridge: Cambridge UP 2008.
Bock, Petra: *Umkämpfte Vergangenheit. Geschichtsbilder, Erinnerung und Vergangenheitspolitik im internationalen Vergleich.* Göttingen: Vandenhoeck & Ruprecht 1999.
Bowker, Geoffrey C.: *Memory Practices in the Sciences.* Cambridge, MA: MIT Press 2005.
Cohen, Stanley: *States of Denial. Knowing about Atrocities and Suffering.* Cambridge et al.: Polity 2000.
Connerton, Paul: *How Societies Remember.* Cambrigde: Cambrigde UP 1989.
Diawara, Mamadou, Bernard Lategan & Jörn Rüsen (Hrsg.): *Historical Memory in Africa. Dealing with the Past, Reaching for the Future in an Intercultural Context.* Oxford/New York: Berghahn 2010.
Dimbath, Oliver & Michael Heinlein (Hrsg.): *Die Sozialität des Erinnerns: Beiträge zur Arbeit an einer Theorie des Sozialen Gedächtnisses.* Wiesbaden: Springer 2014.
Diner, Dan & Gotthart Wunberg (Hrsg.): *Restitution and Memory: Material Restoration in Europe.* Oxford/New York: Berghahn 2007.
Esposito, Elena: *Soziales Vergessen. Formen und Medien des Gedächtnisses der Gesellschaft.* Frankfurt a. M.: Suhrkamp 2002.
Fentress, James & Chris Wickham: *Social Memory.* Oxford: Blackwell 1992.
Foucault, Michel: »Nietzsche, die Genealogie, die Historie«. In: *Von der Subversion des Wissens.* Frankfurt a.M: Fischer 1987, S. 69–90.
Franke, Anselm & Eyal Weizman (Hrsg.): *Forensis: The Architecture of Public Truth.* Berlin: Sternberg Press, 2014.
Giesen, Bernhard: *Kollektive Identität.* Frankfurt a. M.: Suhrkamp 1999.

Giesen, Bernhard & Christoph Schneider (Hrsg.): *Tätertrauma: Nationale Erinnerungen im öffentlichen Diskurs*. Konstanz: UVK 2004.
Gillis, John R. (Hrsg.): *Commemorations. The Politics of National Identity*. Princeton, NJ: Princeton UP 1994.
Gluck, Carol: »Operations of Memory: Comfort Women and the World.« In: Sheila M. Jager & Rana Mitter (Hrsg.): *Ruptured Histories: War, Memory, and the Post-Cold War in Asia*. Cambridge, MA: Harvard UP 2007, S. 47–77.
Goody, Jack: *The Power of the Written Tradition*. Washington: Smithsonian Institution Press 2000.
Herzfeld, Michael: *A Place in History: Social and Monumental Time in a Cretan Town*. Princeton, NJ: Princeton UP 1991.
Honneth, Axel: »The Recognitional Structure of Collective Memory«. In: Dmitri Nikulin (Hrsg.): *Memory: A History*. Oxford: Oxford UP 2015, S. 316–324.
Irwin-Zarecka, Iwona: *Frames of Remembrance. The Dynamics of Collective Memory*. New Brunswick, NJ/London: Transaction Publishers 1994.
Isar, Yudhishthir R., Helmut K. Anheier & Dacia Viejo-Rose: *Heritage, Memory & Identity*. Los Angeles, CA: Sage 2011.
Jing, Jun: *The Temple of Memories: History, Power, and Morality in a Chinese Village*. Stanford, CA: Stanford UP 1996.
Keenan, Thomas & Eyal Weizman: *Mengele's Skull: The Advent of a Forensic Aesthetics*. Berlin: Sternberg 2012.
Kölsch, Julia: *Politik und Gedächtnis. Zur Soziologie funktionaler Kultivierung von Erinnerung*. Wiesbaden: Westdeutscher Verlag 2000.
König, Helmut: *Politik und Gedächtnis*. Weilerswist: Velbrück 2008.
Langenbacher, Eric & Yossi Shain (Hrsg.): *Power and the Past: Collective Memory and International Relations*. Washington, D.C: Georgetown University Press 2010.
Langenohl, Andreas: »Erinnerungskonflikte und die Chancen ihrer ›Hegung‹«. In: *Soziale Welt* 52,1 (2001), S. 71–92.
Langenohl, Andreas: *Erinnerung und Modernisierung. Die öffentliche Rekonstruktion politischer Kollektivität am Beispiel des Neuen Rußland*. Göttingen: Vandenhoeck & Ruprecht 2000 (= Formen der Erinnerung 7).
Leggewie, Claus & Erik Meyer: *Ein Ort, an den man gerne geht: Das Holocaust-Mahnmal und die deutsche Geschichtspolitik nach 1989*. München: Hanser 2005.
Lennon, J. J. & Malcolm Foley: *Dark Tourism*. London: Continuum 2000.
Luhmann, Niklas: »Gedächtnis.« In: *Die Gesellschaft der Gesellschaft*. 2 Bde. Frankfurt a. M.: Suhrkamp 1997, S. 576–594.
Margalit, Avishai: *Ethik der Erinnerung*. Frankfurt a. M.: Fischer 2002 (orig.: *The Ethics of Memory*. Cambridge, MA/London: Harvard UP 2002).
Niethammer, Lutz: *Kollektive Identität. Heimliche Quellen einer unheimlichen Konjunktur*. Reinbek: Rowohlt 2000.
Olick, Jeffrey K. & Joyce Robbins: »Social Memory Studies«. In: *Annual Review of Sociology* 24 (1998), S. 105–140.
Olick, Jeffrey K., Vered Vinitzky-Seroussi & Daniel Levy (Hrsg.): *The Collective Memory Reader*. Oxford: Oxford UP 2011.
Radstone, Susannah & Kate Hodgkin (Hrsg.): *Contested Pasts. The Politics of Memory*. London: Routledge 2003.
Reichel, Peter: *Politik mit der Erinnerung Gedächtnisorte im Streit um die nationalsozialistische Vergangenheit*. Frankfurt a. M.: Fischer 1999.
Ricœur, Paul: *Gedächtnis, Geschichte, Vergessen*. München: Fink 2004 (orig.: *La mémoire, l'histoire, l'oubli*. Paris: Seuil 2000).
Robben, Antonius C. G. M. & Francisco Ferrándiz (Hrsg.): *Necropolitics: Mass Graves and Exhumations in the Age of Human Rights*. Philadelphia: University of Pennsylvania Press 2015.
Schudson, Michael: *Watergate in American Memory. How we Remember, Forget, and Reconstruct the Past*. New York: Basic Books 1992.
Schwartz, Barry: *Abraham Lincoln in the Post-Heroic Era: History and Memory in Late Twentieth-Century America*. Chicago: University of Chicago Press 2008.
Sierp, Aline & Jenny Wüstenberg (Hrsg.): *Transnational Memory Politics in Europe: Interdisciplinary Approaches*. Abingdon: Taylor & Francis 2015.
Vansina, Jan. *De la tradition orale. Essai de méthode historique*. Tervuren: Musée Royal de l'Afrique Centrale 1961.
Werbner, Richard (Hrsg.): *Memory and the Postcolony. African Anthropology and the Critique of Power*. London: Zed Books 1998.

Yoneyama, Lisa: *Hiroshima Traces: Time, Space, and the Dialectics of Memory*. Berkeley: University of California Press 1999.
Zemon Davis, Natalie & Randolph Starn (Hrsg.): »*Memory and Counter-Memory.*« Sonderheft *Representations* 26 (1989).
Zerubavel, Eviatar: »Social Memories: Steps to a Sociology of the Past«. In: *Qualitative Sociology* 19,3 (1996), S. 283–299.
Zerubavel, Eviatar: *Time Maps: Collective Memory and the Social Shape of the Past*. Chicago: University of Chicago Press 2003.

Die ›Politik der Reue‹ (Kap. 1.5)
Bell, Terry & Dumisa B. Ntsebeza: *Unfinished Business: South Africa, Apartheid & Truth*. Cape Town: Redworks 2001.
Chakrabarty, Dipesh: »History and the Politics of Recognition.« In: Keith Jenkins, Sue Morgan & Alun Munslow (Hrsg.): *Manifestos for History*. London: Routledge 2007, S. 77–87.
Elster, Jon: *Closing the Books: Transitional Justice in Historical Perspective*. Cambridge: Cambridge UP 2004.
Hayner, Priscilla B.: *Unspeakable Truths: Transitional Justice and the Challenge of Truth Commissions*. 2. A. New York: Routledge 2010.
Kollmorgen, Raj, Wolfgang Merkel & Hans-Jürgen Wagener (Hrsg.): *Handbuch Transformationsforschung*. Wiesbaden: Springer VS 2015.
Kritz, Neil J. (Hrsg.): *Transitional Justice: How Emerging Democracies Reckon with Former Regimes*. 3 Bde. Washington, DC: United States Institute of Peace Press 1995.
Olick, Jeffrey K.: *The Politics of Regret: On Collective Memory and Historical Responsibility*. London: Routledge 2007.
Rigney, Ann: »Reconciliation and Remembering: (how) Does It Work?« *Memory Studies*. 5.3 (2012), S. 251–258.
Schwelling, Birgit (Hrsg.): *Reconciliation, Civil Society, and the Politics of Memory. Transnational Initiatives in the 20th and 21st Century*. Bielefeld: transcript 2012.
Shriver, Donald Jr.: *An Ethic for Enemies. Forgiveness in Politics*. Oxford: Oxford UP 1995.
Tavuchis, Nicholas: *Mea Culpa: A Sociology of Apology and Reconciliation*. Stanford, CA: Stanford UP 1991.
Truth and Reconciliation Commission of South Africa Report. Cape Town: Truth and Reconciliation Commission 1999.

3.2 | Gedächtnis material: Kunst und Literaturwissenschaft

Zur Jahrtausendwende war eine Art Gedächtnis-Boom in Kunst und in Literatur zu verzeichnen. Malerei, Skulptur, Internetkunst und Romane näherten sich gleichermaßen Themen wie der Fragilität der Erinnerung und den ideologischen Implikationen öffentlichen Gedenkens an. In dem Konvergenzfeld ›Gedächtnis‹ befruchten sich **Wissenschaft, Kunstsystem und gesellschaftlicher Diskurs** heute gegenseitig. Dass der Austausch in Sachen Gedächtnis keineswegs einseitig ist, zeigt die herausragende Stellung, die literarische Werke und neuere Gedächtniskunst in wissenschaftlichen Texten zum kulturellen Gedächtnis (wie Aleida Assmanns *Erinnerungsräume*, 1999) und zur Psychologie der individuellen Erinnerung (wie Daniel Schacters *Searching for Memory*, 1996) einnehmen.

Dass das Gedächtnis in der **Kunst** der Gegenwart eine große Rolle spielt, zeigen die Werke von Anselm Kiefer, Mildred Howard, Sigrid Sigurdsson sowie von Anne und Patrick Poirier. Zahlreiche Ausstellungskataloge und kunstgeschichtliche Abhandlungen widmen sich daher diesem Thema (vgl. *Kunstforum* 1994; Hemken 1996; Schaffner/Winzen 1997; Wettengl 2000; Meier 2002, Saltzman 2006; Gibbons 2007; Farr 2012; Assmann/Jeftic/Wappler 2014). Kunst wird heute als ›Technologie‹ und ›Performanz‹ des Gedächtnisses verstanden (vgl. Smith 2006; Plate/Smelik

2009). Einen übergreifenden bildwissenschaftlichen Ansatz zur Gedächtnisforschung bietet Bartoniczek (2010). Das Verhältnis von Museum und Erinnerung untersuchen Crane (2000) und Arnold-de Simine (2013). Wie sich das historische Museum in Zeiten der Globalisierung wandelt, zeigt Beier-de Haan (2005). Auch Architektur wird zunehmend als »Schriftform der Erinnerung« begriffen (Tausch 2003), während Denkmale als »Architektur der Erinnerung« beschrieben werden (Schlusche 2006). Die »city of collective memory« untersucht Boyer (1994); der Altstadt als Ort konstruierter Erinnerung widmet sich Vinken (2010). Zum »Materialgedächtnis« in Design, Kunst und Architektur hat Wachs (2008) eine Theorie vorgelegt, zum Gedächtnis des Tanzes Hess-Lüttich (2003).

Auch die **Literaturwissenschaft** hat eine Vielfalt von Beiträgen zum Problembereich Gedächtnis und Erinnerung geleistet. Die Sammelbände der Reihe *Literature as Cultural Memory* (D'haen 2000) geben einen ersten Überblick über die ganze Spannbreite möglicher Relationen von Literatur, Kultur und Gedächtnis. Das Gedächtnis ist für die Literaturwissenschaft mit den Worten Manfred Weinbergs (2006) in der Tat ein »unendliches Thema«. Etwa seit der Jahrtausendwende ist jedoch spürbar, dass das Feld der literaturwissenschaftlichen Gedächtnisforschung deutliche Konturen angenommen hat (vgl. Erll 2002). Aus vielen Einzelstudien mit unterschiedlicher theoretischer und methodischer Ausrichtung leiten sich diverse **Gedächtniskonzepte der Literaturwissenschaft** ab (Erll/Nünning 2003, 2005; Erll/Gymnich/Nünning 2003). Solche Konzeptionen reichen von im engeren Sinne philologischen bis hin zu stark kulturwissenschaftlich und interdisziplinär geprägten Ansätzen.

Fünf Aspekte des Zusammenhangs von Literatur und Gedächtnis (die weitgehend auch auf andere Kunstformen zutreffen) sollen im Folgenden unterschieden werden:

1. *Ars memoriae* **als Gegenstand der Literaturgeschichte:** Ein literaturhistorisch ausgerichteter Zweig der Gedächtnisforschung widmet sich der Bedeutung antiker Mnemotechnik in mittelalterlicher und frühneuzeitlicher Literatur.
2. ›**Gedächtnis *der* Literatur I**‹: Topoi-, Intertextualitäts- und Gattungsforschung beschäftigen sich mit dem ›erinnernden‹ Rückgriff literarischer Werke auf Elemente vorgängiger Literatur.
3. ›**Gedächtnis *der* Literatur II**‹: Mit dieser Metapher können zudem die sozialsystemischen Prozesse der Kanonbildung und Literaturgeschichtsschreibung beschrieben werden.
4. ›**Gedächtnis *in* der Literatur**‹: Das außerordentlich breite Spektrum der Beiträge zur literarischen Repräsentation von Gedächtnis und Erinnerung reicht von narratologischen und diskursanalytischen Ansätzen bis hin zur literaturwissenschaftlichen Traumaforschung.
5. ›**Literatur und die Medialität des Gedächtnisses**‹: Unter diesem Schlagwort werden schließlich neuere Ansätze gefasst, die das Verhältnis von Literatur und Gedächtnis im Spannungsfeld von (inter-)medialen und medienkulturellen Prozessen beschreiben. Der Frage, unter welchen Voraussetzungen Literatur zu einem ›Medium des kollektiven Gedächtnisses‹ werden kann, widmen sich Kap. 6. und 7.

3.2.1 | Grundlagen: *Ars memoriae*

Anders als die Geschichts- und Sozialwissenschaften, deren Gedächtnisforschung die konstruktive und identitätsstiftende Aneignung von Vergangenheit in sozialen Kontexten fokussiert, haben sich Kunstgeschichte und Literaturwissenschaft lange Zeit vor allem der Bedeutung **antiker Mnemotechniken (*ars memoriae*)** für Kunst und Kultur gewidmet. Gedächtnis in Kunst und Literatur wird so – mit Aleida Assmanns Worten (vgl. Kap. 2.4.3) – dominant als *ars* (künstliches, raumorientiertes Gedächtnis) untersucht, während Geschichte und soziales Gedächtnis als *vis* (natürliches, zeitorientiertes Gedächtnis) konzipiert werden.

Besonders suggestiv für Kunstgeschichte und Literaturwissenschaft ist wohl die der *ars memoriae* zugrunde liegende enge Verknüpfung von Raum und Bild. Der **Gründungsmythos der Mnemotechnik** ist von Cicero in *De oratore* überliefert. Es ist die Geschichte des griechischen Dichters **Simonides von Keos** (um 557–467 v. Chr.), der die durch eine Katastrophe ums Leben gekommenen Besucher eines Festmahls identifizieren konnte, weil er sich zuvor ihre Sitzordnung eingeprägt hatte. Die Erfahrung, dass räumlich angeordnete Vorstellungsbilder als Gedächtnisstütze dienen können, soll den Dichter zur Erfindung der Gedächtniskunst angeregt haben (zu den kulturhistorischen Implikationen dieses Mythos vgl. Goldmann 1989).

Die antike Mnemotechnik verfährt nach dem Prinzip der ***loci et imagines***: An eine Reihe von realen oder imaginierten Orten (*loci*) heftet man in der Vorstellung Bilder, am besten von hoher Intensität (*imagines agentes*), die auf die zu erinnernden Dinge verweisen. Im Geiste kann man diese Orte später abgehen und die Bilder und damit das zu Erinnernde ›aufsammeln‹. Es handelt sich also um eine Art geistige Schrift, die in der Antike in erster Linie dazu genutzt wurde, Reden auswendig zu lernen. Daher ist uns die antike Mnemotechnik auch ausschließlich in Schriften zur **Rhetorik** überliefert: bei Cicero, Quintillian und in der anonymen *Rhetorica ad Herennium*. Sie ist eines der fünf Elemente der Rede: *inventio* (Findungslehre), *dipositio* (Anordnung), *elocutio* (Ausdruck/Ausschmückung), *memoria* (Memorieren der Rede), *actio* (Vortrag) (vgl. auch Dockhorn 1964).

Als Forschungsgegenstand der modernen Kulturwissenschaft etabliert wurde die *ars memoriae* von der Literaturhistorikerin **Frances A. Yates**. Ihre im Umkreis des Londoner Warburg-Institute entstandene Studie ***The Art of Memory*** (1966; *Gedächtnis und Erinnern*, 1990) ist eine Geschichte der Gedächtniskunst von der Antike bis zur frühen Neuzeit. Yates bringt die weitgehend in Vergessenheit geratene *ars memoriae* wieder in Erinnerung und argumentiert, dass sich Kunst, Wissensorganisation und Denksysteme des Mittelalters und der Renaissance in nicht unwesentlichem Maße aus einem Rückgriff auf die antike Mnemonik speisen. Yates argumentiert, dass wir es in **Mittelalter und Renaissance** mit einer tief greifenden **Umgestaltung der klassischen Gedächtniskunst** zu tun haben. Durch den Rückgriff auf römische Quellen und ihre Verbindung mit platonischen Schriften und christlichem Gedankengut erhält das künstliche Gedächtnis eine ganz neue Dimension, eine moralische Funktion: Von Scholastikern wie Albertus Magnus oder Thomas von Aquin wird die *memoria* als Teil der *prudentia*, einer der vier Kardinaltugenden, verstanden.

Die eindrucksvollen Bildwelten in Dantes *Göttliche Komödie* (um 1310), die gotische Architektur oder Bilder von Giotto oder Tizian werden, so Yates, besser verständlich, wenn man sie als Ausdruck einer mittelalterlichen Gedächtniskunst versteht. Sie stellen eine christliche Form der platonischen Wiedererinnerung (*anamnesis*) – an Paradies und Hölle, Laster und Tugenden – dar, und zwar mit Hilfe der den antiken Quellen entnommenen mnemonischen Technik, Orte mit *imagines agentes* zu verbinden. Yates' Ausführungen zur Geschichte der Gedächtniskunst von der Mnemotechnik der Antike über die Bildwelten des Mittelalters bis hin zu den magisch-hermetischen Gedächtnissystemen Giulio Camillos, Giordano Brunos oder Robert Fludds in Renaissance und früher Neuzeit verdeutlichen, dass die Gedächtniskunst eine lebendige und recht wandlungsfähige Tradition war, die nicht nur zu rhetorischen Zwecken, sondern auch zum christlichen Gedenken, zur kulturellen Wissensorganisation oder als Möglichkeit künstlerischen Ausdrucks diente. (Zu einer umfassenden Bestandsaufnahme der *ars memorativa* in Mittelalter und Früher Neuzeit vgl. auch Berns/Neuber 1993; 2000; für eine materialreiche Anthologie vgl. Carruthers/Ziolkowski 2002.)

Mary Carruthers zeigt in ihrem Buch *The Book of Memory* (1990), Yates' Thesen relativierend, dass im Mittelalter die Buchseite selbst zum mnemotechnischen Gedächtnisraum wird. Damit zeichnet sich schon der **Übergang von einem bild- und raumgeprägten Gedächtnis** in Antike und Mittelalter **zu einem schriftgeprägten Gedächtnis** in der Neuzeit ab; und damit auch von der Rhetorik und Auswendigkeit zur Hermeneutik (vgl. Berns 1993; Haverkamp 2002). Obgleich die *ars memoriae* um 1800 aus der kulturellen Praxis verschwindet, scheint sie dennoch nachzuwirken und sich insbesondere ein Fortleben in Kunst und Literatur zu sichern. Das belegen Studien wie die von Stefan Rieger (1997), der zeigt, wie die **Mnemotechnik als Tiefenstruktur** auch in modernen Wissensordnungen wirkt, von Patrick Hutton (1987), der die These vertritt, dass die Mnemotechnik als eine Weise, die Wirklichkeit zu interpretieren, auch noch in Freuds Psychoanalyse Wirksamkeit entfaltet und von Anselm Haverkamp und Renate Lachmann (1991), die die Verknüpfung von Bildern und Orten für ein grundlegendes literarisches Verfahren halten.

Ein Gegenmodell zur antiken Mnemotechnik mit ihrer *loci et imagines*-Lehre stellt die **Meditation im Mittelalter und in der Frühen Neuzeit** dar (vgl. Butzer 2000). Meditation ist ein Verfahren der Textverarbeitung, der Seelenführung und der Gedankenfindung. Eine Verknüpfung von Memoria und Meditation erfolgt in der monastischen Tradition des Frühen Mittelalters zur Aneignung der Heiligen Schrift: »Die Praxis der Meditation wird als Akt geistig-körperlicher Aneignung des Textes vorgestellt und mit dem Bild des wiederkäuenden Tieres verbunden« (ebd., S. 1018). Augustinus versteht Schrift als Magen des Gedächtnisses, Lesen und Hören als Essen, Nachdenken als Wiederkäuen. Meditation als Verfahren der Introspektion spielt schließlich eine bedeutende Rolle für die **Herausbildung von Individualität** in der Frühen Neuzeit. Mit ihrer Untersuchung von *meditatio* als literarischem Genre, das sich im 11. Jahrhundert herausbildet, trägt die Literaturwissenschaft zur interdisziplinären, mediävistischen Memoria-Forschung bei (vgl. Kap. 3.1.3). Aus literaturwissenschaftlicher Perspektive liegen Studien zur Meditation und Erinnerung in der Frühen Neuzeit (Kurz 2000) und zur literarischen *meditatio mortis* (Wodianka 2004) vor.

3.2.2 | Gedächtnis *der* Literatur I: Topoi und Intertextualität

Die zeitliche Dimension des Zusammenhangs von Literatur und Gedächtnis wird üblicherweise unter dem Begriff ›Gedächtnis der Literatur‹ verhandelt. Dabei handelt es sich um eine stark metaphorische Ausdrucksweise, die immer wieder auch Kritik erfährt (zu Metaphern in der Gedächtnisforschung vgl. Kap. 4.1). Konzepte vom Gedächtnis der Literatur und Kunst basieren auf der Annahme, dass künstlerische

Werke nur in einem **diachronen Zusammenhang** zu begreifen sind. Unterschieden werden kann zwischen einem Gebrauch des Begriffs als
- *genitivus subjectivus* (durch Intertextualität erinnert Literatur an sich selbst) und als
- *genitivus objectivus* (an Literatur wird in gesellschaftlich institutionalisierter Weise erinnert, z. B. durch Kanonbildung und Literaturgeschichtsschreibung).

Im ersten Fall wird Literatur als ›Symbolsystem‹ betrachtet, im zweiten als ›Sozialsystem‹ (zu dieser Unterscheidung vgl. Schmidt 2000).

Im Sinne eines *genitivus subjectivus* verweist das Konzept ›Gedächtnis der Literatur‹ auf die Vorstellung von einem innerliterarischen Gedächtnis, einem **Gedächtnis des Symbolsystems Literatur**, das sich in einzelnen Texten manifestiert. Im literarischen Werk wird durch intertextuelle Bezugnahmen an vorgängige Texte erinnert. Literaturtheoretische Ansätze, die sich mit **Intertextualität** als literarischer ›Erinnerungspraktik‹ beschäftigen, haben stets die *ars memoriae* als ein Denkmodell genutzt, weit ausgedeutet und mit verschiedenen anderen Konzepten zu neuartigen Theorien verknüpft. Ziel ist es, Phänomene der Wiederkehr und Veränderungen von ästhetischen Formen beschreibbar zu machen.

Am Beginn der kultur- und gedächtnistheoretischen Untersuchung von Kontinuitäten und Wandlungen in Kunst und Literatur stehen **Aby Warburgs** Mnemosyne-Atlas und sein Konzept eines ›sozialen Gedächtnisses‹ (vgl. Kap. 2.2). Bis heute ist Warburgs Arbeit vor allem an literaturwissenschaftliche Theorien anschließbar, die Literatur und Kultur zeichentheoretisch als fortlaufenden Prozess der »**De- und Resemiotisierung**« begreifen (Lachmann 1993, S. XVIII). Das Gedächtnis der Kunst/Literatur basiert auf einer Resemiotisierung von Zeichen, auf einem ›Wieder-Aufladen‹ von Elementen überlieferter Kunstwerke/Texte mit Bedeutung. Das von Warburg beobachtete und als soziales Gedächtnis bezeichnete Phänomen wird in der Literaturwissenschaft als ›Intertextualität‹ im weitesten Sinne – als Rückgriff auf überkommene Topoi, als Einzeltext- oder als Gattungsreferenzen – konzipiert.

Die Vorstellung von einem ›Gedächtnis der Literatur‹ liegt auch der historischen Topik von **Ernst Robert Curtius** zugrunde, die der Romanist in seiner Monographie *Europäische Literatur und lateinisches Mittelalter* (1948) entfaltet. Curtius widmet sein Buch u. a. Aby Warburg, den er 1928 in Rom, auf der Suche nach Diskussionspartnern über sein Mnemosyne-Projekt, kennengelernt hatte (vgl. Hausmann 2002). Die Theorie und Methode der **historischen Topik** ist im Umkreis kunst- und kulturwissenschaftlicher Gedächtniskonzepte der Zeit zwischen den Weltkriegen zu verorten. Europa ist für Curtius eine historische und geistesgeschichtliche Einheit: Die europäische Literatur »umfaßt einen Zeitraum von etwa sechsundzwanzig Jahrhunderten (von Homer bis Goethe gerechnet)« (Curtius 1993 [1948], S. 22). Bei der Beschränkung der Literaturbetrachtung auf bestimmte Epochen und Nationen geraten daher, so Curtius, wichtige Traditionslinien aus dem Blick. Um Kontinuitäten und Wandlungen literarischer Formen aufzuzeigen, richtet er seine Aufmerksamkeit auf Topoi, d. h. auf in der antiken Rhetorik zur *inventio* gehörende Gemeinplätze bzw. feste Denk- und Ausdrucksschemata. Hierzu zählt Curtius rhetorische Topoi wie den Bescheidenheits- oder den Unsagbarkeitstopos und Vorstellungen wie die von der verkehrten Welt, im weiteren Sinne aber auch Metaphern wie ›das Leben als Schiffahrt‹ oder ›die Welt als Theater‹. Curtius verfolgt mit seiner historischen Topik zwei Ziele: Erstens geht es ihm um Gattungs- und Formengeschichte, um die »genetische Erkenntnis literarischer Form-Elemente« (ebd., S. 92). Zweitens leitet ihn ein geistesgeschichtliches Interesse, denn die Untersuchung der Wiederkehr literarischer Ausdrucksformen trägt Curtius zufolge zu einem »Verständnis der abendländischen Seelengeschichte« (ebd.) bei.

Das Gedächtnis der Literatur, wie es mit Curtius' historischer Topik in den Blick kommt, zeichnet sich dadurch aus, dass literarische *inventio* auf *memoria* basiert: Künstlerische Tätigkeit ist immer auch ein Erinnerungsakt, denn sie muss auf **Elemente der kulturellen Tradition** zurückgreifen. Curtius' Toposforschung verdeutlicht zudem, dass Literatur eine diachrone und transkulturelle Dimension hat. So wie Pathosformeln die ›Energiekonserven‹ des kollektiven Bildgedächtnisses sind, findet das literarische Gedächtnis in Topoi seinen Ausdruck. Curtius' vager und restaurativer Toposbegriff ist in der Literaturwissenschaft stark kritisiert worden. Peter Jehn (1972, S. X) etwa bemerkt: »Der Curtius'sche Topos [...] ist ein Proteus, dessen Identität nicht Wahrheit ist, sondern das falsche Ergebnis ahistorischer Gleichsetzungen von verschiedenen Termini der rhetorischen Topik.« Er hat aber zugleich auch beträchtliche Wirkung entfaltet und wird gerade im Kontext der neueren kulturwissenschaftlichen Gedächtnisforschung wieder neu entdeckt (zur Topos- und Topik-Forschung vgl. außerdem Baeumer 1973; Bornscheuer 1976; Breuer/Schanze 1981; Berndt 1999; Schirren/Ueding 2000).

Die Ursprünge **poststrukturalistischer Intertextualitätskonzepte**, wie sie etwa von Harold Bloom und Renate Lachmann vorgelegt worden sind, und ihrer Begriffe von einem ›Gedächtnis der Literatur‹ sind ebenfalls bis in die 1920er Jahre zurückzuverfolgen – bis hin zu Michail Bachtins Dialogizitätskonzept (vgl. Scheiding 2005). Julia Kristeva prägte in Anlehnung an Bachtins Überlegungen zum »Wort im Roman« (vgl. Bachtin 1979) den Begriff der Intertextualität (vgl. Kristeva 1972 [1969]). Das Gedächtnis der Literatur erscheint aus der Perspektive der poststrukturalistischen Theoriebildung als der sich auf der textinternen Ebene manifestierende Bezug zu kulturellen Prätexten, als deren Aktualisierung und Transformation.

Harold Bloom geht es in *The Anxiety of Influence* (1973, S. 5) um »intra-poetic relationships«. Am Beispiel der Lyrik englischer Romantiker zeigt er, dass **Einflussangst** (von Bloom freudianisch gewendet: die Angst eines jungen Dichters – *ephebe* – vor den Werken eines scheinbar übermächtigen ›Dichtervaters‹) literarische Produktion erst ermöglicht: »Poetry is the anxiety of influence« (ebd., S. 95). Einflussangst führt zu literarischen Abwehrmechanismen, vor allem zum *misreading* (vgl. auch Bloom 1975). In *The Anxiety of Influence* (1973, S. 94) heißt es dazu: »Every poem is a misinterpretation of a parent poem.« Bloom unterscheidet verschiedene Ausprägungen solcher »revisionary ratios« (ebd., S. 14) – Formen der intertextuellen Aktualisierung und Variation von Elementen der literarischen Tradition, die als rhetorische Strategien im Text erkennbar sind.

Diese agonale Dimension des Gedächtnisses der Literatur unterstreicht bereits **T. S. Eliot** im Jahr 1919 in seinem Essay »**Tradition and the Individual Talent**«. Eliot argumentiert, dass wahre Neuheit und Originalität eines literarischen Textes nur auf der Auseinandersetzung mit der Tradition basieren kann. Umgekehrt wirkt sich jedes neue, ›große‹ literarische Werk auf das bestehende Gefüge überkommener klassischer oder kanonischer Texte aus:

The existing monuments form an ideal order among themselves, which is modified by the introduction of the new (the really new) work of art among them. The existing order is complete before the new work arrives; for order to persist after the supervention of novelty, the *whole* existing order must be, if ever so slightly, altered; and so the relations, proportions, values of each work of art toward the whole are readjusted; and this is conformity between the old and the new (Eliot 1975 [1919], S. 38; vgl. auch Smith 1996).

Renate Lachmann hat mit ihrer Monographie *Gedächtnis und Literatur* (1990) einen zentralen Beitrag zur poststrukturalistischen, auf Intertextualitätskonzepten basierenden literaturwissenschaftlichen Gedächtnisforschung geleistet. Kennzeichnend für den einflussreichen Ansatz Lachmanns ist die Gleichsetzung von Gedächtnis mit der Kategorie der Intertextualität: »**Das Gedächtnis des Textes ist seine Intertextualität**« (ebd., S. 35). Lachmann verortet das literarische Phänomen der Intertextualität konsequent in einem gedächtnistheoretischen Bezugsrahmen. Ihr geht es um »die Interpretation der Intertextualität (konkreter Texte) als eines mnemonischen Raums, der sich zwischen den Texten entfaltet, und um den Gedächtnisraum innerhalb konkreter Texte, der durch die Intertexte aufgebaut wird, die in diese eingetragen werden« (ebd., S. 11). Zum Verhältnis von *ars memoriae* und Literatur bemerkt Lachmann: »Der literaturwissenschaftlich brisante Punkt liegt in den Weisen der Kreuzung von Gedächtnisimaginatio und dichterischer Einbildungskraft« (ebd., S. 35). Literarische Texte »konstruieren [...] Gedächtnisarchitekturen, in die sie mnemonische Bilder deponieren, die an Verfahren der *ars memoriae* orientiert sind« (ebd.). Literatur erweist sich also als in mehrfacher Hinsicht mit Gedächtnis und Kultur verwoben: Sie ist eine

mnemonische Kunst *par excellence*, indem sie das Gedächtnis für eine Kultur stiftet; das Gedächtnis einer Kultur aufzeichnet; Gedächtnishandlung ist; sich in einen Gedächtnisraum einschreibt, der aus Texten besteht; einen Gedächtnisraum entwirft, in den die vorgängigen Texte über Stufen der Transformation aufgenommen werden (ebd., S. 36).

Für **Sigrid Weigel** (1994) sind es – ebenfalls ganz in der Tradition der Mnemotechnik – vor allem die ›**Bilder des kulturellen Gedächtnisses**‹, auf die literarische Werke durch Intertextualität Bezug nehmen. Ihr geht es

um eine Thematisierung der Bilder und Mythen, der Medien und Sprachmuster, der Figuren und Szenarien, in denen die Erfahrung sich niederschlägt und Gestalt gewinnt. Auf diese Weise verschiebt sich das Interesse von der individuellen Erinnerungsarbeit zu den Strukturen, die ihr vorausgesetzt sind und in sie eingehen, und zu den Erinnerungsbildern, die durch sie aktualisiert und umgeschrieben werden (Weigel 1994, S. 9).

In stärker medientheoretischer Wendung und im Horizont der aktuellen Gedächtnisforschung, handelt es sich bei der von Weigel beschriebenen Dynamik um die Prozesse der Prämediation und Remediation (vgl. Kap. 5.5.3).

> **Zusammengefasst:**
> Die vorgestellten Konzepte von einem ›Gedächtnis der Literatur‹ weisen einige wichtige Gemeinsamkeiten auf. So wird in der Literaturwissenschaft nicht nur häufig auf Begriffe und Vorstellungen zurückgegriffen, die der Rhetorik entstammen. Dieser Rekurs ist zudem meist mit einer produktiven Aneignung und (häufig tief greifenden) Veränderung der historischen Rede- und Gedächtnislehre verbunden. Zwei wichtige **Modifikationen der *ars memoriae*** nimmt die Literaturwissenschaft vor. Erstens erhält das abstrakte und auf das individuelle Gedächtnis ausgerichtete Verfahren der Verbindung von *loci* und *imagines* eine kollektive, mediale und diachrone Dimension: Mit mnemotechnischen Konzepten werden literarische Traditionen und deren Wandlungen beschrieben. Zweitens konzipieren literaturwissenschaftliche Ansätze die fünf Schritte der antiken Rhetorik als einen Zirkel. *Memoria* verweist im Sinne der

> Literaturwissenschaft nicht auf das bloße Memorieren eines bereits Vorhandenen, sondern stellt die Basis für die Erzeugung neuer Literatur dar. *Inventio, dispositio, elocutio* basieren auf *memoria*. Jeder neue literarische Text ist bezogen auf vorgängige Texte, auf kulturell verfügbare Gattungsmuster, auf literarische Formen und Tropen.
> Außerdem zeigen die Studien von Warburg, Curtius, Bloom und Lachmann, dass die kunst- und literaturwissenschaftliche Beschäftigung mit Erinnerung und Gedächtnis selbst stark an den jeweils vorherrschenden Gedächtnistheorien und Vergangenheitsdiskursen orientiert ist: Während Warburg seine Beobachtungen anhand der Engramm-Theorie des Psychologen Richard Semon und zeitgenössischer Vorstellungen von unwillkürlicher Erinnerung erklärt, beschwört Curtius in einer Zeit der Weltkriege kulturkonservativ ein Geschichtsbild von europäischer Kontinuität und Einheit. Blooms und Lachmanns Intertextualitätstheorien schließlich beruhen sowohl auf poststrukturalistischen als auch auf psychoanalytischen Theorieelementen. Konzepte von individuellem und kollektivem Gedächtnis sowie von organisch und medial erzeugter Erinnerung fließen in kunst- und literaturwissenschaftlichen Ansätzen zudem häufig ineinander.

Seit einigen Jahren wendet sich die literaturwissenschaftliche Gedächtnisforschung zunehmend Phänomenen zu, die man als ›**Gattungsgedächtnis**‹ und ›**Gedächtnisgattungen**‹ bezeichnen kann (vgl. Olick 1999; van Gorp/Musarra-Schroeder 2000; Humphrey 2005). Im Rahmen der Intertextualitätsforschung wird grundlegend zwischen Einzeltext- und Gattungsreferenzen unterschieden. Gattungen sind daher erstens Resultat intertextueller Bezüge; auch sie basieren auf einem ›Gedächtnis der Literatur‹ (bzw. dem ›Gattungsgedächtnis‹). Zweitens dienen bestimmte Gattungen, wie Autobiographie, Biographie oder Epos, als konventionalisierte ›Formulare‹ zur Kodierung von Vergangenheitsversionen (›Gedächtnisgattungen‹). Aufgeladen mit ideologischer Bedeutung tradieren Gattungen dabei auch Werte, Normen und Identitätskonzepte (z. B. auch Vorstellungen von Geschlecht; vgl. Erll/Seibel 2004). Ein dritter Aspekt des Verhältnisses von Gattung und Gedächtnis ist schließlich, dass Gattungen ein ›Lesergedächtnis‹ voraussetzen: Nur wenn Autoren und Leser einer Erinnerungskultur das Wissen um Gattungskonventionen teilen (und beispielsweise ahnen, dass am Ende eines Krimis die Auflösung des Mordfalls stehen wird), kann von der Existenz einer Gattung die Rede sein.

Heute werden der historische Roman, die (Auto-)Biographie sowie traditionsreiche und stark konventionalisierte Genres, wie die Komödie, die Pastorale und die Romanze, als Darstellungsformen, Tradierungsverfahren oder Produkte von kulturellem Gedächtnis begriffen. Aber auch **neue Gattungsbezeichnungen** wurden im Rahmen der literaturwissenschaftlichen Gedächtnisforschung geprägt. Julijana Nadj (2006) untersucht die ›fiktionale Metabiographie‹; Birgit Neumann (2005) unterscheidet vier Ausprägungen zeitgenössischer kanadischer *fictions of memory*: den ›autobiographischen Gedächtnisroman‹, den ›autobiographischen Erinnerungsroman‹, den ›kommunalen Gedächtnisroman‹ und den ›soziobiographischen Erinnerungsroman‹; und Jan Rupp (2010) untersucht am Beispiel der ›Black British Literature‹, wie sich mit Erinnerungen auch Gattungen wandeln. Der ›Gedächtnisroman‹ (Erll 2003) bezeichnet schließlich weniger eine anhand textueller Merkmale unterscheidbare Gattung als ein wirkungsgeschichtliches Phänomen: Der Begriff steht für literarische Erzählungen aller Genres und Fiktionalitätsgrade, die in bestimmten Kontexten zu Medien der Erinnerungskultur werden und kollektives Gedächtnis mitformen (vgl. Kap. 6).

3.2.3 | Gedächtnis *der* Literatur II: Kanon und Literaturgeschichte

Während Intertextualitätstheorien literaturwissenschaftliche Ansätze darstellen, mit denen ein Gedächtnis des *Symbol*systems Literatur untersucht werden kann, ermöglichen Kanonforschung und Theorie der Literaturgeschichtsschreibung Einblicke in **Funktionsweisen des *Sozial*systems Literatur**: Kanonbildung und Literaturgeschichte sind zentrale Mechanismen und Medien, anhand derer in Gesellschaften *an* Literatur erinnert wird. Es bedarf der Institutionen, um aus der Fülle der verfügbaren literarischen Werke ein Korpus von zu erinnernden Texten auszuwählen, zusammenzustellen und dessen Überlieferung zu sichern.

Neben Literaturwissenschaftler/innen beschäftigen sich vor allem Vertreter der Religions-, Altertums- und Geschichtswissenschaften mit Kanonisierungsprozessen als zentrale Vorgänge bei der Herausbildung und Tradierung von kollektivem Gedächtnis (vgl. Assmann/Assmann 1987; Heydebrand 1998; Kaiser/Matuschek 2001). Der **Kanon** – ein Begriff, der ursprünglich auf das Korpus anerkannter heiliger Schriften bezogen war – hat eine hohe gesellschaftliche und kulturelle Relevanz. Zu den Funktionen, die Literaturgeschichtsschreibung und Kanonisierungsprozesse erfüllen können, gehören die Stiftung kollektiver Identitäten, die Legitimierung gesellschaftlicher und politischer Verhältnisse sowie die Aufrechterhaltung oder Unterwanderung von Wertesystemen. Mit ihrem Korpus an »Wiedergebrauchs-Texten« (J. Assmann) beschreiben Kulturen sich selbst. Und so, wie sich die **Identitätskonzepte und Wertstrukturen** von Kulturen wandeln, verändert sich auch ihr Kanon. Das Gedächtnis des Sozialsystems Literatur ist daher kulturell und historisch variabel.

Mit Beginn der 1970er Jahre setzte in der Literaturwissenschaft Kritik an überkommenen literaturwissenschaftlichen Kanon- und Geschichtskonzepten ein. Im Zuge von Ideologiekritik und feministischer Forschung wurden Auswahlkriterien bei der Kanonbildung hinterfragt. Gefordert wurde eine **Kanonrevision**, ein Aufbrechen des bildungsbürgerlichen und elitären Kanons sowie eine Berücksichtigung zuvor marginalisierter Autor/innen (zum feministischen Kanon vgl. Schabert 1997). Im Sinne des poststrukturalistischen Paradigmas wurde gar ein Verzicht auf jegliche Art von Kanonbildung angeregt. Vor allem in Amerika haben diese Kanondebatten, die als »The Great Canon Controversy« oder »Culture Wars« in der Presse hohe Wogen schlugen, enorme Wirkung entfaltet.

Im deutschen Sprachraum – im Umfeld des *linguistic turn* und der Diskussion um die Möglichkeiten der Repräsentation von Geschichte – wurden die der Literaturgeschichtsschreibung zugrunde liegenden Prozesse untersucht. Das Erkenntnisinteresse der Theorie der Literaturgeschichtsschreibung gilt weniger dem historischen Prozess der Literatur selbst (dem Objektbereich) als dem Vorgang seiner retrospektiven Erkenntnis, Deutung und Darstellung. Ausgehend von der Einsicht in den »**Konstruktcharakter jeder Literaturgeschichte**« (Voßkamp 1989, S. 173) wurden Selektionsprinzipien und Konstruktionsmechanismen jener auf den Bereich der Literatur konzentrierten Form der Historiographie untersucht. Dabei rückten auch die Nationenspezifik und erinnerungskulturellen Funktionen der Literaturgeschichtsschreibung in den Blick (Grabes 2001; Nünning 2001; Grabes/Sichert 2005).

Obgleich sich die Kanondebatte und die theoretische Reflexion der Literaturgeschichtsschreibung letztlich um gedächtniskonstituierende Verfahren – wie Selektion, Gewichtung und Tilgung (was soll ausgewählt und erinnert, was vergessen werden?) – drehen, ist von Gedächtnis und Erinnerung in diesem Zusammenhang jedoch nur selten explizit die Rede. Ein interessantes und kontrovers erörtertes Beispiel für die Verwendung eines Gedächtnisbegriffs im Zusammenhang mit Kanonbildung ist allerdings **Harold Blooms** 1994 erschienene Monographie ***The Western Canon*** – eine Reaktion auf die überhitzte US-amerikanische Debatte um Kanonrevision. Bloom bespricht nicht nur hoch selektiv die Werke von sechsundzwanzig Autoren (von Shakespeare, Goethe, Tolstoi und Proust etwa), sondern antwortet mit einer Leseliste, die seiner Monographie angefügt ist, auch auf die kanonkritische »School of Resentment«. Bloom greift bewusst auf Konzepte der Mnemotechnik zur Erklärung und Untermauerung der Richtigkeit und Wichtigkeit von Kanonbildung und damit eines ›Literaturgedächtnisses‹ zurück. Doch während in der Kulturwissenschaft die Bedeutung des Kanons für das kollektive Gedächtnis (religiöser, ethnischer oder nationaler Art) betont wird, erläutert Bloom interessanterweise, dass der Kanon auf der Ebene des individuellen Gedächtnisses (von Autor und Leser) eine wichtige Rolle spielt:

The Canon, once we view it as the relationship of an individual reader and writer to what has been preserved out of what has been written, and forget the canon as a list of books for required study, will be seen as identical with the literary Art of Memory, not with the religious sense of canon (Bloom 1995 [1994], S. 17).

Der Kanon übernimmt dabei die Funktion eines Gedächtnissystems (»the Canon as a memory system«, ebd., S. 37). Wie in der antiken Mnemotechnik gehen in der kanongestützten Erinnerung des individuellen Lesers *loci* und *imagines* eine Verbindung ein:

[W]hat I believe to be the principal pragmatic function of the Canon: the remembering and ordering of a lifetime's reading. The greatest authors take over the role of ›places‹ in the Canon's theater of memory, and their masterworks occupy the position filled by ›images‹ in the art of memory. Shakespeare and *Hamlet*, central author and central drama, compel us to remember not only what happens in *Hamlet*, but more crucially what happens in literature that makes it memorable and thus prolongs the life of the author (ebd.).

Die Literaturwissenschaft, das haben die Debatten um Kanonrevision und um die Konstrukthaftigkeit der Literaturgeschichte gezeigt, erzeugt und tradiert kulturelles Gedächtnis. Da Literaturgeschichtsschreibung und die Bildung oder Veränderung von Kanones seit jeher zu den zentralen Aufgaben der Disziplin gehören, ist das institutionalisierte Literaturgedächtnis ein Phänomen, das die Literaturwissenschaft implizit, allerdings nachhaltig prägte und noch prägt. **Die Literaturwissenschaft ist eine Gedächtniswissenschaft.** Die Mechanismen und die vielfältigen gesellschaftlichen Funktionen des literaturwissenschaftlichen Bezugs auf Vergangenheit sind erst in den letzten Jahrzehnten deutlich ins Bewusstsein ihrer Vertreter gerückt. Daher beschäftigt sich die Literaturwissenschaft heute zunehmend nicht mehr nur mit der Erzeugung von Kanones und Literaturgeschichten, sondern auch mit der kritischen Reflexion solcher disziplinspezifischer Konstruktionsprozesse (für die Germanistik vgl. Wiesinger 2003). Sie betrachtet ihr eigenes Tun – die Hervorbringung und Tradierung von kulturellem Gedächtnis – aus kulturwissenschaftlicher und gedächtnistheoretischer Perspektive.

3.2.4 | Gedächtnis *in* der Literatur: Inszenierungen

Während sich Intertextualitäts- und Kanonforschung mit der diachronen Dimension des Verhältnisses von Gedächtnis und Literatur beschäftigen, rückt in Untersuchungen zur literarischen Repräsentation bzw. Inszenierung von Gedächtnis stärker die synchrone Dimension, die dialogische Beziehung zwischen Literatur und außerliterarischen Gedächtnisdiskursen in den Blick. Studien zum ›Gedächtnis *in* der Literatur‹ liegt zumeist ein Konzept von **Literatur als ›Interdiskurs‹** (vgl. Kap. 6.1.2) zugrunde: Literarische Werke nehmen auf die außerliterarische Wirklichkeit und ihre Diskurse Bezug, reorganisieren sie im Medium der Fiktion und machen sie auf diese Weise beobachtbar. So greift Literatur auf die Vergangenheitsversionen und Gedächtniskonzepte anderer Symbolsysteme (Psychologie, Psychoanalyse, Neurowissenschaften, Religion, Geschichtswissenschaft, Soziologie, Alltagsdiskurse etc.) zu, kodiert kulturelles Wissen über das Gedächtnis in ästhetischen Formen (narrative Strukturen, Symbolik, Metaphern) und bringt es damit prägnant zur Anschauung. Diese literarische Inszenierung von Gedächtnis steht allerdings nicht nur in einem dynamischen Austauschverhältnis zu gesellschaftlichen Memorialkonzepten, sondern wandelt sich auch mit diesen selbst (vgl. Wägenbaur 1998; Nalbantian 2003; Nünning 2003).

In ihrer für die kulturwissenschaftliche Gedächtnisforschung insgesamt wegweisenden Studie *Erinnerungsräume* (1999) erzählt Aleida Assmann die Geschichte der **literarischen Inszenierung von kulturellem Gedächtnis** und zeigt in ihren Interpretationen von William Shakespeare bis Durs Grünbein, dass Literatur in der Erinnerungskultur Darstellungs-, Kritik- und Reflexionsfunktionen übernehmen kann. Shakespeares Historien untersucht sie etwa auf ihre Darstellung des Zusammenhangs von Erinnerung und Identität sowie von Geschichtskonzepten und Nation hin: Die »eigentlichen Akteure in diesen Dramen [sind] Erinnerungen« (ebd., S. 64). In der Romantik kommt hingegen ein Konzept von Erinnerung auf, das nicht mehr in erster Linie der Wissensspeicherung (*ars memoriae*) verpflichtet ist, sondern vielmehr das Vergessen und die Konstruktion individueller Identität durch den selektiven und konstruktiven Vergangenheitsbezug akzentuiert. Assmann zeigt, dass und wie sich dieser Umbruch und die Konkurrenz verschiedener Memorialkonzepte um 1800 an einem Gedicht von William Wordsworth ablesen lassen. Formen der literarischen Inszenierung von Gedächtniskonzepten um 1900 untersucht Assmann schließlich am Beispiel einer Kurzgeschichte von E. M. Forster, in der die Bürde des Historismus – »die Last des Wissens und die Segnungen des Vergessens« (ebd., S. 128) – durch eine überschwere und schließlich in einer Schlucht zerberstende Bücherkiste dargestellt wird. Aleida Assmann zufolge hat Kunst in der Erinnerungskultur »einen wichtigen Anteil an der Erneuerung des Gedächtnisses, indem sie die fest gezogene Grenze zwischen dem Erinnerten und Vergessenen infrage stellt und durch überraschende Gestaltungen immer wieder verschiebt« (A. Assmann 2000, S. 27)

Die Forschung zum **historischen Roman** kann in der Literaturwissenschaft auf eine sehr lange Tradition zurückblicken. Durch die neuerliche Einbeziehung von Fragestellungen der kulturwissenschaftlichen Gedächtnisforschung werden historische Romane als Produkte ihrer Erinnerungskulturen begriffen. Das Genre hat sich seit Beginn des 19. Jahrhunderts im engen Dialog mit der Geschichtsschreibung herausgebildet. Dieser Dialog wird bis heute auf vielfältige Weise literarisch inszeniert: So finden sich in historischen Romanen Belege für das Dargestellte in den Fußnoten oder Verweise auf Quellen und geschichtswissenschaftliche Abhandlungen in den

Paratexten (Buchrücken, Klappentexte usw.). Der sogenannte ›Professorenroman‹, der in der zweiten Hälfte des 19. Jahrhunderts von deutschen Historikern verfasst wurde und in dem germanische Mythen im Vordergrund stehen, ist auch ein Symptom für die damalige Erinnerungskultur, die durch einen starken Historismus und Nationalismus geprägt war. Eine aktuelle Entwicklung des Genres ist der postmoderne historische Roman, der sich durch seine Inszenierung und Problematisierung von Prozessen und Problemen der Historiographie auszeichnet, wie sie im Rahmen der Geschichtstheorie etwa von Hayden White aufgedeckt wurden. Die von Ansgar Nünning (1995) mit Blick auf den englischen historischen Roman seit 1950 unterschiedenen Subgattungen (dokumentarischer, realistischer, revisionistischer und metahistorischer Roman sowie historiographische Metafiktion) beschreiben stets auch verschiedene Formen des literarischen Umgangs mit dem kulturellen Gedächtnis.

Im Rahmen der literaturwissenschaftlichen Erzählforschung beschäftigt man sich mit den Formen narrativer Inszenierung von Gedächtnis und Erinnerung. Tatsächlich kann argumentiert werden, dass der **Narratologie** schon immer (zumeist unausgesprochen) bestimmte Annahmen über das Gedächtnis zugrunde lagen (Erll 2009). So beruht bereits die erzähltheoretische Unterscheidung zwischen ›erlebendem Ich‹ und ›erzählendem Ich‹ auf einem Gedächtniskonzept: auf der Vorstellung von einer Differenz zwischen pränarrativer Erfahrung einerseits und der die Vergangenheit narrativ überformenden, retrospektiv Sinn und Identität stiftenden Erinnerung andererseits. Die Beschäftigung mit Ich-Erzählsituationen ist daher stets auch eine Beschäftigung mit der literarischen Inszenierung von Erinnerung. Die verschiedenen Verfahren der Bewusstseinsdarstellung sind ein weiteres Beispiel für das Leistungsvermögen der Erzählliteratur als Darstellungsform des Gedächtnisses, die durch ihre ›fiktionalen Privilegien‹ (Nünning 1995) bewusste und unbewusste Prozesse des Erinnerns zur Anschauung bringen kann. Martin Löschnigg (1999) subsumiert unter dem Begriff ›Rhetorik der Erinnerung‹ all diejenigen erzählerischen Mittel, mit denen die Illusion einer authentischen Erinnerung erzeugt wird. Erll (2003) beschreibt die Elemente einer ›Rhetorik des kollektiven Gedächtnisses‹. Weitere narratologisch geprägte Studien zum Verhältnis von Literatur und Gedächtnis haben Neumann (2005), Birke (2008) und Basseler (2008) vorgelegt. Lothe, Suleiman und Phelan (2012) eröffnen narratologische Perspektiven auf Holocaust-Literatur.

Das Spektrum der **Gedächtnisthematiken**, die durch literarische Werke inszeniert werden, ist nahezu grenzenlos. Und so fächert sich auch die Forschung zum ›Gedächtnis *in* der Literatur‹ in eine kaum mehr überschaubare Fülle von Beiträgen zu verschiedenen Ereignissen, Epochen und Kulturräumen, Gattungen und Autor/innen auf. Zahlreiche Studien widmen sich bestimmten, besonders ›erinnerungsträchtigen‹ Autor/innen, wie etwa Marcel Proust, W. G. Sebald (Fuchs 2004; Öhlschläger 2006), Günter Grass (Paaß 2009) oder Uwe Timm (Marx 2007). Die Erinnerung an traumatische historische Erfahrungen – wie Krieg, Vertreibung und Völkermord – hat sich als ein zentrales literaturwissenschaftliches Forschungsthema und als eine Art Prüfstein für die Frage nach den Möglichkeiten und Grenzen literarischer Vergangenheitsrepräsentation erwiesen. In diesem Zusammenhang werden Darstellungen des Ersten Weltkriegs (Erll 2003; Korte/Schneider/Sternberg 2005; Löschnigg/Sokolowska-Paryz (2014) und des Zweiten Weltkriegs (Suleiman 2006), des Spanischen Bürgerkriegs (Bannasch/Holm 2005) und vor allem des Holocaust (Feuchert 2000; Braese 2001; Ibsch 2004), zunehmend auch in komparatistischer Perspektive, untersucht. Insbesondere zur deutschen Gegenwartsliteratur und zu Generationenromanen liegen literaturwissenschaftliche Studien vor, die eng auf die Diskurse und Methoden der kulturwissenschaftlichen Gedächtnisforschung bezogen sind (vgl. Eigler 2005; Eichenberg 2009; Gansel/Zimniak 2010; Herrmann 2010). Wie die anderen Disziplinen der kulturwissenschaftlichen Gedächtnisforschung widmet sich auch die Literaturwissenschaft dabei neuerdings verstärkt der Transnationalisierung von Erinnerung. Dabei geht es auch um Postkolonialismus und Globalisierung in übergreifenden, anglophonen und frankophonen Erinnerungsräumen (Eckstein 2006; Schütze 2008).

Mit der Erinnerungskonjunktur des ausgehenden 20. Jahrhunderts hat sich ein identifizierbares neues Genre herausgebildet: ›**Erinnerungsliteratur**‹, die nicht mehr der Logik des postmodernen historischen Romans folgt und sich beispielsweise durch ihre (inszenierte) ›Aufrichtigkeit‹ sowie durch ihr »Ethos der historischen Genauigkeit« (Assmann 2011, S. 221) auszeichnet. Konstituiert wird dieses Genre allerdings erst durch das ›soziale Leben‹ dieser Literatur in der Erinnerungskultur, also durch die Tatsache, dass Leser/innen solche Texte als Medien des kollektiven Gedächtnisses begreifen und gebrauchen (Erll 2011, vgl. Kap. 6).

Die Untersuchung von **Erinnerungskonzepten der klassischen Moderne** hat sich als ein eigenständiger Forschungszweig innerhalb der literaturwissenschaftlichen Gedächtnisforschung herausgebildet. Als Paradigma der modernistischen Erinnerungsliteratur gilt Marcel Prousts *À la recherche du temps perdu* (1913–1927), ein Roman, in dem die zu Beginn des 20. Jahrhunderts kursierenden Vorstellungen um unwillkürliche Erinnerung (Sigmund Freuds Konzept des Unbewussten und Henri Bergsons *mémoire involontaire* etwa) mit spezifisch literarischen Mitteln inszeniert werden. Studien zur modernistischen Erinnerung widmen sich neben Proust auch Virginia Woolf, Charles Baudelaire und vor allem Walter Benjamin, dessen *Passagen*-Werk und Essay »Über den Begriff der Geschichte« auch konzeptuell zu zentralen Bezugspunkten für weite Teile der literaturwissenschaftlichen Gedächtnisforschung geworden sind (vgl. Terdiman 1993; Huyssen 1995; Pethes 1999).

Das gerade in der internationalen Diskussion außerordentlich wirkmächtige Konzept von ›**Trauma als Krise der Repräsentation**‹ wurde im Kontext der poststrukturalistischen, psychoanalytisch ausgerichteten Literaturtheorie entwickelt, v. a. von Shoshana Felman und Cathy Caruth. Der poststrukturalistische Traumadiskurs geht von der Annahme aus, dass wir uns seit dem Holocaust mit einer epistemologisch-ontologischen Krise der Zeugenschaft (*witnessing*) konfrontiert sehen, die sich auf der Ebene der Sprache selbst manifestiert. In dekonstruktivistischer Argumentation und in Anknüpfung an Paul de Man verbindet Caruth in ihrer Studie *Unclaimed Experience* (1996) das Konzept des Traumas mit den generellen Grenzen der Sprache: Der für das psychologische Trauma kennzeichnende Bruch (oder die ›Aporie‹) in Bewusstsein und Repräsentation steht so für die ›Materialität‹ des Signifikanten, der ebenfalls durch einen Bruch prinzipiell von der Bedeutung geschieden ist. Felman (1995) fragt in diesem Zusammenhang auch nach den Möglichkeiten und Grenzen einer Übertragung (*transmission*) von Traumata durch Literatur. Kritiker des poststrukturalistischen Traumakonzepts (wie etwa Wulf Kansteiner) haben allerdings wiederholt zu bedenken gegeben, dass es sich hierbei um ein vages, metaphorisches Konzept von Trauma handelt, das das konkrete Leiden der Opfer von Gewalt gleichsetzt mit ontologischen Fragen nach der fundamentalen Ambivalenz der menschlichen Existenz und Kommunikation (vgl. Hungerford 2003). (Für eine Genealogie des Trauma-Begriffs vgl. Leys 2000.)

Aus der psychoanalytischen Diskussion über die transgenerationelle Weitergabe von Traumata in Familien von Holocaust-Überlebenden hat Marianne Hirsch das konsequent literatur- und medienwissenschaftliche Konzept des **Postmemory** entwickelt.

>Postmemory‹ describes the relationship that the ›generation after‹ bears to the personal, collective and cultural trauma of those who came before – to experiences they ›remember‹ only by means of the stories, images, and behaviors among which they grew up. [...] Postmemory's connection to the past is thus actually mediated not by recall but by imaginative investment, projection, and creation. (Hirsch 2012, S. 5)

In *The Generation of Postmemory* (2012) untersucht Hirsch Art Spiegelmans Graphic Novel *Maus* ebenso wie W. G. Sebalds *Austerlitz* als Postmemory-Texte. Hirschs Ansatz ist nicht unproblematisch mit seiner Tendenz, die Kategorie des Autors mit der der Erzählinstanz zu vermischen. Dennoch ist ›Postmemory‹ zu einem der fruchtbarsten Konzepte der literaturwissenschaftlichen Gedächtnisforschung avanciert, das zahlreiche weitere Untersuchungen zur Repräsentation von Erinnerungen der ›zweiten Generation‹ inspiriert hat (vgl. Erll 2014).

Die **neuere Traumaforschung** löst sich allmählich von dem poststrukturalistischen Paradigma. So rekonzeptualisiert Roger Luckhurst (2008, S. 89) ›Traumaliteratur‹, indem er *nicht* mehr die (mittlerweile in der postmodernen Literatur stark konventionalisierte) Nichtdarstellbarkeit, Nichterzählbarkeit und den ›Bruch‹ als Definitionskriterien für eine Ästhetik des Traumas annimmt, sondern ganz im Gegenteil »**narrative *possibility***« fokussiert, die Potentiale also für die Konfiguration und Rekonfiguration von Trauma, die das Medium der Literatur bietet. Ausgehend von neueren Einsichten der psychologischen Traumaforschung betont Pederson (2014, S. 334): »traumatic amnesia is a myth, and while victims may *choose* not to speak of their traumas, there is little evidence that they *cannot*.« Stef Craps' *Postcolonial Witnessing* (2013) und der Sammelband *The Future of Trauma Theory* (Buelens/Durrant/Eaglestone 2014) erweitern das Feld der literaturwissenschaftlichen Traumaforschung um globale und **postkoloniale Perspektiven**. Michael Rothberg (2014, S. xvii) fügt dem Vokabular der Traumatheorie das Konzept des ›**implizierten Subjekts**‹ hinzu. Traumatheorie der Zukunft bedeutet Rothberg zufolge »reflection on implicated subject positions beyond those of perpetrator and victim, such as the beneficiaries of neoliberal capitalism and the inhabitants of the Anthropocene.«

Schließlich liefert auch die literaturwissenschaftliche Metaphernforschung wichtige Erkenntnisse über das ›Gedächtnis *in* der Literatur‹, denn die Metapher als basisliterarisches Verfahren gehört seit jeher zu den bevorzugten ästhetischen Formen, durch die Gedächtnis und Erinnerung zur Anschauung gebracht werden. Bei der Beschäftigung mit dem unbeobachtbaren Gedächtnis waren notwendigerweise immer sprachliche Bilder im Spiel: das Gedächtnis als Wachstafel (Platon), als Siegel (Aristoteles) oder als Wunderblock (Freud). Der Psychologiehistoriker Douwe Draaisma (1999) hat eindrucksvoll gezeigt, dass seit der Antike die jeweils vorherrschende Medientechnologie zur Bildung von **Gedächtnismetaphern** diente (von der Schrift über den Phonographen und die Fotografie bis hin zu Computer und Hologramm). Die Literaturwissenschaft hat insbesondere zur Systematisierung der – vornehmlich philosophischen – Gedächtnismetaphorik beigetragen (vgl. Weinrich 1964; Berns 2003; Butzer 2005; zur Metaphorik des Vergessens vgl. Weinrich 1997). Aleida Assmann (1991) unterscheidet zwischen Schriftmetaphern, räumlicher und zeitlicher Metaphorik. Das Verhältnis von ›Metapher und Gedächtnis‹ kann jedoch auch aus einer etwas anderen Perspektive beleuchtet werden, etwa indem man fragt, wie und warum Metaphern als wirkmächtige Sprachbilder unsere Vorstellungen vom Sinn und Gang der Geschichte oder von ganz spezifischen historischen Erfahrungen prägen (zur Empire-Metaphorik vgl. z. B. Nünning 2002).

> **Zusammengefasst:**
> Literatur zeichnet sich dadurch aus, dass sie auf Vergangenheitsversionen und Gedächtniskonzepte anderer Symbolsysteme – Psychologie, Religion, Geschichtswissenschaft, Soziologie etc. – Bezug nimmt und kulturelles Wissen in ästhetische Formen (narrative Strukturen, Symbolik, Metaphern) kodiert und somit prägnant zur Anschauung bringt. Literarische Inszenierungen von Gedächtnis stehen in einem **dynamischen Verhältnis zu gesellschaftlichen Memorialkonzepten** und wandeln sich mit diesen. (Zu Literatur als symbolischer Form der Erinnerungskultur und Medium des kollektiven Gedächtnisses sowie zu literarischen Inszenierungsformen im Rahmen einer ›Rhetorik des kollektiven Gedächtnisses‹ vgl. auch Kap. 6 und 7.)

3.2.5 | Literatur und die Medialität des Gedächtnisses

Die genannten vier Gedächtniskonzepte stellen die in der literaturwissenschaftlichen Praxis einschlägigen und am besten ausgearbeiteten dar. In den letzten Jahren ist darüber hinaus verstärkt der Zusammenhang von Literatur, **Medialität** und Erinnerung in den Blick gerückt (vgl. Borsò 2001; Erll/Nünning 2004). Gerade der **Intermedialität** als einem wirksamen Verfahren des kulturellen Erinnerns wird dabei große Bedeutung zugemessen (Dickhaut 2005). Oralität und Literalität (Assmann 1983), Text und Bild (Wenzel 1995) stehen dabei im Vordergrund der Betrachtung. Dabei werden Medienkonkurrenzen und der Wettbewerb der Künste bei der Erinnerungsproduktion unter dem Begriff der ›Gedächtnisparagone‹ verhandelt (Oesterle 2004; Heiser/Holm 2010). Um Text-Bild Kombinationen bzw. die Bedeutung von Fotografie in der aktuellen Erinnerungsliteratur (W. G. Sebalds, Monika Marons oder Marcel Beyers) geht es in Silke Horstkottes *Nachbilder* (2009; zum »visuellen Gedächtnis der Literatur« vgl. auch Schmeling/Schmitz-Emans/Eckel 1999). Ann Rigneys (2012) Studie zu Walter Scott entwickelt Perspektiven zum intermedialen ›Nachleben‹ von Literatur. Die erinnerungskulturelle Wirksamkeit von literarisch-ästhetischen Medien im weitesten Sinne – vom Hollywood-Film zur *graphic novel* und zur Internet-Erzählungen – untersucht Morris-Suzuki (2005). In der aktuellen Gedächtnisforschung ist ein intensiver Austausch zwischen Literaturwissenschaft und Medienwissenschaften zu beobachten. Das gemeinsame Ziel ist es, das Phänomen der ›mediatisierten Erinnerung‹ zu begreifen. In diesem Zusammenhang werden Intermedialität und Remediation als zentrale Verfahren kulturellen Erinnerns verstanden (vgl. dazu Kap. 5.5).

Die Entstehungsbedingungen, Formen und Wirkungsweisen von **Literatur als Medium des kollektiven Gedächtnisses** schließlich stellen ein für die heutige Diskussion zentrales und noch viel zu wenig untersuchtes (weil methodisch schwer zu bewerkstelligendes) Thema dar. Gerade von tiefer gehenden Einsichten in die gedächtnismediale Kraft der Kunst hängt jedoch die Anschlussfähigkeit literatur- und kunstwissenschaftlicher Studien an die interdisziplinäre Gedächtnisforschung ab. Auf diesem Gebiet kann die Literaturwissenschaft darüber hinaus gesellschaftlich hochinteressante und durchaus relevante Forschungsbeiträge leisten. Aus diesem Grund sind dem Thema ›Literatur als Medium des kollektiven Gedächtnisses‹ die Kapitel 6 und 7 gewidmet.

Literatur

Kunst und Gedächtnis (Kap. 2)
Arnold-de Simine, Silke: *Mediating Memory in the Museum. Trauma, Empathy, Nostalgia*. Basingstoke: Palgrave Macmillan 2013.
Assmann, Aleida, Karolina Jeftic & Friederike Wappler (Hrsg): *Rendezvous mit dem Realen: Die Spur des Traumas in den Künsten*. Bielefeld: transcript 2014.
Bartoniczek, Andre: »Bilder«. In: Christian Gudehus, Ariane Eichenberg & Harald Welzer (Hrsg.): *Gedächtnis und Erinnerung: Ein interdisziplinäres Handbuch*. Stuttgart/Weimar: Metzler 2010, S. 202–16.
Beier-de Haan, Rosemarie: *Erinnerte Geschichte, inszenierte Geschichte: Ausstellungen und Museen in der Zweiten Moderne*. Frankfurt a. M : Suhrkamp 2005.
Boyer, M. Christine: *The City of Collective Memory: Its Historical Imagery and Architectural Entertainments*. Cambridge, MA: MIT Press 1994.
Crane, Susan A.: *Museums and Memory*. Stanford, CA: Stanford UP 2000.
Farr, Ian: *Memory*. Cambridge, MA: MIT Press 2012.
Gibbons, Joan: *Contemporary Art and Memory: Images of Recollection and Remembrance*. London: Tauris 2007.
Hemken, Kai-Uwe: *Gedächtnisbilder. Vergessen und Erinnern in der Gegenwartskunst*. Leipzig: Reclam 1996.
Hess-Lüttich, Ernest W. B. (Hrsg.): *Tanz-Zeichen. Vom Gedächtnis der Bewegung*. Themenheft *Kodikas = Code* 26,3 (2003).
Kunstforum International. Themenheft »Zwischen Erinnern und Vergessen.« 128 (1994).
Meier, Cordula: *Kunst und Gedächtnis. Zugänge zur aktuellen Kunstrezeption im Licht digitaler Speicher*. München: Fink 2002.
Plate, Liedeke & Anneke Smelik (Hrsg.): *Technologies of Memory in the Arts*. Houndmills, Basingstoke: Palgrave Macmillan 2009.
Saltzman, Lisa: *Making Memory Matter: Strategies of Remembrance in Contemporary Art*. Chicago: University of Chicago Press 2006.
Schaffner, Ingrid & Matthias Winzen (Hrsg.): *Deep Storage. Arsenale der Erinnerung. Sammeln, Speichern, Archivieren in der Kunst*. München: Prestel 1997.
Schlusche, Günter & Stiftung Denkmal für die ermordeten Juden Europas in Zusammenarbeit mit der Akademie der Künste Berlin (Hrsg.): *Architektur der Erinnerung. NS-Verbrechen in der europäischen Gedenkkultur*. Berlin: Nicolai 2006.
Smith, Richard Cándida (Hrsg.): *Text & Image: Art and the Performance of Memory*. New Brunswick, NJ: Transaction Publishers 2006.
Tausch, Harald (Hrsg.): *Gehäuse der Mnemosyne. Architektur als Schriftform der Erinnerung* Göttingen: Vandenhoeck & Ruprecht 2003 (= Formen der Erinnerung 19).
Vinken, Gerhard: *Zone Heimat. Altstadt im modernen Städtebau*. Berlin: Deutscher Kunstverlag 2010.
Wachs, Marina-Elena: *Material Mind. Neue Materialien in Design, Kunst und Architektur*. Hamburg: Kovac 2008.
Wettengl, Kurt (Hrsg.): *Das Gedächtnis der Kunst. Geschichte und Erinnerung in der Kunst der Gegenwart*. Ostfildern-Ruit: Hatje Cantz 2000.

Literaturwissenschaftliche Gedächtnisforschung (Kap. 2)
D'haen, Theo (Hrsg.): *Literature as Cultural Memory*. 9 Bde. Amsterdam/Atlanta, GA: Rodopi 2000.
Erll, Astrid: »Literatur und kulturelles Gedächtnis. Zur Begriffs- und Forschungsgeschichte, zum Leistungsvermögen und zur literaturwissenschaftlichen Relevanz eines neuen Paradigmas der Kulturwissenschaft«. In: *Literaturwissenschaftliches Jahrbuch* 43 (2002), S. 249–276.
Erll, Astrid, Marion Gymnich & Ansgar Nünning (Hrsg.): *Literatur – Erinnerung – Identität. Theoriekonzeptionen und Fallstudien*. Trier: WVT 2003.

Erll, Astrid & Ansgar Nünning: »Von der Echokammer der Vergangenheit zum Medium der Erinnerungskultur. Fünf Gedächtniskonzepte der Literaturwissenschaft«. In: Nicolas Pethes & Jens Ruchatz (Hrsg.): *Gedächtnisforschung disziplinär*. Themenheft der Zeitschrift *Handlung, Kultur, Interpretation. Zeitschrift für Sozial- und Kulturwissenschaften* 12,1 (2003), S. 141–163.

Erll, Astrid & Ansgar Nünning unter Mitarbeit von Hanne Birk und Birgit Neumann (Hrsg.): *Gedächtniskonzepte der Literaturwissenschaft*. Berlin/New York: de Gruyter 2005 (= Media and Cultural Memory/Medien und kulturelle Erinnerung 2).

Weinberg, Manfred: *Das »unendliche Thema«: Erinnerung und Gedächtnis in der Literatur/Theorie*. Tübingen: Francke 2006.

Ars memoriae in Mittelalter und Früher Neuzeit (Kap. 2.1)

Berns, Jörg Jochen: »Umrüstung der Mnemotechnik im Kontext von Reformation und Gutenbergs Erfindung«. In: Berns/Neuber 1993, S. 35–72.

Berns, Jörg Jochen & Wolfgang Neuber (Hrsg.): *Ars memorativa. Zur kulturgeschichtlichen Bedeutung der Gedächtniskunst 1400–1750*. Tübingen: Niemeyer 1993.

Berns, Jörg Jochen & Wolfgang Neuber (Hrsg.): *Seelenmaschinen. Gattungstraditionen, Funktionen und Leistungsgrenzen der Mnemotechniken vom späten Mittelalter bis zum Beginn der Moderne*. Wien/Köln/Weimar: Böhlau 2000.

Butzer, Günter: »Meditation«. In: Gert Ueding et al. (Hrsg.): *Historisches Wörterbuch der Rhetorik*. Tübingen: Niemeyer 2000, S. 1016–1023.

Carruthers, Mary: *»The Book of Memory.« A Study of Memory in Medieval Culture*. Cambridge: Cambridge UP 1990.

Carruthers, Mary J. & Jan M. Ziolkowski: *The Medieval Craft of Memory: An Anthology of Texts and Pictures*. Philadelphia: University of Pennsylvania Press 2002.

Dockhorn, Klaus: »›Memoria‹ in der Rhetorik«. In: *Archiv für Begriffsgeschichte* 9 (1964), S. 27–35.

Goldmann, Stefan: »Statt Totenklage Gedächtnis. Zur Erfindung der Mnemotechnik durch Simonides von Keos«. In: *Poetica* 21 (1989), S. 43–66.

Haverkamp, Anselm: »Auswendigkeit. Das Gedächtnis der Rhetorik«. In: Ders.: *Figura cryptica. Theorie der literarischen Latenz*. Frankfurt a. M.: Suhrkamp 2002, S. 121–148.

Haverkamp, Anselm & Renate Lachmann: *Raum – Bild – Schrift. Studien zur Mnemotechnik*. Frankfurt a. M.: Suhrkamp 1991.

Hutton, Patrick: »The Art of Memory Reconceived. From Rhetoric to Pychoanalysis«. In: *Journal of the History of Ideas* XLVIII,3 (1987), S. 371–392.

Kurz, Gerhard (Hrsg.): *Meditation und Erinnerung in der Frühen Neuzeit*. Göttingen: Vandenhoeck & Ruprecht 2000 (= Formen der Erinnerung 2).

Rieger, Stefan: *Speichern, Merken. Die künstlichen Intelligenzen des Barock*. München: Fink 1997.

Wodianka, Stephanie: *Betrachtungen des Todes. Formen und Funktionen der ›meditatio mortis‹ in der europäischen Literatur des 17. Jahrhunderts*. Tübingen: Niemeyer 2004.

Yates, Frances: *Gedächtnis und Erinnern: Mnemonik von Aristoteles bis Shakespeare*. Berlin: Akademie Verlag [6]2001 (orig.: *The Art of Memory*. London: Routledge 1966).

Toposforschung (Kap. 2.2)

Baeumer, Max L. (Hrsg.): *Toposforschung*. Darmstadt: WBG 1973.

Berndt, Frauke: *Anamnesis. Studien zur Topik der Erinnerung in der erzählenden Literatur zwischen 1800 und 1900 (Moritz – Keller – Raabe)*. Tübingen: Niemeyer 1999.

Bornscheuer, Lothar: *Topik. Zur Struktur der gesellschaftlichen Einbildungskraft*. Frankfurt a. M.: Suhrkamp 1976.

Breuer, Dieter & Helmut Schanze (Hrsg.): *Topik. Beiträge zur interdisziplinären Diskussion*. München: Fink 1981.

Curtius, Ernst Robert: *Europäische Literatur und lateinisches Mittelalter*. Tübingen/Basel: Francke [11]1993 [1948].

Hausmann, Frank-Rutger: »Ernst Robert Curtius. Europäische Literatur und Lateinisches Mittelalter. Sechzig Jahre danach«. In: Klaus Garber (Hrsg.): *Kulturwissenschaftler des 20. Jahrhunderts. Ihr Werk im Blick auf das Europa der Frühen Neuzeit*. München: Fink 2002, S. 77–88.

Jehn, Peter (Hrsg.): *Toposforschung. Eine Dokumentation*. Frankfurt a. M.: Athenäum 1972.

Schirren, Thomas & Gert Ueding (Hrsg.): *Topik und Rhetorik. Ein interdisziplinäres Symposium*. Tübingen: Niemeyer 2000.

Intertextualitätstheorien (Kap. 2.2)

Bachtin, Michail M.: *Die Ästhetik des Wortes*. Hrsg. v. Rainer Grübel. Frankfurt a. M.: Suhrkamp 1979.
Bloom, Harold: *The Anxiety of Influence. A Theory of Poetry*. New York: Oxford UP 1973.
Bloom, Harold: *A Map of Misreading*. New York: Oxford UP 1975.
Eliot, T[homas] S[tearns]: »Tradition and the Individual Talent« [1919]. In: Ders.: *Selected Prose of T. S. Eliot*. Hrsg. v. Frank Kermode. London: Faber and Faber 1975, S. 37–44.
Kristeva, Julia: »Wort, Dialog und Roman bei Bachtin«. In: Jens Ihwe (Hrsg.): *Literaturwissenschaft und Linguistik*. Bd. 3. Frankfurt a. M.: Athenäum 1972, S. 345–375 (orig. *Semeiotikè: Recherches pour une sémanalyse*. Paris: Éditions du Seuil 1969).
Lachmann, Renate: *Gedächtnis und Literatur. Intertextualität in der russischen Moderne*. Frankfurt a. M.: Suhrkamp 1990.
Lachmann, Renate: »Kultursemiotischer Prospekt«. In: Anselm Haverkamp & Renate Lachmann (Hrsg.): *Memoria: Vergessen und Erinnern*. München: Fink 1993, S. XVII–XXVII.
Scheiding, Oliver: »Intertextualität«. In: Astrid Erll & Ansgar Nünning (Hrsg.): *Gedächtniskonzepte der Literaturwissenschaft*. Berlin/New York: de Gruyter 2005, S. 53–72.
Smith, Grover Cleveland: *T. S. Eliot and the Use of Memory*. Lewisburg: Bucknell UP 1996.
Weigel, Sigrid: *Bilder des kulturellen Gedächtnisses: Beiträge zur Gegenwartsliteratur*. Dülmen-Hiddingsel: tende 1994.

›Gattungsgedächtnis‹/‹Gedächtnisgattung‹ (Kap. 2.2)

Erll, Astrid: *Gedächtnisromane. Literatur über den Ersten Weltkrieg als Medium englischer und deutscher Erinnerungskulturen in den 1920er Jahren*. Trier: WVT 2003.
Erll, Astrid & Klaudia Seibel: »Gattungen, Formtraditionen, kulturelles Gedächtnis«. In: Ansgar Nünning & Vera Nünning (Hrsg.): *Erzähltextanalyse und Gender Studies*. Stuttgart/Weimar: Metzler 2004, S. 180–208.
Humphrey, Richard: »Literarische Gattung und Gedächtnis«. In: Astrid Erll & Ansgar Nünning (Hrsg.): *Gedächtniskonzepte der Literaturwissenschaft*. Berlin/New York: de Gruyter 2005, S. 72–96.
Nadj, Julijana: *Die fiktionale Metabiographie: Gattungsgedächtnis und Gattungskritik in einem neuen Genre der englischsprachigen Erzählliteratur: Theorie, Analysemodell, Modellinterpretation*. Trier: WVT 2006.
Neumann, Birgit: *Erinnerung – Identität – Narration. Gattungstypologie und Funktionen kanadischer fictions of memory*. Berlin/New York: de Gruyter 2005 (= Media and Cultural Memory/Medien und kulturelle Erinnerung 3).
Olick, Jeffrey K.: »Genre Memories and Memory Genres: A Dialogical Analysis of May 8, 1945 Commemorations in the Federal Republic of Germany«. In: *American Sociological Review* 64,3 (1999), S. 381–402.
Rupp, Jan: *Genre and Cultural Memory in Black British Literature*. Trier: WVT 2010.
van Gorp, Hendrik & Ulla Musarra-Schroeder (Hrsg.): *Genres as Repositories of Cultural Memory*. Amsterdam/Atlanta, GA: Rodopi 2000 (= Literature as Cultural Memory 5).

Kanon und Literaturgeschichtsschreibung (Kap. 2.3)

Assmann, Aleida & Jan Assmann (Hrsg.): *Kanon und Zensur. Beiträge zur Archäologie der literarischen Kommunikation II*. München: Fink 1987.
Bloom, Harold: *The Western Canon. The Books and School of the Ages*. New York: Riverhead 1995 [1994].
Grabes, Herbert (Hrsg.): *Literary History/Cultural History: Forcefields and Tensions*. REAL 17 (2001). Tübingen: Narr.
Grabes, Herbert & Margit Sichert: »Literaturgeschichte, Kanon und nationale Identität«. In: Astrid Erll & Ansgar Nünning (Hrsg.): *Gedächtniskonzepte der Literaturwissenschaft*. Berlin/New York: de Gruyter 2005, S. 277–296.
Heydebrand, Renate von (Hrsg.): *Kanon Macht Kultur. Theoretische, historische und soziale Aspekte ästhetischer Kanonbildungen*. Stuttgart/Weimar: Metzler 1998.
Kaiser, Gerhard R. & Stefan Matuschek (Hrsg.): *Begründungen und Funktionen des Kanons. Beiträge aus der Literatur- und Kunstwissenschaft, Philosophie und Theologie*. Heidelberg: Winter 2001.
Nünning, Ansgar: »On the Englishness of English Literary Histories. Where Literature, Philosophy and Nationalism Meet Cultural History«. In: Gordon Collier, Klaus Schwank & Franz Wieselhuber (Hrsg.): *Critical Interfaces: Contributions on Philosophy, Literary Theory and Culture in Honour of Herbert Grabes*. Trier: WVT 2001, S. 55–83.

Schabert, Ina: *Englische Literaturgeschichte. Eine neue Darstellung aus der Sicht der Geschlechterforschung.* Stuttgart: Kröner 1997.
Voßkamp, Wilhelm: »Theorien und Probleme gegenwärtiger Literaturgeschichtsschreibung«. In: Frank Baasner (Hrsg.): *Literaturgeschichtsschreibung in Italien und Deutschland. Traditionen und aktuelle Probleme.* Tübingen: Niemeyer 1989, S. 166–174.
Wiesinger, Peter (Hrsg.): *Zeitenwende. die Germanistik auf dem Weg vom 20. ins 21. Jh.* Bd. 8: *Kanon und Kanonisierung als Probleme der Literaturgeschichtsschreibung: Interpretation und Interpretationsmethoden.* Bern: Lang 2003.

Literarische Inszenierungen von Gedächtnis und Erinnerung (Kap. 2.4)

Assmann, Aleida: *Erinnerungsräume. Formen und Wandlungen des kulturellen Gedächtnisses.* München: Beck 1999.
Assmann, Aleida: »Individuelles und kollektives Gedächtnis – Formen, Funktionen und Medien«. In: Kurt Wettengl (Hrsg.): *Das Gedächtnis der Kunst. Geschichte und Erinnerung in der Kunst der Gegenwart.* Ostfildern-Ruit: Hatje Cantz 2000, S. 21–27.
Assmann, Aleida: »Wem Gehört die Geschichte? Fakten und Fiktionen in der Neueren Deutschen Erinnerungsliteratur.« *Internationales Archiv für Sozialgeschichte der Deutschen Literatur* 36,1 (2011), S. 213–225
Bannasch, Bettina & Christiane Holm (Hrsg.): *Erinnern und Erzählen: Der spanische Bürgerkrieg in der deutsch- und spanischsprachigen Literatur.* Tübingen: Narr 2005.
Braese, Stephan: *Die andere Erinnerung: Jüdische Autoren in der westdeutschen Nachkriegsliteratur.* Berlin: Philo 2001.
Eckstein, Lars: *Re-membering the Black Atlantic: On the Poetics and Politics of Literary Memory.* Amsterdam: Rodopi 2006.
Eichenberg, Ariane: *Familie – Ich – Nation. Narrative Analysen zeitgenössischer Generationenromane.* Göttingen: V&R unipress 2009.
Eigler, Friederike U.: *Gedächtnis und Geschichte in Generationenromanen seit der Wende.* Berlin: E. Schmidt 2005.
Erll, Astrid: »The »social Life of Texts« – Erinnerungsliteratur als Gegenstand der Sozialgeschichte. Ein Kommentar.« *Internationales Archiv für Sozialgeschichte der Deutschen Literatur* 36,1 (2011), S. 227–231.
Feuchert, Sascha (Hrsg.): *Holocaust-Literatur: Auschwitz.* Stuttgart: Reclam 2000.
Fuchs, Anne: *Die Schmerzensspuren der Geschichte: Zur Poetik der Erinnerung in W. G. Sebalds Prosa.* Köln: Böhlau 2004.
Gansel, Carsten & Pawel Zimniak (Hrsg.): *Das »Prinzip Erinnerung« in der deutschsprachigen Gegenwartsliteratur nach 1989.* Göttingen: V&R unipress 2010 (= Deutschsprachige Gegenwartsliteratur und Medien 3).
Herrmann, Meike: *Vergangenwart: Erzählen vom Nationalsozialismus in der deutschen Literatur seit den neunziger Jahren.* Würzburg: Königshausen & Neumann 2010.
Huyssen, Andreas: *Twilight Memories. Marking Time in a Culture of Amnesia.* New York: Routledge 1995.
Ibsch, Elrud: *Die Schoah erzählt. Zeugnis und Experiment in der Literatur.* Tübingen: Niemeyer 2004.
Korte, Barbara, Ralf Schneider & Claudia Sternberg: *Der Erste Weltkrieg und die Mediendiskurse der Erinnerung in Grossbritannien: Autobiographie, Roman, Film (1919–1999).* Würzburg: Königshausen & Neumann 2005.
Löschnigg, Martin & Marzena Sokolowska-Paryz (Hrsg.): *The Great War in Post-Memory Literature and Film.* Berlin/New York: de Gruyter 2014.
Marx, Friedhelm (Hrsg.): *Erinnern, Vergessen, Erzählen: Beiträge zum Werk Uwe Timms.* Göttingen: Wallstein 2007.
Nalbantian, Suzanne: *Memory in Literature. From Rousseau to Neuroscience.* Basingstoke/New York: Palgrave Macmillan 2003.
Öhlschläger, Claudia: *Beschädigtes Leben. Erzählte Risse: W. G. Sebalds poetische Ordnung des Unglücks.* Freiburg i. Br. et al.: Rombach 2006.
Paaß, Michael: *Kulturelles Gedächtnis als epische Reflexion. Zum Werk von Günter Grass.* Bielefeld: Aisthesis 2009.
Pethes, Nicolas: *Mnemographie. Poetiken der Erinnerung und Destruktion nach Walter Benjamin.* Tübingen: Niemeyer 1999.
Schütze, Julia: *Zwischen Dezentrierung und Rezentrierung. Französische und frankophone Romane im Kontext der Globalisierung.* Göttingen: V&R unipress 2008 (= Formen der Erinnerung 36).

Suleiman, Susan Rubin: *Crises of Memory and the Second World War*. Cambridge, MA: Harvard UP 2006.
Terdiman, Richard: *Present Past. Modernity and the Memory Crisis*. Ithaca, NY: Cornell UP 1993.
Wägenbaur, Thomas (Hrsg.): *The Poetics of Memory*. Tübingen: Stauffenburg 1998.

Narratologische Gedächtnisforschung (Kap. 2.4)

Basseler, Michael: *Kulturelle Erinnerung und Trauma im zeitgenössischen afroamerikanischen Roman: Theoretische Grundlegung, Ausprägungsformen, Entwicklungstendenzen*. Trier: WVT 2008.
Birke, Dorothee: *Memory's Fragile Power. Crises of Memory, Identity and Narrative in Contemporary British Novels*. Trier: WVT 2008.
Erll, Astrid: *Gedächtnisromane. Literatur über den Ersten Weltkrieg als Medium englischer und deutscher Erinnerungskulturen in den 1920er Jahren*. Trier: WVT 2003.
Erll, Astrid: »Narrative and Cultural Memory«. In: Sandra Heinen & Roy Sommer (Hrsg.): *Narratology in the Age of Interdisciplinary Narrative Research*. Berlin/New York: de Gruyter 2009.
Löschnigg, Martin: »›The Prismatic Hues of Memory…‹: Autobiographische Modellierung und die Rhetorik der Erinnerung in Dickens' David Copperfield«. In: *Poetica* 31 1–2 (1999), S. 175–200.
Lothe, Jakob, Susan R. Suleiman & James Phelan (Hrsg.): *After Testimony: The Ethics and Aesthetics of Holocaust Narrative for the Future*. Columbus: Ohio State UP 2012.
Neumann, Birgit: *Erinnerung – Identität – Narration. Gattungstypologie und Funktionen kanadischer fictions of memory*. Berlin/New York: de Gruyter 2005 (= Media and Cultural Memory/Medien und kulturelle Erinnerung 3).
Nünning, Ansgar: *Von historischer Fiktion zu historiographischer Metafiktion*. 2 Bde. Trier: WVT 1995.
Nünning, Ansgar (Hrsg.): *Fictions of Memory*. Journal for the Study of British Cultures 10,1 (2003).

Literaturwissenschaftliche Traumaforschung und Postmemory (Kap. 2.4)

Buelens, Gert, Sam Durrant & Robert Eaglestone (Hrsg.): *The Future of Trauma Theory: Contemporary Literary and Cultural Criticism*. London: Routglede 2014.
Caruth, Cathy: *Unclaimed Experience: Trauma, Narrative, and History*. Baltimore: Johns Hopkins UP 1996.
Craps, Stef: *Postcolonial Witnessing: Trauma Out of Bounds*. New York: Palgrave Macmillan, 2013.
Erll, Astrid. »Generation in Literary History: Three Constellations of Generationality, Genealogy, and Memory.« In: *New Literary History* 45.3 (2014): 385–409.
Felman, Shoshana: »Education and Crisis, or the Vicissitudes of Teaching«. In: Cathy Caruth (Hrsg.): *Trauma: Explorations in Memory*. Baltimore: Johns Hopkins UP 1995, S. 13–60.
Hirsch, Marianne. *The Generation of Postmemory: Writing and Visual Culture After the Holocaust*. New York: Columbia University Press, 2012.
Hungerford, Amy: *The Holocaust of Texts: Genocide, Literature, and Personification*. Chicago: University of Chicago Press 2003.
Leys, Ruth. *Trauma: A Genealogy*. Chicago: University of Chicago Press, 2000.
Luckhurst, Roger. *The Trauma Question*. London: Routledge, 2008.
Pederson, Joshua: »Speak, Trauma: Toward a Revised Understanding of Literary Trauma Theory.« In: *Narrative* 22, 3 (2014), S. 333–353.
Rothberg, Michael: »Preface: Beyond Tancred and Clorinda – Trauma Studies for Implicated Subjects.« In: Gert Buelens, Sam Durrant & Robert Eaglestone (Hrsg.): *The Future of Trauma Theory: Contemporary Literary and Cultural Criticism*. London: Routglede 2014, S. vi–xvii.

Gedächtnismetaphorik (Kap. 2.4)

Assmann, Aleida: »Zur Metaphorik der Erinnerung«. In: Dies. & Dietrich Harth (Hrsg.): *Mnemosyne. Formen und Funktionen der kulturellen Erinnerung*. Frankfurt a. M.: Fischer 1991, S. 13–35.
Berns, Jörg Jochen (Hrsg.): *Gedächtnislehren und Gedächtniskünste in Antike und Frühmittelalter. Dokumentsammlung mit Übersetzung, Kommentar und Nachwort*. Tübingen: Niemeyer 2003.
Butzer, Günter: »Gedächtnismetaphorik«. In: Astrid Erll & Ansgar Nünning (Hrsg.): *Gedächtniskonzepte der Literaturwissenschaft*. Berlin/New York: de Gruyter 2005, S. 11–30.
Draaisma, Douwe: *Die Metaphernmaschine. Eine Geschichte des Gedächtnisses*. Darmstadt: Primus 1999.
Nünning, Ansgar: »Metaphors the British Thought, Felt and Ruled by, or: Modest Proposals for Historicizing Cognitive Metaphor Theory and for Exploring Metaphors of Empire as a Cultural Phenomenon«. In: Marion Gymnich, Ansgar Nünning & Vera Nünning (Hrsg.): *Literature and Linguistics*.

Approaches, Models, and Applications. Studies in Honour of Jon Erickson. Trier: WVT 2002, S. 101–127.
Weinrich, Harald: »Typen der Gedächtnismetaphorik«. In: Archiv für Begriffsgeschichte (1964), S. 23–26.
Weinrich, Harald: »Lethe«: Kunst und Kritik des Vergessens. München: Beck 1997.

Literatur und die Medialität des Gedächtnisses (Kap. 2.5)
Assmann, Aleida: »Schriftliche Folklore. Zur Entstehung und Funktion eines Überlieferungstyps«. In: Aleida Assmann, Jan Assmann & Christof Hardmeier (Hrsg.): *Schrift und Gedächtnis. Beiträge zur Archäologie der literarischen Kommunikation*. München: Fink 1983, S. 175–193.
Borsò, Vittoria: »Gedächtnis und Medialität. Die Herausforderung der Alterität. Eine medienphilosophische und medienhistorische Perspektivierung des Gedächtnisbegriffs«. In: Vittoria Borsò, Gerd Krumeich & Bernd Witte (Hrsg.): *Medialität und Gedächtnis. Interdisziplinäre Beiträge zur kulturellen Verarbeitung europäischer Krisen*. Stuttgart/Weimar: Metzler 2001, S. 23–54.
Dickhaut, Kirsten: »Intermedialität und Gedächtnis«. In: Astrid Erll & Ansgar Nünning (Hrsg.): *Gedächtniskonzepte der Literaturwissenschaft*. Berlin/New York: de Gruyter 2005, S. 203–226.
Erll, Astrid & Ansgar Nünning, unter Mitarbeit von Hanne Birk, Birgit Neumann & Patrick Schmidt (Hrsg.): *Medien des kollektiven Gedächtnisses. Konstruktivität – Historizität – Kulturspezifität*. Berlin/New York 2004 (= Media and Cultural Memory/Medien und kulturelle Erinnerung 1).
Heiser, Sabine & Christiane Holm (Hrsg.): *Gedächtnisparagone – Intermediale Konstellationen*. Göttingen: V&R unipress 2010 (= Formen der Erinnerung 42).
Horstkotte, Silke: *Nachbilder: Fotografie und Gedächtnis in der deutschen Gegenwartsliteratur*. Köln: Böhlau 2009.
Morris-Suzuki, Tessa: *The Past Within Us: Media, Memory, History*. London: Verso 2005.
Oesterle, Günter: »Riskante Intermedialität im 19. Jahrhundert. Was entzieht sich und was eignet sich für die mediale Transposition von Geschichte?«. In: Fabio Crivellari, Kay Kirchmann, Marcus Sandl & Rudolf Schlögl (Hrsg.): *Die Medien der Geschichte. Historizität und Medialität in interdisziplinärer Perspektive*. Konstanz: UVK 2004.
Rigney, Ann: *The Afterlives of Walter Scott: Memory on the Move*. Oxford: Oxford UP 2012.
Schmeling, Manfred, Monika Schmitz-Emans & Winfried Eckel (Hrsg.): *Das visuelle Gedächtnis der Literatur*. Würzburg: Königshausen & Neumann 1999.
Wenzel, Horst: *Hören und Sehen, Schrift und Bild. Kultur und Gedächtnis im Mittelalter*. München: Beck 1995.

Weitere zitierte Literatur
Schmidt, Siegfried J.: *Kalte Faszination. Medien, Kultur, Wissenschaft in der Mediengesellschaft*. Weilerswist: Velbrück 2000.

3.3 | Gedächtnis mental: Psychologische Gedächtnisforschung

Erst im ausgehenden 19. Jahrhundert etablierte sich die Psychologie als Wissenschaft. Bis dahin war die Theoriebildung zum individuellen Gedächtnis vor allem eine Sache philosophischer und protopsychologischer Denker. Um 1900 erstreckte sich das Spektrum der Gedächtnisforschung von philosophischen und psychoanalytischen über literarische bis hin zu experimentell-empirischen Zugängen. **Sigmund Freud** entwickelte um 1900 psychoanalytische Konzepte (wie ›Trauma‹, ›Verdrängung‹, ›Verschiebung‹, ›Verdichtung‹ oder ›Deckerinnerung‹), die zu zentralen Denkfiguren auch der kulturwissenschaftlichen Gedächtnisforschung geworden sind. Heute ist die psychologische Gedächtnisforschung hochgradig ausdifferenziert. Ihr Spektrum reicht von sozialpsychologischen und kognitionspsychologischen Ansätzen bis hin zu den Neurowissenschaften. Dabei sind Psycholog/innen immer häufiger an genuin interdisziplinären Projekten beteiligt und sorgen so für eine Intensivierung des Dialogs zwischen Geistes-, Sozial- und Naturwissenschaften in Sachen kultureller Erinnerung.

3.3.1 | Kognitions-, Sozial- und Neuropsychologie des Gedächtnisses: Geschichte und Konzepte

Die Anfänge der experimentellen Gedächtnispsychologie gehen auf **Hermann Ebbinghaus** (*Über das Gedächtnis*, 1885) zurück. Er versuchte, das Lerngedächtnis in ›Reinform‹ zu beobachten, indem er sich sinnlose Silben einprägte und seine Behaltensleistung maß. Durch eine Ebbinghaus diametral entgegengesetzte, statt der reproduktiven die produktiven Aspekte der Erinnerung fokussierende Methodik, zeichnen sich die Studien des britischen Psychologen **Sir Frederic C. Bartlett** aus. In *Remembering* (1932), seiner klassischen, experimentelle und Sozialpsychologie verbindenden Studie, zeigt Bartlett, dass alle kognitiven Prozesse als *effort after meaning* (vgl. ebd., S. 44) zu begreifen sind. Er weist anhand eines Experiments, bei dem Versuchspersonen eine fremdartige Geschichte erinnern sollten, nach, dass Erinnerung von Verzerrungen – Nivellierung, Akzentuierung, Assimilation – geprägt ist. Bartlett stimmt daher Halbwachs darin zu, dass bei der Erinnerung konstruktive Prozesse eine Rolle spielen: »Remembering [...] is an imaginative reconstruction, or construction« (ebd., S. 213). Allerdings möchte er am Begriff der *mémoire collective* zwei Aspekte unterschieden wissen: »memory *in* the group« und »memory *of* the group« (ebd., S. 296). Letzteres hält er für eine interessante, aber letztlich unbeweisbare Spekulation. Ersteres jedoch, die konstitutive Bedeutung soziokultureller Kontexte für die individuelle Erinnerung, erscheint ihm als evident.

Aus den Halbwachs'schen *cadres sociaux* gehen Bartlett zufolge **kulturspezifische Schemata** hervor. Schemata sind durch Sozialisation erworbene Muster und Wissensstrukturen, aufgrund derer Vorannahmen über bestimmte Gegenstände, Menschen und Situationen sowie die Art ihrer Beziehung gemacht werden, die damit Komplexität reduzieren und so Wahrnehmung und Erinnerung leiten. In der heutigen Psychologie wird angenommen, dass Schemata

> [...] aus Leerstellen (*slots*) [bestehen] und Bedingungen darüber, was diese Leerstellen besetzen (und demgemäß im Sinne des Schemas erfasst, wahrgenommen, erinnert oder antizipiert werden) kann. Dadurch haben sie eine ökonomische Funktion für das Gedächtnis, da nicht mehr alle Einzelheiten erinnert werden müssen, sondern nur die jeweiligen Leerstellen des jeweiligen Schemas, das gerade aktiviert ist, konkret aufgefüllt werden müssen. [... So] erlauben sie es, verschiedene Informationen *sinnhaft* aufeinander zu beziehen und zu organisieren (Kölbl/Straub 2001, S. 520).

Bartletts Studien fanden unter seinen Zeitgenossen nur wenig Beachtung. Die bis in die 1960er Jahre vorherrschende behavioristische Richtung in der Psychologie, deren Interesse allein auf das messbare äußere Verhalten gerichtet war, konnte besser an Ebbinghaus' Gedächtnisforschung anschließen. Heute gilt Bartlett jedoch als bedeutender Vordenker für all jene Ansätze in der Psychologie, die die soziokulturelle Dimension des Erinnerns erforschen.

Erst mit der Ablösung des Behaviorismus durch die sogenannte ›**kognitive Wende**‹ in der Psychologie, gewannen interne Wahrnehmungs- und Erkenntnisprozesse wieder an Interesse. Der Mensch wird als ein informationsverarbeitendes Wesen begriffen. Zur Leitmetapher für das Gedächtnis wird der Computer. ›Erinnern‹ betrachtet man als einen dreistufigen Prozess der **Enkodierung, Speicherung und**

Abruf von Information (vgl. Echterhoff 2001). Dabei geriet auch die von Halbwachs und Bartlett so betonte Rekonstruktivität der Erinnerung verstärkt in den Blick: **Ulric Neisser**, einer der Begründer der kognitiven Psychologie, vergleicht den Vorgang der Erinnerung mit dem Versuch eines Paläontologen, die Gestalt eines Dinosauriers aus fossilen Überresten wiederherzustellen (vgl. Neisser 1967, S. 285).

Seit den 1970er Jahren haben insbesondere die wegweisenden Forschungen von **Endel Tulving** (sein Hautwerk ist *Elements of Episodic Memory*, 1983) die kognitionspsychologische Vorstellung von verschiedenen **Gedächtnissystemen** befördert. Die Psychologie unterscheidet zwischen Ultrakurzzeitgedächtnis, Kurzzeit- (oder Arbeits-)gedächtnis und Langzeitgedächtnis. Das Langzeitgedächtnis wird wiederum in verschiedene Systeme unterteilt. Kriterium ist dabei deren **Dissoziierbarkeit**. Anhand von Experimenten oder der Beobachtung von Gedächtnisstörungen muss offensichtlich werden, dass die Systeme unabhängig voneinander arbeiten: »Zwei Gedächtnisleistungen sind dissoziierbar, wenn Randbedingungen spezifiziert werden können, die eine der beiden Gedächtnisleistungen fördern oder hemmen, die andere jedoch unbeeinflußt lassen« (Erdfelder 2002, S. 199). Folgende Gedächtnissysteme werden heute im Rahmen der Gedächtnispsychologie unterschieden (für einen gut verständlichen Überblick vgl. Schacter 2001; Markowitsch 2002):

Explizite (oder deklarative) Gedächtnissysteme
- **Semantisches Gedächtnis**, Wissens- oder Kenntnissystem: Bei dem im Rahmen des semantischen Gedächtnisses Erinnerten handelt es sich um gelerntes, symbolisch repräsentiertes Wissen (z. B. ›die Erde ist rund‹), das zu einem nicht unbedeutenden Teil aus Schemata besteht. Beim Abruf von Informationen aus dem semantischen Gedächtnis haben wir den subjektiven Eindruck des ***knowing that***, einer zeit- und kontextenthobenen Kenntnis. Verbunden mit diesem Gedächtnissystem ist zudem ein noetisches (erkennendes) Bewusstsein.
- **Episodisch-autobiographisches Gedächtnis**: Das episodische Gedächtnis ist ein zeit- und kontextbezogenes Gedächtnis. In seinem Rahmen wird Lebenserfahrung erinnert (z. B. ›der erste Schultag‹). Beim Abruf episodischer Erinnerung haben wir den subjektiven Eindruck des ***remembering***. Tulving, auf den die Unterscheidung zwischen semantischem und episodischem Gedächtnis zurückgeht, beschreibt Erinnerung im Rahmen des letzteren als eine ›mentale Zeitreise‹, als ein ›Wiedererleben der eigenen Vergangenheit‹ (Tulving 1983, S. 127). Damit verbunden ist ein autonoetisches (sich selbst erkennendes) Bewusstsein (vgl. Wheeler 2000). Episodische Erinnerung hat eine einzigartige subjektive Färbung, sie ist zudem – ganz anders als die semantische Erinnerung – stark affektbesetzt.

Episodische Erinnerungen werden weiter in **Feld- und Beobachter-Erinnerungen** unterschieden: »Sehen Sie sich selbst in dem Geschehen? [= Beobachter-Erinnerung] Oder sehen Sie es durch Ihre Augen, als wären Sie dort und blicken nach draußen, so daß Sie nicht Teil des Bildes sind, das Sie sehen? [= Feld-Erinnerungen]« (Schacter 2001, S. 45). Mit Feld-Erinnerungen ist eine besondere emotionale Intensität verbunden, mit Beobachter-Erinnerungen eine gewisse Distanz zum vergangenen Geschehen.

In der neueren Gedächtnisforschung wird angenommen, dass das episodische Gedächtnis dem semantischen hierarchisch übergeordnet ist. Auch episodisch-selbstbezogene Informationen müssen im Zuge ihrer **seriellen Einspeicherung** zunächst das semantische Gedächtnissystem durchlaufen: »Ohne die Möglichkeit, selbstbezogene Erfahrungen in ein sozial geteiltes System von Regeln und Rahmen einzubetten, nähme ein Erlebnis keine Gestalt im Bewußtsein an und würde nicht zu einer Erfahrung, die zu erinnern wäre« (Welzer 2002, S. 104; vgl. auch Tulving/Markowitsch 1998).

Auf Prozessen der Narrativisierung episodischer Erinnerungen zu Lebensgeschichten basiert das **autobiographische Gedächtnis** (vgl. Rubin 1996; Fivush 2008). Seine Funktionen hat bereits der englische Philosoph John Locke in *An Essay Concerning Human Understanding* (1690) beschrieben: Für Locke ist die Fähigkeit zur autobiographischen Erinnerung Voraussetzung für individuelle **Identität** und Verantwortung. Durch Erinnerung erlebt der einzelne die Kontinuität seines Ich und vermag sich auf der Basis zuvor gemachter Erfahrungen in der Welt zu orientieren. Heute werden verschiedene Ebenen autobiographischen Wissens unterschieden (vgl. Schacter 2001, S. 150 f.; Conway/Rubin 1993):

- Lebensperioden (längere Lebensabschnitte, die sich nach Jahren und Jahrzehnten bemessen: die Studentenzeit, Wohnen in einer bestimmten Stadt usw.),
- allgemeine Ereignisse (längere, aus Einzelereignissen zusammengesetzte Episoden, die Tage, Wochen oder Monate umfassen, z. B. ein bestimmter Urlaub) und
- ereignisspezifisches Wissen (die Erinnerung an ganz bestimmte Momente, an Einzelepisoden, die Sekunden, Minuten oder Stunden dauern: z. B. der Augenblick, als Sie den Grand Canyon zum ersten Mal gesehen haben).

Auf den ersten beiden Ebenen weist das autobiographische Gedächtnis auch semantische Anteile auf. Das zeigt, wie eng die Gedächtnissysteme tatsächlich zusammenwirken.

Implizite (oder nicht-deklarative) Gedächtnissysteme: Semantische und autobiographische Erinnerungen werden bewusst herbeigeführt und sind daher dem Bereich des expliziten Gedächtnisses zuzuordnen. Daneben sehen wir uns tagtäglich von vergangener Erfahrung beeinflusst, ohne dass wir uns dessen bewusst wären. Dies ist ein Effekt des ›impliziten Gedächtnisses‹ (vgl. Schacter 2001, S. 263–312). Es werden zwei zentrale Formen des impliziten Gedächtnisses unterschieden:

- **Prozedurales Gedächtnis**: Auf das prozedurale Gedächtnis machte **Henri Bergson** (*Materie und Gedächtnis*, 1908; orig.: *Matière et mémoire*, 1896) bereits um 1900 mit seinem Begriff der *mémoire habitude* (im Gegensatz zur expliziten *mémoire souvenir*) aufmerksam. Dieses Gedächtnissystem ermöglicht uns automatische, ohne bewusstes Reflektieren ablaufende Handlungen. Motorische Fähigkeiten und Gewohnheiten wie Radfahren und Klavierspielen sind dem prozeduralen Gedächtnis zuzuordnen. Anders als beim Erinnern im Rahmen des semantischen Gedächtnisses haben wir den Eindruck des ***knowing how***.
- Verschiedene Formen des **Priming (perzeptuelles und konzeptuelles)**: Der Begriff des Priming (›Bahnung‹) bezieht sich auf die höhere Wiedererkennwahrscheinlichkeit eines zu einem früheren Zeitpunkt unbewusst wahrgenommenen Reizes. Die Werbung macht sich mit der Wiederholung von Bildern perzeptuelles Priming zunutze; unbewusste Stereotypen oder auch nicht-intendierte Plagiate können auf semantisch-konzeptuelles Priming zurückzuführen sein.

Erinnerung wird in der Kognitionspsychologie keinesfalls im Sinne eines einfachen *storage and retrieval* (d. h. Speicherung und Abruf)-Modells verstanden; andererseits erscheint Erinnerung aber auch nicht radikal konstruktivistisch als ein reines

Produkt der Gegenwart ohne jegliche Referenz auf vergangenes Geschehen (vgl. dazu Schmidt 1991). Beschritten wird ein Mittelweg, für den das Konzept der **Ekphorie** steht (vgl. Tulving 1983): Die Gedächtnispsychologie geht von dem Vorhandensein von **Engrammen** (Gedächtnisspuren) aus – ein Begriff, der wie auch der der Ekphorie bereits von **Richard Semon** im Jahr 1904 (*Die Mneme als erhaltendes Prinzip im Wechsel des organischen Geschehens*) eingeführt wurde. Mindestens ebenso wichtig für das Erinnern sind jedoch **Abrufreize (*retrieval cues*)**. Dabei kann es sich um äußere Reize handeln, aber auch um intrapsychische *cues*, etwa emotionaler, kognitiver oder motivationaler Art. Ekphorie bedeutet, dass Erinnerung eine Synthese aus Engramm und *cue* darstellt, aus gespeicherter Information über vergangene Erfahrung und den Bedingungen während des Abrufs: »Der Hinweisreiz verbindet sich mit dem Engramm zu einem neu entstehenden Ganzen – dem Erinnerungserlebnis des Erinnerers –, das sich von seinen beiden Bestandteilen unterscheidet« (Schacter 2001, S. 118).

Die Tatsache, dass auf der Grundlage ein und desselben Engramms verschiedene Vergangenheitsversionen modelliert werden können, wirft die Frage nach der **Veridikalität** der Erinnerung, ihrer ›Wahrheit‹, auf. Diese Frage stellt sich nirgends dringlicher als etwa im Rahmen der *false memory debate*, die Anfang der 1990er Jahre in den USA durch spektakuläre Gerichtsprozesse ausgelöst wurde, in denen Zeugen offenbar nach bestem Wissen und Gewissen bloße Scheinerinnerungen generierten. Gerade im Zusammenhang mit der Erinnerung an traumatische Erfahrungen, etwa an sexuellen Missbrauch, ist die Möglichkeit von Scheinerinnerungen diskutiert worden (vgl. Schacter 1995, 2001).

Von einem **Trauma** ist die Rede, wenn Erfahrungen angesichts ihrer extremen emotionalen Intensität nicht hinreichend verarbeitet, und d. h. narrativiert, werden können. Zu den Mechanismen traumatischer Erinnerung gehören Verdrängung, Dissoziation von der Erfahrung bereits während der Enkodierung sowie die unfreiwillige und zwanghafte Reproduktion von sinnlichen Erinnerungsfragmenten (vgl. Williams/Banyard 1999; Schooler/Eich 2000). Allerdings können offensichtlich auch unzutreffende Erinnerungen an traumatische Erfahrungen, etwa durch Suggestivfragen und Falschinformationen, erzeugt werden (Loftus/Ketcham 1994). McNallys *Remembering Trauma* (2005) bietet eine kritische Bestandsaufnahme der psychologischen Traumaforschung. Gegen die überkommene Annahme betont er, dass traumatische Amnesie (im Sinne einer lang anhaltenden psychogenen Amnesie) im strengen Sinne nicht existiere – auch wenn sie in Literatur und Film oft dargestellt werde.

Die Mitte der 1970er Jahre entstandene **Kognitionswissenschaft (*cognitive science*)** trägt der Einsicht Rechnung, dass die Gedächtnisforschung der interdisziplinären und der den Gegensatz von Natur- und Geisteswissenschaft überwindenden Forschung bedarf (vgl. Maturana 1982; Foerster 1985; Varela 1990). Psychologen, Informatiker, Linguisten, Sozialwissenschaftler, Philosophen und Neurologen kooperieren bei dem Versuch, Erkenntnisprozesse und Wissensstrukturen des Menschen zu verstehen und sie bei der Entwicklung künstlicher intelligenter Systeme nutzbar zu machen.

Die heute intensiv betriebene **neurowissenschaftliche Gedächtnisforschung** (›Hirnforschung‹) zeigte durch die Messung neuronaler Aktivität, dass das Gedächtnis keinen festen Ort im Gehirn hat (Roth 1991; zu Grundlagen der Hirnforschung vgl. Markowitsch 2002; Singer 2002; Kandel 2007). Bei Erinnerungsprozessen scheinen stattdessen alle Hirnregionen beteiligt zu sein. Diese Tatsache spricht für die Vorstellungen des **Konnektionismus** oder für bestimmte Formen des Neuronale-Netzwerke-Modells, denen zufolge das Gedächtnis kein Speicher ist, sondern aus im Nervensystem dauerhaft angelegten kognitiven Strukturen besteht (vgl. McClelland 2000). Erinnerung erweist sich so als Aktivierung von Erregungsmustern. Sie wird innerhalb eines autopoietischen Systems immer wieder aufs Neue erzeugt. Erinnerungen sind in neuronalen Ensembles über das ganze Hirn verteilt. Dabei können lokalisierbare Hirnregionen und sogar einzelne Neurone jedoch erstaunlich spezialisierte Funktionen erfüllen (etwa im visuellen System die Erkennung von Kanten und Linien eines Objektes, die dann Stufe um Stufe zusammengeführt werden; oder von Gesichtern und Gesichtsausdrücken). Allerdings zeigt die Forschung mit Patienten nach Hirnschäden, dass andere Hirnregionen solche Aufgaben häufig auch übernehmen können. Dies spricht für die ›Äquipotentialität‹ von Hirnregionen. Als umfassende und bis heute gültige **neurobiologische Definition** des Gedächtnisses führt Markowitsch (2002, S. 74) die von Rainer Sinz (1979, S. 19) an:

Unter Gedächtnis verstehen wir die lernabhängige Speicherung ontogenetisch erworbener Information, die sich phylogenetischen neuronalen Strukturen selektiv artgemäß einfügt und zu beliebigen Zeitpunkten abgerufen, d. h. für ein situationsangepaßtes Verhalten verfügbar gemacht werden kann. Allgemein formuliert, handelt es sich um konditionierte Veränderungen der Übertragungseigenschaften im neuronalen ›Netzwerk‹, wobei unter bestimmten Bedingungen den Systemmodifikationen (Engrammen) entsprechende neuromotorische Signale und Verhaltensweisen vollständig oder teilweise reproduziert werden können.

Durch verschiedene Verfahren des **Neuroimaging** können Gedächtnissysteme heute aus der Perspektive von Kognitions- *und* Neuropsychologie untersucht werden (vgl. Roth 1994; Schacter/Wagner/Buckner 2000; Roesler et al. 2009). Mit Blick auf das autobiographische Gedächtnis hat die funktionelle Bildgebung gezeigt, dass unterschiedliche Hirnregionen aktiviert werden bei dem Abruf von positiv vs. negativ bewerteten Erlebnissen, von jüngerer vs. älterer Vergangenheit oder von erfundenen vs. wirklich erlebten Ereignissen – dass unser Gehirn also Unterscheidungen trifft mit Blick auf Affekt, Zeit und Faktizität des Erinnerten (vgl. Markowitsch 2002, S. 132 f.). Was viele Hirnforscher überdies hervorheben, ist, dass wir lange *Descartes' Irrtum* (Damasio 1995) aufgesessen sind, Vernunft und Gefühl schlössen einander aus. Im Gegenteil scheinen **Emotionen** – selbst deutlich sozial und kulturell geformt – unser Bewusstsein, Gedächtnis und unsere Handlungsentscheidungen in außerordentlichem Maße zu prägen. Gerade das autobiographische Gedächtnis ist ohne Emotionen nicht denkbar (vgl. auch LeDoux 1998). Im Rahmen der **Epigenetik** wird zurzeit diskutiert, ob die transgenerationelle Weitergabe von ›Traumata‹ (wie sie in der Literaturwissenschaft etwa mit dem Begriff des Postmemory diskutiert wird) auch eine zellbiologische Dimension haben könnte, ob epigenetische Prägungen also auch vererbt werden können (Kellermann 2013).

Die Gedächtnispsychologie fächert sich heute in eine Vielfalt von Teildisziplinen auf, über die Tulving und Craiks *The Oxford Handbook of Memory* (2000) und *The Science of Memory: Concepts* (Roediger/Dudai/Fitzpatrick 2007) einen guten Überblick geben. Diese Teilbereiche einer im weitesten Sinne psychologischen Gedächtnisforschung – von der kognitiven Psychologie, über die Sozial- und Entwicklungspsychologie bis hin zur Neurowissenschaft – haben lange Zeit relativ unverbunden nebeneinander gestanden. Sie treten seit den späten 1980er Jahren allerdings zunehmend in einen **interdisziplinären Dialog** (vgl. Klix/Hagendorf 1986; Solomon et al. 1989; Lüer/Lass 1997).

3.3.2 | Erinnern im soziokulturellen Kontext: Ökologie, Kommunikativität und Narrativität des Gedächtnisses

Das **Gedächtnis als soziales und kulturelles Phänomen** rückte seit Mitte der 1980er Jahre verstärkt in den Blick, als der reine Kognitivismus Kritik erfuhr und eine Ausweitung der Betrachtung auf kontextuelle Faktoren gefordert wurde. Neisser (1982, S. 4) formulierte provokant: »If X is an interesting or socially significant aspect of memory, then psychologists have hardly ever studied X.« Sogenannte **ökologische Ansätze** wenden sich von der traditionellen laborexperimentellen Forschung ab und interessieren sich für die Wechselwirkungen zwischen Individuum und soziokultureller Umwelt: andere Personen, Dinge, Orte, externe Speicher wie Schrift und Bild, die als Abrufhinweise beim Erinnern fungieren (vgl. Bruce 1985; Neisser/Winograd 1989; Bahrick 1996; Graumann 1997). Das *extended mind*-Modell, das in Kognitionswissenschaft und Philosophie entwickelt wurde, nimmt an, dass es nicht nur ›Engramme‹ gibt, die Erfahrung auf neuronaler Ebene repräsentieren, sondern – mit einem von Merlin Donald (1991, S. 308–33) geprägten Begriff – auch ›**Exogramme**‹, d. h. externe Repräsentationen des zu Erinnernden, von Körperbemalungen bis zu Hieroglyphen, Büchern und Filmen. Ähnliche Vorstellungen werden mit den Begriffen des *embodied mind* und der *socially distributed cognition*, also des ›verkörperten‹ und ›verteilten‹ Denkens, bezeichnet (vgl. Lakoff/Johnson 1999; Sutton 2006).

Der Frage nach der interpersonalen Gedächtnistätigkeit gehen **sozialpsychologische und diskursorientierte Ansätze** nach. Untersucht wird das Wechselverhältnis von Individuum und Gruppe bei der gemeinschaftlichen, konstruktiven Erzeugung von Erinnerungen im Rahmen eines *conversational* oder *group remembering* – etwa im Familienkreis über alten Fotos: »[E]s geht darum, aus bisher individuellen Erfahrungen eine sozial geteilte und validierte *Version* der Vergangenheit zu bilden« (Bangerter 2002, S. 191; vgl. auch Clark/Stephenson 1989, 1995). In Studien zum konversationellen Erinnern zeigte sich, dass durch **memory talk** und dem dabei entstehenden **cross-cuing** nur zum Teil mehr, vor allem aber *anders* erinnert wird: Episodische Erinnerungen werden nach gruppenspezifischen Relevanzkriterien ausgerichtet. Eine ›**adressatenorientierte Kommunikation**‹ bestimmt Auswahl und Perspektivierung des Erinnerten. Die gemeinsame Elaboration kann sogar dazu führen, dass Erfahrungen zweiter Hand als scheinbar eigene Erinnerungen infolge einer **Quellenamnesie** in die eigene Lebensgeschichte aufgenommen werden (vgl. Echterhoff/Higgins/Groll 2005). Bei der gemeinschaftlichen diskursiven Aushandlung von Erinnerung spielen also nicht nur mnemische Faktoren eine Rolle, sondern auch soziale, linguistische, rhetorische und nicht zuletzt ästhetisch-narrative.

Der herausragenden Bedeutung von narrativen Strukturen für das Erinnern trägt die **narrative Psychologie** Rechnung (Bruner 1991; Echterhoff/Straub 2003/2004). In produktiver Aneignung der Studien Bartletts wurde nicht nur auf die Existenz von ›Geschichten-Schemata‹ (Rumelhart 1975) verwiesen (was auch die literaturwissenschaftliche Erzähltheorie nachhaltig beeinflusst hat, vgl. Culler 1975). Narration wird heute vielmehr als ein ubiquitäres Sinnstiftungsformat begriffen (am radikalsten formuliert bei Schank/Abelson 1995). Gerald Echterhoff und Jürgen Straub (2004) führen die Vielfalt der **Funktionen des Erzählens** auf: Konstitution menschlicher Zeit, Sinnstiftung und Kontingenzbearbeitung, Funktionen im Rahmen der allgemeinen psychischen Vermögen (Wahrnehmung und Rezeption, Denken und Urteilen, Gedächtnis und Erinnerung, Motivation und persönliche Ziele, Emotion und Affekt), Identitätsbildung und Identitätsrepräsentation, kommunikative und sozialinteraktive Funktionen. Kurz, Narration ist ein »**universeller Modus** der Strukturierung von Erfahrung und Wissen sowie von Kommunikation und Handeln« (Neumann 2005).

Gerade der **Lebenserfahrung** wird erst durch das narrative *emplotment* Sinn verliehen. Donald E. Polkinghorne (1998, S. 23) spricht in diesem Zusammenhang von Prozessen der »symbolische[n] Transformation« und erläutert: »Narratives Wissen ist [...] eine reflexive Explikation der pränarrativen Qualität unreflektierter Erfahrung.« Es ist »kein bloßes Zurückrufen der Vergangenheit«, sondern »eine retrospektive, interpretative Komposition, die vergangene Ereignisse im Lichte der aktuellen Auffassung und Beurteilung ihrer Bedeutung zeigt. Während sich die Erzählung auf die ursprünglichen, vergangenen Lebensereignisse bezieht, transformiert sie diese, indem sie sie zu einer Plotstruktur anordnet, deren Teile sich stimmig zum Ganzen verhalten (und vice versa)« (ebd., S. 26). Die Tatsache, dass Lebensgeschichten immer im Rückblick, von einem vorläufigen Endpunkt aus rekonstruiert werden, hat Jens Brockmeier (1999, S. 36) auf den Begriff der **retrospektiven Teleologie** gebracht. Bei der nachträglichen Formung pränarrativer Erfahrung sind verschiedene Formen der ›**narrativen Glättung**‹ zu beobachten, die Donald Polkinghorne (1998, S. 25) folgendermaßen zusammenfasst: »Im Zuge der narrativen Gestaltung einer ›Lebensepisode‹ lassen Erzählungen häufig Details aus und verdichten Teile (Kondensierung, *flattening*), andere elaborieren und übertreiben sie (Überhöhung, Detaillierung, *sharpening*), wieder andere Teile machen sie kompakter und konsistenter (Rationalisierung), um eine kohärente und verständliche Erklärung zu liefern.«

Die **soziokulturelle Dimension des narrativen Erinnerns** kann in mehrfacher Hinsicht in den Blick genommen werden: Narrationsmuster sind erstens im Sinne Bartletts als die Erfahrung bereits präformierende kulturspezifische Schemata zu begreifen. Der kulturelle Kontext beeinflusst damit, *was* und *wie* erzählt und erinnert werden kann. Aus der Perspektive der diskursorientierten Psychologie erscheint die Narration zweitens als grundlegende Praxis der gemeinsamen Gedächtnisbildung im Rahmen des *conversational remembering*. Das autobiographisch erinnernde Ich als ***totalitarian ego*** (Greenwald 1980) verändert drittens seine Lebensgeschichte gemäß aktuellen soziokulturellen Kontexten und den sich daraus ergebenden Anforderungen und Sinnbedürfnissen (zur Autobiographieforschung vgl. Brockmeier/Carbaugh 2001; Brockmeier 2015).

3.3.3 | Psychologie und Kulturwissenschaft: Integrative Modelle des kollektiven Gedächtnisses

Ansätze zu einer genuin **interdisziplinäre Gedächtnisforschung**, die kulturhistorische, sozialwissenschaftliche und literaturwissenschaftliche Ansätze mit der psychologischen, psychoanalytischen und neurobiologischen Forschung verschränkt, haben sich seit Beginn der 1990er Jahre etabliert (vgl. Middleton/Edwards 1990; Schmidt 1991; Antze/Lambek 1996; Straub 1998; Rüsen/Straub 1998; Welzer 2001; Echterhoff/Saar 2002; Pennebaker/Páez/Rimé 1997; Tomasello 1999; Boyer/Wertsch 2009; Stone/Bietti 2016). So bieten Nalbantian, Matthews und McClelland in *The Memory Process* (2011) eine Zusammenschau aktueller neurowissenschaftlicher und geisteswissenschaftlicher Positionen. Wagoner bringt in seinem *Oxford Handbook of Culture and Memory* (2017) Gedächtniskonzepte aus Kulturpsychologie und Kulturwissenschaften zusammen.

Über die theoretischen und methodischen Möglichkeiten und Grenzen solcher Zusammenführungen ist viel diskutiert worden. Das Spektrum der gedächtnispsychologischen Beiträge zu dieser Diskussion reicht von einer kritischen Distanzierung vom Begriff des kollektiven Gedächtnisses (etwa Gerd Lüers skeptische Frage »Wer oder was hat alles ein Gedächtnis?«, 2002) bis hin zur Präsentation verschiedener **integrativer Modelle**, die die Schnittstellen von kulturwissenschaftlicher und psychologischer Gedächtnisforschung vor Augen führen. In einem Artikel mit dem Titel »Searching for Cultural Memory« schlägt Jens Brockmeier vor ›hybride Perspektiven‹ einzunehmen. Eine der Grundannahmen der Forschung zu kultureller Erinnerung laute:

there is no principal separation of what traditionally is viewed as individual or personal memory from what traditionally is viewed as social, collective or historical memory. [...] As a consequence, the investigative focus shifts to the forms of interaction and co-construction, interplay and mutual dependence, fusion and unity between the previously separated spheres of the individual and the collective, the private and the public, the timeless and the historical (Brockmeier 2002, S. 9).

Das bislang umfassendste Beispiel für eine solche Synthese stammt von James Wertsch. In seinem Buch ***Voices of Collective Remembering*** (2002) greift Wertsch auf Ansätze der Psychologie, Geschichtswissenschaft, Literaturtheorie, Semiotik, Soziologie und Politikwissenschaft zurück, um ein ausgefeiltes theoretisches Modell von kollektivem Gedächtnis als vielstimmiger und verteilter, mediatisierter Handlung (»mediated action«, ebd., S. 6) zu entwerfen. Ein anderes Beispiel für genuin integrative Ansätze sind die Publikationen des Sozialpsychologen Harald Welzer. In seinem Buch ***Das kommunikative Gedächtnis*** (2002), dessen Titel sich nicht so sehr auf das Assmann'sche ›kommunikative Gedächtnis‹ bezieht, sondern auf die sozialen und kommunikativen Anteile des individuellen Gedächtnisses, verbindet er Erkenntnisse der neurowissenschaftlichen Forschung, Entwicklungspsychologie, Sozialpsychologie und kulturwissenschaftlicher Gedächtnisforschung und ermöglicht so einen Brückenschlag zwischen den Disziplinen.

Wenn es darum geht, Modelle für eine psychologisch-kulturwissenschaftliche Gedächtnisforschung zu entwerfen, setzen viele Psychologen bei der Unterscheidung verschiedener Gedächtnissysteme an. So stellen Harald Welzer und der Neurowissenschaftler Hans J. Markowitsch in ihrem Aufsatz »Umrisse einer interdisziplinären Gedächtnisforschung« (2001) das **autobiographische Gedächtnis** in den Vordergrund ihrer Betrachtung. Sie umreißen ein »bio-psycho-soziales Entwicklungsmodell des autobiographischen Gedächtnisses«, das von dem Befund der ›**Plastizität des Gehirns**‹ ausgeht, also der Tatsache, dass Umwelteinflüsse auf seine Gestalt und Funktionsweise einen außerordentlichen Einfluss ausüben:

Der Befund, dass weite Bereiche der Entwicklung der neuronalen Verschaltungsmuster und entscheidende Phasen der organischen Hirnreifung nachgeburtlich, also unter sozialen und kulturellen Einflüssen geformt werden, markiert aus unserer Sicht eine zentrale Schnittstelle sozial- und naturwissenschaftlicher Erinnerungs- und Gedächtnisforschung (ebd., S. 206; vgl. auch Markowitsch/Welzer 2005).

Edgar Erdfelder (2002), ein Vertreter der experimentellen Gedächtnispsychologie, plädiert hingegen dafür, das **semantische Gedächtnis als ›Nahtstelle‹** zwischen individuellem und kollektivem Gedächtnis zu konzipieren, und damit eben »den Teil des individuellen Gedächtnisses, in dem sich kollektives und kulturelles Gedächtnis in z. T. unvollständiger, z. T. auch idiosynkratisch verformter Weise spiegeln« (ebd., S. 199). Auch in der neueren psychologischen Gedächtnisforschung tauchen damit beide Aspekte des Begriffs ›kollektives Gedächtnis‹ auf (vgl. Kap. 2.1 und 4.1): Es geht erstens um die soziokulturelle und kommunikative Dimension der Herausbildung des episodisch-autobiographischen Gedächtnisses und zweitens um die Repräsentation von Geschichtsversionen und kulturellem Wissen im semantischen Gedächtnis des Individuums.

Ein umfassendes psychologisches **Modell der überindividuellen Gedächtnisbildung** ist von den Sozialpsychologen William Hirst und David Manier (2002) vorgelegt und von Gerald Echterhoff (2004) weiterentwickelt worden. Hirst und Manier unterscheiden zwischen drei Formen der Repräsentation *kollektiver* Erinnerung im individuellen Gedächtnis, wobei sie sich an der kognitionspsychologischen Differenzierung verschiedener Gedächtnissysteme (vgl. Kap. 3.3.1) orientieren:

1. **Kollektiv-episodisches Gedächtnis**: Hierzu gehören die Erinnerungen, die Mitglieder einer sozialen Gruppe übereinstimmend an ihre geteilten Erfahrungen (etwa einen gemeinsamen Grillabend) haben. Dabei erinnern alle den spezifischen Kontext, Zeit und Ort des Ereignisses. Solche Erinnerungen können sogar zu einem kollektiv-autobiographischen Gedächtnis werden, wenn die geteilte Erfahrung von allen gleichermaßen im Rahmen eines bestimmten, kollektive Identität stiftenden Narrativs verortet wird. Die Gesetzmäßigkeiten der Herausbildung von kollektiv-episodischem Gedächtnis sind Gegenstand von Untersuchungen zum *social remembering* (vgl. Kap. 3.3.2).
2. **Kollektiv-semantisches Gedächtnis**: Hierbei handelt es sich um die Erinnerung an nicht selbst miterlebte historische Ereignisse. Hirst und Manier (2002) unterscheiden zwischen **lived semantic memory** und **distant semantic memory**. Beispiel für ersteres sind die Erinnerungen vieler der heute über fünfzigjährigen Amerikaner an den Vietnamkrieg. Sie waren zwar nicht aktiv an den Kampfhandlungen beteiligt, haben die Ereignisse jedoch in der Presse mitverfolgt und im Kreis von Freunden diskutiert. Ausschlaggebend für lebendige semantische Erinnerung ist deren ›lived quality‹ (vgl. ebd., S. 43). Als Beispiel für *distant semantic memory* führen Hirst und Manier die Erinnerung an den Hundertjährigen Krieg an. Auch dabei handelt es sich um indirektes Wissen. Allerdings fehlt beim Abruf das Gefühl der Lebendigkeit und Unmittelbarkeit, durch die *lived semantic memories* charakterisiert sind. *Lived semantic memory* ist ein typischer Gegenstand des zwischen den Generationen gebildeten Gedächtnisses, während *distant semantic memory* über Institutionen vermittelt wird. Die Übergänge zwischen beiden Erinnerungsformen sind jedoch fließend.

Wie unschwer zu erkennen ist, wird hier eine Unterscheidung wieder eingeführt, die in der Assmann'schen Terminologie als kommunikatives und kulturelles Gedächtnis zu bezeichnen wäre. Es geht um gelebte Erinnerung auf der einen Seite, um Geschichtsbewusstsein und Tradition auf der anderen Seite – eine Differenz, die sich in der ein oder anderen Form und Begrifflichkeit durch viele Studien zum kollektiven Gedächtnis zieht (vgl. Kap. 4.5).

Für beide Formen kollektiven Erinnerns gilt, wie Echterhoff (2004, S. 79 f.) hinzufügt, »zum einen der explizite Bezug auf vergangene (historische) Ereignisse, zum anderen die **Valenz** bzw. Relevanz dieser Inhalte im Hinblick auf gegenwärtiges Handeln«: »Die ab- und aufgerufenen Ereignisse aus der Vergangenheit sind alles andere als neutrale historische Daten, sie sind aktuell orientierungsbildend, nützlich und damit auch wertvoll.« Echterhoff macht zudem auf den zentralen

Schnittpunkt zwischen sozialpsychologischer Gedächtnisforschung und der kulturwissenschaftlichen Beschäftigung mit den Medien und Institutionen des kollektiven Erinnerns aufmerksam: Kollektiv-semantische Wissensbestände werden zu solchen erst »aufgrund einer Reihe sozialer Konstruktions- und **Validierungsvorgänge**« (ebd., S. 78). So ist »die Kollektivierung zunächst bloß semantischer Gedächtnisbestände vermutlich an eine Reihe kognitiver, technischer, sozialer und gesellschaftlicher Bedingungen geknüpft« (ebd., S. 82).
3. **Kollektiv-prozedurales Gedächtnis**: Hierunter werden von Hirst und Manier (2002) schließlich Traditionen und Rituale gefasst, die vom einzelnen häufig nicht-bewusst ausgeführt und weitergegeben werden. So können die von Nora romantisierten *milieux de mémoire*, in denen Gebräuche, Handlungen, bestimmte Körperhaltungen ein gelebtes Gedächtnis konstituierten, als Ausdruck eines kollektiv-prozeduralen Gedächtnisses begriffen werden.

Neuere Studien zum Verhältnis von individuellem und kollektivem Gedächtnis betrachten die **Gedächtniskonsolidierung,** also den Übergang von Information vom labilen Kurzzeit- in das stabile Langzeitgedächtnis. Thomas Anastasio et al. (2012) erläutern, dass es sich aus neurowissenschaftlicher Perspektive dabei um den Prozess handelt, durch den Nervenverknüpfungen verstärkt oder neu angelegt werden. Ihre These lautet, dass ein analoger Prozess auf der Ebene des kollektiven Gedächtnisses auszumachen ist. Da der Hippocampus im Gehirn für den Konsolidierungsprozess zuständig ist, bezeichnen sie Erinnerungsakteure auf der Ebene der Kultur als »**sozialen Hippocampus**«.

Beispiele für den Einfluss kollektiver Faktoren auf die individuelle Gedächtniskonsolidierung gibt die aktuelle Forschung zu Blitzlichterinnerungen. Als **Blitzlichterinnerungen** (*flashbulb memories*) werden die scheinbar detailgenauen autobiographischen Erinnerungen bezeichnet, die Menschen an die Umstände haben, unter denen sie zuerst von emotional bewegenden öffentlichen (Medien-)Ereignissen, wie z. B. der Ermordung Kennedys, hörten. Davon zu unterscheiden sind Ereigniserinnerungen (*event memories*) an die Fakten des erinnerten Ereignisses. In einer Zehnjahres-Längsschnittstudie nach 9/11 haben William Hirst und Kolleg/in/nen (2015) regelmäßig amerikanische Probanden nach ihren Erinnerungen an den Elften September befragt. Ein Ergebnis dieser Studie ist, dass Blitzlichterinnerungen (wie auch andere Langzeiterinnerungen) Widersprüche aufweisen, diese aber einem besonderen Vertrauen der Probanden in die Genauigkeit ihrer Erinnerung gegenüberstehen. Über die zehn Jahre hinweg zeigte sich auch, dass externe Einflüsse (mediale Darstellungen, Gespräche) die Ereigniserinnerungen modifizieren und auch korrigieren konnten. In dem dynamischen Prozess von **Konsolidierung und Rekonsolidierung** der Erinnerung spielen also individuelle wie kollektive Faktoren eine Rolle.

> **Zusammengefasst:**
> Bei kaum einem anderen Thema hat sich in den letzten Jahrzehnten ein solch anregender und produktiver interdisziplinärer Dialog entwickelt, der auch die **Grenzen zwischen Geistes- und Naturwissenschaften** überwindet. Sicherlich birgt die Tatsache, dass das ›Gedächtnis‹ als gemeinsames Untersuchungsobjekt von Disziplinen mit höchst unterschiedlichen Grundannahmen, Erkenntnisinteressen und Methoden figuriert, auch einigen Sprengstoff, wie etwa – in etwas anderem Zusammenhang – die Kontroverse um die Thesen der

Hirnforscher Wolf Singer und Gerhard Roth in der *FAZ* Ende 2003 und Anfang 2004 eindrücklich belegt. Und sicher zeichnet sich noch längst keine die ›Zwei Kulturen‹ lückenlos miteinander verwebende Gedächtnis-Supertheorie am Horizont ab. Dennoch haben zahlreiche Wissenschaftler/innen ihre Berührungsängste abgelegt und erweisen sich als interessiert am interdisziplinären Austausch. Auf weitere Entwicklungen darf man gespannt sein.

Literatur

Geschichte der psychologischen Gedächtnisforschung (Kap. 3)
Bartlett, Frederic C.: *Remembering. A Study in Experimental and Social Psychology*. Cambridge: Cambridge UP 1932.
Bergson, Henri: *Materie und Gedächtnis*. Jena: Eugen Diederichs 1908 (orig.: *Matière et mémoire* 1896).
Ebbinghaus, Hermann: *Über das Gedächtnis*. Leipzig: Duncker & Humblot 1885.
Semon, Richard: *Die Mneme als erhaltendes Prinzip im Wechsel des organischen Geschehens*. Leipzig: Engelmann 1904.

Grundlegende Konzepte (Kap. 3.1)
Conway, Martin A. & David C. Rubin: »The Structure of Autobiographical Memory«. In: A. F. Collins, S. E. Gathercole, M. A. Conway & P. E Morris (Hrsg.): *Theories of Memory*. Hillsdale, NJ: Erlbaum 1993, S. 103–138.
Echterhoff, Gerald: »Encodierung, Decodierung«. In: Nicolas Pethes & Jens Ruchatz (Hrsg.): *Gedächtnis und Erinnerung. Ein interdisziplinäres Lexikon*. Reinbek: Rowohlt 2001, S. 140–141.
Fivush, Robyn: »Sociocultural Perspectives on Autobiographical Memory«. In: Mary Courage & Nelson Cowan (Hrsg.): *The Development of Memory in Infancy and Childhood*. New York: Psychology Press 2008, S. 283–302.
Keller, Barbara: »Gedächtnisse und Erinnerungen. Psychologische Perspektiven«. In: Nicolas Pethes & Jens Ruchatz (Hrsg.): *Gedächtnisforschung disziplinär*. Themenheft der Zeitschrift *Handlung, Kultur, Interpretation. Zeitschrift für Sozial- und Kulturwissenschaften* 12,1 (2003), S. 39–58.
Kölbl, Carlos & Jürgen Straub: »Schema«. In: Nicolas Pethes & Jens Ruchatz (Hrsg.): *Gedächtnis und Erinnerung. Ein interdisziplinäres Lexikon*. Reinbek: Rowohlt 2001, S. 519–520.
Loftus, Elisabeth F. & Katherine Ketcham: *The Myth of Repressed Memory: False Memories and Allegations of Sexual Abuse*. New York: St. Martin's Press 1994.
Lüer, Gerd & Uta Lass (Hrsg.): *Erinnern und Behalten. Wege zur Erforschung des menschlichen Gedächtnisses*. Göttingen: Vandenhoeck & Ruprecht 1997.
McNally, Richard J.: *Remembering Trauma*. Cambridge, MA: Belknap Press of Harvard UP 2003.
Neisser, Ulric: *Cognitive Psychology*. New York: Appleton-Century-Crofts 1967.
Neisser, Ulric (Hrsg.): *Memory Observed. Remembering in Natural Contexts*. New York: Freeman 1982.
Rubin, David (Hrsg.): *Remembering our Past. Studies in Autobiographical Memory*. New York: Cambridge UP 1996.
Rumelhart, David E.: »Notes on a Schema for Stories«. In: David LaBerge & Jay Samuels (Hrsg.): *Representation and Understanding. Studies in Cognitive Science*. New York: Academic Press 1975, S. 211–236.
Schacter, Daniel L. (Hrsg.): *Memory Distortion. How Minds, Brains, and Societies Reconstruct the Past*. Cambridge, MA: Harvard UP 1995.
Schacter, Daniel L.: *Wir sind Erinnerung. Gedächtnis und Persönlichkeit*. Reinbek: Rowohlt 2001 (orig.: *Searching for Memory. The Brain, the Mind, and the Past*. New York: Basic Books 1996).
Schacter, Daniel L., Anthony D. Wagner & Randy L. Buckner: »Memory Systems of 1999«. In: Tulving/Craik 2000, S. 627–643.
Schooler, Jonathan W. & Eric Eich: »Memory for Emotional Events«. In: Tulving/Craik 2000, S. 379–392.
Schudson, David: »Dynamics of Distortion in Collective Memory«. In: Schacter 1995, S. 346–363.

Solomon, Paul R., George R. Goethals, Colleen M. Kelley & Benjamin R. Stephens (Hrsg.): *Memory. Interdisciplinary Approaches.* New York: Springer 1989.
Tulving, Endel: *Elements of Episodic Memory.* Oxford: Oxford UP 1983.
Tulving, Endel & Fergus I. M. Craik (Hrsg.): *The Oxford Handbook of Memory.* New York: Oxford UP 2000.
Tulving, Endel & H. J. Markowitsch: »Episodic and Declarative Memory. Role of the Hippocampus«. In: *Hippocampus* 8 (1998), S. 198–204.
Wheeler, Mark A.: »Episodic Memory and Autonoetic Awareness«. In: Tulving/Craik 2000, S. 597–608.
Williams, Linda M. & Victoria L. Banyard: *Trauma and Memory.* Thousand Oaks, CA: Sage 1999.

Kognitionswissenschaft (Kap. 3.1)

Foerster, Heinz von: »Gedächtnis ohne Aufzeichnung«. In: Ders.: *Sicht und Einsicht. Versuche zu einer operativen Erkenntnistheorie.* Braunschweig/Wiesbaden: Vieweg 1985, S. 133–172.
Klix, Friedhart & Herbert Hagendorf (Hrsg.): *Human Memory and Cognitive Capabilities. Mechanisms and Performances.* Amsterdam/New York: North Holland 1986.
Maturana, Humberto R.: *Erkennen. Die Organisation und Verkörperung von Wirklichkeit.* Braunschweig/Wiesbaden: Vieweg 1982.
McClelland, James l.: »Connectionist Models of Memory«. In: Tulving/Craik 2000, S. 583–596.
Schmidt, Siegfried J. (Hrsg.): *Gedächtnis. Probleme und Perspektiven der interdisziplinären Gedächtnisforschung.* Frankfurt a. M.: Suhrkamp 1991.
Varela, Francisco J.: *Kognitionswissenschaft – Kognitionstechnik.* Frankfurt a. M.: Suhrkamp 1990.

Neurowissenschaften (Kap. 3.1)

Damasio, Antonio R.: *Descartes' Irrtum. Fühlen, Denken und das menschliche Gehirn.* München/Leipzig: List 1995 (orig.: *Descartes' Error. Emotion, Reason and the Human Brain.* New York: Putnam's Son 1994).
Kandel, Eric R.: *In Search of Memory: The Emergence of a New Science of Mind.* New York: W. W. Norton & Company 2007.
Kellermann, Nathan P. F.: »Epigenetic Transmission of Holocaust Trauma: Can Nightmares be Inherited?« In: *Israel Journal of Psychiatry and Related Sciences* 50,1 (2013), S. 33–37.
LeDoux, Joseph: *Das Netz der Gefühle. Wie Emotionen entstehen.* München: Hanser 1998.
Markowitsch, Hans-Joachim: *Dem Gedächtnis auf der Spur. Vom Erinnern und Vergessen.* Darmstadt: Primus 2002.
Roediger, Henry L., Yadin Dudai & Susan M. Fitzpatrick (Hrsg.): *Science of Memory: Concepts.* Oxford: Oxford UP 2007.
Roesler, Frank, Charan Ranganath, Brigitte Roeder & Rainer H. Klume (Hrsg.): *Neuroimaging of Human Memory: Linking Cognitive Processes to Neural Systems.* Oxford: Oxford UP 2009.
Roth, Gerhard: »Neuronale Grundlagen des Lernens und des Gedächtnisses«. In: Siegfried J. Schmidt (Hrsg.): *Gedächtnis. Probleme und Perspektiven der interdisziplinären Gedächtnisforschung.* Frankfurt a. M.: Suhrkamp 1991, S. 127–158.
Roth, Gerhard: *Das Gehirn und seine Wirklichkeit. Kognitive Neurobiologie und ihre philosophischen Konsequenzen.* Frankfurt a. M.: Suhrkamp 1994.
Singer, Wolf: *Der Beobachter im Gehirn.* Frankfurt a. M.: Suhrkamp 2002.
Sinz, Rainer: *Neurobiologie und Gedächtnis.* Stuttgart: Gustav Fischer 1979.

Ökologie des Gedächtnisses und *conversational remembering* (Kap. 3.2)

Bahrick, Harry P.: »Ökologische Gedächtnisforschung. Methoden und Ergebnisse«. In: Dietrich Albert & Kurt-Hermann Stapf (Hrsg.): *Gedächtnis. Enzyklopädie der Psychologie.* Themenbereich C, Serie II, Bd. 4. Göttingen: Hogrefe 1996, S. 693–726.
Bangerter, Adrian: »Kollektives Erinnern als Prozess und Handlung«. In: *Erwägen, Wissen, Ethik* 13 (2002), S. 190–192.
Bruce, Darryl: »The How and Why of Ecological Memory«. In: *Journal of Experimental Psychology* 114 (1985), S. 75–90.
Clark, Noel K. & Geoffrey M. Stephenson: »Group Remembering«. In: Paul B. Paulus (Hrsg.): *Psychology of Group Influence. New Perspectives.* Hilsdale: Erlbaum 1998, S. 357–391.
Clark, Noel K. & Geoffrey M. Stephenson: »Social Remembering. Individual and Collaborative Memory for Social Information«. In: Wolfgang Stroebe & Miles Hewstone (Hrsg.): *European Review of Social Psychology* 6 (1995), S. 127–160.
Donald, Merlin: *Origins of the Modern Mind.* Cambridge, MA: Harvard UP 1991.

Graumann, Carl F.: »Zur Ökologie des Gedächtnisses«. In: Lüer, Gerd & Uta Lass (Hrsg.): *Erinnern und Behalten. Wege zur Erforschung des menschlichen Gedächtnisses.* Göttingen: Vandenhoeck & Ruprecht 1997, S. 269–286.
Lakoff, George & Mark Johnson (Hrsg.): *Philosophy in the Flesh: The Embodied Mind and its Challenge to Western Thought.* New York: Basic Books 1999.
Neisser, Ulric & E. Winograd: *Remembering Reconsidered. Ecological and Traditional Approaches to the Study of Memory.* Cambridge: Cambridge UP 1989.
Sutton, John: *Memory, Embodied Cognition, and the Extended Mind.* Abingdon: Routledge 2006.

Narrative Psychologie (Kap. 3.2)

Brockmeier, Jens: »Erinnerung, Identität und autobiographischer Prozeß«. In: *Journal für Psychologie. Theorie, Forschung, Praxis* 7,1 (1999), S. 22–42.
Brockmeier, Jens & Donal Carbaugh (Hrsg.): *Narrative and Identity. Studies in Autobiography, Self and Culture.* Amsterdam/Philadelphia: John Benjamins 2001.
Brockmeier, Jens: *Beyond the Archive: Memory, Narrative, and the Autobiographical Process.* Oxford: Oxford UP 2015.
Bruner, Jerome: »The Narrative Construction of Reality«. In: *Critical Inquiry* 18 (1991), S. 1–21.
Culler, Jonathan: *Structuralist Poetics. Structuralism, Linguistics and the Study of Literature.* London: Routledge & Kegan Paul 1975.
Echterhoff, Gerald, E. Tory Higgins & Stephan Groll: »Attitudes and Social Cognition – Audience-Tuning Effects on Memory: The Role of Shared Reality«. In: *Journal of Personality and Social Psychology* 89,3 (2005), S. 257–71.
Echterhoff, Gerald & Jürgen Straub: »Narrative Psychologie. Facetten eines Forschungsprogramms«. In: *Handlung, Kultur, Interpretation.* Teil 1: 12,2 (2003), S. 317–342; Teil 2: 13,1 (2004), S. 151–186.
Greenwald, Anthony G.: »The Totalitarian Ego: Fabrication and Revison of Personal History«. In: *American Psychologist* 35 (1980), S. 603–618.
Polkinghorne, Donald E.: »Narrative Psychologie und Geschichtsbewußtsein. Beziehungen und Perspektiven«. In: Jürgen Straub (Hrsg.): *Erzählung, Identität und historisches Bewußtsein. Die psychologische Konstruktion von Zeit und Geschichte.* Frankfurt a. M.: Suhrkamp 1998, S. 12–45 (=Erinnerung, Geschichte, Identität 1).
Schank, Roger C. & Robert P. Abelson: »Knowledge and Memory. The Real Story«. In: Robert S. Wyer (Hrsg.): *Knowledge and Memory. Advances in Social Cognition.* Hillsdale, NJ: Erlbaum 1995, S. 1–85.

Integrative Modelle des kollektiven Gedächtnisses (Kap. 3.3)

Anastasio, Thomas J., Kristen Ann Ehrenberger, Patrick Watson & Wanyi Zhang: *Individual and Collective Memory Consolidation: Analogous Processes on Different Levels.* Cambridge, MA: MIT Press 2012.
Antze, Paul & Michael Lambek (Hrsg.): *Tense Past. Cultural Essays in Trauma and Memory.* New York/London: Routledge 1996.
Boyer, Pascal & James V. Wertsch (Hrsg.): *Memory in Mind and Culture.* New York: Cambridge UP 2009.
Brockmeier, Jens: »Introduction: Searching for Cultural Memory«. In: *Narrative and Cultural Memory.* Sonderheft *Culture & Psychology* 8 1 (2002), S. 5–14.
Echterhoff, Gerald: »Das Außen des Erinnerns. Was vermittelt individuelles und kollektives Gedächtnis?«. In: Astrid Erll & Ansgar Nünning (Hrsg.): *Medien des kollektiven Gedächtnisses. Konstruktivität – Historizität – Kulturspezifität.* Berlin/New York: de Gruyter 2004, S. 61–82.
Echterhoff, Gerald & Martin Saar (Hrsg.): *Kontexte und Kulturen des Erinnerns: Maurice Halbwachs und das Paradigma des kollektiven Gedächtnisses.* Konstanz: UVK 2002.
Erdfelder, Edgar: »Auf dem Wege zu einer interdisziplinär verwendbaren Systematik des Gedächtnisses?« In: *Erwägen, Wissen, Ethik* 13 (2002), S. 197–200.
Hirst, William & David Manier: »The Diverse Forms of Collective Memory«. In: Echterhoff, Gerald & Martin Saar (Hrsg.): *Kontexte und Kulturen des Erinnerns. Maurice Halbwachs und das Paradigma des kollektiven Gedächtnisses.* Konstanz: UVK 2002, S. 37–58.
Hirst, William et al.: »A Ten-Year Follow-Up of a Study of Memory for the Attack of September 11, 2001: Flashbulb Memories and Memories for Flashbulb Events.« In: *Journal of Experimental Psychology – general* 144,3 (2015), S. 604–623
Lüer, Gerd: »Wenn Gedächtnishorizonte Kreise ziehen: Wer oder was hat alles ein Gedächtnis?«. In: *Erwägen, Wissen, Ethik* 13 (2002), S. 216–218.

Markowitsch, Hans J. & Harald Welzer: *Das Autobiographische Gedächtnis: Hirnorganische Grundlagen und Biosoziale Entwicklung.* Stuttgart: Klett-Cotta 2005.
Middleton, David & Derek Edwards (Hrsg.): *Collective Remembering.* London/Newbury Park/New Delhi: Sage 1990.
Nalbantian, Suzanne, Paul M. Matthews & James L. McClelland (Hrsg.): *The Memory Process.* Cambridge, MA: MIT Press.
Neumann, Birgit: *Erinnerung – Identität – Narration. Gattungstypologie und Funktionen kanadischer fictions of memory.* Berlin/New York: de Gruyter 2005.
Pennebaker, James W., Darío Páez & Bernard Rimé (Hrsg.): *Collective Memory of Political Events: Social Psychological Perspectives.* Mahwah, NJ: Erlbaum 1997.
Rüsen, Jörn & Jürgen Straub (Hrsg.): *Die dunkle Spur der Vergangenheit. Psychoanalytische Zugänge zum Geschichtsbewußtsein.* Frankfurt a. M.: Suhrkamp 1998 (= Erinnerung, Geschichte, Identität 2).
Stone, Charles B. & Lucas M. Bietti (Hrsg.): *Contextualizing Human Memory: An Interdisciplinary Approach to Understanding how Individuals and Groups Remember the Past.* London: Routlegde 2016.
Straub, Jürgen (Hrsg.): *Erzählung, Identität und historisches Bewußtsein. Die psychologische Konstruktion von Zeit und Geschichte.* Frankfurt a. M.: Suhrkamp 1998 (= Erinnerung, Geschichte, Identität 1).
Tomasello, Michael: *The Cultural Origins of Human Cognition.* Cambridge, MA: Harvard UP 1999.
Wagoner, Brady (Hrsg.): *The Oxford Handbook of Culture and Memory.* Oxford: Oxford UP 2017.
Welzer, Harald (Hrsg.): *Das soziale Gedächtnis. Geschichte, Erinnerung, Tradierung.* Hamburg: Hamburger Edition 2001.
Welzer, Harald: *Das kommunikative Gedächtnis. Eine Theorie der Erinnerung.* München: Beck 2002.
Welzer, Harald & Hans J. Markowitsch: »Umrisse einer interdisziplinären Gedächtnisforschung«. In: *Psychologische Rundschau* 52 (2001), S. 205–214.
Wertsch, James V.: *Voices of Collective Remembering.* Cambridge: Cambridge UP 2002.

4 Kollektives Gedächtnis und Erinnerungskulturen: Ein kultursemiotisches Modell

Sollte man eine Definition von (kollektivem) Gedächtnis und Erinnerung(skulturen) überhaupt anstreben? Jens Ruchatz und Nicolas Pethes halten dies angesichts des weiten, transdisziplinären Feldes der Gedächtnisforschung und der Vielfalt der Gedächtnis- und Erinnerungskonzepte weder für denkbar noch für wünschenswert und lassen daher die Einträge ›Gedächtnis‹ und ›Erinnerung‹ in ihrem gleichnamigen interdisziplinären Lexikon (2001) offen. Unrecht haben sie damit nicht. Die alle Ansätze integrierende Super-Gedächtnistheorie ist noch nicht ersonnen worden (für weitreichende Versuche vgl. aber Kap. 3.3.3). Hier soll, als Angebot an und Einstiegsmöglichkeit für interessierte Kulturwissenschaftler/innen, ein **heuristisches Modell** entwickelt werden, das deutlich semiotisch-kulturwissenschaftlichen Ursprungs ist, aber möglichst viele Anschlussmöglichkeiten für andere Ansätze offen lässt. Ein weiteres Anliegen dieses Kapitels ist die kritische **Diskussion von Schlüsselkonzepten** der Gedächtnisforschung.

In einem ersten Schritt werden Möglichkeiten, Grenzen und Gefahren der metaphorischen Rede von kollektivem Gedächtnis unter die Lupe genommen und zwei grundlegende Verwendungen des Begriffs – *collective* und *collected memory* – voneinander abgegrenzt. In einem zweiten Schritt werden kultursemiotische Kategorien eingeführt und drei Dimensionen der Erinnerungskultur (materiale, soziale und mentale) unterschieden. Drittens werden in der Psychologie entwickelte Differenzierungen auf die Ebene der Kultur übertragen, um Akte kollektiver Erinnerung im Rahmen verschiedener Systeme und Modi verorten zu können. Viertens werden Gedächtnis und Erinnerung zu den benachbarten Begriffen der ›Identität‹ und ›Erfahrung‹ in Bezug gesetzt. Fünftens geht es um das kommunikative und das kulturelle Gedächtnis (J. und A. Assmann) als Schlüsselkonzepte der Gedächtnisforschung. Es handelt sich dabei um zwei Basis-Modi des kollektiven Gedächtnisses, die in vielen erinnerungsgeschichtlichen Untersuchungen leitmotivartig wiederkehren und dabei einiges Kopfzerbrechen bereiten. Das sechste und siebte Unterkapitel widmen sich aktuellsten Entwicklungen im Feld der kulturwissenschaftlichen Gedächtnisforschung. Dabei geht es zum einen um Konzepte, die sich mit ›der anderen Seite der Erinnerung‹ befassen: ›Vergessen‹ und ›Zukunft‹. Zum anderen wird mit dem Kapitel »Erinnerung in Bewegung« der transkulturellen und transnationalen Wende in der neueren Gedächtnisforschung Rechnung getragen. Dazu werden die Konzepte des *travelling memory* und des ›europäischen Gedächtnisses‹ sowie weitere Begriffe, mit denen heute Phänomene der ›entgrenzten Erinnerung‹ beschrieben werden, diskutiert.

4.1 | Metaphern – produktive, irreführende und überflüssige: Gedächtnis, Erinnerung und Vergessen auf kollektiver Ebene

Einer der traditionsreichsten Vorwürfe gegen Theorien des kollektiven Gedächtnisses lautet, dass sie auf einer unzulässigen **Übertragung individualpsychologischer Begriffe** auf die kollektive Ebene basierten. Marc Bloch (1925) hat in seiner Auseinandersetzung mit Halbwachs' Thesen als erster auf die Probleme hingewiesen, die entstehen, wenn Termini wie ›Gedächtnis‹, ›Erinnerung‹ und ›Vergessen‹ einfach das Adjektiv ›kollektiv‹ hinzugefügt wird, um dann die mit Blick auf das Individuum gewonnenen Erkenntnisse scheinbar umstandslos auf soziokulturelle, kollektive Phänomene zu übertragen. Sicherlich gilt: Es gibt außerhalb des je individuellen Bewusstseins kein Kollektivbewusstsein, dem Erinnerung, Gedächtnis, Unbewusstes, Vergessen oder Verdrängung zugeschrieben werden könnte.

Kollektives Gedächtnis, kulturelle Erinnerung oder soziales Vergessen sind – so wird immer wieder (sei es als Vorwurf, sei es als Rechtfertigung der kulturwissenschaftlichen Gedächtnisforschung) betont – **Metaphern**. Es sind sprachliche Denkmodelle von heuristischem Wert. »Wir können einen Gegenstand wie die Memoria nicht ohne Metaphern denken. Metaphern, zumal wenn sie in der Konsistenz von Bildfeldern auftreten, haben den Wert von (hypothetischen) Denkmodellen« (Weinrich 1976, S. 294; Lakoff/Johnson 1980; Draaisma 1999). Gedächtnis, Erinnern und Vergessen werden seit Platon und Aristoteles mit Metaphern umschrieben. Die klassische **Gedächtnismetaphorik** (Wachstafel, Magazin usw.; vgl. Kap. 3.2.4) hat sich dabei stets auf die individuelle Ebene bezogen. Für gesellschaftliche Phänomene wie Kanonisierungsprozesse oder öffentliche Gedenkfeiern den in der Regel bereits mit bestimmten Metaphern und Bildfeldern assoziierten Gedächtnisbegriff heranzuziehen und diesen dann ein weiteres Mal zu metaphorisieren (aus dem vormaligen Bildempfänger ›individuelles Gedächtnis‹ also einen Bildspender für kollektive Phänomene zu machen), kann sehr suggestiv sein, birgt aber auch die Gefahr, Katachresenmäander, also ganze Ketten von Bildbrüchen, zu produzieren.

Zurück zur kollektiven Dimension: Um genau zu sein, haben wir es bei der Rede von dem ›kollektiven Gedächtnis‹ nur manchmal mit Metaphern zu tun, stets aber mit der Verwendung von **Tropen**, d. h. von Ausdrücken mit übertragener Bedeutung. Dabei weist nicht jeder Begriff des kollektiven Gedächtnisses das gleiche Maß an Bildlichkeit auf. Prinzipiell können zwei Verwendungsweisen von Tropen in der kulturwissenschaftlichen Forschung unterschieden werden: **kollektives Gedächtnis als Metapher und als Metonymie**.

- Wenn ›kulturelles Erinnern‹ als ein individueller Akt konzipiert wird, wenn es um die soziokulturelle Prägung des individuellen Gedächtnisses geht – wenn also ›**Gedächtnis als Kulturphänomen**‹ (vgl. J. Assmann 2002) verstanden wird –, dann haben wir es mit einer wörtlichen Verwendung des Gedächtnis-Begriffs zu tun und mit einer **metonymischen Verwendung des Attributs ›kollektiv‹** (das für kollektive Kontexte und deren Einfluss auf das Gedächtnis des einzelnen steht).
- Eine **Metaphorisierung des Gedächtnis-Begriffs** liegt hingegen vor, wenn von dem ›Gedächtnis der Kultur‹, von ›Erinnerung der Gesellschaft‹, dem ›Gedächtnis der Literatur oder der Kunst‹ gesprochen wird. Dies sind sprachliche Bilder für die organisierte Archivierung von Dokumenten, für die Einrichtung offizieller Ge-

denktage oder für künstlerische Verfahren des Rückbezugs auf vorgängige Kunst – kurz, für ›**Kultur als Gedächtnisphänomen**‹ (ebd.). Der Gedächtnis-Begriff selbst wird zur Metapher.

Es gibt damit zwei grundlegend verschiedene Verfahren, Kultur und Gedächtnis zueinander in Bezug zu setzen. Beide Verfahren finden sich bereits in Halbwachs' Schriften. Sie werden dort aber nicht eigens thematisiert und voneinander abgegrenzt. Der amerikanische Soziologe Jeffrey Olick (1999) hat die Differenz zwischen dem, was er *collected* und *collective memory* nennt, zum Anlass genommen, um von den ›**Zwei Kulturen**‹ **der Gedächtnisforschung** zu sprechen:

[T]wo radically different concepts of culture are involved here, one that sees culture as a subjective category of meanings contained in people's minds versus one that sees culture as patterns of publicly available symbols objectified in society (ebd., S. 336).

- *Collected memory* ist das sozial und kulturell geprägte individuelle Gedächtnis. Es erinnert mit Hilfe von kulturspezifischen Schemata, handelt gemäß kollektiv geteilten Werten und Normen, und es assimiliert Erfahrungen zweiter Hand in den eigenen Erfahrungsschatz. Olick benutzt die Metapher des Sammelns: Das individuelle Gedächtnis eignet sich verschiedene Elemente des soziokulturellen Umfeldes an. Kulturwissenschaftliche Studien zu *collected memory* stehen häufig im Dialog mit der Sozialpsychologie und können von Erkenntnissen der Neurowissenschaften profitieren (vgl. Kap. 3.3.3).
- *Collective Memory* (im engeren Sinne) hingegen sind die Symbole, Medien, sozialen Institutionen und Praktiken des gesellschaftlichen Bezugs auf Vergangenheit, die metaphorisch als ›Gedächtnis‹ bezeichnet werden. Geschichte, Soziologie und Literaturwissenschaften (die Ansätze von Nora und den Assmanns eingeschlossen) beziehen sich dominant auf diese Ebene.

Beide Formen des kollektiven Gedächtnisses sind also analytisch zu trennen; sie entfalten ihre Wirksamkeit jedoch nur durch ihr **Zusammenwirken**, durch das Zusammenspiel von individueller und kollektiver Ebene. Es gibt kein vor-kulturelles individuelles Gedächtnis. Es gibt aber auch keine vom Individuum abgelöste, allein in Medien und Institutionen verkörperte Kultur. So wie soziokulturelle Schemata das individuelle Gedächtnis prägen, muss auch das medial und institutionell repräsentierte ›Gedächtnis‹ der Kultur in Individuen als ›Ausblickspunkten‹ aktualisiert werden. Andernfalls bleiben Gedächtnismedien oder Gedenkrituale nutz- und wirkungslos.

Olicks Unterscheidung zwischen *collected* und *collective memory*, zwischen Gedächtnis als Kulturphänomen und Kultur als Gedächtnisphänomen entspricht damit schließlich Elena Espositos (2002, S. 17) systemtheoretischer Differenzierung zwischen Gedächtnis auf der **Ebene des Psychischen** und Gedächtnis auf der **Ebene des Sozialen**: »Nur die Einhaltung der Unterscheidung beider Gedächtnisformen erlaubt es, den Analysefokus auch auf ihre gegenseitige Beeinflussung zu richten«. Erst durch das jeweilige Zusammenspiel bio-psychischer und sozio-kultureller Faktoren entsteht Erinnerungskultur.

Ein zweiter Einwand gegen den Begriff des kollektiven Gedächtnisses lautet, es handele sich um einen **überflüssigen Tropus**. Individuelles Gedächtnis bleibe individuelles Gedächtnis, auch wenn man seine kollektiven Anteile hervorhebe. Und kollektives Gedächtnis auf der Ebene des Sozialen sei eine schlechte Metapher, weil

4 Kollektives Gedächtnis und Erinnerungskulturen: Ein kultursemiotisches Modell

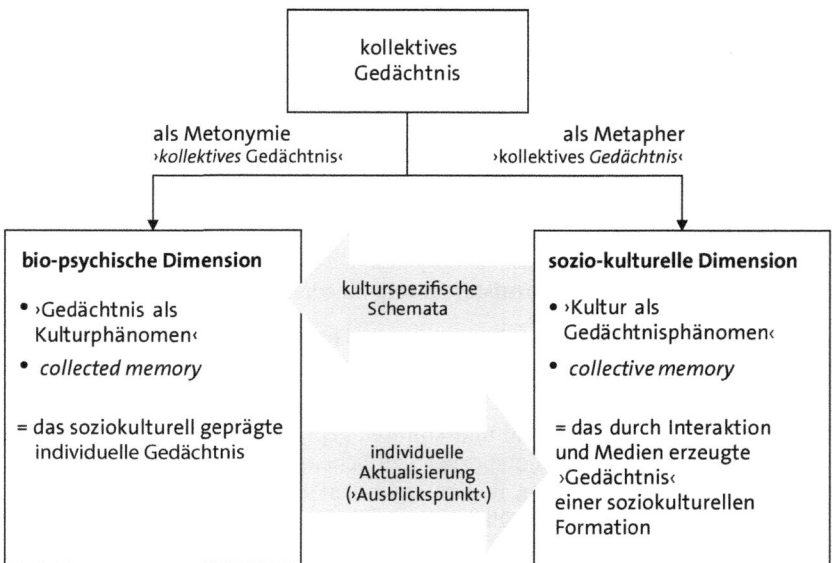

Zwei Dimensionen des Begriffs ›kollektives Gedächtnis‹

sie heterogene Phänomene über einen Kamm schere. Das ist eine zentrale Argumentation heutiger Kritiker. Cancik und Mohr (1990) beispielsweise bemerken, dass der Begriff des kollektiven oder kulturellen Gedächtnisses ebenso gut durch die altbekannten Begriffe ›Tradition‹ oder ›historisches Bewusstsein‹ ersetzt werden könne. Gedi und Elam (1996, S. 47) fragen »Collective Memory – What Is It?« und gelangen zu der Antwort »›Collective memory‹ is but a misleading name for the old familiar ›myth‹ [...] Indeed, collective memory is but a myth.«

Tatsächlich handelt es sich bei dem ›kollektiven Gedächtnis‹ um einen **Sammelbegriff**, unter dessen Dach eine Vielzahl von kulturellen, sozialen, psychischen und biologischen Phänomenen subsumiert werden kann: Tradition, historisches Bewusstsein, Archiv, Kanon, Denkmäler, Rituale der Kommemoration, Kommunikation im familiären Kreis, Lebenserfahrung und neuronale Netzwerke. Kritiker weisen darauf hin, dass der Gedächtnis-Begriff damit feine Abstufungen zwischen den kulturellen Phänomenen verwische (vgl. ebd., S. 30). Was sie dabei übersehen, ist seine **integrative Kraft**. Er kann dazu inspirieren, vormals distinkte Phänomene in ihrem Funktionszusammenhang zu begreifen, sich Gedanken zu machen über die Verbindung von Tradition und Kanon, Denkmälern und historischem Bewusstsein, familiärer Kommunikation und neuronalen Verschaltungen. Nicht zuletzt eröffnet der Gedächtnis-Begriff damit auf einzigartige Weise einen Raum für die interdisziplinäre Zusammenarbeit.

Dennoch zeigt die Kritik, dass die kulturwissenschaftliche Gedächtnisforschung eine wichtige Unterscheidung treffen sollte, und zwar die zwischen **produktiven und irreführenden Metaphern**. Als eine produktive Metapher ist ›kollektives Gedächtnis‹ ein *sensitizing concept* (Olick 1999), ein Konzept, das uns aufmerksam macht auf zuvor nicht erkannte Strukturähnlichkeiten und Funktionszusammenhänge. Zumindest in Anführungszeichen sollte die Gedächtnis-Metapher hingegen erscheinen, wenn sie als Abkürzung für die Rolle von Medien und Institutionen bei der kollektiven Aneignung von Vergangenheit dient. »[W]e enter a new age in which archives remember and statues forget«, moniert der Historiker Kerwin Lee Klein (2000, S. 136). Er wird von dem Psychologen Wolfgang Schönpflug (2002, S. 224) sekundiert, der betont: »[Ä]ußere Relikte und Ordnungen haben kein Gedächtnis und sind kein Gedächtnis.« Und auch Wulf Kansteiner (2002, S. 189) hält solche Aussagen für »at best metaphorical and at worst misleading«. In den genannten Fällen wird der **Gedächtnis-Begriff als Abbreviatur** gebraucht. Dabei werden zumeist mehrere Stadien komplexer kultureller Prozesse einfach übersprungen. Archive, Statuen oder Literatur sind kein ›Gedächtnis‹, sondern *Medien* des kollektiven Gedächtnisses, die Informationen enkodieren und zum Erinnern oder Vergessen anregen können (vgl. dazu Kap. 5); Archive und Universitäten sind ebenfalls kein Gedächtnis, sondern können als *Institutionen* des kollektiven Gedächtnisses dienen, die zu bewahrende Informationen erschließen, verwalten und vermitteln.

Gänzlich irreführend wird die Gedächtnis-Metapher hingegen, wo mit ihr die gesamte individualpsychologische Begriffslogik auf die Kultur bezogen wird. »Aus der Funktionsweise von Gehirn und Bewusstsein können keine Schlussfolgerungen hinsichtlich der Funktionsweise der Gesellschaft gezogen werden« (Esposito 2002, S. 18). Gerade **psychoanalytische Konzepte** sind in dieser Hinsicht ebenso suggestiv wie potentiell irreführend. Verfahren, die der individuellen Verdrängung, Verschiebung oder Deckerinnerung entsprechen, sind zwar tatsächlich auch auf der gesellschaftlichen Ebene zu beobachten: Zensur, selektive und stark interessengeleitete Geschichtsschreibung, Mythenbildung etwa. Aber sind es auch die von Freud und anderen Psychoanalytikern postulierten Folgen solcher Verfahren? Verdrängung macht den individuellen Organismus vielleicht krank, nicht aber unbedingt eine Gesellschaft. »Nations *can* repress with psychological impunity: their collective memories can be changed without a ›return of the repressed‹« (Kansteiner 2002, S. 186). Selbst Dominick LaCapra (1998, S. 23), einer der herausragenden Figuren der mit psychoanalytischen Konzepten arbeitenden kulturhistorischen Gedächtnisforschung (er wählt die Verschiebung als Zentralmetapher für seine Beschreibung des Verhältnisses zwischen Historiker und Holocaust bzw. seinen Überlebenden), gibt zu bedenken: »[T]here is a great temptation to trope away from specificity [...].« Gerade die poststrukturalistisch-psychoanalytische Metapher des ***cultural trauma*** hat in der Forschung vielleicht mehr Missverständnisse hervorgebracht als Einsichten in erinnerungskulturelle Prozesse eröffnet (vgl. Kansteiner 2004).

> **Zusammengefasst:**
> Das ›kollektive‹ Gedächtnis des Individuums und das kollektive ›Gedächtnis‹ der Gesellschaft sind zwei Möglichkeiten, das Verhältnis von Kultur und Gedächtnis zu beschreiben. Keiner der so konstituierten Gegenstandsbereiche kann ausschließlich betrachtet werden, denn *collected* und *collective memory* sind erst in ihrer Verquickung miteinander zu begreifen. In beiden Fällen hat der Begriff ›kollektives Gedächtnis‹ eine bildsprachliche Dimension. Beides ist legitim. Wichtig ist allein, sich bei dem Gebrauch von Metaphern und Metonymien über Richtung und Grad der Übertragung von Bedeutungen im Klaren zu sein, über die Produktivität des Tropus für das jeweilige Forschungsvorhaben sowie über mögliche Irrwege, die seine Begriffslogik implizieren könnte.

Literatur

Assmann, Aleida: *Erinnerungsräume. Formen und Wandlungen des kulturellen Gedächtnisses*. München: Beck 1999.
Assmann, Jan: »Zum Geleit«. In: Gerald Echterhoff & Martin Saar (Hrsg.): *Kontexte und Kulturen des Erinnerns. Maurice Halbwachs und das Paradigma des kollektiven Gedächtnisses*. Konstanz: UVK 2002, S. 7–11.
Bloch, Marc: »Memoire collective, tradition et coutume«. In: *Revue de Synthèse Historique* 40 (1925), S. 73–83.
Cancik, Hubert & Hubert Mohr: »Erinnerung/Gedächtnis«. In: *Handbuch religionswissenschaftlicher Grundbegriffe*. Bd. 2. Hrsg. v. Hubert Cancik, Burkhard Gladigow & Matthias Laubscher. Stuttgart/Berlin/Köln: Kohlhammer 1990, S. 299–323.
Draaisma, Douwe: *Die Metaphernmaschine. Eine Geschichte des Gedächtnisses*. Darmstadt: Primus 1999.
Esposito, Elena: *Soziales Vergessen. Formen und Medien des Gedächtnisses der Gesellschaft*. Frankfurt a. M.: Suhrkamp 2002.
Gedi, Noa & Yigal Elam: »Collective Memory – What Is It?«. In: *History & Memory: Studies in Representation of the Past* 8,1 (1996), S. 30–50.
Kansteiner, Wulf: »Finding Meaning in Memory. A Methodological Critique of Collective Memory Studies«. In: *History and Theory* 41,2 (2002), S. 179–197.
Kansteiner, Wulf: »Genealogy of a Category Mistake: A Critical Intellectual History of the Cultural Trauma Metaphor«. In: *Rethinking History* 8 (2004), S. 193–221.
Klein, Kerwin Lee: »On the Emergence of Memory in Historical Discourse«. In: *Representations* 69 (2000), S. 127–150.
LaCapra, Dominick: *History and Memory after Auschwitz*. Ithaca, NY: Cornell UP 1998.
Lakoff, George & Mark Johnson: *Metaphors we Live by*. Chicago: University of Chicago Press 1980.
Olick, Jeffrey K. »Collective Memory. The Two Cultures«. In: *Sociological Theory* 17,3 (1999), S. 333–348.
Schönpflug, Wolfgang: »Grammatik des Erinnerns«. In: *Erwägen, Wissen, Ethik* (EWE) 13 (2002), S. 222–225.
Weinrich, Harald: *Sprache in Texten*. Stuttgart: Klett 1976.

4.2 | Materiale, soziale und mentale Dimension der Erinnerungskultur

Wie in der Einleitung angekündigt wird in diesem Einführungsband ein **weiter Begriff von ›kollektivem Gedächtnis‹** vertreten. Anders etwa als bei Halbwachs oder Nora wird das kollektive Gedächtnis nicht eng als eine der Geschichte entgegen stehende Gruppenerinnerung definiert. Der Begriff ist überdies nicht wertbesetzt (weder als Hort einer ›ursprünglichen‹ Erinnerung noch als interessengeleitete Verzerrung der Vergangenheit). Unter dem Oberbegriff ›kollektives Gedächtnis‹ werden alle möglichen Ausprägungen des Verhältnisses von Kultur und Gedächtnis (von neuronalen Netzwerken bis hin zur ›Tradition‹) vereint.

Kollektives Gedächtnis als Gesamtheit all jener Vorgänge (organisch, medial und sozial), denen Bedeutung bei der wechselseitigen Beeinflussung von Vergangenem und Gegenwärtigem in soziokulturellen Kontexten zukommt, findet seine jeweilige **Ausprägung in Erinnerungskulturen**. Wegen der herausragenden Bedeutung der *kulturellen* Ebene beim kollektiven Erinnern ist das hier entwickelte Modell ein dominant kultursemiotisches. Die **Kultursemiotik** hat den Gedächtnisbegriff schon früh in ihre Theoriebildung integriert. Für Jurij Lotman und Boris Uspenskij (1986 [1978], S. 856) ist Kultur das Resultat der diachronen Dimension von Semiosen, d. h. Zeichenprozessen: »Wir begreifen die Kultur als nicht-erblich vermitteltes Gedächtnis eines menschlichen Kollektivs.« Voraussetzung für das Entstehen von Kultur ist dabei die Wirkungsdauer von Codes und von ›Texten‹ (d. h. kulturellen Artefakten). (Für ein umfassendes kultursemiotisches Modell des kollektiven Gedächtnisses vgl. auch Wertsch 2002).

Dem anthropologisch-semiotischen Kulturbegriff zufolge wird **Kultur als ein Zeichensystem** verstanden, das drei Dimensionen aufweist:

> Die Anthropologie unterscheidet soziale, materiale und mentale Kultur, und die Semiotik stellt diese drei Gegenstandsbereiche in einen systematischen Zusammenhang, indem sie eine soziale Kultur als eine strukturierte Menge von Zeichenbenutzern (Individuen, Institutionen, Gesellschaft) definiert, die materiale Kultur als eine Menge von Texten (Zivilisation) und die mentale Kultur als eine Menge von Codes (Posner/Schmauks 2008, S. 401).

Die drei von der Kultursemiotik postulierten Dimensionen stehen in einem dynamischen Wechselverhältnis, »denn Zeichenbenutzer sind auf Kodes angewiesen, wenn sie Texte verstehen wollen« (Posner 1991, S. 53). In einer spezifischen kulturellen Formation finden kollektive mentale Codes in sozialer Interaktion und kulturellen Ausdrucksformen ebenso ihren Niederschlag wie sie dort immer wieder aufs Neue hervorgebracht werden.

Wie im Falle der Kultur, so ist auch mit Blick auf die Erinnerungskultur von einer **Dreidimensionalität** auszugehen. Dies ist wichtig festzuhalten, weil Vertreter der Einzelwissenschaften gerne eine der drei genannten Ebenen hervorheben und zu deren Verabsolutierung tendieren. So ist es kaum verwunderlich, dass Sozialwissenschaftler/innen, wie zu Beginn des 20. Jahrhunderts bereits Maurice Halbwachs, Konzepte entwickelt haben, die die soziale Dimension der Erinnerungskultur in den Vordergrund stellen. Kunst- und Literaturwissenschaftler/innen hingegen heben seit Aby Warburg die Bedeutung der materialen Dimension (Gemälde, literarische Texte) für erinnerungskulturelle Prozesse hervor. In der anglo-amerikanischen Forschung wird dieser auf kulturelle Ausdrucksformen und Medien bezogene Zweig der kulturwissenschaftlichen Gedächtnisforschung zumeist unter dem Begriff des *cultural memory* verhandelt. Die mentale Dimension der Erinnerungskultur unterstreichen schließlich Mentalitätshistoriker/innen sowie – allerdings nicht in einem semiotischen, sondern in einem biologischen Sinne – Vertreter/innen der Psychologie. All die genannten Forschungszweige haben wichtige Impulse für die kulturwissenschaftliche Gedächtnisforschung gegeben. Mit einer einseitigen Fokussierung auf ein ›soziales Gedächtnis‹, ein ›mediales Gedächtnis‹ oder ein ›Gedächtnis kollektiver Sinnsysteme und Mentalitäten‹ droht jedoch die Komplexität kultureller Zeichenprozesse aus dem Blick zu geraten. Erst durch die dynamische Interaktion aller drei Dimensionen der Erinnerungskultur – Zeichenbenutzer, ›Texte‹ (im weiten kultursemiotischen Sinne; vgl. Posner 1991) und Codes – wird kollektives Gedächtnis produziert:

- Die **materiale Dimension** der Erinnerungskultur konstituieren die Medien des kollektiven Gedächtnisses. Erst durch die Kodierung in kulturellen Objektivationen, seien dies Gegenstände, Texte, Monumente oder Dinge, werden Inhalte des kollektiven Gedächtnisses für die Mitglieder der Erinnerungsgemeinschaft zugänglich.
- Zur **sozialen Dimension** der Erinnerungskultur gehört die Trägerschaft des Gedächtnisses: Personen, Praktiken und gesellschaftliche Institutionen, die an der Produktion, Speicherung und dem Abruf des für das Kollektiv relevanten Wissens beteiligt sind.
- Zur **mentalen Dimension** der Erinnerungskultur gehören schließlich all jene kulturspezifischen Schemata und kollektiven Codes, die gemeinsames Erinnern

durch symbolische Vermittlung ermöglichen und prägen sowie alle Auswirkungen der Erinnerungstätigkeit auf die in einer Gemeinschaft vorherrschenden mentalen Dispositionen – etwa auf Vorstellungen und Ideen, Denkmuster und Empfindungsweisen, Selbst- und Fremdbilder oder Werte und Normen.

Würde man die Konstellationen von Zeichenbenutzern, Texten und Codes einer Erinnerungskultur zu einem gegebenen Zeitpunkt ›einfrieren‹ und beobachten können, dann hätte man es wohl mit **kollektivem Gedächtnis** (*collective memory*) als einer Art semiotischer Struktur zu tun. Mit dieser Begriffsverwendung sollte allerdings eine Vorstellung von kollektivem Gedächtnis als einem prinzipiell offenen und stets in Veränderung begriffenen Gewebe sozialer, materialer und mentaler Phänomene einhergehen. Und wie der Begriff **Erinnerungskulture*n*** – im Plural – schon anzeigt, haben wir es niemals, auch nicht in den homogensten Gesellschaften, mit nur einer einzigen Konfiguration von kollektivem Gedächtnis zu tun. Im Gegenteil gibt es in jeder Gesellschaft eine Vielzahl koexistenter, häufig konkurrierender Erinnerungsgemeinschaften (vgl. Kap. 2.5).

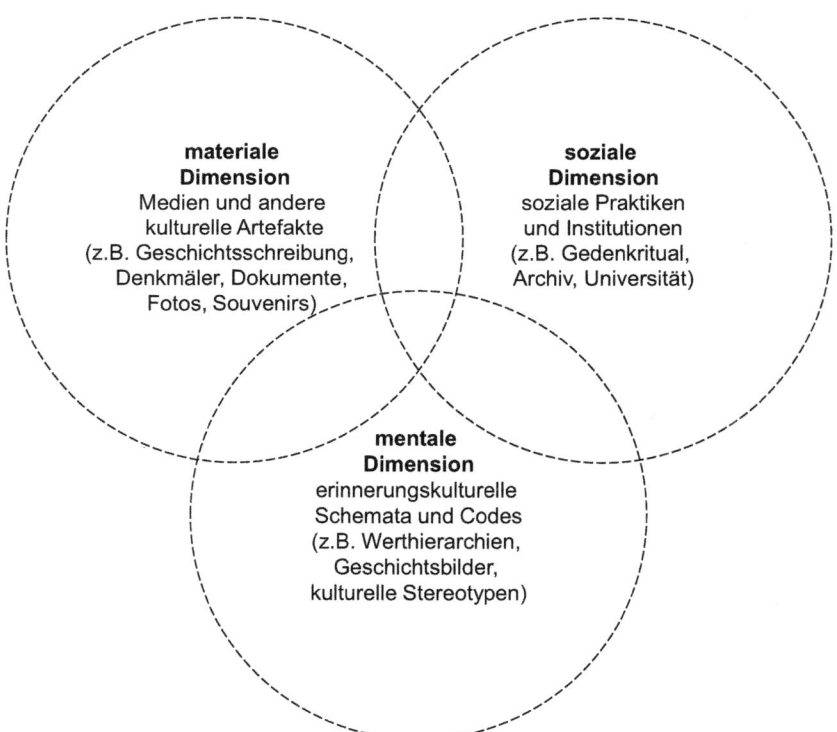

Drei Dimensionen der Erinnerungskultur

Einige Aspekte der (niemals vollständig zu rekonstruierenden) Gewebe des kollektiven Gedächtnisses manifestieren sich in **Akten kollektiver Erinnerung**: in der Durchführung einer Schweigeminute, in dem Gespräch über einen vergangen Urlaub im Familienkreis oder in der Produktion und Verbreitung einer historischen Studie über das Mittelalter. Allein solche Erinnerungsakte sind beobachtbar. Sie wirken außerdem auf bestehende Konfigurationen des kollektiven Gedächtnisses zurück. Kollektive Erinnerungsakte (*collective memory*) weisen stets eine **mediale Dimension** auf. Mündliche Rede, Schrift, audiovisuelle Medien usw. ermöglichen die Teilhabe mehrerer Menschen an dem gemeinsamen Wissen über Vergangenheit. Medien sind daher als Schnittstellen zwischen psychischer und sozialer Ebene des kollektiven Gedächtnisses von zentraler Bedeutung (vgl. dazu auch Kap. 5.1). Allerdings können Informationen, die nicht von einem individuellen Bewusstsein empfangen und gedeutet werden, auch keine Wirkung entfalten: Ohne **individuelle Aktualisierungen** (*collected memory*) gehen die medial gestützten kollektiven Erinnerungsakte ins Leere.

Die Kodierung von Wissen und Vergangenheitsversionen erfolgt in Erinnerungskulturen nicht nur mit Hilfe bestimmter Medien, sondern stets auch im Rahmen einer symbolischen Form (bzw. eines Symbolsystems). Bei symbolischen Formen handelt es sich dem Kulturphilosophen Ernst Cassirer (1990 [1944]) zufolge um eigenständige Formen der Welterschließung. Mythos, Religion, Geschichte, Wissenschaft und Kunst sind **symbolische Formen** der Erinnerungskultur. Aber auch die vielfältigen Ausprägungen eines symbolsystemübergreifenden Interdiskurses (vgl. Link 1988) in der Alltagspraxis des Erinnerns sind von Bedeutung. Ob eine kollektiv zu erinnernde Information in die symbolische Form Mythos, Religion, Recht, Wirtschaft oder Geschichte kodiert wird, ist maßgeblich, denn mit der Wahl des Symbolsystems ändert sich auch die Qualität des Erinnerten (zu den Spezifika und dem Leistungsvermögen der symbolischen Form Literatur in der Erinnerungskultur vgl. Kap. 6).

Medien, Symbolsysteme und Ausdrucksformen (etwa Anordnungsmuster, Gattungskonventionen und Bildsprache) sind drei Koordinaten, die maßgeblich daran beteiligt sind in welchem **Modus** eine Erinnerungskultur die Vergangenheit erinnert – etwa als Lebensgeschichte, als Mythos, als einschneidendes historisches Ereignis, als romantisches Abenteuer oder als wissenschaftliches Faktum.

Diesen drei Koordinaten wird in den folgenden Kapiteln daher besondere Aufmerksamkeit geschenkt. Kapitel 5 beschäftigt sich mit dem Verhältnis von Medien und Gedächtnis, Kapitel 6 widmet sich beispielhaft den Spezifika und dem Leistungsvermögen der symbolischen Form ›Literatur‹ in der Erinnerungskultur, Kapitel 7 geht auf die erinnerungskulturellen Funktionspotentiale von literarischen Darstellungsformen ein. Zuvor werden einige Systeme und Modi des kollektiven Gedächtnisses unterschieden (Kap. 4.3 und 4.5).

Literatur

Cassirer, Ernst: *Versuch über den Menschen. Einführung in eine Philosophie der Kultur*. Frankfurt a. M.: Fischer 1990 (orig.: *An Essay on Man. An Introduction to a Philosophy of Human Culture*. New Haven/London: Yale UP 1944).
Link, Jürgen: »Literaturanalyse als Interdiskursanalyse. Am Beispiel des Ursprungs literarischer Symbolik in der Kollektivsymbolik«. In: Jürgen Fohrmann & Harro Müller (Hrsg.): *Diskurstheorien und Literaturwissenschaft*. Frankfurt a. M.: Suhrkamp 1988, S. 284–307.
Lotman, Jurij & Boris A. Uspenskij: »Zum semiotischen Mechanismus der Kultur«. In: Karl Eimermacher (Hrsg.): *Semiotica Sovietica. Arbeiten der Moskauer und Tartuer Schule zu sekundären und modellbildenden Zeichensystemen*. Bd. 2. Aachen: Rader 1986 [1978], S. 853–880.
Pethes, Nicolas & Jens Ruchatz (Hrsg.): *Gedächtnis und Erinnerung. Ein interdisziplinäres Lexikon*. Reinbek: Rowohlt 2001.

Posner, Roland: »Kultur als Zeichensystem: Zur semiotischen Explikation kulturwissenschaftlicher Grundbegriffe«. In: Aleida Assmann & Dietrich Harth (Hrsg.): *Kultur als Lebenswelt und Monument*. Frankfurt a. M.: Fischer 1991, S. 37–74.
Posner, Roland & Dagmar Schmauks: »Kultursemiotik«. In: Ansgar Nünning (Hrsg.): *Metzler Lexikon Literatur- und Kulturtheorie. Ansätze – Personen – Grundbegriffe*. Stuttgart/Weimar: Metzler [4]2008 [1998], S. 401–402.
Wertsch, James V.: *Voices of Collective Remembering*. Cambridge: Cambridge UP 2002.

4.3 | Kulturautobiographische, kultursemantische und kulturprozedurale Gedächtnissysteme

Die Gedächtnispsychologie unterscheidet zwischen mehreren Gedächtnissystemen: Explizite Systeme (das semantische, episodische sowie das auf Narrativisierung beruhende autobiographische Gedächtnis) werden von impliziten Systemen (prozedurales Gedächtnis und Priming) abgegrenzt (vgl. Kap. 3.3.1). Von Sozialpsychologen wurde diese Unterteilung zur Erläuterung von *collected memory* produktiv adaptiert: Mit Begriffen wie ›kollektiv-episodisches‹, ›kollektiv-semantisches‹ und ›kollektiv-prozedurales‹ Gedächtnis werden die soziokulturellen Anteile der individuellen Erinnerung beschrieben (vgl. Kap. 3. 3. 3.).

Den sozialpsychologischen Kategorien zur Beschreibung von *collected memory* soll im Folgenden eine (im Gegensatz dazu freilich metaphorische) kulturwissenschaftliche Systematisierung des *collective memory* zur Seite gestellt werden. Verschiedenen Verfahren des gesellschaftlichen Bezugs auf zeitliche Prozesse werden als Ausdruck unterschiedlicher ›**kultureller‹ Gedächtnissysteme** begriffen. Eine metaphorische Übertragung der von der Individualpsychologie unterschiedenen Gedächtnissysteme auf die Ebene der Erinnerungskultur darf nicht verabsolutiert werden, bietet sich aber an, weil sich so die Vielzahl heterogener Erinnerungsakte auf sozialer Ebene sinnvoll differenzieren lässt.

Im Rahmen des ›**kulturautobiographischen Gedächtnisses**‹ geht es in Erinnerungskulturen um die kollektive Vergegenwärtigung einer gemeinsamen Vergangenheit und um ›Sinnbildung über Zeiterfahrung‹ (Jörn Rüsen). Der Fokus von Untersuchungen zum kulturautobiographischen Gedächtnissystem richtet sich auf seine Dynamik, Kreativität und Narrativität sowie auf die identitätsstiftenden Funktionen kollektiver Erinnerungsakte. Auf sozialer Ebene erfüllen ›autobiographische‹ Vergangenheitsversionen die Funktion der Selbstbeschreibung einer Kultur. Durch kulturautobiographische Erinnerungsakte werden kollektive Identitäten gestiftet, Zeiterfahrung sinnhaft gestaltet, Werte- und Normensysteme etabliert. Die bekanntesten Erinnerungsmodi – Assmanns ›kulturelles Funktionsgedächtnis‹ mit seinen fundierenden Mythen und das ›kommunikative Gedächtnis‹ – sind dem kulturautobiographischen Gedächtnissystem zuzuordnen. Noras *lieux de mémoire* sind noch vor der Stufe der Narrativisierung zur ›Autobiographie‹ angesiedelt. Es handelt sich daher um eine Art ›kulturepisodisches Gedächtnis‹, das nicht in kohärente Geschichten überführt wird, sondern sich in Symbolik verdichtet.

Mit dem Begriff ›**kultursemantisches Gedächtnis**‹ sollen Verfahren der kulturellen Wissensorganisation und -speicherung bezeichnet werden. Diese Form des kollektiven Gedächtnisses beschäftigt sich *nicht* mit Zeiterfahrung. In der Forschung zum kultursemantischen Gedächtnis geht es um die symbolische Repräsentation von kollektiv relevantem Wissen, um Organisationsprinzipien und Medien der Speicherung. Das Assmann'sche Speichergedächtnis sowie Weisheit und *common sense* sind dem semantischen Gedächtnissystem der Kultur zuzuordnen.

Freilich ist auf der Ebene des individuellen wie des kollektiven Gedächtnisses immer auch von einer **Überlagerung und Durchdringung** semantischer und autobiographischer Gedächtnissysteme auszugehen. So handelt es sich bei kollektiven Wissenssystemen um kulturspezifische Phänomene, die sich historisch herleiten und der identitätsstiftenden Selbstbeschreibung dienen können. Umgekehrt findet die Bildung kulturautobiographischer Gedächtnisse immer im Horizont bestehender Wissensordnungen statt. Und schließlich kann auch die Erinnerung an eine gemeinsame Vergangenheit zum identitätsabstrakten Wissen werden.

Die Differenzierung zwischen kultursemantischen und kulturautobiographischen Gedächtnissystemen kann beispielsweise dazu beitragen, die schwierige Frage nach dem **Status der Geschichtswissenschaft** in der Erinnerungskultur zu beantworten. In dem hier vorgeschlagenen Modell weist die symbolische Form ›Geschichte‹ stark ›kulturautobiographische‹ Anteile auf, wenn sie deutlich auf die Gruppe oder Kultur ihres Entstehungskontextes bezogen ist, Identitätskonzepte, Werte und Normen vermittelt und affektive Anteile aufweist. Als ›kultursemantisch‹ und damit mehr dem ›Wissen‹ als der ›Erinnerung‹ im engeren Sinne zuzuordnen wäre Geschichtsschreibung dann zu bewerten, wenn sie identitätsabstraktes Wissen (beispielsweise über fremde Kulturen oder aber über die eigene Gruppe, dabei kann allerdings auf eine Weise, die eine identifikatorische Lesart nicht nahe legt) vermittelt. Zu bedenken ist jedoch, dass ›autobiographisch-identitätsstiftende‹ oder ›semantisch-wissenschaftliche‹ Funktionen von Symbolsystemen und Medien des kollektiven Gedächtnisses (wie Geschichte und Geschichtsschreibung) niemals ausschließlich intrinsischen Merkmalen basieren, sondern stets auch und vor allem Rezeptionsphänomene darstellen (vgl. dazu auch Kap. 6.3)

Mit dem Begriff ›**kulturprozedurales Gedächtnis**‹ soll Phänomenen wie der nicht gesteuerten Wiederkehr von Wissensbeständen und Ausdrucksformen Rechnung getragen werden. Hierzu gehört etwa die Wirkung von Aby Warburgs ›Pathosformeln‹. Kulturprozedural ist auch ein Vergangenheitsbewusstsein, das sich – etwa im Sinne von Harald Welzers ›sozialem Gedächtnis‹ (vgl. Kap. 3.1.4) – in nicht-offiziellen und nicht-intendierten Erinnerungsakten äußert. Die Existenz kultureller Stereotypen und Werthierarchien ist ebenfalls weniger ein Effekt der bewussten Anstrengung einer Gesellschaft, bestehende Wissensordnungen zu tradieren, als ein Resultat von Formen nicht-intentionaler Kontinuierung. Bei Ausprägungen des kulturprozeduralen Gedächtnisses handelt es sich also um die nicht-intentionale Seite des kultursemantischen und des kulturautobiographischen Gedächtnisses – um Wissen und Vergangenheitsversionen, die auf kollektiver und institutioneller Ebene nicht bewusst oder bewusstseinsfähig sind. Als kollektive Phänomene sind Erinnerungsakte im System des kulturprozeduralen Gedächtnisses jedoch an kulturelle Ausdrucksformen gebunden, sei es an bildhafte Symbolik oder an soziale Verhaltensweisen.

Auch für die Unterscheidung von Systemen des *collective memory* gilt: Ohne individuelle Aktualisierungen gibt es kein kollektives Gedächtnis. Welche Aussagen können also über die **Repräsentation** der genannten kulturellen Gedächtnissysteme **im organischen Gedächtnis** getroffen werden?

- **Kulturautobiographische Informationen** (›*unsere* Vergangenheit‹) sind im individuellen Gedächtnis als stark affektiv besetzte Inhalte des (kollektiv-)semantischen Gedächtnisses repräsentiert. Im zeitlichen Horizont des kommunikativen

Kollektives Gedächtnis und Erinnerungskulturen: Ein kultursemiotisches Modell

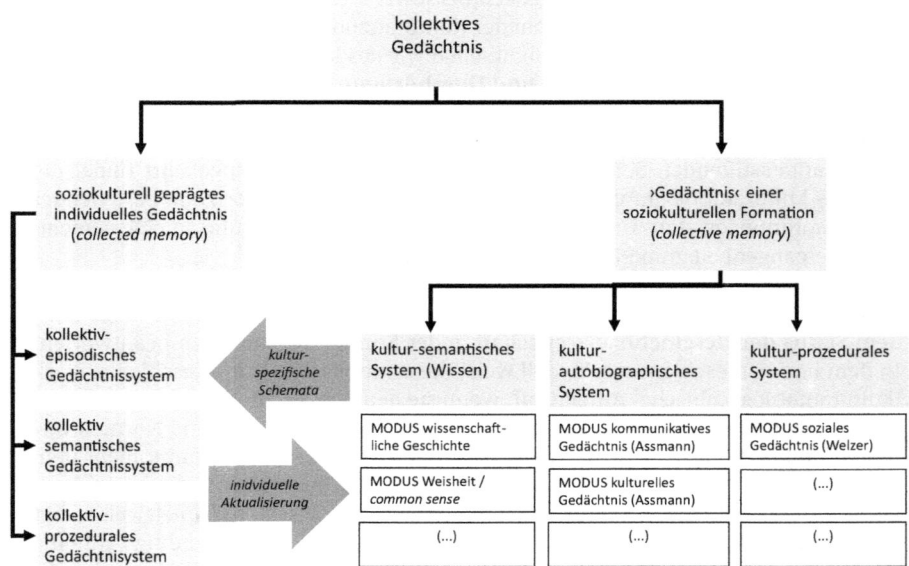

Systeme und Modi des kollektiven Gedächtnisses

Gedächtnisses können auch (kollektiv-)episodische Erinnerungen beteiligt sein (›wie ich den Fall der Mauer in Berlin miterlebte‹).
- Bei **kultursemantischen Informationen** handelt es sich hingegen um als relativ neutral erfahrene Inhalte des semantischen Gedächtnisses (etwa historische Fakten über das römische Reich, wie sie in der Schule vermittelt werden).
- **Kulturprozedurale Phänomene** können schließlich beim Einzelnen durchaus zum bewussten Wissenssystem gehören (etwa bei denjenigen, die sich über nationale Stereotypen oder Alltagsrituale ihrer Gesellschaft kritisch Gedanken machen). Das kulturprozedurale Gedächtnissystem entsteht und besteht allerdings aufgrund der Tatsache, dass seine Inhalte in der Mehrzahl der Fälle auch im Individuum zum nicht-bewussten Repertoire seines Wissens und seiner Fähigkeiten gehörten.

> **Zusammenfassend** kann festgehalten werden: Erinnerungskulturen nehmen mit Hilfe von symbolischen Formen, Medien und Institutionen auf eine wertbesetzte und selbstbezogene Weise Bezug auf die Vergangenheit, die dem individuellen *Erinnern* ähnelt (kulturautobiographisches System); sie verwalten die Vergangenheit und überkommenes Material auf eine Weise, die dem individuellen *wissen dass* in mancher Hinsicht zu entsprechen scheint (kultursemantisches System); und sie sind beeinflusst von vergangenen Ereignissen und überkommenen Verfahrensweisen, die an das individuelle *wissen wie* gemahnt (kulturprozedurales System). Die Inhalte der drei metaphorisch unterschiedenen kulturellen Gedächtnissysteme können im organischen Gedächtnis wiederum auf verschiedene Weise repräsentiert werden.

4.4 | Benachbarte Begriffe: Kollektive Identität, Erfahrung

Im Zuge der Diskussionen um das kollektive Gedächtnis ist auch viel über kollektive Identität nachgedacht worden. In den Gedächtnistheorien von Halbwachs, Nora und Assmann kommt Konzepten kollektiver Identität eine zentrale Bedeutung zu. Aleida und Jan Assmann verstehen ›**Identitätskonkretheit**‹ als ein zentrales Merkmal des kollektiven Gedächtnisses und untersuchen die durch gemeinsames Erinnern konstituierte ›konnektive Struktur‹ von Gesellschaften (J. Assmann 1992, S. 16 und 39). Einige Begriffsverwendungen haben jedoch zu Recht **Kritik** herausgefordert. Am polemischsten wird die »unheimliche Konjunktur« von Konzepten kollektiver Identität sicherlich bei Niethammer (2000) kritisiert. Cooper und Brubaker (2000) schlagen gar vor, den Begriff als analytische Kategorie der Sozialwissenschaften ganz aufzugeben. Jürgen Straub (1998, S. 99) resümiert: »Jede umstandslose Übertragung des personalen Identitätsbegriffs auf Kollektive ist [...] zurückzuweisen, jede Rede über konkrete ›kollektive Identitäten‹ zunächst einmal unter ›Ideologieverdacht‹ zu stellen.« Er unterscheidet daher zwischen einem **normierenden** und einem **rekonstruktiven Typus** der Rede über kollektive Identität:

Während der erstere im Hinblick auf die (angeblichen) Angehörigen eines Kollektivs gemeinsame Merkmale, eine für alle »bindende« und »verbindliche« geschichtliche Kontinuität und praktische Kohärenz (bloß) vorgibt oder vorschreibt, inszeniert und suggeriert, vielleicht oktroyiert, schließt der zweite Typus an die Praxis sowie die Selbst- und Weltverständnisse der betreffenden Subjekte an, um im Sinne einer rekonstruktiven, interpretativen Sozial- und Kulturwissenschaft zur Beschreibung der interessierenden kollektiven Identität zu gelangen (Straub 1998, S. 98 f.).

Im Sinne des rekonstruktiven bzw. deskriptiven Typus definiert Jan Assmann (1992, S. 132) den Begriff der kollektiven Identität wie folgt: »Unter einer *kollektiven* oder *Wir-Identität* verstehen wir das Bild, das eine Gruppe von sich aufbaut und mit dem sich deren Mitglieder identifizieren.« Dieses **Wir-Bewusstsein** sozialer und kultureller Formationen speist sich zu einem nicht unwesentlichen Anteil aus der gemeinsamen Erinnerung. Kollektive Identität entsteht zudem in einer dynamischen **Wechselwirkung mit Konzepten von Alterität**. »Identität [...] ist ein plurale tantum und setzt andere Identitäten voraus. Ohne Vielheit keine Einheit, ohne Andersart keine Eigenart« (ebd., S. 135 f.). So ist auch der Begriff der ›Identitätskonkretheit‹ des kollektiven Gedächtnisses zu verstehen: In der gemeinsamen Erinnerung wird die »Differenz nach außen betont, die nach innen dagegen heruntergespielt« (ebd., S. 40).

Kwame A. Appiah (2005, S. 69) definiert die Struktur sozialer Identität auf folgende Weise: »Where a classification of people as Ls is associated with a social conception of Ls, some people identify as Ls, and people are sometimes treated as Ls, we have a paradigm of a social identity that matters for ethical and political life.« Zu betonen ist allerdings die **Pluralität kollektiver Identitäten**. Das bedeutet nicht nur, dass in jeder Gesellschaft eine Vielzahl kultureller Formationen, Gedächtnisse und Identitäten koexistieren, sondern auch, dass jeder Einzelne an einer Vielzahl kollektiver Identitäten teilhat und durch solche ›Mehrfachmitgliedschaften‹ damit zu einem Schnittpunkt (oder ›Ausblickpunkt‹) kollektiver Identitätskonstruktionen wird. In diesem Sinne hebt Amartya Sen (2006, S. 19) hervor, dass Identitäten »robustly plural« seien. Er selbst beschreibt sich beispielsweise als »an Asian, an Indian citizen, a Bengali with Bangladeshi ancestry, an American or British resident, [...] a strong believer in secularism and democracy, a man, a feminist, a heterosexual, a defender of gay and lesbian rights«, (ebd.). Auf der Ebene des Individuums bezeichnet kollektive Identität daher nichts anderes als die »kollektive[n] Anteile von Subjektivität [...], die sich aus der Zugehörigkeit des einzelnen zu bestimmten Gruppen ergeben und sich über Geschlecht, Kultur, Ethnie und Nation definieren« (Assmann/Friese 1998b, S. 12).

Was die Theoretisierung der Ursachen und Erscheinungsformen kollektiver Identität angeht, so können **verschiedene Identitätstheorien** nach ihren Erklärungstypen unterschieden werden. Jan Assmann etwa geht es bei kollektiver Identität nicht allein um das Leben in einer gemeinsamen symbolischen Sinnwelt (›Grundstruktur‹), sondern auch um dessen Bewusstwerdung (›Steigerungsform‹): »Eine kollektive Identität ist [...] reflexiv gewordene gesellschaftliche Zugehörigkeit. Kulturelle Identität ist entsprechend die reflexive Teilhabe an bzw. das Bekenntnis zu einer Kultur« (J. Assmann 1992, S. 134). Benedict Anderson betont mit seinem Konzept der *imagined communities* ebenfalls die bewussten Anteile kollektiver Identität. Jedes Mitglied hat ein mentales Bild von seiner Gemeinschaft: »[I]n the minds of each lives the image of their communion« (Anderson 2002 [1983], S. 6). Jürgen Straub hingegen argumentiert: »Auch muß man nicht in jedem Fall davon ausgehen, daß die besagten Übereinkünfte in jedem Fall und ohne weiteres ›reflexiv‹ im Sinne von ›bewußt‹ oder gar ›rational handhabbar‹ sind. Sie sind häufig vielmehr als *tacit knowledge* aufzufassen, als latentes Alltagswissen, das das Denken, Fühlen, Wollen und Handeln der Angehörigen des betreffenden Kollektivs gleichsinnig strukturiert und leitet« (Straub 1998, S. 103). Diese Deutung trifft sich mit Anthony Easthopes (1999, S. 4) Definition von nationaler Identität als »unconscious structure« und von Nation »as a particular discursive formation« (ebd., S. 6). Solche unterschiedlichen Akzentsetzungen in der Forschung sind auf die **Beteiligung verschiedener Systeme des kollektiven Gedächtnisses bei der Identitätsbildung** zurückzuführen: Kollektive Identität ist sowohl ein Phänomen des kulturexpliziten als auch des kulturimpliziten Kollektivgedächtnisses: Sie wird bewusst kodiert, findet aber auch unbewusst Ausprägung, etwa in diskursiven Formationen, Handlungsmustern, Vorstellungsstrukturen und Mentalitäten. Daher schließen die vorliegenden, deskriptiv ausgerichteten Theorien zur kollektiven Identität einander nicht aus, sondern ergänzen sich gegenseitig.

Als in der heutigen Forschung eng benachbart erweisen sich auch die Begriffe ›kollektives Gedächtnis‹ und ›**Erfahrung**‹. Wenn Jan Assmann (vgl. 1992, S. 11) bemerkt, dass sich um den Begriff der Erinnerung ein neues Paradigma der Kulturwissenschaften aufbaue, so ist dasselbe von dem Erfahrungsbegriff zu sagen. So stellen etwa Nikolaus Buschmann und Horst Carl (2001b, S. 9) fest, dass »der Erfahrungsbegriff in den aktuellen methodischen Diskussionen der Kulturwissenschaften immer mehr den Status einer kulturwissenschaftlichen Leitkategorie« gewinne. Beide Konzepte – Erfahrung und Gedächtnis – greifen ineinander und werden häufig synonym gebraucht. Wo **Erfahrungsgeschichte** aufhört und **Erinnerungsgeschichte** anfängt, ist häufig nur schwer zu sagen. Erforderlich ist daher eine theoretische Präzisierung des notorisch vielschichtigen Erfahrungsbegriffs, der Aspekte wie Wahrnehmung, Erinnerung, Deutung oder Tradition beinhaltet.

Die neuere Erfahrungsgeschichte beruft sich auf Theorien zur kollektiven und zeitlichen Dimension von Erfahrung, insbesondere auf die Wissenssoziologie Bergers und Luckmanns (vgl. 1999 [1966]) sowie auf Reinhart Kosellecks (1995 [1979]) Studien zur historischen Semantik. Zentrale Stellung nimmt dabei Kosellecks Begriff des ›**Erfahrungsraums**‹ ein, aus dem sich der ›**Erwartungshorizont**‹ einer Gesellschaft ableitet, sowie seine Unterscheidungen zwischen ›gegenwärtiger Vergangenheit und Zukunft‹ und ›vergangener Gegenwart und Zukunft‹.

Erfahrung wird heute als ein Produkt komplexer gesellschaftlicher Konstruktionsprozesse – oft auch narrativer Art – verstanden. Dieses **konstruktivistische Verständnis von Erfahrung** hat zur Folge, dass der Fokus kulturhistorischer Untersuchungen sich nicht mehr auf Grenzziehungen zwischen Individuum und Gesellschaft oder zwischen ›authentischer Erfahrung‹ und späterer ›absichtsvoller Umdeutung‹ richtet. Gefragt wird statt dessen nach soziokulturellen Deutungskontexten, die Erfahrung präformieren, umgekehrt aber auch durch sie modifiziert werden können, nach der zeitlichen Struktur von Erfahrung, d. h. nach Prozessen der Verfestigung oder Rekombination kultureller Semantiken, nach Spezifika (massen-)medialer Vermittlungen, durch die Erfahrungen ›zweiter Hand‹ ermöglicht werden und schließlich nach dem praxeologischen, auf Zukunft und Handlung ausgerichteten Bezug gesellschaftlicher Sinndeutungen (vgl. Buschmann/Carl 2001a).

In dem hier vorgeschlagenen Modell bildet das kollektive Gedächtnis den psychischen und kulturellen **Apparat, in den Erfahrungen eingebettet sind**, innerhalb dessen sie konstruiert, gedeutet und weitergegeben werden. Das Gedächtnis ist eine Art Schaltstelle, die Erfahrungen prospektiv und retrospektiv organisiert. In prospektiver Hinsicht entstammen dem Gedächtnis Schemata, die Erfahrung bereits präformieren, also darüber entscheiden, was überhaupt in das Bewusstsein des Einzelnen dringt und wie diese Informationen weiterverarbeitet werden. Erst durch den Selektions- und Schematisierungsapparat ›Gedächtnis‹ wird also die Voraussetzung dafür geschaffen, dass Erfahrungen überhaupt gemacht werden. Erfahrung als eine handlungsleitende Sinndeutung wird retrospektiv, durch den Prozess des Erinnerns, gebildet. Erst in der deutenden Rückschau auf die Vergangenheit, und anhand von deren Narrativisierung, wird das (pränarrative) Erlebnis zur Lebenserfahrung. Zwei verschiedene Ausprägungen von Erfahrung können außerdem unterschieden werden: Zum einen die bereits genannte, alltagsweltliche **Lebenserfahrung** des Individuums, die im Horizont des kommunikativen Gedächtnisses gemacht wird, und zum anderen die (den Horizont individuellen Erlebens übersteigende) **kollektive Erfahrung**, die im Horizont des kulturellen Gedächtnisses produziert, sinnhaft gestaltet und kontinuiert wird (vgl. auch van Alphen 1999; Middleton/Brown 2005).

Literatur

Zum Thema ›kollektive Identität‹

Anderson, Benedict: *Imagined Communities. Reflections on the Origin and Spread of Nationalism*. London/New York: Verso [11]2002 [1983].
Appiah, Kwame A.: *The Ethics of Identity*. Princeton, NJ: Princeton UP 2005.
Assmann, Aleida & Heidrun Friese (Hrsg.): *Identitäten. Erinnerung, Geschichte, Identität*. Frankfurt a. M.: Suhrkamp 1998a.
Assmann, Aleida & Heidrun Friese: »Einleitung«. In: Dies. 1998a, S. 11–23 (= 1998b).
Assmann, Jan: *Das kulturelle Gedächtnis. Schrift, Erinnerung und politische Identität in frühen Hochkulturen*. München: Beck 1992.
Cooper, Frederick & Rogers Brubaker: »Beyond Identity«. In: *Theory and Society* 29 (2000), S. 1–47.
Easthope, Antony: *Englishness and National Culture*. London/New York: Routledge 1999.
Niethammer, Lutz: *Kollektive Identität. Heimliche Quellen einer unheimlichen Konjunktur*. Reinbek: Rowohlt 2000.
Sen, Amartya Kumar: *Identity and Violence: The Illusion of Destiny*. New York: Norton 2006.
Straub, Jürgen: »Personale und kollektive Identität. Zur Analyse eines theoretischen Begriffs.« In: Assmann/Friese 1998a, S. 73–104.

Zum Thema ›Erfahrung‹

Althaus, Claudia: *Erfahrung denken. Hannah Arendts Weg von der Zeitgeschichte zur politischen Theorie.* Göttingen: Vandenhoeck & Ruprecht 2000 (= Formen der Erinnerung 6).

Berger, Peter L. & Thomas Luckmann: *Die gesellschaftliche Konstruktion der Wirklichkeit. Eine Theorie der Wissenssoziologie.* Frankfurt a. M.: Fischer 1999 (orig.: *The Social Construction of Reality.* Garden City, NY: Doubleday 1966).

Buschmann, Nikolaus & Horst Carl: *Die Erfahrung des Krieges. Erfahrungsgeschichtliche Perspektiven von der Französischen Revolution bis zum Zweiten Weltkrieg.* Paderborn et al.: Schöningh 2001a.

Buschmann, Nikolaus & Horst Carl: »Vorwort«. In: Dies.: 2001a, S. 9–10 (= 2001b).

Daniel, Ute: »Die Erfahrung der Geschlechtergeschichte«. In: Marguérite Bos, Bettina Voncenz & Tanja Wirz (Hrsg.): *Erfahrung. Alles nur Diskurs? Zur Verwendung des Begriffs in der Geschlechtergeschichte. Beiträge zur 11. Schweizerischen HistorikerInnentagung 2002.* Zürich 2004, S. 59–69.

Koselleck, Reinhart: »Erfahrungswandel und Methodenwechsel. Eine historisch-anthropologische Skizze«. In: Ders.: *Zeitschichten. Studien zur Historik.* Frankfurt a. M.: Suhrkamp 2000, S. 27–77.

Koselleck, Reinhart: »›Erfahrungsraum‹ und ›Erwartungshorizont‹ – zwei historische Kategorien«. In: Ders.: *Vergangene Zukunft. Zur Semantik geschichtlicher Zeiten.* Frankfurt a. M.: Suhrkamp ³1995 [1979], S. 349–375.

Middleton, David & Steven D. Brown: *The Social Psychology of Experience: Studies in Remembering and Forgetting.* London: Sage 2005.

van Alphen, Ernst: »Symptoms of Discursivity: Experience, Memory and Trauma«. In: Mieke Bal, Jonathan Crewe & Leo Spitzer (Hrsg.): *Acts of Memory: Cultural Recall in the Present.* Hanover/London: University Press of New England 1999, S. 24–38.

4.5 | *Modi memorandi*: Kommunikatives und kulturelles Gedächtnis

Ziel dieses Kapitels ist es, auf Grundlage des vorgestellten kultursemiotischen Modells exemplarisch zu zeigen, wie zwei für die heutige Gedächtnisforschung zentrale Erinnerungsmodi sich konstituieren und voneinander abzugrenzen sind: **das kommunikative und das kulturelle Gedächtnis**. Eine solche Zweiteilung des kollektiven Gedächtnisses hat sich für zahlreiche Autoren offenbar als hochgradig suggestiv erwiesen und sie kehrt in der ein oder anderen Form immer wieder: John (Bodnar 1992) spricht von *vernacular* und *official memory*, Hirst und Manier (2002) unterscheiden zwischen *lived* und *distant memory*, der Gießener Sonderforschungsbereich (*Erstantrag* 1996) interessiert sich für Erinnerung dies- und jenseits der Erfahrungsschwelle. Diese Tendenz zur **Unterscheidung zweier Modi**, oder Register, des kulturautobiographischen Erinnerns resultiert wohl aus dem Bedürfnis, zwischen dem Bezug auf Ereignisse der eigenen Epoche und dem Bezug auf Ereignisse ferner Epochen, zwischen inoffiziellen und offiziellen Formen des Gedenkens, zwischen veränderlicher, aushandelbarer Alltagserinnerung und sinnbefrachteten Vergangenheitsversionen, zwischen oralen und medial gestützten Gedächtnissen, zu differenzieren.

Nicht nur aufgrund einer allgemein zu beobachtenden Tendenz in der Gedächtnistheoriebildung, sondern auch, weil gerade im deutschen Raum das elaborierteste Modell einer solchen Teilung des kollektiven Gedächtnisses – das Assmann'sche kommunikative und kulturelle Gedächtnis – entstanden ist, wird diesem Thema hier ein eigenes Kapitel gewidmet. Die Assmann'sche Unterscheidung zwischen zwei Gedächtnis-Rahmen hat sich für die deutsche Gedächtnisforschung als Segen und Fluch zugleich erwiesen, weil sie ebenso viele Fragen aufzuwerfen scheint, wie sie beantwortet. Gerade für Studien zu historischen Erinnerungskulturen der neueren und neuesten Geschichte – zur Erinnerung an den Ersten Weltkrieg, an den Spanischen Bürgerkrieg, an den Zweiten Weltkrieg und die Schoah, an Vietnam oder die deutsch-deutsche Wiedervereinigung – gilt, was Patrick Krassnitzer (2001, S. 226, FN 23) festhält, dass nämlich »die meisten Versuche, das Assmann'sche Gedächtniskonzept in konkrete historische Forschung umzusetzen, in diesem diffusen Bereich des ›floating gap‹ operieren.« Wo historische Ereignisse einen Erinnerungsgegenstand sowohl kommunikativer als auch kultureller Gedächtnisse darstellen, resultiert ein Spannungsverhältnis in der Erinnerungspraxis. Aber was genau ist eigentlich mit den Begriffen kommunikatives und kulturelles Gedächtnis gemeint?

4.5.1 | Kulturalität und Kommunikativität des kollektiven Gedächtnisses

In Aleida und Jan Assmanns Theoriebildung zu den beiden ›Gedächtnis-Rahmen‹ dient das kommunikative Gedächtnis als Oppositionsbegriff und Abgrenzungsfolie zum kulturellen Gedächtnis, welches den eigentlichen Fokus ihrer Forschung darstellt. Daher hat das kommunikative Gedächtnis, das Jan Assmann (vgl. 1988, S. 10) zufolge den Gegenstandsbereich der Oral History darstellt, nicht in dem hohen Maße eine **Theoretisierung** erfahren wie das kulturelle Gedächtnis. Harald Welzer (2002) hat diese Theoretisierung aus sozialpsychologischer Perspektive zwar nachgereicht, beschränkt sich aber letztlich auf das kommunikativ geprägte autobiographische Gedächtnis des Individuums – auf *collected memory*. Aleida und Jan Assmanns Annahmen zum Verhältnis von kommunikativem und kulturellem Gedächtnis müssen zunächst genauer betrachtet werden, um auf dieser Basis weiterführende Überlegungen anzustellen.

In *Das kulturelle Gedächtnis* (1992, S. 48–56) stellt Jan Assmann zentrale Merkmale des kommunikativen und des kulturellen Gedächtnisses – bewusst überpointiert – einander gegenüber, um zu zeigen, dass sich Inhalte, Formen, Medien, Zeitstruktur und Träger dieser beiden ›Gedächtnis-Rahmen‹ grundlegend unterscheiden: Das **kommunikative Gedächtnis** entsteht durch Alltagsinteraktion, hat die Geschichtserfahrungen der Zeitgenossen zum Inhalt und bezieht sich daher immer nur auf einen begrenzten, ›mitwandernden‹ Zeithorizont von ca. 80 bis 100 Jahren. Die Inhalte des kommunikativen Gedächtnisses sind veränderlich und erfahren keine feste Bedeutungszuschreibung. Jeder gilt hier als gleich kompetent, die gemeinsame Vergangenheit zu erinnern und zu deuten: »Zwar wissen die einen mehr, die anderen weniger, und das Gedächtnis der Alten reicht weiter zurück als das der Jungen. Aber es gibt keine Spezialisten und Experten solcher informellen Überlieferung, auch wenn Einzelne mehr und besser erinnern als andere« (ebd., S. 53). Die Partizipationsstruktur des kommunikativen Gedächtnisses ist ›diffus‹.

Dem **kulturellen Gedächtnis** sind hingegen an Medien gebundene, hochgradig gestiftete und zeremonialisierte, in der kulturellen Zeitdimension des Festes vergegenwärtigte kollektive Erinnerungen zuzuordnen. Gegenstand des kulturellen Gedächtnisses sind mythische, als die Gemeinschaft fundierend interpretierte Ereignisse einer fernen Vergangenheit. Tradiert wird ein fester Bestand an Inhalten und Sinnstiftungen, zu deren Kontinuierung und Interpretation Spezialisten ausgebildet werden. Das verbindliche Wissen des kulturellen Gedächtnisses wird durch eine Trägerschaft vermittelt, die eine wissenssoziologische Elite darstellt. Das gilt sowohl für die Urheber fundierender Texte und Stifter des kulturellen Gedächtnisses, als auch für die Spezialisten, die Mitteilungen im Rahmen einer ›zerdehnten Situation‹ wiederaufnehmen, Texte für die Erinnerungsgemeinschaft auslegen und tradieren.

Als verwirrend mag zunächst die Verwendung der **Begriffe ›kulturell‹ und ›kommunikativ‹** erscheinen. Denn das Adjektiv ›kulturell‹ bezeichnet im Zusammenhang der Assmann'schen Theorie nicht Kultur im weitesten Sinne, also die Gesamtheit menschlicher Selbstauslegungen in einem gegebenen Kontext, sondern den Bereich dessen, was Aleida Assmann (1991a) ›Kultur als Monument‹ nennt – die inszenierten, stilisierten, auf den Beobachter ausgerichteten Bereiche der Kultur; mithin das, was wir unter ›Hochkultur‹ verstehen. Mit dem neueren semiotischen und anthropologischen Verständnis von Kultur ist das Assmann'sche Verständnis eines ›kulturellen‹ Gedächtnisses daher nicht ohne weiteres vereinbar. Kultur ist auch Alltagspraxis, auch Lebenswelt. Das Assmann'sche kulturelle Gedächtnis ist also nicht das ›Gedächtnis einer Kultur‹. Es stellt einen seiner Teilbereiche dar: die gesellschaftliche Konstruktion normativer und formativer Vergangenheitsversionen. ›Kulturell‹ ist daher das kommunikative Gedächtnis ebenso wie das kulturelle Gedächtnis. Beide sind Phänomene der Kultur. Umgekehrt gilt, dass sowohl kulturelles als auch kommunikatives Gedächtnis ›kommunikativ‹ sind. Denn erst durch Kommunikation wird Erinnerung intersubjektiv vermittelbar – sei es im Rahmen des verbindlichen kulturellen oder im Rahmen des alltagsweltlichen kommunikativen Gedächtnisses. (Wenn sich das Adjektiv ›kulturell‹ im Folgenden auf das kulturelle Gedächtnis und die Assmann'sche Theorie bezieht, wird es in Anführungszeichen gesetzt; wenn es sich auf Kultur als Gesamtkomplex mentaler, materialer und sozialer Phänomene bezieht, steht es ohne Anführungszeichen).

Die Begriffe kommunikatives und kulturelles Gedächtnis werden in der Assmann'schen Theorie zudem in **zwei verschiedenen Verwendungszusammenhängen** gebraucht: zum einen als Bezeichnung für *modi memorandi* (J. Assmann 1992, S. 48), zum anderen als Oberbegriff für rekonstruier- und analysierbare kulturelle Phänomene. Wir haben es also zum einen mit einer **kultur*theoretischen* Kategorie** (mit Hypothesen über bestimmte Weisen des Erinnerns) zu tun, zum anderen mit einer **kultur*geschichtlichen* Kategorie** (einem Oberbegriff für eine Reihe von mentalen, sozialen und materialen Phänomenen in einem gegebenen erinnerungskulturellen Kontext). Beide Aspekte des Assmann'schen Gedächtnisbegriffs – der sich auf zwei unterschiedliche Gedächtnismodi und der sich auf konkrete Ausprägungen von Kollektivgedächtnis beziehende – sollen nun näher beleuchtet und modifiziert werden.

4.5.2 | Nah- und Fernhorizont, Lebenswelt und Monument

Die Assmann'sche Differenzierung zwischen kommunikativem und kulturellem Gedächtnis beruht auf Erkenntnissen der ethnologischen Forschung, auf **Jan Vansinas** (1961) Beobachtung eines *floating gap* im historischen Bewusstsein schriftloser Kulturen. Diese verfügen, so scheint es, nur über zwei ›Vergangenheitsregister‹. Sie erinnern sich zum einen an die jüngste Vergangenheit, deren Zeitzeugen noch leben, zum anderen an eine mythische Ursprungszeit. Die dazwischen liegenden Ereignisse geraten in Vergessenheit:

> Die beiden Vergangenheitsregister, diese beiden Enden ohne Mitte, entsprechen zwei Gedächtnis-Rahmen, die sich in wesentlichen Punkten voneinander unterscheiden. Wir nennen sie das *kommunikative* und das *kulturelle Gedächtnis* (J. Assmann 1992, S. 50).

4.5 Modi memorandi: Kommunikatives und kulturelles Gedächtnis

Die Unterscheidung zwischen kommunikativem und kulturellem Gedächtnis wird also ausgehend von einem dominanten **Differenzkriterium** getroffen, das Aleida und Jan Assmann als **Zeitstruktur** bezeichnen – und aus dem sich dann die Unterschiede in Sozialdimension, in Formen und Medien des Gedächtnisses ableiten. In seiner tabellarischen Gegenüberstellung des kulturellen und kommunikativen Gedächtnisses verzeichnet Jan Assmann (1992, S. 56) zur Zeitstruktur des kommunikativen Gedächtnisses: »80–100 Jahre; mit der Gegenwart mitwandernder Horizont von 3–4 Generationen«; zur Zeitstruktur des kulturellen Gedächtnisses: »absolute Vergangenheit einer mythischen Urzeit« (vgl. hierzu die Tabelle in Kap. 2.4.1). Eine solche Unterscheidung wirft jedoch Probleme auf. Zu nahe liegt der Schluss, dass erinnerte Zeiten und erinnerte Inhalte und Bedeutungen einander bedingen; dass also alle Ereignisse, die sich innerhalb der Zeitstruktur des kommunikativen Gedächtnisses ereignen, auch *gemäß* dem kommunikativen Gedächtnis erinnert werden, d. h. als ›Geschichtserfahrungen im Rahmen individueller Biographien‹, bzw. dass zur ›fundierenden Geschichte‹ des kulturellen Gedächtnisses nur das werden kann, was sich auch in ferner Vergangenheit ereignet hat. (Genauso wenig sind übrigens die anderen Unterscheidungskriterien – Medien, Formen und Trägerschaft – wirklich *eindeutig* dem einen oder dem anderen Gedächtnis-Rahmen zuzuordnen. Zu Recht ist etwa darauf hingewiesen worden, dass Lebenserfahrung längst nicht mehr nur in der mündlichen Alltagsrede vermittelt wird, sondern auch durch Massenmedien; vgl. Keppler 2001).

Mit Blick auf seine polarisierende Gegenüberstellung von kulturellem und kommunikativem Gedächtnis erläutert Jan Assmann (ebd., S. 51):

Es handelt sich hier um zwei Modi des Erinnerns, zwei Funktionen der Erinnerung und der Vergangenheit – »**uses of the past**« –, die man zunächst einmal sorgfältig unterscheiden muß, auch wenn sie in der Realität einer geschichtlichen Kultur sich vielfältig durchdringen.

Ausgehend von dieser Einsicht werden kulturelles und kommunikatives Gedächtnis im Folgenden erstens als zwei *modi memorandi*, als mögliche Weisen des Vergangenheitsbezugs konzipiert; zweitens wird aufgezeigt, wie und auf welchen Ebenen sie sich als tatsächliche kulturelle Phänomene durchdringen.

Kommunikatives und kulturelles Gedächtnis lassen sich letztlich nicht anhand von materialen oder sozialen Phänomene der Kultur (Zeitpunkte der erinnerten Ereignisse, Träger, Medien, Formen) voneinander unterscheiden, sondern beruhen auf einem Aspekt der mentalen Dimension von Kultur: auf der (bewussten oder unbewussten) Entscheidung darüber, in welchem *Modus* erinnert wird – im Modus der »fundierenden« oder der »biographischen Erinnerung« (ebd., S. 51 f.). Das bedeutet, dass in einem gegebenen historischen Kontext dasselbe Ereignis **Gegenstand des kulturellen *und* des kommunikativen Gedächtnisses** zugleich sein kann. Bei einem solchen Szenario handelt es sich nicht um Grenzfälle, sondern um ein wiederkehrendes Merkmal bestimmter kultureller Konstellationen. In Gesellschaften, die in jüngster Zeit einschneidende Veränderungen erlebt haben, ist es ein Regelfall: So waren beispielsweise die Französische Revolution um 1800 und der Erste Weltkrieg in den 1920er Jahren Gegenstände sowohl des kulturellen als auch des kommunikativen Gedächtnisses. Der Zweite Weltkrieg und der Holocaust sind es bis heute. Wir haben es in solchen kulturellen Konstellationen mit einer durch divergierende Erinnerungspraxen hervorgerufenen ›Gleichzeitigkeit des Ungleichzeitigkeiten‹ (Wilhelm Pinder) zu tun.

Als Lebenserfahrung bzw. als ›gelebte‹ oder ›erlebte Geschichte‹ (Halbwachs' *his-*

toire vécue) sind solche historischen Ereignisse Inhalte kommunikativer Generationengedächtnisse. Sie werden als Bestandteil zeitlich beschränkter, gruppenspezifischer Erfahrungswelten verstanden, als Ereignisse, die sich auf Lebenswege im Rahmen begrenzter sozialer Formationen auswirkten. Die Erinnerungen gemäß dem kommunikativen Gedächtnis gehören zum **alltagsweltlichen Nahhorizont** einer als ›Gegenwart‹ empfundenen Zeit. Sie werden von den Erinnernden mit ihrer Lebenswelt in Verbindung gebracht: »Der lebensweltliche Kontext ist ein Nahhorizont, der die Gegenwart dicht und geschmeidig umschließt« (A. Assmann 1991a, S. 12).

Als Gegenstand ›fundierender Erinnerung‹ haben die genannten Ereignisse ganz andere Implikationen. Sie sind Teil eines **kulturellen Fernhorizonts**. Erinnerung gemäß dem kulturellen Gedächtnis geht Jan Assmann (1992, S. 77) zufolge mit der »Transformation von Vergangenheit in fundierende Geschichte, d. h. in Mythos« einher. Dabei kann es sich (wie im Falle der altägyptischen Kultur) um Elemente einer absoluten Vergangenheit, einer mythischen Urzeit, oder (wie im Falle des alten Israels) um solche einer relativen Vergangenheit, der Geschichte, handeln. Gleichgültig, ob sie nun auf Fakten oder auf Fiktion beruhen, die **Mythen des kulturellen Gedächtnisses** erfüllen gleichermaßen eine spezifische gesellschaftliche Funktion: »Mythos ist eine Geschichte, die man sich erzählt, um sich über sich selbst und die Welt zu orientieren, eine Wahrheit höherer Ordnung, die nicht einfach nur stimmt, sondern darüber hinaus auch normative Ansprüche stellt und formative Kraft besitzt« (ebd., S. 76). Bei den im Rahmen des kulturellen Gedächtnisses abrufbaren Inhalten handelt es sich also um zu ›Mythen‹ transformierte Geschichte(n), aus denen die Gesellschaft verbindliche Aussagen über sich selbst ableitet. Zwei Themenkomplexe sind dabei zu unterscheiden: Das kulturelle Gedächtnis bietet normative, handlungsleitende Antworten auf Fragen nach für die Kulturgemeinschaft gültigen Werten und Normen sowie formative, kollektive Identität sichernde Antworten auf Fragen nach Herkunft und nach einer Abgrenzung zwischen dem Eigenen und dem Fremden.

Bei dem ›Fernhorizont‹ des kulturellen Gedächtnisses kann es sich im Sinne der historisch-chronologischen Zeit allerdings tatsächlich um eine äußerste Nähe handeln. So ist die fundierende Geschichte spätestens seit dem Beginn der Moderne und den mit ihr verbundenen Beschleunigungserfahrungen im 18. Jahrhundert sowie mit der Gründung von Nationalstaaten im 19. Jahrhundert nicht nur weitgehend in den Bereich der historischen Zeit gerückt, sondern ihre bedeutendsten Anteile speisen sich sogar aus einer nahen historischen Vergangenheit. Die Französische Revolution hat in Frankreich schon im folgenden Jahrzehnt den Charakter eines fundierenden Ereignisses angenommen. Gleiches gilt für die deutsche Reichsgründung 1871 und nicht zuletzt für die Weltkriege des 20. Jahrhunderts. Solche **ad hoc-Transformationen** von kaum vergangenen Ereignissen zu fundierender Geschichte teilen mit der Erinnerung an ›ferne‹, ›mythische‹ Zeiten die grundlegenden Merkmale und übernehmen die gleichen Funktionen: Das kulturelle Gedächtnis generiert Sinn, der erstens einen höheren Grad an Verbindlichkeit besitzt, als das beim kommunikativen Gedächtnis der Fall ist, und der zweitens in der Regel für sehr große Erinnerungsgemeinschaften (religiöse Gruppen, Gesellschaften etc.) Geltung beansprucht. Verbunden mit der Erinnerung im Rahmen des kulturellen Gedächtnisses sind zumeist politische oder weltanschauliche Funktionalisierungen des Erinnerten. ›Kultureller‹ Sinn muss daher legitimiert werden. Fundierende Ereignisse werden dazu mit Vorstellungen von einer fernen Vergangenheit und/oder einer fernen Zukunft verknüpft.

4.5 *Modi memorandi*: Kommunikatives und kulturelles Gedächtnis

Zentrales Differenzkriterium der Erinnerungsmodi ›kulturelles‹ und ›kommunikatives Gedächtnis‹ ist daher nicht die messbare Zeit, der zeitliche Abstand der erinnerten Ereignisse von der Gegenwart des Erinnerungsaktes, sondern die Art der Erinnerung, die kollektive *Vorstellung* von der Bedeutung des Erinnerten und von seiner Einbettung in zeitliche Prozesse. Damit beruht die Unterscheidung beider Modi nicht in erster Linie auf der Zeit*struktur* (eine universale, messbare Beobachterkategorie), sondern auf dem **Zeit*bewusstsein*** (ein kulturell und historisch variables Phänomen der mentalen Dimension der Kultur).

Stephanie Wodianka (2009) hat in diesem Zusammenhang die Begriffe **Erinnerungsnähe und Erinnerungsdistanz** eingeführt. Wodiankas elaboriertes Modell stellt der zeitlichen Dimension (Zeitbewusstsein) als Indikator für Nähe oder Distanz von Erinnerungen (in der hier verwandten Terminologie: für einen kommunikativen oder einen kulturellen Modus des Erinnerns) zwei weitere Dimensionen zur Seite: die ›identifikatorische Dimension‹ beschreibt das Bewusstsein der Nähe oder Distanz zwischen verschiedenen Erinnerungssubjekten, die ›modale Dimension‹ die Nähe oder Distanz zur Art und Weise des Erinnerns, deren Grad der Bewusstwerdung oft von bestimmten medialen und intermedialen Strategien der Vergangenheitsdarstellung abhängt.

Bei Formen kollektiver Erinnerung, die im Rahmen des kulturautobiographischen Gedächtnissystems operieren, handelt es sich immer um ›Sinnbildung über Zeiterfahrung‹. Die Frage ist jedoch, welche **semantischen Implikationen** die mentale Repräsentation der erinnerten Ereignisse annimmt. Kulturelles oder kommunikatives Gedächtnis als *modi memorandi* wirken sich auf die Art der Sinnbildung, auf Formen und Rezeptionsweisen von Erinnerungspraktiken und Gedächtnismedien, aus: Jan Assmann (1992, S. 21) definiert das kulturelle Gedächtnis als die »Überlieferung des Sinns«. Den Medien und Erinnerungspraktiken des kulturellen Gedächtnisses ist »zusätzlich zu ihrer Zweckbedeutung noch eine Sinnbedeutung« zu Eigen. Wir haben es mit »Überlieferungs- und Vergegenwärtigungsformen des **kulturellen Sinnes**« zu tun. Vertreter der Oral History haben gezeigt, dass im Rahmen des kommunikativen Gedächtnisses ebenfalls Sinn produziert wird, den man als ›**sozialen Sinn**‹ bezeichnen könnte: Es werden kollektiv Bedeutungen generiert, die den Bedürfnissen und Belangen des lebensweltlichen Nahhorizonts sozialer Gruppen gerecht werden.

Durch das hier zugrunde gelegte Differenzkriterium des Zeit*bewusstseins* wird auch die strikte Unterscheidung zwischen den beiden Gedächtnis-Rahmen zuzuordnenden Medien aufgehoben. Weder bleibt die Produktion von kommunikativem Gedächtnis auf Mündlichkeit beschränkt, noch ist die zusätzliche ›kulturelle‹ Sinndimension als ein schriftlichen oder bildlichen Medien inhärentes, formales Kriterium zu konzipieren. Die Art der **Rezeption** ist entscheidend. Demnach ist streng genommen Erinnerung gemäß dem kommunikativen Gedächtnis auch dann möglich, wenn Ereignisse sehr lange Zeit zurückliegen oder Gedächtnismedien einem weit zurückreichenden Überlieferungskontext entstammen. Wer die *Bibel* oder die *Odyssee* nicht als fundierende Texte liest, sich nicht der religiösen, nationalen oder kulturellen Bedeutung dieser Gedächtnismedien bewusst ist, sondern das in ihnen Dargestellte als alltagsweltliche Repräsentation versteht und es an die eigene Lebenserfahrung anschließt, macht sie zu Medien des kommunikativen Gedächtnisses.

> **Zusammenfassend** kann festgehalten werden:
> 1. Erinnerung gemäß dem **kommunikativen Gedächtnis** bedeutet, dass vergangene Ereignisse, ob selbst erlebt oder aufgrund medialer Darstellungen erfahren, im sozialen ›Nahhorizont‹ verortet werden. Sie werden als Bestandteil der von sozialen Gruppen geteilten Lebenserfahrung verstanden, die im Horizont dieser begrenzten Formationen sinnhaft ist. Diese Erinnerung ist gruppenspezifisch. Sie produziert ›sozialen Sinn‹.
> 2. Erinnerung gemäß dem **kulturellen Gedächtnis** bedeutet, dass vergangene Ereignisse (wiederum: ob selbst erlebt oder aufgrund medialer Darstellung erfahren) im kulturellen ›Fernhorizont‹ verortet werden. Sie werden als fundierende Ereignisse mit normativen und formativen Implikationen verstanden, die weitreichende Bedeutung für die gesamte kulturelle Formation haben. Diese Erinnerung ist kultur- oder nationenspezifisch. Sie produziert ›kulturellen Sinn‹. Werden Medien des kulturellen Gedächtnisses intentional produziert, so können sie Merkmale aufweisen, die sie als ›doppelt kodiert‹ (vgl. Posner 1991) erkennbar machen, d. h. ihr Erinnerungswert wird etwa durch Ornamente angezeigt. Werden Medien nachträglich zu Medien des kulturellen Gedächtnisses gemacht, so statten die Rezipienten sie mit einer zusätzlichen Sinndimension aus (vgl. dazu auch Kap. 5).

	kommunikatives Gedächtnis	kulturelles Gedächtnis
Zeitbewusstsein: Verortung des Ereignisses im	alltagsweltlichen Nahhorizont/ Dimension der ›Lebenswelt‹	kulturellen Fernhorizont/ Dimension des ›Monuments‹
Semantik: Deutung des Ereignisses als	Lebenserfahrung (erster oder zweiter Hand)	Ereignisse mit weitreichender Bedeutung für die gesamte kulturelle Formation
Funktionen der Erinnerung: Produktion von	gruppenspezifischem, sozialem Sinn	kultur- oder nationenspezifischem Sinn

Kommunikatives und kulturelles Gedächtnis: Zeitbewusstsein, Semantik und Funktionen

4.5.3 | Plurale erinnerungskulturelle Phänomene

Bislang wurde von kulturellem und von kommunikativem Gedächtnis im Singular gesprochen. In dieser Verwendung werden mit den Begriffen zwei Modi des kollektiven Vergangenheitsbezugs im Sinne abstrakter kulturtheoretischer Konzepte bezeichnet. In einer zweiten Verwendungsweise stehen die Begriffe ›kulturelles‹ und ›kommunikatives Gedächtnis‹ für **kulturelle Phänomene**, die zu Gegenständen kulturhistorischer Untersuchungen werden können: Geflechte von in kulturellen Formationen dominanten mentalen Dispositionen, von Medien und Formen sowie von sozialen Institutionen und Praktiken. Diese Geflechte sind heterogen, offen, wandelbar und nie vollständig zu rekonstruieren. Als bestimmte Ausprägungen von Kollektivgedächtnis stellen sie die Quelle dar, aus der sich einzelne, beobacht- und analysierbare Erinnerungsakte speisen.

In diesem zweiten Sinne eines Untersuchungsbereichs der Kulturgeschichte ist von der Pluralität kommunikativer und kultureller Gedächtnisse auszugehen, und zwar in zweifacher Hinsicht: von **synchroner und diachroner Pluralität**. Mit Blick auf die synchrone Ebene der Kultur hat schon Halbwachs auf die Koexistenz vieler verschiedener Kollektivgedächtnisse hingewiesen. Diese Gedächtnisse stehen nicht als vom Individuum abgelöste Instanzen nebeneinander, sondern sind als verschiedene Repertoires von Wissen um und Deutungen der Vergangenheit zu denken, die sich in individuellen Gedächtnissen überschneiden können. Jeder Mensch hat an mehreren kommunikativen Gedächtnissen teil – denen der Familie, des Freundeskreises, der Arbeitskollegen usw.

Durch **synchrone Pluralität** zeichnet sich auch das kulturelle Gedächtnis aus. Gerade in modernen Gesellschaften existiert oft eine Vielzahl unterschiedlicher kultureller, ethnischer oder religiöser Formationen, die ihre eigenen kulturellen Gedächtnisse ausbilden. Trotz der grundsätzlichen Annahme synchroner Pluralität muss jedoch davon ausgegangen werden, dass zur Erinnerung im Modus des kulturellen Gedächtnisses eine Tendenz gehört, die so produzierte Vergangenheitsversion als allein gültige darstellt. Kulturelles Gedächtnis zielt auf **Hegemonie** ab, denn durch Erinnerung im Rahmen des kulturellen Gedächtnisses werden zentrale Fragen von für die Gesellschaft vitalem Interesse und mit weitreichenden politischen Folgen verhandelt. Obgleich mit Blick auf heutige plurale Kulturen zwar Individuen denkbar sind, die an verschiedenen kulturellen Gedächtnissen teilhaben, gestaltet es sich wahrscheinlich als schwierig, ein ebenso überzeugter Muslim wie Christ zu sein. Gesellschaftlich akzeptierte und sich in einzelnen Individuen tatsächlich manifestierende synchrone Pluralität kultureller Gedächtnisse setzt die Fähigkeit voraus, alternative Geschichten und damit auch Wertsysteme und Identitätskonzepte als gleichrangig einzustufen. Damit geht allerdings zumeist eine Relativierung des normativen Geltungsanspruchs jeweiliger Vergangenheitsversionen einher. Erinnerung im Modus des kulturellen Gedächtnisses, die unter den Bedingungen einer relativistischen Weltsicht aktualisiert wird, führt nicht zu dem Phänomen des kulturellen Gedächtnisses, sondern bestenfalls zu *lieux de mémoire,* denen gültige Konfigurationen und bindende Wert- und Identitätskonzepte abgehen. Gerade aufgrund seiner Tendenz zur Hegemonie ist das kulturelle Gedächtnis in einer Weise umkämpft, die für kommunikative Gedächtnisse kaum zutrifft. Kulturelles Gedächtnis bewegt sich immer im Spannungsfeld von **Erinnerungsinteressen und Erinnerungskonkurrenzen**. Wenn die Erinnerung an eine rezente Vergangenheit derartig umkämpft ist, dann ist das ein Indiz dafür, dass die kollektive Vergegenwärtigung von Lebenserfahrung und Inhalten des Generationengedächtnisses in den Bereich des kulturellen Modus der Erinnerung übergegangen ist.

Mit dem Begriff der **diachronen Pluralität** soll der Tatsache Rechnung getragen werden, dass kommunikative und kulturelle Gedächtnisse keine statischen Entitäten sind, sondern ständigen Wandlungsprozessen unterliegen. Diese Wandlungen stehen zumeist in einem Antwort-Verhältnis zu spezifischen Herausforderungslagen der jeweiligen Erinnerungskultur. Bedürfnisse und Belange der Gegenwart führen zur Reorganisation kollektiver Gedächtnisse. Kommunikative Gedächtnisse wandeln sich aufgrund ihrer ›**Flüssigkeit**‹ (zu den Begriffen ›flüssig‹ und ›fest‹ vgl. A. Assmann 1991b) und der Tatsache, dass jeder Tag neue Lebenserfahrung bringen kann, schneller als kulturelle Gedächtnisse, die aufgrund ihrer verbindlichen Sinndeutungen und ihrer hohen Relevanz für die Gemeinschaft einer gewissen **Statik** bedürfen. Kulturelle Gedächtnisse verändern sich, indem das Erinnerte umgedeutet und neuartig konfiguriert wird, indem Elemente aus dem Speichergedächtnis ›auftauchen‹ oder umgekehrt im Funktionsgedächtnis aktualisierte Elemente ihre Bedeutung verlieren und als auf kollektiver Ebene ›Vergessenes‹ in den Bestand des Speichergedächtnisses ›abtauchen‹. Zu diesem ständigen **Prozess der De- und Re-Semiotisierung** (vgl. Lachmann 1993) vorhandener erinnerbarer Elemente treten immer wieder neuartige kulturelle Erfahrungen hinzu, die, wenn sie das überkommene Verhältnis von Erfahrungsraum und Erwartungshorizont (Reinhart Koselleck) durchbrechen, zumeist als Motoren der Reorganisation fungieren.

	kommunikatives Gedächtnis	kulturelles Gedächtnis
1. kultur*theoretische* Kategorie	*modi memorandi*	
	Differenzkriterium: Zeit*bewusstsein*	
	sozialer Nahhorizont	›kultureller‹ Fernhorizont
2. kultur*geschichtliche* Phänomene	synchrone und diachrone Pluralität	
	←——————→	
	wechselseitige Durchdringung durch Schemata	

Kommunikatives Gedächtnis und kulturelles Gedächtnis: kulturtheoretische Kategorien vs. kulturgeschichtliche Phänomene

Zur synchronen und diachronen Pluralität tragen zudem die vielfachen Wechselbeziehungen zwischen kulturellen und kommunikativen Gedächtnissen bei. Wie schon Jan Assmann betont, ist davon auszugehen, dass sich die beiden Gedächtnis-Rahmen ›in der Realität der Kultur vielfältig durchdringen‹. Diese **wechselseitige Durchdringung** scheint in erster Linie anhand von **Schemata** (vgl. Kap. 3.3.1) zu erfolgen: Dem kulturellen Gedächtnis entstammende Wissensbestände und Schemata können die Wahrnehmung und Erinnerung im Rahmen der lebensweltlichen kommunikativen Gedächtnisse leiten. Umgekehrt vermögen dem kommunikativen Gedächtnis entstammende Wissensbestände und Schemata – gerade im Falle ihrer Unvereinbarkeit mit dem kulturellen Gedächtnis – die verbindlichen und sinnstiftenden Vergangenheitsversionen einer Gesellschaft zu modifizieren. Die Sinnstiftungen des kulturellen Gedächtnisses werden dann an den Paradigmen eigener oder vermittelter Lebenserfahrung gemessen. Das Selbstverständnis vieler Soldaten des Ersten Weltkriegs als ›Christusfiguren‹, die einen ›Opfergang‹ zu gehen haben, ist ein Beispiel für die Wirksamkeit von Schemata des kulturellen Gedächtnisses. Umgekehrt kann durch Lebenserfahrung (wie sie etwa der jahrelange zermürbende Stellungskrieg für die Soldaten darstellte, welcher offensichtlich wenig mit aus dem kulturellen Gedächtnis überkommenen Bildern von Heldentum zu tun hatte) das kulturelle Gedächtnis hinterfragt und modifiziert werden. Doch erst wenn solche im Rahmen des kollektiven Gedächtnisses generierten Schemata zur Dominanz in der gesellschaftlichen Sinnwelt gelangen, können sie kulturelle Gedächtnisse wirksam verändern.

Literatur

Assmann, Aleida: »Kultur als Lebenswelt und Monument«. In: Assmann/Harth 1991, 11–25 (= 1991a).
Assmann, Aleida: »Fest und Flüssig. Anmerkungen zu einer Denkfigur«. In: Assmann/Harth 1991, S. 181–199 (= 1991b).
Assmann, Aleida & Dietrich Harth (Hrsg.): *Kultur als Lebenswelt und Monument*. Frankfurt a. M.: Fischer 1991.

Assmann, Jan: »Kollektives Gedächtnis und kulturelle Identität«. In: Jan Assmann & Tonio Hölscher (Hrsg.): *Kultur und Gedächtnis*. Frankfurt a. M.: Suhrkamp 1988, S. 9–19.
Assmann, Jan: *Das kulturelle Gedächtnis. Schrift, Erinnerung und politische Identität in frühen Hochkulturen*. München: Beck 1992.
Bodnar, John: *Remaking America. Public Memory, Commemoration, and Patriotism in the 20th Century*. Princeton: University of Princeton Press 1992.
Erstantrag des SFB 434 ›Erinnerungskulturen‹. Justus-Liebig-Universität Gießen 1996.
Hirst, William & David Manier: »The Diverse Forms of Collective Memory«. In: Gerald Echterhoff & Martin Saar (Hrsg.): *Kontexte und Kulturen des Erinnerns. Maurice Halbwachs und das Paradigma des kollektiven Gedächtnisses*. Konstanz: UVK 2002, S. 37–58.
Keppler, Angela: »Soziale Formen individuellen Erinnerns«. In: Harald Welzer (Hrsg.): *Das soziale Gedächtnis. Geschichte, Erinnerung, Tradierung*. Hamburg: Hamburger Edition 2001, S. 137–159.
Krassnitzer, Patrick: »Autobiographische Erinnerung und kollektive Gedächtnisse. Die nationalsozialistische Erinnerung an das ›Fronterlebnis‹ im Ersten Weltkrieg und in den Autobiographien von ›alten Kämpfern‹«. In: Vittoria Borsò, Gerd Krumeich & Bernd Witte (Hrsg.): *Medialität und Gedächtnis: Interdisziplinäre Beiträge zur kulturellen Verarbeitung europäischer Krisen*. Stuttgart/Weimar: Metzler 2001, S. 215–258.
Lachmann, Renate: »Kultursemiotischer Prospekt«. In: Anselm Haverkamp & Renate Lachmann (Hrsg.): *Memoria. Vergessen und Erinnern*. München: Fink 1993, S. XVII–XXVII (= *Poetik und Hermeneutik* XV).
Posner, Roland: »Kultur als Zeichensystem. Zur semiotischen Explikation kulturwissenschaftlicher Grundbegriffe«. In: Assmann/Harth 1991, S. 37–74.
Vansina, Jan: *De la tradition orale. Essai de méthode historique*. Tervuren: Musée Royal de l'Afrique Centrale 1961.
Welzer, Harald: *Das kommunikative Gedächtnis. Eine Theorie der Erinnerung*. München: Beck 2002.
Wodianka, Stephanie: *Zwischen Mythos und Geschichte: Ästhetik, Medialität und Kulturspezifik der Mittelalterkonjunktur*. Berlin: Gruyter 2009.

4.6 | Die andere Seite der Erinnerung: Vergessen, Zukunft

Das Vergessen und die Zukunft sind zwei wichtige Dimensionen der Gedächtnisforschung, die bei einem allzu fokussierten Blick auf ›Erinnerung‹ gerne übersehen werden. Zu den Grundoperationen des Gedächtnisses gehört neben dem Erinnern auch das *Vergessen*. Und zu der temporalen Dynamik des Gedächtnisses gehört neben der Vergegenwärtigung der Vergangenheit auch die Projektion der *Zukunft*. Beide Bereiche sind neuerdings stärker in das Blickfeld der Gedächtnisforschung gerückt.

Erinnerungen sind nicht mehr als kleine Inseln in einem Meer des Vergessens. Bei der Verarbeitung von Wirklichkeitserfahrung ist Vergessen die Regel, Erinnern die Ausnahme. In jüdisch-christlicher Tradition und im Rahmen der gegenwärtigen Erinnerungskonjunktur wird das Erinnern zur normativen Größe erhoben. Erinnern erscheint als Tugend und Gebot, Vergessen als Defizit. Doch das Vergessen erfüllt für psychische und soziale Systeme mindestens ebenso wichtige Funktionen wie das Erinnern. In Jorge Luis Borges' Kurzgeschichte »Funes el memorioso« weiß der Erzähler: »Denken heißt, Unterschiede vergessen, heißt verallgemeinern, abstrahieren« (Borges 2004, S. 103). Systemtheoretisch lassen sich diese überlebenswichtigen **Funktionen des Vergessens** folgendermaßen beschreiben: »Ohne das Vermögen des Vergessens wäre ein hypothetisches System in Ermangelung der Fähigkeit zur Abstraktion oder zur Generalisierung (die nur zustande kommen, wenn man vom Detail absehen oder eben vergessen kann) dem augenblicklichen Geschehen preisgegeben« (Esposito 2002, S. 28; vgl. aus psychologischer Perspektive auch Schacter 2001; Draaisma 2015).

Schon in der antiken Gedächtnisphilosophie wurde die Relevanz des Vergessens hervorgehoben. Wie Weinrich (1997) zeigt, nehmen Vorstellungen zum Vergessen bereits in der antiken Mythologie mit dem Bild des Unterweltflusses **Lethe** ihren Ausgang. Themistokles sprach sich für eine ›**Lethotechnik**‹ anstatt der ›Mnemotechnik‹ aus. In einer spielerischen Reflexion auf diese Idee zeigte der Semiotiker Umberto Eco (1988) allerdings, dass eine *ars oblivionalis*, eine Kunst des willentlichen Vergessens, ein Paradox wäre: ein Adynaton und ein Oxymoron zugleich.

Erst vor wenigen Jahren hat die psychologische und neurowissenschaftliche Gedächtnisforschung begonnen, das Vergessen systematisch zu erforschen (vgl. Della Sala 2010). Nietzsches Diktum, dass die Existenz des Vergessens noch nicht bewiesen sei, wird durch diese Forschung bestätigt. Psychologen können wissenschaftlich nicht nachweisen, ob Gedächtnisspuren in Organismen tatsächlich im Sinne einer ›starken Form des Vergessens‹ gelöscht werden. Man geht daher von ihrer **Unzugänglichkeit** (*inaccessibility*) aus (Roediger/Weinstein/Agarwal 2010). Allerdings legen neuere neurowissenschaftliche Studien nahe, dass ungewollte (etwa traumatische) Erinnerungen unterdrückt und schließlich vergessen werden können (Benoit et al. 2014).

Die kulturwissenschaftliche Forschung hebt vermehrt die »**Potentiale des Vergessens**« (Blum et al. 2012) hervor. Als bekannte Beispiele werden nicht selten Wahrheits- und Versöhnungskommissionen (etwa die südafrikanische Truth and Reconciliation Commission, TRC) diskutiert oder die Transition in Spanien nach dem Ende der Franco-Diktatur, die auf einem »Pakt des Schweigens« (*pacto de silencio*) beruhte. Beide Beispiele zeigen allerdings auch, welche Probleme der Begriff des Vergessens mit sich bringt. So wird in dem Bericht des TRC explizit betont, dass es in Südafrika um ›Vergebung‹ gehe und dass dies keineswegs mit ›Vergessen‹ zu verwechseln sei (*Truth and Reconciliation Commission of South Africa Report* 1998, S. 116). Im spanischen Fall bedeutete Schweigen alles andere als Vergessen. Seit der Jahrtausendwende kehren Erinnerungen an das Franco-Régime mit aller Wucht zurück, vor allem im Zusammenhang mit der Exhumierung von Massengräbern.

Mehr noch als ›Erinnern‹ erscheint ›Vergessen‹ ein **hoch metaphorisierter Sammelbegriff** zu sein. In der aktuellen Diskussion steht er für sehr verschiedene gesellschaftliche Strategien (Zensur, Schweigen, Versöhnung), biologische und mediale Prozesse (Wechsel der Generationen, Veralterung von Medientechnologien), psychoanalytische Konzepte (Verdrängung) oder sozial geprägte Wahrnehmungsmuster (Selektivität, Rahmenbildung) (vgl. Smith/Emrich 1996; Augé 1998; Ricœur 2000; Butzer/Günter 2004; Connerton 2008; Meier 2010; Gudmundsdottir 2016). In einigen Studien werden pathologisierende Begriffe zur Beschreibung gesellschaftlichen Vergessens eingeführt, etwa der Begriff der »Postamnesie« (Kabir 2013) oder der »Aphasie« (Stoler 2011). Da sich im digitalen Zeitalter das Verhältnis von gespeicherten und nicht-gespeicherten Daten umgekehrt zu haben scheint, fragt die Gedächtnisforschung auch nach einer Ethik des Vergessens, etwa im Zusammenhang mit dem ›Recht auf Vergessenwerden‹, auf die Löschung personenbezogener Daten in digitalen Medien (Mayer-Schönberger 2010; Pereira/Ghezzi/Vesnić-Alujević 2014).

Grundsätzlich gilt auch für die Ebene des Soziokulturellen, dass Vergessen nicht endgültig verifizierbar ist. Während Erinnerungsakte der kulturwissenschaftlichen Analyse zugänglich sind, müssen Akte des Vergessens zudem zumeist über den **Umweg der Beobachtung von Erinnerung** rekonstruiert werden – etwa über Fehler und Veränderungen in der Erinnerungsleistung und über das, was Sigmund Freud als

4.6 Die andere Seite der Erinnerung: Vergessen, Zukunft

›Verdichtung‹, ›Verschiebung‹ oder ›Deckerinnerungen‹ bezeichnet hat. Liedeke Plate (2015) schlägt wohl auch deswegen vor, im Rahmen einer ›**Amnesiologie**‹ nur die aktive gesellschaftliche Produktion von Vergessen zu untersuchen.

In Erweiterung ihrer Theorie des kulturellen Gedächtnisses unterscheidet Aleida Assmann (2016) **aktives und passives Vergessen**: das gewaltsam Zerstörte oder absichtsvoll Entsorgte (und damit unwiederbringlich Verlorene) einerseits und das bloß Veraltete andererseits (Spuren, Relikte), für das es »Rückwege« in den Bereich des kulturellen Erinnern gibt (ebd., S. 19). Assmann unterscheidet **sieben Formen des Vergessens**:

Neutrale Prozesse, bei denen »Vergessen als Filter« fungiert, sind
1. das »automatische Vergessen«, das auf Prozessen des Veralterns basiert,
2. das »Verwahrensvergessen«, den »Eintritt ins Archiv«,
3. das »selektive Vergessen«, die Ausblendung all dessen, was nicht in den jeweiligen »Gedächtnisrahmen« passt.

Negative Formen, bei denen »Vergessen als Waffe« eingesetzt wird, sind
4. »destruktives und repressives Vergessen«, die aktive Auslöschung von Gedächtnisspuren, etwa durch Zensur, und
5. »defensives und komplizitäres Vergessen«, das dem Schutz von Tätern dient.

Positive Formen des Vergessens, die der »Ermöglichung von Zukunft dienen«, sind
6. »konstruktives Vergessen – *tabula rasa* im Dienste eines politischen oder biographischen Neubeginns«, und
7. »therapeutisches Vergessen«, das beispielsweise das Ziel von Wahrheits- und Versöhnungskommissionen darstellt. Den Begriff ›Vergessen‹ übersetzt Assmann hier als »Entschärfung, Überwindung und Distanzierung«. Erst nach einer Phase der Erinnerung, Anerkennung und gemeinsamen Aneignung von geteilter Gewaltgeschichte kann die »Rückstufung dieser Geschichte im Bewusstseinshaushalt der Gesellschaft« erfolgen (Assmann 2016, S. 30–68).

Nicht alle Gegenstände und Begriffe der hier vorgestellten Forschung lassen sich umstandslos unter der Metapher des Vergessens subsumieren. Tatsächlich scheint es häufiger – bzw. präziser formuliert – um das **Wechselspiel von Erinnern und Nicht-Erinnern** zu gehen. Abschließend sollen zwei Konzepte diskutiert werden, die wichtige Ausprägungen solcher Interdependenzen darstellen: Rahmenbildung und Schweigen.

Rahmenbildung (*framing*): Nicht-Erinnern ist nicht gleichzusetzen mit Vergessen. Um das am Beispiel des individuellen Gedächtnisses zu verdeutlichen: Menschen können sich nicht an Informationen erinnern, die sie gar nicht erst enkodiert haben. Weil in solchen Fällen niemals neuronale Strukturen entstanden sind, kann nur schwer von ›Vergessen‹ gesprochen werden. In der soziologischen Forschung werden Prozesse des Ausblendens, des Nicht-Beachtens und des aufgrund fehlender Schemata Nicht-Deuten Könnens zumeist unter dem Begriff des *framing* gefasst (Goffman 1974). Der Bezug zu Halbwachs' ›Gedächtnisrahmen‹ liegt auf der Hand. Dass ein solches ›selektives Vergessen‹ (Assmann) politisch hoch brisant ist, haben Judith Butler (2009, *frames of war*), Ann Stoler (2011, *colonial aphasia*) oder Diana Taylor (1997, *percepticide*) gezeigt. Bestimmte Gewaltgeschichten zu erinnern oder Gewaltopfer zu betrauern, fällt in Gesellschaften dann schwer, wenn nicht die passenden mentalen Rahmen oder Schemata dafür bereitstehen – Formen des Erinnerns also, welche über das kollektive Gedächtnis vermittelt werden.

Schweigen: Wie ein Küstenstreifen zwischen Ebbe und Flut, betont Jay Winter (2010, S. 3), so liegt auch das Schweigen als kulturelle Praxis *zwischen* Erinnerung und Vergessen (vgl. auch Passerini 2003; Dessingué/Winter 2016). Ein psychologisches Konzept, das Einblick in den komplexen Zusammenhang von Schweigen, Erinnern und Vergessen gibt, ist **das abrufinduzierte Vergessen** (*retrieval-induced forgetting*). Forscher konnten zeigen, dass der aktive Abruf von Elementen *einer* Kategorie die Erinnerung an weitere Elemente dieser Kategorie schwächt. Leichter zu erinnern sind dann Elemente einer *anderen* Kategorie. Aktives Erinnern kann also zum Vergessen (verwandter und daher wohl potentiell störender Information) führen. Im Rahmen ihrer psychologischen Forschung zum kollektiven Gedächtnis diskutieren Charles B. Stone und William Hirst (2014), welche Implikationen diese Einsichten für die Effekte öffentlichen Schweigens haben. Öffentliches Schweigen führt insbesondere dann zum individuellen Vergessen, wenn die beschwiegenen Inhalte in enger Beziehung zu jenen Aspekten stehen, die lautstark erinnert werden. Das könnte bedeuten, dass im Goethejahr möglicherweise Schiller im Gedächtnis der Liebhaber/innen deutscher Literatur weniger präsent ist. Es könnte auch neben den (in der Analyse keinesfalls zu vernachlässigenden) politischen und finanziellen Gründen ein Grund dafür sein, dass in der deutschen Erinnerungskultur, die den Holocaust präsent hält, der Völkermord an den Herero und Nama immer wieder ›vergessen‹ wird.

Wie schon Augustinus in seinen *Bekenntnissen* im 4. Jahrhundert erläuterte, erfolgen die Operationen des Gedächtnisses stets in der Gegenwart und produzieren dabei eine »gegenwärtige Vergangenheit« und eine »gegenwärtige Zukunft« (Augustinus 2004). Diese *drei* Zeitorientierungen des Gedächtnisses sind in den modernen Memory Studies ein wenig aus dem Blick geraten, weil (nach den Katastrophen des 20. Jahrhunderts) viel Energie auf die Rekonstruktion gewaltsamer Vergangenheiten und das Studium ihrer anhaltenden Bedeutung für die Gegenwart aufgewendet wurde. Seit einigen Jahren ist die Zukunft in das Blickfeld der Gedächtnisforschung zurückgekehrt.

In der Psychologie und den Neurowissenschaften haben neue Erkenntnisse zum episodischen Gedächtnissystem das Interesse am Zusammenhang von Zukunft und Erinnerung entfacht: Die neurowissenschaftliche Beobachtung von Hirnaktivität hat gezeigt, dass die Imagination der Zukunft auf denselben neuronalen und kognitiven Prozessen basiert wie die Erinnerung an selbsterlebte Vergangenheit (Schacter et al. 2012). Die Hirnregionen für episodische Erinnerung und für die episodische **Simulation hypothetischer Ereignisse** (»episodic future thinking«) sind dieselben (Conway et al. 2016). Allein aufgrund von neurowissenschaftlichen Messungen und ohne Mithilfe der Probanden ist es nicht möglich, episodisch Erinnertes von für die Zukunft Imaginiertem zu unterscheiden. Conway et al. (2016) schlagen daher vor, statt von einem »memory system« genauer von einem »**remembering-imagining system**« (RIS) zu sprechen, also einem Gedächtnissystem, in dem Vergangenheit und Zukunft gleichermaßen aus der Gegenwart heraus konstruiert werden. Psychologen argumentieren, dass die Fähigkeit, die Zukunft zu imaginieren, zu den Grundlagen für geistige Gesundheit und Wohlbefinden gehört (MacLeod 2016; Michaelian/Klein/Szpunar 2016).

Teile der Kulturwissenschaften wenden sich – nach der vorwiegenden Beschäftigung mit Trauma und ›schwierigen Vergangenheiten‹ – seit einigen Jahren verstärkt ›glücklichen‹, ›ermöglichenden‹ oder ›**produktiven**‹ **Erinnerungen** und Projektionen der Zukunft zu (z. B. Strong-Wilson et al. 2013). In diesen Bereich gehört die Erforschung kultureller Erinnerungen, deren Aktivierung die Gesellschaft in die Lage versetzt, die Zukunft aktiv und positiv zu gestalten. In diesem Sinne rekonstruieren Anna Reading und Tamar Katriel (2015) beispielsweise die Bedeutung von Erinnerungen an gewaltlosen Widerstand für die heutigen Protestgenerationen. Im Bereich der Journalismusforschung hat Keren Tenenboim-Weinblatt (2013) den Begriff des *mediated prospective memory* eingeführt, der zeigt, wie Nachrichtenmedien über den Bezug auf kollektives Gedächtnis Agendasetzung für die Zukunft betreiben. Und unter dem Begriff der »Zukünftigkeit« spürt Amir Eshel »prospektive Visionen« in der Weltliteratur auf (Eshel 2012).

Die neuere Forschung zur Nostalgie interessiert sich für die Zukunftsdimensionen dieser scheinbar am stärksten rückwärtsgewandten Form des Erinnerns. So betont Svetlana Boym in *The Future of Nostalgia* (2001, S. xvi), dass Nostalgie nicht nur retrospektive Fantasie sei, sondern immer auch prospektiv einen direkten Einfluss auf die Zukunft habe und daher mit jeder nostalgischen Erinnerung auch Verantwortung verknüpft sei. Sie unterscheidet zwischen restaurativer und **reflektiver Nostalgie**. Als kritisch-ironischer Vergangenheitsbezug eröffnet reflektive Nostalgie für die Zukunft »a multitude of potentialities, nonteological possibilities of historic development« (ebd., S. 50; vgl. auch Niemeyer 2014).

Auch die Diskussionen um **Klimawandel, Anthropozän und Posthumanismus** stellen die Gedächtnisforschung vor die Aufgabe, die Zukunft in ihre Modelle mit einzubeziehen und im Sinne einer ›Zukunft der Erinnerung‹ aktiv über Formen des Erinnerns nachzudenken, die nachhaltige Effekte für die Welt der Zukunft haben (vgl. Crownshaw/Kilby/Rowland 2010; Groes 2016). In diesem Sinne untersuchen Garde-Hansen et al. (2016) etwa ›nachhaltige Fluterinnerungen‹, welche in Gemeinschaften, die Überschwemmungen erlebt haben, Resilienz fördern.

Die neuerliche Akzentuierung der Zukunft in den Memory Studies hat eine **epistemologische und politische Funktion**. Zum einen trägt sie der Einsicht Rechnung, dass das System des Gedächtnisses (auf individueller wie kollektiver Ebene) *kein* ausschließlich auf die Vergangenheit gerichtetes System ist, sondern eines, das unablässig alle drei Zeitebenen relationiert. Zum anderen sind sich die Memory Studies durch neue Konzeptualisierungen von Zukunft und Gedächtnis bewusster darüber geworden, wie Erinnerungen an die Vergangenheit die Zukunft stets mitformen (Rigney 2016) und wie auch die Gedächtnisforschung selbst durch die Auswahl ihrer Untersuchungsgegenstände an der Bildung der Zukunft teilhat. Zu den Aufgaben des Feldes gehört es daher auch, dem Archiv der »vergangenen Zukunft« (Koselleck 1979) bzw. der *past potentialities* (Erll 2016) mehr Aufmerksamkeit zu schenken.

Literatur

Zum Thema ›Vergessen‹
Assmann, Aleida: *Formen des Vergessens*. Göttingen: Wallstein 2016.
Augé, Marc: *Die Formen des Vergessens*. Berlin: Matthes & Seitz 2013 (orig.: *Les formes de l'oubli*. Paris: Payot et Rivages 1998)
Benoit, Roland G., Justin C. Hulbert, Ean Huddleston & Michael C. Anderson: »Adaptive Top–Down Suppression of Hippocampal Activity and the Purging of Intrusive Memories from Consciousness.« *Journal of Cognitive Neuroscience* 27,1 (2014), S. 96–111.
Borges, George Luis: »Das unerbittliche Gedächtnis«. In: *Fiktionen. Erzählungen*. Frankfurt a. M.: Fischer 2004, S. 95–104 (orig. »Funes el memorioso.« In: *Ficciones*. Buenos Aires: Emecé Editores 1944).

Blum, André L., Theresa Georgen, Wolfgang Knapp & Veronika Sellier (Hrsg.): *Potentiale des Vergessens*. Würzburg: Königshausen & Neumann 2012.
Butler, Judith: *Frames of War: When is Life Grievable?* London: Verso 2009.
Butzer, Günter & Manuela Günter (Hrsg.): *Kulturelles Vergessen. Medien – Rituale – Orte*. Göttingen: Vandenhoeck & Ruprecht 2004.
Connerton, Paul: »Seven Types of Forgetting.« In: *Memory Studies* 1,1 (2008), S. 59–71.
Della Sala, Sergio (Hrsg.): *Forgetting*. Hove: Psychology Press 2010.
Dessingué, Alexandre & Jay M. Winter (Hrsg.): *Beyond Memory: Silence and the Aesthetics of Remembrance*. London/New York: Routledge 2016.
Draaisma, Douwe: *Forgetting: The Mind's Survival Mechanism*. New Haven, CT: Yale University 2015.
Eco, Umberto: »An *Ars Oblivionalis*? Forget it!« In: *Publications of the Modern Language Association of America* 103,1 (1988), S. 254–261.
Goffman, Erving: Frame Analysis: An Essay on the Organization of Experience. New York 1974.
Gudmundsdottir, Gunnthorunn: *Representations of Forgetting in Life Writing and Fiction*. Basingstoke: Palgrave Macmillan 2016.
Kabir, Ananya J.: *Partition's Post-Amnesias: 1947, 1971 and Modern South Asia*. New Delhi: Women Unlimited 2013.
Mayer-Schönberger, Viktor: *Delete: Die Tugend des Vergessens in digitalen Zeiten*. Berlin: Berlin University Press 2010.
Meier, Christian: *Das Gebot zu Vergessen und die Unabweisbarkeit des Erinnerns: Vom öffentlichen Umgang mit schlimmer Vergangenheit*. München: Siedler 2010.
Passerini, Luisa: »Memories between Silence and Oblivion.« In: Katherine Hodgkin & Susannah Radstone (Hrsg.): *Contested Pasts: The Politics of Memory*. London: Routledge 2003, S. 238–254.
Pereira, Ângela G., Alessia Ghezzi & Lucia Vesnić-Alujević (Hrsg.): *The Ethics of Memory in a Digital Age: Interrogating the Right to Be Forgotten*. Basingstoke: Palgrave 2014.
Plate, Liedeke: »Amnesiology: Towards the Study of Cultural Oblivion.« In: *Memory Studies* 9,2 (2016), S. 143–155.
Ricœur, Paul: *Gedächtnis, Geschichte, Vergessen*. München: Fink 2004 (orig.: *La mémoire, l'histoire, l'oubli*. Paris: Seuil 2000).
Roediger, Henry L. III, Yana Weinstein & Pooja K. Agarwal: »Forgetting. Preliminiary Considerations.« In: Sergio Della Sala (Hrsg.): *Forgetting*. Hove: Psychology Press 2010, S. 1–21.
Schacter, Daniel L.: *The Seven Sins of Memory: How the Mind Forgets and Remembers*. Boston: Houghton Mifflin, 2001.
Smith, Gary & Hinderk M. Emrich (Hrsg.): *Vom Nutzen des Vergessens*. Berlin: Akademie 1996.
Stoler, Ann L.: »Colonial Aphasia: Race and Disabled Histories in France.« In: *Public Culture* 23,1 (2011), S. 121–156.
Stone, Charles B. & William Hirst: »(Induced) Forgetting to Form a Collective Memory.« *Memory Studies* 7,3 (2014), S. 314–327.
Taylor, Diana: *Disappearing Acts: Spectacles of Gender and Nationalism in Argentina's »Dirty War«*. Durham: Duke UP 1997.
Truth and Reconciliation Commission of South Africa Report. Bd. 1. Cape Town: Truth Reconciliation Commission 1998.
Weinrich, Harald: *Lethe. Kunst und Kritik des Vergessens*. München: Beck 1997.
Winter, Jay: »Thinking about Silence.« In: Ben-Ze'ev, Efrat, Ruth Ginio & Jay. M. Winter (Hrsg.): *Shadows of War: A Social History of Silence in the Twentieth Century*. Cambridge: Cambridge UP 2010, 3–31.

Zum Thema ›Zukunft‹

Augustinus, Aurelius: *Bekenntnisse*. Übers. Joseph Bernhart. Frankfurt a. M./Leipzig: Insel 2004.
Boym, Svetlana: *The Future of Nostalgia*. New York: Basic Books 2001.
Conway, Martin A., Catherine Loveday & Scott N. Cole: »The Remembering-Imagining System.« *Memory Studies* 9,3 (2016), S. 256–265.
Crownshaw, Richard, Jane Kilby & Antony Rowland: *The Future of Memory*. New York: Berghahn Books 2010.
Erll, Astrid: »From ›District Six‹ to *District 9* and Back: The Plurimedial Production of Travelling Schemata.« In: Chiara de Cesari & Ann Rigney (Hrsg.): *Transnational Memory: Circulation, Articulation, Scales*. Berlin/New York: de Gruyter 2014, S. 29–50.
Eshel, Amir: *Zukünftigkeit: Die Zeitgenössische Literatur und die Vergangenheit*. Berlin: Jüdischer Verlag 2012.
Garde-Hansen, Joanne, Lindsey McEwen, Andrew Holmes & Owain Jones: »Sustainable Flood Memory: Remembering As Resilience.« In: *Memory Studies* online first (2016).

Groes, Sebastian (Hrsg.): *Memory in the Twenty-First Century: New Critical Perspectives from the Arts, Humanities, and Sciences*. Basingstoke: Palgrave 2016.

Koselleck, Reinhart: *Vergangene Zukunft: Zur Semantik geschichtlicher Zeiten*. Frankfurt a. M.: Suhrkamp 1979.

MacLeod, Andrew K.: »Prospection, well-being and memory.« In: *Memory Studies* 9,3 (2016), S. 266–274.

Michaelian, Kourken, Stanley B. Klein & Karl K. Szpunar (Hrsg.): *Seeing the Future: Theoretical Perspectives on Future-Oriented Mental Time Travel*. Oxford: Oxford UP 2016.

Niemeyer, Katharina: *Media and Nostalgia: Yearning for the Past, Present and Future*. Basingstoke: Palgrave Macmillan 2014.

Reading, Anna & Tamar Katriel (Hrsg.): *Cultural Memories of Nonviolent Struggles: Powerful Times*. Basingstoke: Palgrave Macmillan 2015.

Rigney, Ann: »Differential Memorability and Transnational Activism: Bloody Sunday, 1887–2016.« In: *Australian Humanities Review* 59 (2016), S. 77–95.

Schacter, Daniel L. et al: »The Future of Memory: Remembering, Imagining, and the Brain.« In: *Neuron* 76,4 (2012), S. 677–694.

Strong-Wilson, Teresa, Claudia Mitchell, Susann Allnutt & Kathleen Pithouse-Morgan (Hrsg.): *Productive Remembering and Social Agency*. Rotterdam: Sense 2013.

Tenenboim-Weinblatt, Keren: »Bridging Collective Memories and Public Agendas: Toward a Theory of Mediated Prospective Memory.« In: *Communication Theory* 23,2 (2013), S. 91–111.

4.7 | Erinnerung in Bewegung: Transkulturelle und transnationale Perspektiven

In der zweiten Dekade des 21. Jahrhunderts sind transkulturelle und transnationale Perspektiven zu einem neuen, äußerst dynamischen und produktiven Konvergenzfeld der internationalen Gedächtnisforschung geworden. Drei in vielerlei Hinsicht miteinander verbundene Richtungen dieses Feldes können unterschieden werden:

1. **Erinnerung im Zeitalter der Globalisierung:** Dabei geht es um gegenwärtige Formen des Erinnerns und um die Frage, welche Auswirkungen das Zeitalter der ökonomischen und kulturellen Globalisierung auf das Gedächtnis hat. Der Gründungstext dieser Forschungsrichtung ist Daniel Levys und Natan Sznaiders *Erinnerung im globalen Zeitalter* (2007 [2001]), der am Beispiel der Holocaust-Erinnerung die Entstehung und Potentiale eines ›kosmopolitischen Gedächtnisses‹ diskutiert (vgl. auch Assmann/Conrad 2010). Das ›postnationale Zeitalter‹, die europäische Integration, Postkolonialismus und Migration sind weitere aktuelle Themen, deren Bearbeitung transkulturelle und transnationale Perspektiven auf Erinnerung erfordern.

2. **Grundlegende Transkulturalität der Erinnerung:** Die konzeptuelle Grundlegung der aktuellen Forschung zur Globalisierung von Erinnerung erfolgt in den Memory Studies durch die Arbeit an Begriffen wie ›transnationale‹ (De Cesari/Rigney 2014), ›multidirektionale‹ (Rothberg 2009) oder ›transkulturelle‹ Erinnerung (Erll 2011). Bei dem Konzept der transkulturellen Erinnerung geht es um die Zirkulation und Vermischung von Inhalten, Formen, Medien und Praktiken des Gedächtnisses. Das Interesse an Transkulturalität bedeutet eine Akzentverschiebung: von als abgeschlossene Einheiten gedachten ›Container‹-Erinnerungskulturen hin zur Einsicht in die grundlegende transkulturelle Dynamik des Erinnerns. Erinnerungsbewegungen und -hybrisierungen werden dabei nicht als Besonderheit des gegenwärtigen Zeitalters verstanden, sondern dezidiert auch in historischer Perspektive betrachtet.

3. **Memory Studies als transnationale Forschungspraxis:** Auch die Praxis der Gedächtnisforschung ist heute durch eine starke transnationale Dynamik charakterisiert. Kollaboration und Austausch über die Grenzen nationaler Wissenschaftskulturen hinweg haben spürbar zugenommen. Etwa seit der Jahrtausendwende sind die Memory Studies zu einem wahrhaft internationalen Forschungsgebiet geworden (wenn auch noch mit einer ›diskrepanten Geographie‹, bei der europäische und nordamerikanische Forschung am sichtbarsten ist). Die Gründung einer International Memory Studies Association im Jahr 2016 ist ein Resultat dieser Entwicklungen.

›Erinnerung in Bewegung‹ bedeutet eine Abkehr von jenem ›**methodologischen Nationalismus**‹ (Ulrich Beck) – bzw. einer generelleren methodologischen ›Containerisierung‹ –, welche das Feld der kulturwissenschaftlichen Gedächtnisforschung seit Mitte der 1980er Jahre prägte: Dazu gehörten Pierre Noras auf die Nation fokussiertes Konzept der *lieux de mémoire* (vgl. Kap. 2.3), gewisse Tendenzen in der Diskussion um ›kulturelles Gedächtnis‹ und ›Erinnerungskulturen‹, den Begriff der Kultur als zu statisch und homogen zu begreifen, sowie eine zunächst noch zu wenig den internationalen Dialog suchende Forschungspraxis.

Mit den Begriffen **Zirkulation, Artikulation** und **Multi-Skalarität** weisen De Cesari und Rigney (2014) darauf hin, dass die neue Gedächtnisforschung stattdessen erstens die Bewegungen von Erinnerung nachverfolgt, zweitens die Verknüpfungen diverser Erinnerungsbestände und deren Potential zur Repräsentation minoritärer Positionen (im Sinne von Stuart Halls Begriff *articulation*) betrachtet und drittens schließlich Sensibilität mitbringt für die grundlegende Multi-Skalarität von Erinnerung, für die Tatsache also, dass viele Erinnerungen *zugleich* individuellen, familialen, regionalen, urbanen, nationalen und transnationalen Gedächtnisrahmen zuzuordnen sind, zwischen den Halbwachs'schen *cadres sociaux* also ›springen‹ und damit jede Form der abschließenden Kategorisierung sprengen (vgl. auch Kennedy/Nugent 2016).

Im Folgenden werden drei Schlaglichter auf das aktuelle Feld der Forschung zu ›Erinnerung in Bewegung‹ geworfen. Erstens geht es um die grundlegende Bedeutung des Transkulturalität-Konzepts für die Gedächtnisforschung und um den von mir dazu eingeführten Begriff des *travelling memory*. In einem zweiten Schritt werden zentrale Studien zu im weitesten Sinne ›entgrenzter Erinnerung‹ (vgl. auch Bond/Craps/Vermeulen 2017) vorgestellt. Aus dem stetig anwachsenden Repertoire von Konzepten wurden ›kosmopolitische‹, ›multidirektionale‹, ›postkoloniale‹ und ›migrantische‹ Erinnerung ausgewählt. Das dritte Schlaglicht fällt auf Europa als wohl meistuntersuchtem transnationalen Gedächtnisraum. Am Beispiel Europas werden einige wichtige Fragen zum transnationalen Gedächtnis, wie etwa die nach der Bedeutung von Erinnerungsregionen, diskutiert.

4.7.1 | ›Travelling Memory‹ – Transkulturalität und Erinnerung

Auf der Suche nach dynamischeren Modellen von Gedächtnis und Erinnerung wird neuerdings in verschiedenen Forschungskontexten der Begriff der **transkulturellen Erinnerung** benutzt (z. B. Speitkamp 2005; Crownshaw 2011; Bond/Rapson 2014, Butt 2014, Brunow 2016, Schulze-Engler 2016). So verorten Moritz Csáky und Elisabeth Großegger (2007, S. 8 f.) Erinnerung »jenseits von Grenzen«, in ineinander übergehenden Kommunikationsräumen. Falser und Juneja (2014) betonen, dass »Kulturerbe« konsequent aus transkultureller Perspektive zu betrachten sei. Wie ich an anderer Stelle argumentiert habe (Erll 2010; 2011; 2015), erlaubt es das Konzept der Transkulturalität (Ortiz 1947 [1940]; Welsch 1997), Vorstellungen von Erinnerungskulturen als »Container-Kulturen« ad acta zu legen und stattdessen die Aufmerksamkeit auf jene Aspekte des Erinnerns und Vergessens zu lenken, die quer zu oder jenseits solcher vorgestellten Formationen liegen. Die Perspektive der Transkulturalität sprengt reifizierte Gedächtnisrahmen – der Nation, der Religion, der Ethnie, der Sprache oder der Region.

Mit dem Konzept der Transkulturalität wird vor allem der in weiten Teilen der Gedächtnisforschung noch vorherrschende **methodologische Nationalismus relativiert**. Was wir aus der Perspektive der Transkulturalitätsforschung und mit Blick auf **gegenwärtige Erinnerungspraxis** zu erkennen vermögen, sind erstens die zahlreichen offenen Ränder nationaler Erinnerungskulturen: die vielen geteilten Erinnerungsorte, die durch Reise, Handel, Kolonialismus und andere Formen des kulturellen Austauschs entstanden sind; zweitens die große interne Heterogenität nationaler Erinnerungskultur: ihre verschiedenen Klassen, Generationen, ethnischen Gruppen, Religionsgemeinschaften und Subkulturen, die allesamt verschiedene, doch in vieler Hinsicht miteinander verwobene Erinnerungskulturen hervorbringen; drittens, die Relevanz, die Formationen jenseits des Nationalstaates für kulturelle Erinnerung haben: die weltweite Umma, der Katholizismus, die ›europäische Linke‹, aber auch Fußball, Musikkultur und Konsumkulturen.

Aber es geht nicht nur um die Denkfigur ›von nationaler zu postnationaler Erinnerung‹ (was einer ›Gedächtnisforschung mit kurzem Gedächtnis‹ entspräche, die nur das 19.–21. Jahrhundert in den Blick nimmt). Vielmehr kann mit dem Konzept der Transkulturalität gezeigt werden, dass die Logik der kulturellen Erinnerung im vornationalen, nationalen *und* postnationalen Zeitalter auf fundamentale Weise die einer transkulturellen Bewegung ist. Aus dezidiert **historischer Perspektive** wird deutlich, dass Formen transkulturellen Erinnerns eine lange Genealogie aufweisen. Seit der Antike überschreiten Inhalte, Formen und Technologien des Gedächtnisses Grenzen von Zeit, Raum und sozialen Gruppen und werden in verschiedenen lokalen Kontexten mit neuem Leben und neuer Bedeutung erfüllt. Transkulturalität ist daher nicht nur eine Kategorie zur Erforschung aktueller Erinnerungspraxis, sondern es handelt sich um eine Perspektive auf kollektives Gedächtnis, die prinzipiell mit Blick auf alle historischen Epochen und Kontexte gewählt werden kann.

Um Prozesse transkulturellen Erinnerns zu beschreiben, greife ich auf die von dem Anthropologen James Clifford (1992) eingeführte Metapher der »travelling culture« zurück und bezeichne das kollektive Gedächtnis als ***travelling memory***. In leichter Abwandlung seines berühmten Diktums könnte man sagen: ›memories do not hold still for their portraits‹. Im Gegenteil scheint sich das Gedächtnis zu allererst durch die **Bewegung von Menschen und Medien** zu konstituieren. Aus dieser Perspektive geraten nicht so sehr die Orte der Erinnerung (*lieux de mémoire*) in den Blick, sondern die ›Reisen‹ oder die Bewegungen der Erinnerung (*voyages* oder *mouvements de mémoire*). Die ubiquitären Kontexte solcher ›Erinnerung in Bewegung‹ reichen von Alltagsinteraktion zwischen verschiedenen sozialen Gruppen bis hin zur transnationalen Medienrezeption und von Reise und Handel zu Migration und Diaspora, zu Krieg und Kolonisierung. Mit einer Unterscheidung von Paul Gilroy (1993) kann davon ausgegangen werden, dass auch kulturelle Erinnerung durch die Rekonstruktion ihrer ›routes‹ zu erforschen ist, jener Wege also, die bestimmte Geschichten, Rituale und Bilder gegangen sind; und nicht so sehr durch die Annahme dessen, was soziale Gruppen als ihre ›roots‹, ihre Wurzeln, bezeichnen: die vermeintlichen Ursprünge eines scheinbar stabilen kulturellen Gedächtnisses. In diesem Sinne argumentieren auch Falser und Juneja für eine »vielfältige Morphologie« in der Gedächtnisforschung:

> Das Präfix »trans« bedeutet eine Befreiung von jener gängigen Definition von ›Kulturen‹, die sie als ethnisch, religiös oder nationalstaatlich homogene Essenzen festschreibt. [...] Eine transkulturelle Sicht [...] sensibilisiert für eine dynamischere Bezeichnung von Kultur, die aus Konstellationen grenzüberschreitender Mobilität konstituiert wird und in einem stetigen Prozess des Wandels eingeschrieben ist. (Falser/Juneja 2014, S. 17)

Tatsächlich erweisen sich bereits die Fundamente dessen, was wir als das kulturelle Gedächtnis des ›Westens‹ begreifen, in vielerlei Hinsicht als Ergebnis transkultureller Bewegung. Der persische Einfluss auf das Alte Testament, ägyptische Unterwelt-Geschichten in Homers *Odyssee*, die Bedeutung des Islam für die europäische Renaissance oder die französischen Wurzeln von Grimms ›deutschen‹ Märchen – selbst die ›ersten Erinnerungen‹ einer kulturellen Formation sind häufig das Resultat transkultureller ›Reisen‹. (Zur methodischen Operationalisierung der Theorie transkultureller Erinnerung durch Konzepte der Prämediation und Remediation vgl. Kap. 5.5.3.)

Natürlich kann Erinnerung nicht selbst wandern. Hier handelt es sich einmal mehr um einen metaphorischen bzw. verkürzten Gebrauch des Begriffs der Erinnerung. Welche Elemente von Erinnerungskultur werden also wie in Bewegung versetzt? Ich unterscheide die **Bewegung von Erinnerung in fünf Dimensionen** (vgl. Erll 2011, S. 12–14):
1. Menschen, bzw. Erinnerungs-Akteure (wie Migranten, Händler oder Touristen),
2. Medien (wandernde Texte und Objekte, in zunehmend globalen und digitalen Medienkulturen),
3. Inhalte (neudeutsch: *memory content*, zumeist durch Remediation wandernde Bilder und Geschichten über die Vergangenheit),
4. Formen (verdichtete Inhalte: Topoi, Narrative und Ikonen als »travelling schemata«, Erll 2014; vgl. den Topos des *never again/nunca mas*, der von der Holocaust-Erinnerung nach Argentinien und von dort nach Spanien ›gewandert‹ ist, Baer/Sznaider 2015) und
5. Praktiken (wandernde Rituale, das ›Wie‹ kollektiven Erinnerns).

Mit Blick auf die Unterscheidung von drei Ebenen der Erinnerungskultur (Kap. 4.2) führen solche Bewegungen zu ›Soziofakten‹, ›Mentefakten‹ und ›Artefakten‹ transkultureller Erinnerung (vgl. Falser/Juneja 2014).

›Transkulturelle Erinnerung‹ in dem hier dargelegten Sinn ist *nicht* einfach ein Sonderfall der kulturellen Erinnerung. Es handelt sich vielmehr um eine **neue Forschungs*perspektive***, eine spezifische Neugier bzw. einen Fokus der Aufmerksamkeit, der sich auf Erinnerungsprozesse richtet, die sich über Zeit und Raum hinweg und zwischen sozialen Gruppen entfalten. **Transkulturelle Erinnerungsforschung** bedeutet, die Grenzen der traditionellen kulturwissenschaftlichen Gedächtnisforschung zu erweitern und sich Phänomenen und Konzepten zuzuwenden, die jenseits der etablierten Forschungsgegenstände und -methoden des Feldes liegen. Es ist eine Forschungspraxis, die auf der Grundannahme basiert, dass Erinnerung auf fundamentale Weise ein transkultureller Prozess ist.

4.7.2 | Konzepte entgrenzter Erinnerung: kosmopolitisch, multidirektional, postkolonial, migrantisch

Die erste einschlägige Studie im Bereich der transkulturellen und transnationalen Erinnerungsforschung wurde im Jahr 2001 von Daniel Levy und Natan Sznaider unter dem Titel *Erinnerung im globalen Zeitalter: Der Holocaust* veröffentlicht. Die Autoren argumentieren, dass es sich bei dem Holocaust um das Paradigma eines globalen Erinnerungsorts handele. Als historisches Ereignis bedeutete er die Ermordung von Angehörigen verschiedenster Nationen und Ethnien; heute ist er als Bezugspunkt weltweiter Erinnerungspraxis fest etabliert. Levy und Sznaider zeichnen am Beispiel der Erinnerung an den Holocaust die Entwicklung eines entterritorialisierten, transnationalen und »sich globalisierenden« Gedächtnisses nach (Levy/Sznaider 2007 [2001], S. 9). Die Erinnerung an den Holocaust ist für Levy und Sznaider eine **kosmopolitische Erinnerung**. Dieses kosmopolitische Moment besteht darin, dass der Holocaust zu einem »negativ legitimierenden Gründungsmoment globaler Gerechtigkeit« (ebd., S. 12) wurde. Das weltweite Gedenken seiner Opfer führte zur nationenübergreifenden Etablierung und Legitimation bestimmter normativer Regeln – allen voran die »Allgemeine Erklärung der Menschenrechte«. Heute werden Fragen der Demokratie, Toleranz, Humanität sowie die Ächtung von Verbrechen gegen die Menschlichkeit in erinnerndem Rückgriff auf den Holocaust diskutiert.

In ihrem Ringen um Anerkennung präsentieren Opfergruppen ihre Erfahrung daher nicht selten in Analogie zum Holocaust und ziehen Parallelen zwischen den heutigen Tätern und den Nazis. Dabei gilt, so Levy und Sznaider: »›Recht‹ hat, wer sich als ›unschuldiges Opfer‹ darstellen kann« (ebd., S. 228). Im Rahmen solcher **Analogiebildungen** wurden Begriffe wie ›Kosovoaust‹ oder ›Indian Holocausts‹, ›African Holocausts‹ und ›Roter Holocaust‹ geprägt. Und selbst der palästinensische ›Nakbah‹-Gedenktag ahmt einige Rituale des israelischen Holocaust-Gedenktags nach (vgl. ebd., S. 237). Das Beispiel des Holocaust zeigt damit auch, wie eng globale und lokale Erinnerungspraxis zusammenwirken, denn es ist die durch transnationale Repräsentation erfolgende »**Universalisierung des Bösen**, welche die metaphorische Kraft des Holocaust antreibt und eine lokale Vereinnahmung im Falle von Menschenrechtsverbrechen ermöglicht« (ebd., S. 13). Durch diese Dynamik von **Globalisierung und Re-Lokalisierung** des Gedächtnisses ist der Holocaust zu einem »universalen ›Container‹ für Erinnerungen an unterschiedliche Opfer geworden« (ebd., S. 229).

Levy und Sznaider geben im Vorwort zur deutschen Neuausgabe ihres Buches allerdings zu bedenken: »Der Preis, der dafür gezahlt wird, ist die **Entkontextualisierung** der Geschichte« (ebd., S. 11). Eine ähnliche Bestandsaufnahme macht Andreas Huyssen (2003, S. 99), wenn er konstatiert: »the Holocaust [...] attaches itself like a floating signifier to historically very different situations«. Ein Erinnerungsgegenstand wird aus seinem ursprünglichen Zusammenhang gelöst und als verfügbares Modell, als *floating signifier* (bzw. als Schema, Formel oder narrative Abbreviatur) genutzt, um neue und andere Erfahrungen zu deuten. Dies kann auf sehr produktive und legitime Weise geschehen, etwa im Sinne eines »motor energizing the discourses of memory elsewhere« (ebd.). Als einen solchen ›Motor‹ bezeichnet Andreas Huyssen die Rolle der Holocaust-Erinnerung für die Arbeit der Wahrheits- und Versöhnungskommissionen in Südafrika oder die australische Erinnerung an die ›gestohlene Generation‹ (der zur europäisierenden ›Umerziehung‹ verschleppten Ureinwohner). Zu bedenken ist dabei jedoch, dass die zu besetzenden Stellen (*slots*) eines globalen Erinnerungs-Schemas – ›Täter‹ und ›Opfer‹ im Falle der Holocaust-Erinnerung – auch auf verkehrte Weise ausgefüllt werden können (etwa wenn sich Tätergruppen als Opfer inszenieren). Außerdem kann die Erinnerung an den Holocaust im Sinne einer ›Deckerinnerung‹ Einsichten in die spezifische lokale Geschichte blockieren (ebd., S. 14). Nicht zuletzt kann das Erinnerungsschema schlicht in seiner rudimentärsten Form und sinnentleert zirkulieren (etwa im Bereich der Unterhaltungsindustrie). Die These, dass es, wie Levy und Sznaider mit Blick auf die Holocaust-Erinnerung nahelegen, einen Zusammenhang zwischen einem »›entorteten‹, ›transnationalen‹ und sich ›globalisierenden‹, *und damit letztlich* ›kosmopolitischen‹ Gedächtnis« (Levy/Sznaider 2007 [2001], S. 9 f., meine Hervorhebung) gebe, kann also nur bedingt Gültigkeit beanspruchen. Nicht jedes *memory around the globe* wird automatisch zu einem veritablen *global memory*, nicht jeder weltweit verfügbare Gedächtnisbestand zu einer kosmopolitischen Erinnerung.

Vergleichende Fallstudien zu **kosmopolitischer Holocaust-Erinnerung in Europa** haben Harald Welzer und seine Gruppe vorgelegt. Sie führten Interviews in Norwegen, Dänemark, den Niederlande, der Schweiz, Serbien und Kroatien durch und zeigen in *Der Krieg der Erinnerung. Holocaust, Kollaboration und Widerstand im europäischen Gedächtnis* (2007), wie das transnationale Holocaust-Narrativ durch nationale ›Basiserzählungen‹, generationelle und familiäre Rahmen lokal jeweils spezifisch ausgeformt wird.

Für die Möglichkeiten, die durch die Verknüpfung unterschiedlicher Geschichten in der Erinnerung entstehen, interessiert sich Michael Rothberg in ***Multidirectional Memory*** (2009). Sein Begriff der ›multidirektionalen Erinnerung‹ richtet sich sowohl gegen den unausgesprochenen Eurozentrismus, der Konzepten von ›kosmopolitischem Gedächtnis‹ nicht selten zugrunde liegt, als auch gegen die letztlich bis auf Halbwachs zurückgehende Vorstellung, das Gedächtnis operiere nach dem Prinzip der Knappheit: Das Gedenken an *eine* Opfergruppe schließe also notwendig die Möglichkeit der Erinnerung an *andere* Opfer aus (ebd., S. 3). Rothberg schlägt vor, einmal grundlegend anders über kulturelle Erinnerung nachzudenken und wendet sich der Frage zu, wie ein Gedächtnis-Diskurs einen anderen Diskurs über die Vergangenheit *ermöglichen* kann (ebd., S. 6). An die Stelle von Erinnerungskonkurrenzen tritt somit ein Verständnis von Erinnerung als »multidirectional, as subject to ongoing negotiation, cross-referencing, and borrowing« (ebd., S. 15). In Rothbergs Fallstudien geht es um die Frage, wie sich Formen kultureller Erinnerung an den Holocaust in den 1950er Jahren im Dialog mit Prozessen der Dekolonisierung entwickelten (vgl. dazu auch Diner 2007). Ziel ist die Rekonstruktion einer »unacknowledged history of cross-referencing« (Rothberg 2009, S. 7). ›Multidirektionale Erinnerung‹ ist – und darin ähnelt Rothbergs Konzept dann doch Levys und Sznaiders *cosmopolitan memory* – eine zutiefst ethische Kategorie. Diese Form des Erinnerns hat »the potential to create new forms of solidarity and new visions of justice« (ebd. S. 5). Genau deshalb lohnt es sich, Beispiele multidirektionalen Erinnerns aufzuspüren.

Die Studien von Levy und Sznaider und von Rothberg haben eine wichtige Denkfigur in die neuere Gedächtnisforschung eingeführt: die **Entkoppelung von Gedächtnis und Identität**. Statt von Kongruenz und klarer Umgrenztheit von Erinnerung und Identität auszugehen, nehmen sie entgrenzende Prozesse der Identifikation, Empathie und Solidarität über nationale, ethnische oder religiöse Schranken hinweg in den Blick. Es handelt sich um Dynamiken, die Alison Landsberg (2004) als *prosthetic memory* und Marianne Hirsch (2012) als *connective memory* beschreiben.

Das Ergebnis solcher neuen Verknüpfungen ist allerdings nicht in jedem Fall positiv, wie es etwa das Konzept kosmopolitischer Erinnerung nahezulegen scheint. Wie auch Falser und Juneja (2014, S. 19) mit Blick auf transkulturelles Kulturerbe hervorheben, bringen Kulturbeziehungen stets »**konträre Formen von Relationalität** hervor«. Michael Rothberg (2015, S. 40) nimmt daher im Feld des multidirektionalen Erinnerns auf der »Achse der Vergleichbarkeit« ein »Kontinuum von Gleichsetzung bis zu Unterscheidung« und auf der »Achse des politischen Affekts« ein »Kontinuum von Solidarität bis zu Konkurrenz« an.

Das Konzept multidirektionaler Erinnerung verbindet Holocaustforschung erstmals systematisch mit Postkolonialen Studien. Tatsächlich ist der längst überfällige Dialog zwischen kulturwissenschaftlicher **Gedächtnisforschung und Postcolonial Studies** gerade erst im Entstehen. Zu den wegweisenden Beiträgen auf diesem Gebiet gehören Stef Craps' *Postcolonial Witnessing. Trauma out of Bounds* (2011), eine Studie zur anglophonen postkolonialen Literatur (u. a. zu Sindiwe Magona, David Dabydeen, Caryl Phillips und Anita Desai), sowie Max Silvermans *Palimpsestic Memory. The Holocaust and Colonialism in French and Francophone Fiction and Film* (2013), worin Texte und Filme von Assia Djebar, Georges Perec, Alain Resnais oder Jean-Luc Godard untersucht werden.

Da es die Postcolonial Studies stets mit geteilten, verschränkten und umkämpften Vergangenheiten zu tun haben sowie mit komplexen, oft hybriden Erinnerungspraktiken in (post-)kolonialen und multikulturellen Kontexten – ›**Kontaktzonen der Erinnerung**‹ also – können sie einen gewichtigen Beitrag zum Feld der transnationalen und transkulturellen Gedächtnisforschung leisten. In diesem Sinne beschäftigen sich die Beiträge in einem Bulletin des Deutschen Historischen Instituts London (Sengupta-Frey 2009) mit *lieux de mémoire* in kolonialen und postkolonialen Kontexten. Das Spektrum der Themen und Untersuchungsräume postkolonialer Gedächtnisforschung ist so weit wie die Geographie von Kolonialismus und Rassismus: In Südafrika beispielsweise, einem äußerst produktiven Ort der aktuellen Memory Studies, geht es zumeist um die Möglichkeiten von Erinnerung und Versöhnung sowie um die Praktiken und Potentiale des Erinnerns vor und nach der Apartheid-Ära (Coombes 2003). Schlüsselthemen der Forschung zu ehemaligen Siedlerkolonien, wie Kanada und Australien, sind koloniale Gewalt sowie die an den Ureinwohnern verübten Genozide (Healy 2008). Dirk Moses (2008) verbindet vergleichende Genozidforschung mit Imperialismusforschung. Bände wie *(Post-)colonialism Across Europe* (Göttsche/Dunker 2014) widmen sich vergleichend der Bedeutung des Post-/Kolonialismus für den europäischen Raum. Mit Blick auf Deutschland hat Astrid Messerschmidt (2008) das Konzept des Postkolonialen für eine Analyse von Erinnerung in der »postnationalsozialistischen Gesellschaft« fruchtbar gemacht. (Zur Erinnerung an den deutschen Kolonialismus vgl. Förster 2010.)

Postimperiale Erinnerung erscheint als eine spezifische, durch Paradoxa des Erinnerns und Vergessens, Anerkennung und Verleugnung gekennzeichnete Form des gesellschaftlichen Erinnerns. In diesem Sinne untersucht Paul Bijl (2015) die immer wieder auf- und abtauchenden Erinnerungen an niederländische Gräueltaten in Indonesien. Die Beiträge in Rothermund (2015) kartieren *Erinnerungskulturen post-imperialer Nationen*, von Großbritannien bis Japan. Doch nicht nur diese überseeischen Imperien produzieren postimperiale Erinnerungen, sondern etwa auch das Habsburgerreich, das Osmanische Reich oder das Russische Reich (Etkind 2011).

Großes Interesse finden gegenwärtig zudem **migrantische und diasporische Erinnerungskulturen** und deren *rites of return* (Hirsch/Miller 2013; vgl. auch Baronian et al. 2007; Creet/Kitzmann 2011). Dabei richtet sich der Blick zunehmend auch auf Deutschland und das Verhältnis von Migranten und nationaler Erinnerungskultur (Diner 1998; Georgi/Ohliger 2009). Michael Rothberg und Yasemin Yildiz (2011, S. 35) formulieren das »**ethnische Paradox**« der deutschen Erinnerungskultur folgendermaßen:

> [I]n the aftermath of the Nazi genocide, it has seemed necessary to preserve an ethnically homogeneous notion of German identity in order to ensure Germans' responsibility for the crimes of the recent past, even though that very notion of ethnicity was one of the sources of those crimes.

Auf diese Weise perpetuiert die deutsche Erinnerungskultur das veraltete Abstammungsprinzip eines *ius sanguinis* (›Gesetz des Blutes‹). Resultat ist, dass beispielsweise türkische Migranten und ihre Nachkommen von der Erinnerung an den Holocaust ausgeschlossen werden und in einen »double bind« geraten, weil ihnen damit auch eine vollwertige ›Bürgerschaft‹ in der nationalen Erinnerungskultur – ein »memory citizenship« – vorenthalten bleibt.

Die Teilhabe an Erinnerung in der Migrationsgesellschaft ist gerade angesichts steigender Flüchtlingszahlen ein wichtiges Thema. Ziel muss es sein, den ›Neuen Deutschen‹ eine in zwei Richtungen wirkende Form der **Partizipation** an deutschen Erinnerungskulturen zu ermöglichen, welche zum einen eine eigenständige Auseinandersetzung mit deutschen Vergangenheiten beinhaltet und zum anderen die Bereitschaft der Gesellschaft, auch migrantische Erinnerungen anzuerkennen und zu einem integralen Bestandteil des ›deutschen Gedächtnisses‹ zu machen.

4.7.3 | Europäisches Gedächtnis

Vor allem in europäischen Forschungseinrichtungen geht es zunehmend um die Frage, wie angesichts der europäischen Integration **Europa als Erinnerungsgemeinschaft** konzipiert werden kann (vgl. Eder/Spohn 2005; Passerini 2009; Knigge et al. 2011, Assmann 2012). Hierbei handelt es sich um ein einschlägiges Beispiel für transnationales Gedächtnis (Engel/Middell/Troebst 2012). Vorsicht ist allerdings geboten, da das europäische Gedächtnis, wie auch Rigney (2012) betont, nicht einfach als Ausweitung von ›nationalen Containern‹ auf einen ›supranationalen Container‹ begriffen werden kann. Diskrepante Erinnerungs-Geographien und produktive wie riskante transkulturelle Dynamiken kennzeichnen dieses Feld. Doch inwiefern kann überhaupt von »**Europas Gedächtnis**« gesprochen werden? Die Herausgeber eines gleichnamigen Sammelbandes fragen kritisch in ihrem Vorwort:

> Macht es überhaupt Sinn, von Europas Gedächtnis zu reden? Kann es eine gemeinsame europäische Politik ohne die Gemeinsamkeit des Gedächtnisses geben? Was wird erinnert? Nur das halbe Jahrhundert seit den Römischen Verträgen, oder existiert ein tiefer reichendes historisches Erinnern der Europäer jenseits des jeweiligen nationalen Gedächtnisses? Wie verhalten sich die einzelstaatlichen Erinnerungen zu Europa und zur Geschichte der europäischen Integration? Lassen sich die Erinnerungen der einen in die Erinnerungen der anderen übersetzen? Wieviel Gegensätzlichkeit der Erinnerungen kann Europa aushalten? (König/Schmidt/Sicking 2008, S. 7 f.).

Helmut König (ebd., S. 22) konstatiert: »Etwas, das den Namen eines kollektiven europäischen Gedächtnisses verdiente, ist bislang [...] nicht in Sicht«. Doch zugleich wird nach diesem unsichtbaren europäischen Gedächtnis geradezu leidenschaftlich gefahndet. Die Gedächtnisforschung findet sich dabei nicht selten in einer Grauzone zwischen Wissenschaft, Politik und Marketing wieder, in der versucht wird, »Europa ein modernes *outfit* zu geben, Europa *trendy* zu machen, europäische Symbole zu popularisieren« (ebd., S. 21). Der Übergang von einer distanzierten Rekonstruktion von Erinnerungsprozessen zur aktiven (Ko-)Konstruktion europäischer Erinnerungen und Identitäten erscheint dabei oft fließend.

Claus Leggewie und Anne Lang unterstreichen in *Der Kampf um die europäische Erinnerung* (2011) die enorme politische Bedeutung der Beschäftigung mit **Erinnerung und Anerkennung** in Europa. Sie vertreten die

Auffassung, dass ein supranationales Europa nur dann eine tragfähige *politische* Identität erlangen kann, wenn die öffentliche Erörterung und wechselseitige Anerkennung strittiger Erinnerungen ebenso hoch bewertet wird wie Vertragswerke, Binnenmarkt und offene Grenzen: Wenn das vereinte Europa also eine *geteilte* Erinnerung hat, die vergangene Konflikte, an denen die Geschichte Europas überreich ist, in aller Deutlichkeit benennt, sie aber in zivilen Formen bearbeitet und genau darüber eine Gemeinsamkeit wachsen lässt, die die Europäische Union nach innen und außen handlungsfähig macht (Leggewie/Lang 2011, S. 7).

Leggewie und Lang beziehen sich auf vier ›Memorialregimes‹ in Europa nach 1945, wie sie von dem griechische Zeithistoriker Stathis Kalyvas unterschieden werden: Exklusion, Inklusion, Kontestation, Beschweigen (ebd., S. 10) und identifizieren im ersten Teil ihres Buches sieben »konzentrische **Kreise europäischer Erinnerung**«:
1. »Holocaust«: »die Erinnerung an den millionenfachen Mord an den europäischen Juden, symbolisiert in dem gemeineuropäischen Gedenktag des 27. Januar 1945«,
2. »GULag«: »Erinnerungen an die Staatsverbrechen kommunistischer (Okkupations-)Regime und Parteien« (ebd., S. 12),
3. »Ethnische Säuberungen«: Erinnerungen an »Vertreibung als gesamteuropäisches Trauma« (ebd., S. 27),
4. »Kriege und Krisen«: Erinnerungen an die Kriege des 20. Jahrhundert, vom Ersten Weltkrieg bis zu den Krisen den Kalten Kriegs, als »Motor Europas« (ebd., S. 32),
5. »Kolonialverbrechen«: Erinnerungen an den europäischen Kolonialismus, der in Gestalt von Handelskompanien, militärischen Eroberern sowie Geistlichen und Pädagogen auftrat (ebd., vgl. S. 37),
6. »Migrationsgeschichte«: Erinnerung an »Europa als Einwandererkontinent« (ebd., S. 40),
7. »Europäische Integration«: Erinnerung an »Europas Erfolgsgeschichte nach 1945« (ebd., S. 45).

Die intensive Forschung des vergangenen Jahrzehnts zu osteuropäischen Erinnerungskulturen hat gezeigt, dass in Europa verschiedene **Erinnerungs***regionen* zu unterscheiden sind (z. B. Weber/Olschowsky 2011; Etkind/Blacker 2013; Troebst 2013). Vereinfacht dargestellt teilt sich Europa heute in zwei Erinnerungsregionen: In Westeuropa gilt der Holocaust als ›negativer Gründungsmythos‹, in Osteuropa nimmt die Erinnerung an stalinistische Verbrechen einen größeren Raum ein. Dieses scheinbar klare zweiwertige Modell wird jedoch weiter kompliziert durch regionale wie lokale Spezifika und Verflechtungen des Erinnerns. In der Osteuropa-Forschung werden solche komplexen Konstellationen beispielsweise untersucht als »das umstrittene Gedächtnis« (Bauerkämper, 2012; Sindbæk-Andersen/Törnquist-Plewa 2016), als transnationale Erinnerungsorte (z. B. ›Katyn‹; Etkind et al. 2012) oder als »post-jugoslawische Konstellationen« (Beronja/Vervaet 2016). Die wohl einschlägigste neuere Studie, die eine Erinnerungsregion mit charakteristischen Geschichtserfahrungen und Erinnerungen identifiziert, ist Timothy Snyders *Bloodlands* (2012). Snyder begreift die Region, die durch Polen, Weißrussland, die Ukraine und die baltischen Staaten konstituiert wird, als *bloodlands*, ›Region der Bluttaten‹, die bis heute geprägt ist durch die Gleichzeitigkeit von Stalins Terrorkampagnen, Hitlers Holocaust und dem Hungerkrieg.

Die wachsende Bedeutung von Regionen und **transregionalen Zusammenhängen** – *memorylands* (Macdonald 2013) und *global memoryscapes* (Phillips/Reyes 2011) – als analytische Kategorien der Gedächtnisforschung bleibt nicht auf den europäischen Rahmen beschränkt. Sie hat sich zum Beispiel auch mit Blick auf das südchinesische Meer (Borschberg/North 2010) oder den Indischen Ozean (Karugia 2017) als fruchtbar erwiesen.

Wie soll **europäische Erinnerung für die Zukunft** gestaltet werden? Ann Rigney (2012, S. 624) betont, dass europäische Erinnerung zu einer »resource for shaping citizenship« werden kann – allerdings erst dann, wenn Erinnerung im Sinne eines dynamischen Modells als »ongoing conversation about multiple pasts and just as many futures« begriffen werde. Wie ein solches andauerndes Gespräch unter europäischen Partnern zu führen wäre, erörtert Aleida Assmann (2013, S. 197) mit dem Begriff der »dialogischen Erinnerung«. Für den »Umgang mit traumatischer Vergangenheit« bedeutet dies die »wechselseitige Anerkennung von Opfer- und Täterkonstellationen in Bezug auf eine gemeinsame Gewaltgeschichte.« In der neueren Forschung wurde der Begriff der »agonistischen Erinnerung« entwickelt. Hierbei handelt es sich um einen Modus des Sprechens über Vergangenheit, welcher Defizite des antagonistischen und kosmopolitischen Erinnerns vor allem durch Kontextsensitivität beheben soll (Bull/Hansen 2016). Vorsichtig optimistisch schließt Aline Sierp (2014) aus ihrer Erforschung europäischer Erinnerungspolitik, dass die Richtlinien der EU trans-europäische Erinnerung und Versöhnung bereits auf den Weg gebracht haben. Sicherlich muss es bei der europäischen Erinnerung heute um eine transnationale Zukunftsorientierung gehen – um die Frage (mit einer Bemerkung von Leggewie und Lang zu dem kontrovers diskutierten »Haus der Europäischen Geschichte« in Brüssel), »wie man heute als Europäerin und Europäer in einer veränderten Weltgesellschaft tätig werden kann.« (Leggewie/Lang 2011, S. 187).

Literatur

Assmann, Aleida: *Auf dem Weg zu einer europäischen Gedächtniskultur*. Wien: Picus 2012.
Assmann, Aleida: *Das neue Unbehagen an der Erinnerungskultur. Eine Intervention*. München: Beck 2013.
Assmann, Aleida & Sebastian Conrad (Hrsg.): *Memory in a Global Age: Discourses, Practices and Trajectories*. Basingstoke: Palgrave Macmillan 2010.
Baer, Alejandro & Natan Sznaider: »Ghosts of the Holocaust in Franco's Mass Graves: Cosmopolitan Memories and the Politics of ›Never Again‹.« In: *Memory Studies* 8,3 (2015), S. 328–344
Baronian, Marie-Aude, Stephan Besser & Yolande Jansen (Hrsg.): *Diaspora and Memory: Figures of Displacement in Contemporary Literature, Arts and Politics*. Amsterdam: Rodopi 2007.
Bauerkämper, Arnd: *Das umstrittene Gedächtnis. Die Erinnerung an Nationalsozialismus, Faschismus und Krieg in Europa seit 1945*. Paderborn: Schöningh 2012.
Beronja, Vlad & Stijn Vervaet (Hrsg.): *Post-Yugoslav Constellations: Archive, Memory, and Trauma in Contemporary Bosnian, Croatian, and Serbian Literature and Culture*. Berlin/New York: de Gruyter 2016.
Bijl, Paul: *Emerging Memory: Photographs of Colonial Atrocity in Dutch Cultural Remembrance*. Amsterdam: Amsterdam UP 2015.
Bond, Lucy & Jessica Rapson (Hrsg.): *The Transcultural Turn: Interrogating Memory Between and Beyond Borders*. Berlin/New York: de Gruyter 2014.

Bond, Lucy, Stef Craps & Pieter Vermeulen (Hrsg.): *Memory Unbound: Tracing the Dynamics of Memory Studies*. New York: Berghahn 2017.
Borschberg, Peter & Michael North: »Transcending Borders: The Sea as Realm of Memory«. In: *Asia Europe Journal* 8,3 (2010), S. 279–292.
Brunow, Dagmar: *Remediating Transcultural Memory: Documentary Filmmaking as Archival Intervention*. Berlin/New York: de Gruyter 2016.
Bull, Anna Cento und Hans Lauge Hansen: »On Agonistic Memory.« In: *Memory Studies* 9,4 (2016), S. 390-404.
Butt, Nadia: *Transcultural Memory and Globalised Modernity in Contemporary Indo-English Novels*. Berlin/New York: de Gruyter 2015.
Clifford, James: »Travelling Cultures«. In: Lawrence Grossberg, Cary Nelson & Paul A. Treichler (Hrsg.): *Cultural Studies*. New York: Routledge 1992. S. 96–116.
Coombes, Annie E.: *History After Apartheid: Visual Culture and Public Memory in a Democratic South Africa*. Durham: Duke UP 2003.
Craps, Stef: *Postcolonial Witnessing: Trauma Out of Bounds*. New York: Palgrave Macmillan 2013.
Creet, Julia & Andreas Kitzmann (Hrsg.): *Memory and Migration: Multidisciplinary Approaches to Memory Studies*. Toronto: University of Toronto Press 2011.
Crownshaw, Rick (Hrsg.): *Transcultural Memory*. Sonderheft *Parallax* 17,4 (2011).
Csáky, Moritz & Elisabeth Großegger (Hrsg.): *Jenseits von Grenzen: Transnationales, translokales Gedächtnis*. Wien: Praesens-Verlag 2007.
De Cesari, Chiara & Ann Rigney (Hrsg.): *Transnational Memory: Circulation, Articulation, Scales*. Berlin/New York: de Gruyter 2014.
Diner, Dan: »Nation, Migration, and Memory: On Historical Concepts of Citizenship.« In: *Constellations* 4,3 (1998), S. 293–306.
Diner, Dan: *Gegenläufige Gedächtnisse. Über Geltung und Wirkung des Holocaust*. Göttingen: Vandenhoeck & Ruprecht 2007.
Eder, Klaus & Willfried Spohn (Hrsg.): *Collective Memory and European Identity: The Effects of Integration and Enlargement*. Aldershot, Hants, England: Ashgate 2005.
Engel, Ulf, Matthias Middell & Stefan Troebst (Hrsg.): *Erinnerungskulturen in transnationaler Perspektive*. Leipzig: Leipziger Universitätsverlag 2012.
Erll, Astrid: »Regional Integration and (Trans)Cultural Memory«. In: *Asia-Europe Journal* 8,3 (2010), S. 305–315.
Erll, Astrid: »Travelling Memory«. In: Rick Crownshaw (Hrsg.): *Transcultural Memory*. Sonderheft *Parallax* 17,4 (2011), S. 4–18.
Erll, Astrid: »From ›District Six‹ to *District 9* and Back: The Plurimedial Production of Travelling Schemata.« In: Chiara de Cesari & Ann Rigney (Hrsg.): *Transnational Memory: Circulation, Articulation, Scales*. Berlin/New York: de Gruyter 2014, S. 29–50.
Erll, Astrid: »Transcultural Memory.« In: *Critical Encyclopedia of Testimony and Memory* 2015, http://memories-testimony.com/en/notice/transcultural-memory/ (22.12.2016).
Etkind, Aleksander: *Internal Colonization: Russia's Imperial Experience*. Cambridge: Polity Press 2011.
Etkind, Aleksander: *Remembering Katyn*. Cambridge: Polity 2012.
Etkind, Alexander & Uilleam Blacker (Hrsg.): *Memory and Theory in Eastern Europe*. New York: Palgrave Macmillan 2013.
Falser, Michael & Monica Juneja: *Kulturerbe und Denkmalpflege transkulturell: Grenzgänge zwischen Theorie und Praxis*. Bielefeld: transcript 2013.
Förster, Larissa: *Postkoloniale Erinnerungslandschaften: Wie Deutsche und Herero in Namibia des Kriegs von 1904 Gedenken*. Frankfurt a. M.: Campus 2010.
Georgi, Viola B. & Rainer Ohliger (Hrsg.): *Crossover-Geschichte: Historisches Bewusstsein Jugendlicher in der Einwanderungsgesellschaft*. Hamburg: Ed. Körber-Stiftung 2009.
Gilroy, Paul: *The Black Atlantic: Modernity and Double Consciousness*. Cambridge, MA: Harvard UP 1993.
Göttsche, Dirk & Axel Dunker: *(Post-)colonialism Across Europe: Transcultural History and National Memory*. Bielefeld: Aisthesis 2014.
Healy, Chris: *Forgetting Aborigines*. Sydney: University of New South Wales Press 2008.
Henningsen, Bernd, Hendriette Kliemann & Stefan Troebst (Hrsg.): *Transnationale Erinnerungsorte: Nord- und südeuropäische Perspektiven*. Berlin: BWV 2009.
Hirsch, Marianne: *The Generation of Postmemory: Writing and Visual Culture After the Holocaust*. New York: Columbia University Press, 2012.
Hirsch, Marianne & Nancy K. Miller (Hrsg.): *Rites of Return: Diaspora Poetics and the Politics of Memory*. New York: Columbia UP 2011.

Huyssen, Andreas: *Present Pasts: Urban Palimpsests and the Politics of Memory.* Stanford, CA: Stanford UP 2003.
Karugia, John Njenga: *The Afrasian Sea: Memory Politics, Cosmopolitan Imaginaries and Social Justice.* London/New York: Routledge 2017 (= Memory Studies: Global Constellations) (in Vorbereitung).
Kennedy, Rosanne & Maria Nugent (Hrsg.): *Scales of Memory.* Sonderheft *Australian Humanities Review* 59 (2016).
Knigge, Volkhard, Hans-Joachim Veen, Ulrich Mählert & Franz-Josef Schlichting (Hrsg.): *Arbeit am europäischen Gedächtnis. Diktaturerfahrung und Demokratieentwicklung.* Köln: Böhlau 2011.
König, Helmut, Julia Schmidt & Manfred Sicking (Hrsg.): *Europas Gedächtnis: Das neue Europa zwischen nationalen Erinnerungen und gemeinsamer Identität.* Bielefeld: Transcript 2008.
Landsberg, Alison: *Prosthetic Memory: The Transformation of American Remembrance in the Age of Mass Culture,* New York: Columbia University Press, 2004.
Leggewie, Claus & Anne Lang: *Der Kampf um die europäische Erinnerung: Ein Schlachtfeld wird besichtigt.* München: C. H. Beck 2011.
Levy, Daniel & Natan Sznaider: *Erinnerung im globalen Zeitalter: Der Holocaust.* Frankfurt a. M.: Suhrkamp 2007 [2001].
Macdonald, Sharon: *Memorylands: Heritage and Identity in Europe Today.* London/New York: Routlegde 2013.
Messerschmidt, Astrid: »Postkoloniale Selbstbilder in der postnationalsozialistischen Gesellschaft.« In: *PERIPHERIE* 28, 109/110 (2008), S. 42–60.
Moses, Dirk (Hrsg.): *Empire, Colony, Genocide: Conquest, Occupation, and Subaltern Resistance in World History.* New York: Berghahn 2008.
Ortiz, Fernando: *Cuban Counterpoint: Tobacco and Sugar,* New York: A. A. Knopf, 1947 (orig. *Contrapunteo Cubano del tabaco y el azúcar.* La Habana: J. Montero 1940).
Passerini, Luisa: *Love and the Idea of Europe.* New York: Berghahn 2009.
Phillips, Kendall R. & G. Mitchell Reyes (Hrsg.): *Global Memoryscapes: Contesting Remembrance in a Transnational Age.* Tuscaloosa: University of Alabama Press 2011.
Rigney, Ann: »Transforming Memory and the European Project.« In: *New Literary History* 43,4 (2012), S. 607–628.
Rothberg, Michael: *Multidirectional Memory: Remembering the Holocaust in the Age of Decolonization.* Stanford, CA: Stanford UP 2009.
Rothberg, Michael: »Von Gaza nach Warschau: Die Kartierung des multidirektionalen Gedächtnisses.« In: Iris Roebling-Grau & Dirk Rupnow (Hrsg.): *Holocaust-Fiktion: Kunst jenseits der Authentizität.* Paderborn: Fink 2015, S. 37–61.
Rothermund, Dietmar: *Erinnerungskulturen Post-Imperialer Nationen.* Baden-Baden: Nomos 2015.
Schulze-Engler, Frank: »Global History, Indigenous Modernities, Transcultural Memory: World War I and II in Native Canadian, Aboriginal Australian and Mäori Fiction.« In: Mita Banerjee (Hrsg.): *Comparative Indigenous Studies.* Heidelberg: Winter 2016, S. 383–405.
Sengupta-Frey, Indra (Hrsg.): *Memory, History, and Colonialism: Engaging with Pierre Nora in Colonial and Postcolonial Contexts.* Bulletin of the German Historical Institute London. London: German Historical Institute 2009.
Sierp, Aline: *History, Memory, and Trans-European Identity: Unifying Divisions.* New York: Routlegde 2014.
Silverman, Maxim: *Palimpsestic Memory: The Holocaust and Colonialism in French and Francophone Fiction and Film.* New York: Berghahn 2013.
Sindbæk Andersen, Tea & Barbara Törnquist-Plewa (Hrsg.): *Disputed Memory: Emotions and Memory Politics in Central, Eastern and South-Eastern Europe.* Berlin/New York: de Gruyter 2016.
Speitkamp, Winfried (Hrsg.): *Kommunikationsräume – Erinnerungsräume: Beiträge zur transkulturellen Begegnung in Afrika.* München: Meidenbauer 2005.
Troebst, Stefan: *Erinnerungskultur – Kulturgeschichte – Geschichtsregion: Ostmitteleuropa in Europa.* Stuttgart: Steiner 2013.
Weber, Matthias & Burkhard Olschowsky (Hrsg.): *Erinnerungsorte in Ostmitteleuropa: Erfahrungen der Vergangenheit und Perspektiven.* München: Oldenbourg Verlag 2011.
Welsch, Wolfgang: »Transkulturalität. Zur veränderten Verfassung heutiger Kulturen«. In: Irmela Schneider & Christian W. Thomson (Hrsg.): *Hybridkultur: Medien, Netze, Künste.* Köln: Wienand 1997, S. 67–90.
Welzer, Harald (Hrsg.): *Der Krieg der Erinnerung: Holocaust, Kollaboration und Widerstand im europäischen Gedächtnis.* Frankfurt a. M.: Fischer 2007.

5 Medien und Gedächtnis

5.1 | Mediale Gedächtniserzeugung

Kollektives Gedächtnis ist ohne Medien nicht denkbar. Schon die soziale Prägung der individuellen Erinnerung (Gedächtnis als Kulturphänomen/*collected memory*) beruht in hohem Maße auf medialen Phänomenen: *Memory talk* zwischen Mutter und Kleinkind, Kommunikation im Familienkreis, die Bedeutung von Fotos für eine mediengeleitete (Re-)Konstruktion vergangener Erlebnisse, der Einfluss von Massenmedien bei der Herausbildung von Schemata und Narrationsmustern für die Kodierung von Lebenserfahrung usw. Die Konstitution und Zirkulation von Wissen und Versionen einer gemeinsamen Vergangenheit in sozialen und kulturellen Kontexten (Kultur als Gedächtnisphänomen/*collective memory*) werden überhaupt erst durch Medien ermöglicht: durch Mündlichkeit und Schriftlichkeit als uralte Basismedien zur Speicherung fundierender Mythen für nachfolgende Generationen; durch Buchdruck, Radio, Fernsehen und Internet zur Verbreitung von Versionen gemeinschaftlicher Vergangenheit in weiten Kreisen der Gesellschaft; und schließlich durch symbolträchtige Medien wie Denkmäler, als Anlässe des kollektiven, oft ritualisierten Erinnerns.

Medien sind nicht nur für die individuelle und die soziokulturelle Dimension des kollektiven Gedächtnisses gleichermaßen relevant. Sie stellen auch die Schaltstelle zwischen beiden Bereichen dar. Es gehört zu den Grundannahmen der kulturwissenschaftlichen Gedächtnisforschung seit Halbwachs und Warburg, dass kollektives Gedächtnis weder eine vom Individuum abstrahierte Instanz noch ein Resultat biologischer Mechanismen wie Vererbung ist (vgl. Kap. 2). Genau deshalb müssen **Medien als Vermittlungsinstanzen und Transformatoren** zwischen individueller und kollektiver Dimension des Erinnerns gedacht werden. So können persönliche Erinnerungen erst durch mediale Repräsentation und Distribution zu kollektiver Relevanz gelangen. Das wird besonders deutlich am Beispiel von Zeit- und Augenzeugen. Nur durch Interviews oder die Veröffentlichung von Briefen werden deren Erfahrungen zu einem Element des kollektiven Gedächtnisses. Umgekehrt erlangt das Individuum nur über Kommunikation und Medienrezeption Zugang zu soziokulturellen Wissensordnungen und Schemata.

Kein Wunder also, dass die kulturwissenschaftliche Gedächtnisforschung angesichts dieser »konstitutionellen Medialität des Gedächtnisses« (vgl. Borsò 2001, S. 25) häufig zugleich auch eine Medienforschung ist (vgl. z. B. Assmann/Weinberg/Windisch 1998; Erll/Nünning 2004; Crivellari et al. 2004; Sick/Ochsner 2004; Neiger/Meyers/Zandberg 2011; Garde-Hansen 2011). Da Erinnerung vergangene Wirklichkeit nicht einfach abbildet, sondern eine Form der Wirklichkeitskonstruktion und aktiven Welterzeugung ist, stellt sich insbesondere die Frage nach der **Rolle von Medien bei** solchen **(kollektiven) Konstruktionsprozessen**. Medien sind keine neutralen Träger von vorgängigen, gedächtnisrelevanten Informationen. Was sie zu enkodieren scheinen – Wirklichkeits- und Vergangenheitsversionen, Werte und Normen, Identitätskonzepte – erzeugen sie vielmals erst. So gab es etwa für die detailreichen Historien der Geschichtsschreibung im 19. Jahrhundert kein Pendant außerhalb des Mediums Buch. Die elaborierten Nationalgeschichten etwa eines Jules Michelet oder Leopold von Ranke findet man weder in der mündlichen Überlieferung, noch in Historiengemälden oder Riten. In dieser Form existierte Geschichte schlichtweg nicht in anderen Medien oder gar in einer (wie auch immer gearteten) außermedialen Realität. Allein das Medium Buch wies das spezifische Leistungsvermögen auf, eine ungeheure Vielzahl von gedächtnisrelevanten Informationen in temporalkausaler Anordnung zu präsentieren – und damit Nationalgeschichte in dieser detaillierten Form erst zu konstruieren.

Die Wirklichkeit konstituierende Kraft von Medien wird in der Medientheorie – dezidierter als in der lange noch an einem *ars memoriae*-Modell des Einspeicherns und originalgetreuen Abrufens orientierten Gedächtnisforschung – hervorgehoben. Sybille Krämer (1998b, S. 14 f.) hat die kulturelle Bedeutung von Medien mit kaum übertroffener Klarheit auf den Punkt gebracht:

Medien übertragen nicht einfach Botschaften, sondern entfalten eine Wirkkraft, welche die Modalitäten unseres Denkens, Wahrnehmens, Erinnerns und Kommunizierens prägt. [...] ›Medialität‹ drückt aus, daß unser Weltverhältnis und damit alle unsere Aktivitäten und Erfahrungen mit welterschließender [...] Funktion geprägt sind von den Unterscheidungsmöglichkeiten, die Medien eröffnen, und den Beschränkungen, die sie dabei auferlegen.

Das **Medium prägt die Botschaft** – so oder ähnlich lautet das Credo der Medienwissenschaft. Für Aleida und Jan Assmann ist es vor allem Eric A. Havelocks (u. a. 1963) Verdienst, in seinen Studien zu den Homerischen Epen – noch vor Marshall McLuhans Formel *the medium is the message* (1994 [1964]) – eine Art »**Relativitätstheorie der Medien**« entworfen zu haben: »Alles, was über die Welt gewußt, gedacht und gesagt werden kann, ist nur in Abhängigkeit von den Medien wißbar, denkbar und sagbar, die dieses Wissen kommunizieren« (Assmann/Assmann 1990, S. 2).

Die erinnerungskulturell wirk- und bedeutsamen Vergangenheiten sind damit den Medien nicht äußerlich. Es sind mediale Konstrukte. Deshalb sind sie nicht falsch oder unwirklich; Medialität stellt vielmehr die Bedingung der Möglichkeit des kollektiven Bezugs auf zeitliche Prozesse dar. Eine solche Einsicht in die unhintergehbare Medialität unserer Wirklichkeit wird von Martin Seel (1998, S. 255) als Prämisse eines »moderaten Konstruktivismus« formuliert:

Aus der internen Verbindung von Medialität und Realität folgt [...] nicht, alle Wirklichkeit sei im Grunde eine mediale Konstruktion. Es folgt lediglich, daß es mediale Konstruktionen sind, durch die uns oder überhaupt jemandem so etwas wie Realität gegeben oder zugänglich ist. **Realität** ist nicht *als* mediale Konstruktion, sondern allein ***vermöge* medialer Konstruktion** gegeben.

Von medialer Wirklichkeitskonstruktion ist in zweierlei Hinsicht zu sprechen. Sybille Krämer (1998c) hat diese Doppeltheit auf den Begriff »**Medium als Spur und Apparat**« gebracht. Krämer setzt sich mit den beiden einflussreichen, wenn auch höchst unterschiedlichen Medienkonzepten von Niklas Luhmann und Marshall McLuhan auseinander und konzipiert das Medium in Abgrenzung zur scheinbaren Neutralität des materiellen Zeichenträgers bei Luhmann als ›Spur‹ und in Abgrenzung zum ›Instrument‹ als bloßer künstlicher Erweiterung des menschlichen Körpers bei McLuhan als ›Apparat‹:

Das Medium verhält sich zur Botschaft, wie die unbeabsichtigte Spur sich zum absichtsvoll gebrauchten Zeichen verhält. [...] Die sinnprägende Rolle von Medien muß also nach dem Modell der Spur eines Abwesenden gedacht werden; so rückt in den Blick, warum die Bedeutung von Medien gewöhnlich verborgen bleibt. Das Medium ist nicht einfach die Botschaft; vielmehr bewahrt sich an der Botschaft die Spur des Mediums (ebd., S. 81).

[D]ie Technik als Apparat [...] bringt künstliche Welten hervor, sie eröffnet Erfahrungen und ermöglicht Verfahren, die es ohne Apparaturen nicht etwa abgeschwächt, sondern überhaupt nicht gibt. Nicht Leistungssteigerung, sondern Welterzeugung ist der produktive Sinn von Medientechnologien (ebd., S. 85).

> **Zusammengefasst:**
> Frei nach Krämer ist hinsichtlich der Medien, die in erinnerungskulturellen Prozessen eine Rolle spielen, von zwei Prämissen auszugehen:
> - Medien sind keine neutralen Träger oder Behältnisse von Gedächtniszeichen. An mediengestützten Erinnerungs- und Deutungsakten bewahrt sich stets auch die ›Spur‹ des Gedächtnismediums. Wir haben es – auf individueller wie auf kollektiver Ebene – mit einer **Medienabhängigkeit und -geprägtheit der Erinnerung** zu tun.
> - Als ›Apparate‹ gehen Gedächtnismedien wie Denkmal, Buch, Gemälde und Internet weit über die Aufgabe der Erweiterung des individuellen menschlichen Gedächtnisses durch die Auslagerung von Informationen hinaus: Sie erzeugen **Welten des kollektiven Gedächtnisses** nach Maßgabe ihres spezifischen gedächtnismedialen Leistungsvermögens – Welten, die eine Erinnerungsgemeinschaft ohne sie nicht kennen würde.

Literatur

Assmann, Aleida & Jan Assmann: »Schrift – Kognition – Evolution«. In: Eric A. Havelock: *Schriftlichkeit. Das griechische Alphabet als kulturelle Revolution*. Weinheim: VCH 1990, S. 1–35.

Assmann, Aleida, Manfred Weinberg & Martin Windisch (Hrsg.): *Medien des Gedächtnisses*. Stuttgart/Weimar: Metzler 1998 (= Sonderheft der *DVjs*).

Borsò, Vittoria: »Gedächtnis und Medialität. Die Herausforderung der Alterität. Eine medienphilosophische und medienhistorische Perspektivierung des Gedächtnisbegriffs«. In: Borsò/Krumeich/Witte 2001, S. 23–54.

Borsò, Vittoria, Gerd Krumeich & Bernd Witte (Hrsg.): *Medialität und Gedächtnis. Interdisziplinäre Beiträge zur kulturellen Verarbeitung europäischer Krisen*. Stuttgart/Weimar: Metzler 2001.

Crivellari, Fabio, Kay Kirchmann, Marcus Sandl & Rudolf Schlögl (Hrsg.): *Die Medien der Geschichte. Historizität und Medialität in interdisziplinärer Perspektive*. Konstanz: UVK 2004.

Erll, Astrid & Ansgar Nünning, unter Mitarbeit von Hanne Birk, Birgit Neumann und Patrick Schmidt (Hrsg.): *Medien des kollektiven Gedächtnisses. Konstruktivität – Historizität – Kulturspezifität*. Berlin/New York: de Gruyter 2004 (= Media and Cultural Memory/Medien und kulturelle Erinnerung 1).

Garde-Hansen, Joanne: *Media and Memory*. Edinburgh: Edinburgh UP 2011.

Havelock, Eric A.: *Preface to Plato*. Cambridge, MA: Belknap Press of Harvard UP 1963.

Havelock, Eric A.: *Schriftlichkeit. Das griechische Alphabet als kulturelle Revolution*. Weinheim: VCH 1990 (orig.: *The Literate Revolution in Greece and its Cultural Consequences*. Princeton: Princeton UP 1982).

Krämer, Sybille (Hrsg.): *Medien – Computer – Realität. Wirklichkeitsvorstellungen und Neue Medien*. Frankfurt a. M.: Suhrkamp 1998a.

Krämer, Sybille: »Was haben Medien, der Computer und die Realität miteinander zu tun?«. In: Dies. 1998a, S. 9–26 (= 1998b).

Krämer, Sybille: »Das Medium als Spur und Apparat«. In: Dies. 1998a, S. 73–94 (= 1998c).

McLuhan, Marshall: *Die magischen Kanäle. Understanding Media.* Dresden/Basel: Verlag der Kunst 1994 (orig. *Understanding Media: The Extensions of Man.* London: Routledge & Kegan Paul 1964).
Neiger, Mordechai, Oren Meyers & Eyal Zandberg (Hrsg.): *On Media Memory: Collective Memory in a New Media Age.* Basingstoke: Palgrave Macmillan 2011.
Seel, Martin: »Medien der Realität und Realität der Medien«. In: Krämer 1998a, S. 244–268.
Sick, Franziska & Beate Ochsner (Hrsg.): *Medium und Gedächtnis. Von der Überbietung der Grenze(n).* Frankfurt a. M.: Peter Lang 2004.

5.2 | Gedächtnisgeschichte als Mediengeschichte

Aufgrund der zweifachen engen Verwobenheit von Medien und kollektivem Gedächtnis – Medien ermöglichen und erzeugen erst Erinnerungskultur; an Erinnerungsprozessen und Gedächtniskonfigurationen bewahrt sich deren Spur – werden Gedächtnisgeschichten häufig als Mediengeschichten geschrieben. Drei Vertreter der kulturwissenschaftlichen Gedächtnisforschung, die die **historische Tiefendimension** des Verhältnisses von Medium und Gedächtnis beleuchtet haben, sollen mit ihren zentralen Thesen zur Mediengeschichte des Gedächtnisses im Folgenden kurz vorgestellt werden: der Historiker Jacques LeGoff, der interdisziplinäre Arbeitskreis »Archäologie der literarischen Kommunikation« um Aleida und Jan Assmann sowie die Systemtheoretikern Elena Esposito.

In Anlehnung an die Schriften von André Leroi-Gourhan unterscheidet **Jacques LeGoff** in *Geschichte und Gedächtnis* (1992; orig.: *Storia e memoria*, 1977 ff.) fünf Phasen in der Gedächtnisgeschichte:

Die Geschichte der kollektiven Erinnerung kann in fünf Perioden unterteilt werden: diejenige der mündlichen Überlieferung, diejenige der schriftlichen Überlieferung auf Basis von Übersichten oder Registern, diejenige der einfachen Karteikarten, diejenige der Lochkarten und diejenige der elektronischen Serienbildung (Leroi-Gourhan, zit. n. ebd., S. 87).

LeGoff (ebd., S. 87–136) untersucht daran anknüpfend

1. die ethnische Erinnerung in den Gesellschaften ohne Schriftlichkeit, den sogenannten »wilden« Gesellschaften;
2. den Aufschwung der Erinnerung, von der Mündlichkeit zur Schriftlichkeit, von der Vorgeschichte zur Antike;
3. die mittelalterliche Erinnerung im Gleichgewicht zwischen Mündlichkeit und Schriftlichkeit;
4. den Fortschritt der schriftlichen Erinnerung vom 16. Jahrhundert bis heute;
5. das gegenwärtige Ausufern der Erinnerung.

Gegenstand des kollektiven Gedächtnisses in schriftlosen Kulturen, die auf **Oralität als Medium** angewiesen sind, sind LeGoff zufolge (1) ideologisch aufgeladene Ursprungsmythen, die im Ritual vergegenwärtigt werden und kollektive Identität stiften, (2) Genealogien der Herrscherfamilien, (3) technische und praktische Kenntnisse. Es werden Spezialisten für die Erinnerung ausgebildet (Priester, Schamanen, Hofhistoriker). Deren Aufgabe und Praxis ist jedoch nicht die auswendige wortwörtliche Erinnerung. Oft werden nur die Tiefenstrukturen der Erinnerungserzählungen, die Narrationsmuster, beibehalten. Orale Kulturen weisen daher für LeGoff (der sich auf die Forschungen von Jack Goody bezieht) eine größere Freiheit beim kulturellen Erinnern auf als Schriftkulturen. Ihr Gedächtnis ist eher kreativ und vital als reproduktiv.

Mit der **Entwicklung der Schrift** kommen in der Antike zwei verschiedene Formen von Erinnerung auf, die beide eng mit den Erfordernissen städtischer Gesellschaften verbunden sind: erstens das an Inschriften geknüpfte ›Gedenken‹ (etwa auf Denkmälern und Grabsteinen), zweitens das ›Dokument‹ und die mit ihm verbundene Möglichkeit der Speicherung von Information. Im christlichen Mittelalter sind beide Medien kulturellen Erinnerns im Gleichgewicht, mündliches und schriftliches Gedächtnis sind auf das engste miteinander verbunden: Die Weitergabe von Wissen ist noch eng an mündliche Praktiken und Techniken geknüpft; Handschriften werden auswendig gelernt.

Erst der **Buchdruck** revolutioniert die Erinnerung in Europa – von der Renaissance bis heute. Die Verbreitung von gedruckten Büchern zieht den Verfall der aus der Antike stammenden Mnemotechniken nach sich. Mit der Entdeckung der Geschichte um 1800 entstehen Archive, Museen und Bibliotheken. Die Fülle der darin bewahrten Medien erfordert zugleich die Schaffung von Institutionen zur Ausbildung von Spezialisten, die die Bestände erforschen.

Die **Fotografie** kommt Ende des 19. Jahrhunderts als ein weiteres zentrales Erinnerungsmedium hinzu, das Authentizität suggeriert und – mit der Möglichkeit zur Porträtgalerie im Familienalbum – Erinnerung auch demokratisiert. Mit der **Erfindung des Computers** ist das gegenwärtige ›Ausufern der Erinnerung‹ erreicht. Die elektronischen Medien haben zudem eine wichtige ›metaphorische‹ Auswirkung auf die Erinnerungskulturen, weil biologische und soziale Erinnerung nun in Analogie zum Computer konzipiert werden.

Der interdisziplinäre **Arbeitskreis »Archäologie der literarischen Kommunikation«** wurde Mitte der 1970er Jahre gegründet. Ziel seiner Mitglieder (u. a. Aleida und Jan Assmann, Konrad Ehlich, Burkhard Gladigow, Christof Hardmeier, Tonio und Uvo Hölscher) war die Historisierung und interdisziplinäre Perspektivierung von Medientheorien und Technikgeschichten der Kommunikation, wie sie von der Toronto-Schule (Eric Havelock, Harold Innis und Marshall McLuhan) und im deutschsprachigen Raum von F. A. Kittler entwickelt wurden, sowie der poststrukturalistischen Schriftphilosophie im Umkreis von Michel Foucault, Jacques Lacan und Jacques Derrida (vgl. dazu Assmann/Assmann 1995). ›**Literatur**‹ wird dabei **als schriftliche Überlieferung** im weitesten Sinne verstanden. Aus der Beschäftigung mit der zeitübergreifenden Dimension von Medien und Kommunikation ging das Konzept des kulturellen Gedächtnisses hervor (vgl. auch den Titel der ersten Veröffentlichung des Arbeitskreises *Schrift und Gedächtnis*, hrsg. Assmann/Assmann/Hardmeier 1983). Im kritischen Dialog mit der philologischen und kulturanthropologischen Forschung zum **Verhältnis von Oralität und Literalität** (Havelock, Jack Goody und Walter Ong) stellte sich der Arbeitskreis die Frage, welches Leistungsvermögen unterschiedliche Medien im Rahmen ›zerdehnter Kommunikationssituationen‹ (K. Ehlich 1983) aufweisen:

Zerdehnung der Kommunikationssituation erfordert Möglichkeiten der Zwischenspeicherung. Das Kommunikationssystem muß externe Speicher entwickeln, in die Mitteilungen ausgelagert werden können, sowie Formen der Auslagerung (Kodierung), Speicherung und Wiedereinschaltung (*retrieval*). Das erfordert institutionelle Rahmen, Spezialistentum und im Normalfall auch körperexterne Notationssysteme wie Knotenschnüre, *churingas*, Zählsteine und schließlich Schrift (ebd., S. 203).

Eine zentrale These der Assmann'schen Gedächtnistheorie ist, dass mit Mündlichkeit und Schriftlichkeit zwei grundlegend verschiedene Organisationsformen des kulturellen Gedächtnisses einhergehen, bzw. umgekehrt: dass sich die Gestalt des kulturellen Gedächtnisses in nicht unwesentlichem Maße den verfügbaren Medien einer Gesellschaft verdankt. In oralen Erinnerungskulturen müssen **Funktionsgedächtnis und Speichergedächtnis** in Ermangelung externer, materialer Träger zusammenfallen. Medien und erinnernde Subjekte sind nicht geschieden. Im Sinne einer ›strukturellen Amnesie‹ muss vergessen werden, was nicht unmittelbar gebraucht wird. In literalen Erinnerungskulturen vermag sich hingegen ein Speichergedächtnis herauszubilden, weil durch die mediale Auslagerung von Informationen nun mehr und anderes bewahrt werden kann, als zu einem gegebenen Zeitpunkt aktualisiert wird (vgl. Assmann/Assmann 1994 sowie Kap. 2.4).

Elena Espositos Entwurf einer Gedächtnisgeschichte in *Soziales Vergessen* (2002) unterscheidet sich von den vorangegangenen Beispielen insofern, als dass er nicht auf der Grundlage hermeneutisch-semiotischer Kulturtheorien entwickelt wurde, sondern auf den Prämissen der Luhmann'schen Systemtheorie basiert. Esposito zufolge erhält das Gedächtnis der Gesellschaft seine jeweilige Form als Ergebnis von dynamischen Wechselwirkungen zwischen (1) den Differenzierungsformen der Gesellschaft (nach Luhmann segmentär, stratifiziert oder funktional) und (2) den verfügbaren Kommunikationstechnologien. Esposito (ebd., S. 41–43) unterscheidet zwischen **vier Stadien der Gedächtnisgeschichte:**

- das **divinatorische Gedächtnis**: Frühe Hochkulturen, Leitmetapher ›Gedächtnis als Wachsmasse‹,
- das **rhetorische Gedächtnis**: Antike und Mittelalter; Leitmetapher ›Gedächtnis als Speicher‹,
- das **Gedächtnis der Kultur**: Neuzeit, Leitmetapher ›Gedächtnis als Archiv‹ oder ›Spiegel‹,
- das **prozedurale Gedächtnis**: Postmoderne, Leitmetapher ›Gedächtnis als Netz‹.

Medien, die bei den Übergängen von der einen zur anderen Form des Gedächtnisses der Gesellschaft eine besondere Rolle spielen sind »die (alphabetische und nichtalphabetische) Schrift, der Buchdruck (und darauf aufbauend die interaktionsunabhängige Kommunikation als Grundlage für die Ausdifferenzierung des Systems der Massenmedien) und schließlich der Computer« (ebd., S. 38). Elena Esposito stellt die Frage nach der Bedeutung solcher Technologiewechsel. Ihre These ist, »daß das Gedächtnis der Gesellschaft von den verfügbaren Kommunikationstechnologien [...] der jeweiligen Gesellschaft abhängt: diese beeinflussen dessen Formen, Reichweite und Interpretation« (ebd., S. 10).

> **Zusammengefasst:**
> Die kulturwissenschaftliche Gedächtnisforschung kann – trotz aller internen Heterogenität – als ein Feld begriffen werden, das die »Frage nach den Medien der Speicherung, Kommunikation, Verbreitung und Erschließung in den Mittelpunkt stellt. Die Geschichte des Gedächtnisses ist in dieser Perspektive die Geschichte seiner Medien« (J. Assmann 2002, S. 414). In den einzelnen Mediengeschichten des Gedächtnisses kann das jeweilige Verfahren der Periodisierung variieren. Die gedächtnisgeschichtlich bedeutsamsten Einschnitte scheinen allerdings – unabhängig davon, wie man sie historisch und kulturell nun genau lokalisiert – die Übergänge von der Mündlichkeit zur Schriftlichkeit, von der Schriftlichkeit zum Buchdruck und vom Buchdruck zum Internet zu sein. Medientechnologische, soziopolitische und erinnerungskulturelle Wandlungs-

prozesse sind zudem eng miteinander verknüpft. Allerdings ist diese Verbindung nicht monokausal zu denken. Medienrevolutionen können Formen kollektiven Erinnerns verändern (so wie die Schrift zur Herausbildung eines kulturellen Speichergedächtnisses geführt haben mag), aber bestimmte erinnerungskulturelle Herausforderungslagen können auch zur Entstehung und vor allem zur Akzeptanz und Verbreitung neuer Medientechnologien führen (so kommt etwa die Medientechnologie des Buchdrucks im Laufe des 18. Jahrhunderts, in der Zeit des aufstrebenden Bürgertums mit seinem Verlangen nach Teilhabe am kulturellen Gedächtnis, zu ihrer vollen Entfaltung).

Literatur

Assmann, Aleida: »Texte, Spuren, Abfall. Die wechselnden Medien des kulturellen Gedächtnisses«. In: Hartmut Böhme & Klaus R. Scherpe (Hrsg.): *Literatur- und Kulturwissenschaften. Positionen, Theorien, Modelle*. Reinbek: Rowohlt 1996, S. 96–111.
Assmann, Aleida: *Erinnerungsräume. Formen und Wandlungen des kulturellen Gedächtnisses*. München: Beck 1999.
Assmann, Aleida & Jan Assmann: »Das Gestern im Heute. Medien und soziales Gedächtnis«. In: Klaus Merten, Siegfried J. Schmidt & Siegfried Weischenberg (Hrsg.): *Die Wirklichkeit der Medien. Eine Einführung in die Kommunikationswissenschaft*. Opladen: Westdeutscher Verlag 1994, S. 114–140.
Assmann, Aleida & Jan Assmann: »Exkurs. Archäologie der literarischen Kommunikation«. In: Miltos Pechlivanos, Stefan Rieger, Wolfgang Struck & Michael Weitz (Hrsg.): *Einführung in die Literaturwissenschaft*. Stuttgart/Weimar: Metzler 1995, S. 200–206.
Assmann, Aleida, Jan Assmann & Christof Hardmeier (Hrsg.): *Schrift und Gedächtnis*. München: Fink 1983 (= Archäologie der literarischen Kommunikation 1).
Assmann, Jan: *Das kulturelle Gedächtnis. Schrift, Erinnerung und politische Identität in frühen Hochkulturen*. München: Beck 1992.
Assmann, Jan: »Nachwort«. In: Esposito 2002, S. 400–414.
Ehlich, Konrad: »Text und sprachliches Handeln. Die Entstehung von Texten aus dem Bedürfnis nach Überlieferung«. In: Assmann/Assmann/Hardmeier 1983, S. 24–43.
Esposito, Elena: *Soziales Vergessen. Formen und Medien des Gedächtnisses der Gesellschaft*. Frankfurt a. M.: Suhrkamp 2002.
Goody, Jack, Ian Watt & Kathleen Gough: *Entstehung und Folgen der Schriftkultur*. Frankfurt a. M.: Suhrkamp 1986 [1968].
Havelock, Eric A.: *Als die Muse schreiben lernte*. Frankfurt a. M.: Hain 1992 (orig.: *The Muse Learns to Write*. New Haven 1986).
LeGoff, Jacques: *Geschichte und Gedächtnis*. Frankfurt a. M./New York: Campus 1992 (orig.: *Storia e memoria*. Turin: Giulio Einaudi 1977 f.).
Ong, Walter J.: *Oralität und Literalität. Zur Technologisierung des Wortes*. Opladen: Westdeutscher Verlag 1987 (orig.: *Orality and Literacy. The Technologizing of the Word*. London: Methuen 1982).
Parry, Milman: *The Making of Homeric Verse. The Collected Papers of M. Parry*. Oxford: Clarendon Press 1971.

5.3 | Medium des kollektiven Gedächtnisses: Ein erinnerungskulturwissenschaftlicher Kompaktbegriff

In den oben vorgestellten Gedächtnistheorien und -geschichten ist der Medienbegriff mit Gewinn eingesetzt worden. Bei genauerer Betrachtung des Verhältnisses von Medium und Gedächtnis sieht man sich allerdings zunehmend mit Schwierigkeiten konfrontiert. **Was genau ist eigentlich ein ›Medium des kollektiven Gedächtnisses‹?** Was zunächst intuitiv evident zu sein schien, wird bei der Betrachtung konkreter erinnerungskultureller Prozesse komplizierter: Mediale Phänomene treten auf verschiedenen Ebenen kollektiver Gedächtnisbildung auf. Ihre Erscheinungsformen und Funktionen variieren dabei stark. Und schließlich sind komplexe soziale Prozesse beteiligt an der kulturellen Kodierung eines Mediums als ›Medium des kollektiven Gedächtnisses‹.

Nicht nur in der kulturwissenschaftlichen Gedächtnisforschung, auch in der Medientheorie kann der **Medienbegriff** kaum als expliziert bezeichnet werden:

> Der Medienbegriff zeigt sich schon bei oberflächlicher Betrachtung als typischer Grundbegriff im Sinne der Begriffsgeschichte, denn er weist gleich mehrere Merkmale eines zentralen Terminus auf: Eine strittige Extension, unklare Intensionsmerkmale, eine klare evaluative Komponente und eine Bedeutungskonstitution nicht allein aus dem Sprachsystem, sondern auch aus dem diskursiven Sinn (Hoffmann 2002, S. 21).

Die Medienwissenschaft erweist sich als eine äußerst heterogene Forschungslandschaft mit einer Vielzahl oft unvereinbar scheinender Theorien und Methoden (vgl. Schröter 2014). Gerade die Beschäftigung mit Gedächtnismedien erfordert einen konzeptuellen Spagat zwischen weit auseinander liegenden Bereichen der Medienforschung: Das Interesse der kulturwissenschaftlichen Gedächtnisforschung an Medialität basiert zunächst einmal auf einem grundlegenden Verständnis von ›**dem Medium**‹ als ›etwas (hier: das zu Erinnernde) Vermittelndem‹. Zugleich drängt sich die Frage nach der erinnerungskulturellen Rolle auf, die ›**die Medien**‹ als Systeme der gesellschaftlichen (Massen-)Kommunikation spielen. Der Zusammenhang von Medium und Gedächtnis ist daher vielleicht am besten im Rahmen einer umfassenden »Theorie des Medialen« als im Rahmen einer bestimmten »Medientheorie« zu begreifen (um eine Unterscheidung von Ludwig Jäger zu benutzen; 1999, S. 13).

Siegfried J. Schmidt hat in seinem Buch *Kalte Faszination* (2000, S. 93 f.) »Vorschläge für ein integratives Medienkonzept« unterbreitet. Im Rahmen seines konstruktivistischen Entwurfs einer Medienkulturwissenschaft spricht Schmidt vom **Medium als ›Kompaktbegriff‹** und überführt divergierende Medientheorien in ein System mit vier Komponenten:

> Die Schwierigkeiten der Medienforschung mit dem Medienbegriff rühren daher, daß das Medium sozusagen ein Kompaktbegriff ist, der an fast allen Orten seines Auftretens in alltäglichen wie wissenschaftlichen Diskursen unterschiedlich verwendet und konnotiert wird [...] Mein Vorschlag geht dahin, am Kompaktbegriff ›Medium‹ folgende Aspekte zu unterscheiden, die als konstitutive Komponenten von Medien interpretiert werden können: semiotische Kommunikationsinstrumente, das technisch-mediale Dispositiv beziehungsweise die jeweilige Medientechnologie, die sozialsystemische Institutionalisierung eines Mediums sowie die jeweiligen Medienangebote (ebd.).

- Zu den **Kommunikationsinstrumenten** gehören Schmidt zufolge »alle materialen Gegebenheiten, die semiosefähig sind und zur geregelten, dauerhaften, wiederholbaren und gesellschaftlich relevanten strukturellen Koppelung im Sinne je systemspezifischer Sinnproduktion genutzt werden können« (ebd., S. 94 f.) – z. B. gesprochene natürliche Sprachen, Schriften, Töne und Bilder.
- Dem Bereich der **Medientechnologien** bzw. des technisch-medialen Dispositivs sind »Druck- Film- oder Fernsehtechniken« (ebd.) zuzuordnen. In den Studien der meisten Medientheoretiker – von Walter Benjamin über Marshall McLuhan, Vilém Flusser und Neil Postman bis hin zu Paul Virilio und Friedrich Kittler – liegt der Fokus des Interesses auf dieser Ebene.
- Zur **sozialsystemischen Komponente** gehören die »soziale[n] Institutionen und Organisationen wie Schulen, Verlage oder Fernsehanstalten«, die die »gesell-

5.3 Ein erinnerungskulturwissenschaftlicher Kompaktbegriff

schaftliche Durchsetzung eines Kommunikationsmittels« sowie den dafür nötigen »Aufbau einer Medientechnologie« ermöglichen, dabei aber auch »die Lösung ökonomischer, rechtlicher, politischer und sozialer Probleme« erforderlich machen (ebd.).
- Die konkreten **Medienangebote** (bestimmte Fernsehsendungen, Romane) erweisen sich in Schmidts integrativer Perspektive als »eindeutig von den drei anderen Komponenten geprägt« (ebd.; für eine umfassende medienkulturwissenschaftliche Perspektive auf »gesellschaftliche Erinnerung« vgl. auch Zierold 2006).

Eine solches **Mehrebenen- oder -komponentenmodell** ist (in der ein oder anderen Form) erst recht für die ›Medien des kollektiven Gedächtnisses‹ anzusetzen. Bei der Untersuchung von Medien aus erinnerungshistorischer Perspektive spielen stets unterschiedliche Faktoren eine Rolle – wie Kommunikationsinstrumente (z. B. Schrift), Medientechnologien (z. B. Druck), sozialsystemische Institutionalisierung (z. B. Kanonisierung) und konkrete Medienangebote (z. B. die Bibel). Erst in dem Zusammenspiel von solchen, auf verschiedenen Ebenen anzusiedelnden medialen und sozialen Phänomenen konstituiert sich ein ›Medium des kollektiven Gedächtnisses‹.

Im Folgenden soll der Versuch unternommen werden, den Begriff ›Medium des kollektiven Gedächtnisses‹ nicht nur als einen ›Kompaktbegriff‹, sondern vielmehr als einen **(erinnerungs-)kulturwissenschaftlichen Kompaktbegriff** zu konzipieren. Dabei wird eine Anlehnung an Schmidts Konzept ebenso erfolgen wie eine Modifizierung seines Modells für die Belange einer kulturwissenschaftlichen Gedächtnisforschung. Welche Faktoren sind also an der Entstehung von Gedächtnismedien beteiligt? Und auf welchen Ebenen sind diese Faktoren anzusiedeln? In einem ersten Schritt werden Kommunikationsinstrument, Technologie und Objektivation als mögliche materiale Komponenten des Gedächtnismediums bestimmt. In einem zweiten Schritt geht es um die Dimension der sozialen Funktionalisierung von ›Medien‹ (im weitesten Sinne) als Medien des kollektiven Gedächtnisses.

5.3.1 | Materiale Dimension: Kommunikationsinstrument, Technologie, Objektivation

Komponente 1: Semiosefähige Kommunikationsinstrumente zur Externalisierung gedächtnisrelevanter Informationen. – Semiosefähige Kommunikationsmittel wie mündliche Sprache, Schrift, Bild oder Ton sind Instrumente, die Externalisierungen – die Voraussetzung zur Bildung von Kollektivgedächtnis – allererst ermöglichen. Von besonderem Interesse sind dabei Medienkombinationen (etwa von Text und Bild) oder die Frage, wie bestimmte transmediale Gedächtnisinhalte durch unterschiedliche Kommunikationsinstrumente realisiert werden können. Die Intermedialitätsforschung widmet sich verstärkt diesem Bereich, etwa mit dem Begriff der ›Gedächtnisparagone‹ (vgl. Kap. 3.2.5).

Komponente 2: Medientechnologien zur Verbreitung und Tradierung von Gedächtnisinhalten. – Medientechnologien ermöglichen in räumlicher Hinsicht die Verbreitung und in zeitlicher die Tradierung von Inhalten des kollektiven Gedächtnisses. Kommunikationsinstrumente wie die Schrift erreichen in Stein gemeißelt, gedruckt oder im Internet verschieden große Kreise von Erinnerungsgemeinschaften und erweisen sich als unterschiedlich lang speicherbar. Medientechnologien sind jedoch keine neutralen Behältnisse für gedächtnisrelevante Semiosen (Zeichenprozesse). Ihre spezifische Materialität, ihr Leistungsvermögen und ihre Grenzen tragen ihrerseits zur Art der Botschaft bei. Für die Gedächtnisforschung ist mit Blick auf diese zweite Komponente besonders interessant, was es für die kollektive Erinnerungspraxis bedeutet, wenn signifikante Veränderungen in der Medientechnologie stattfinden. Das US-amerikanische Vietnam Veterans Memorial (›The Wall‹) etwa, ein steinernes Denkmal zur Erinnerung an die Opfer des Vietnam-Kriegs, hat vor einigen Jahren unter dem Titel ›My Virtual Wall‹ auch in das Internet Eingang gefunden. Durch den Medienwechsel und die neuartigen Möglichkeiten der Internettechnologie hat sich auch die Erinnerungspraxis verändert. Beispielsweise ist nun durch die Möglichkeit jedes Nutzers, seine Startseite selbst zu gestalten, ein stark personalisiertes Erinnern möglich. Kollektives Gedenken erscheint individualisiert (vgl. dazu Sumner 2004). Durch eine solche diachrone Betrachtungsweise der technologischen Dimension von Gedächtnismedien zeichnen sich viele Studien Aleida und Jan Assmanns sowie Elena Espositos Beitrag aus (vgl. Kap IV.2).

Komponente 3: Kulturelle Objektivationen als konkrete Gedächtnismedienangebote und ihre formale Gestaltung. – Homers *Ilias*, mittelalterliche Handschriften, das Leipziger Völkerschlachtdenkmal, Picassos *Guernica* (1937), Feldpostbriefe aus Stalingrad und Fotos in einem Familienalbum sind kulturelle Objektivationen, die zu Medienangeboten des kollektiven Gedächtnisses werden und im Rahmen seiner Subsysteme Wirkung entfalten können. Sie dienen als Medienangebot des kulturellen Funktionsgedächtnisses der fundierenden Erinnerung, sie harren als Bestandteil des Speichergedächtnisses einer Aktualisierung, sie vermitteln im Rahmen des kommunikativen Gedächtnisses die spezifische Alltagserfahrung einer nahen Vergangenheit oder regen als Medienangebot des sozialen Gedächtnisses (*sensu* Harald Welzer) die Kommunikation zwischen den Generationen an.

Insbesondere für die kunst- und literaturwissenschaftliche Gedächtnisforschung stellt die Ebene der Medienangebote einen zentralen Untersuchungsgegenstand dar. Es sind dies zugleich die Disziplinen, deren Vertreter/innen die **gedächtnismediale Bedeutung von Formen** hervorheben (vgl. auch die Medium/Form-Unterscheidung bei Niklas Luhmann 1995). Eine Miteinbeziehung von Gattungen, Metaphorik und narrativen Verfahren erscheint gerade für eine Konzeption von Medien des kollektiven Gedächtnisses als unabdingbar. So gibt es bestimmte Formen, in die Inhalte des kulturellen Gedächtnisses vorzugsweise kodiert werden. Tragödie und Epos weisen diese gedächtnismediale Komponente im westlichen Kulturkreis auf. Im Falle von John Miltons *Paradise Lost* (1667/74) etwa sind nicht nur die Medienkomponenten ›Schrift‹ und ›Buchdruck‹, die Kanonisierungsprozesse in der englischen Gesellschaft und das konkrete Werk die *message*, sondern auch seine Form, seine epische Struktur. Formen sind zwar in der Regel transmediale Phänomene im Sinne von Irina Rajewsky (2002, S. 13): »Medienunspezifische Phänomene, die in verschiedensten Medien mit den dem jeweiligen Medium eigenen Mitteln ausgetragen werden können, ohne daß hierbei die Annahme eines kontaktgebenden Ursprungsmediums wichtig oder möglich ist.« Sie sind dabei jedoch stets an konkrete Medienangebote gebunden; Formen können sich immer nur in diesen materialisieren.

5.3.2 | Soziale Dimension: Institutionalisierung und Funktionalisierung

Aus zwei Gründen erfordert Schmidts Begriff der ›sozialsystemischen Institutionalisierung‹ aus gedächtnistheoretischer Perspektive eine genauere Betrachtung: Erstens ist mit ihrer Untersuchung ein Übergang von der materialen zur sozialen Dimension der Kultur, und damit zu einer anderen Analyseeinheit, verbunden. Zweitens kommt sozialsystemischen Prozessen gerade mit Blick auf die Medien des kollektiven Gedächtnisses besondere Bedeutung zu. Als Analysekategorien für die Untersuchung von Gedächtnismedien sind die drei genannten Komponenten der materialen Dimension des Medienbegriffs (Kommunikationsinstrument, Technologie, Objektivation) zwar von großem Interesse: Aus der Spezifik der Kommunikationsinstrumente und der mit ihrer Hilfe generierter Zeichenprozesse, aus der Materialität der Medientechnologien und aus der konkreten Gestalt des Medienangebots können Rückschlüsse auf mögliche erinnerungskulturelle Wirkungen und Funktionen von Gedächtnismedien gezogen werden. Diese drei Komponenten weisen **Funktions*potentiale*** auf. Der tatsächliche Übergang von einem medialen Phänomen zu einem Gedächtnismedium erfolgt allerdings stets im Rahmen der sozialsystemischen Komponente. Dieser Übergang beruht häufig auf Formen der Institutionalisierung und immer auf der Funktionalisierung eines Mediums als Gedächtnismedium durch soziale Gruppen und Gesellschaften.

Komponente 4: Soziale Institutionalisierung und Funktionalisierung von Medien des kollektiven Gedächtnisses. – Die Sozialdimension des kollektiven Gedächtnisses steht schon seit Maurice Halbwachs im Mittelpunkt der kulturwissenschaftlichen Gedächtnisforschung. Kollektives Gedächtnis wird in sozialen Kontexten (re-)konstruiert und die soziale Trägerschaft des Gedächtnisses entscheidet dabei – bewusst oder unbewusst – darüber, welcher Medien sie sich bei dieser Konstruktionsarbeit bedient. Ihre stärkste Ausformung findet die sozialsystemische Komponente im Rahmen des kulturellen Gedächtnisses. Gerade die Medien dieses mit hoher Verbindlichkeit ausgestatteten Gedächtnisrahmens bedürfen der Institutionalisierung, um die Überlieferung zu sichern (Kanonisierung, Einrichtung von Archiven, Gestaltung von Lehrplänen usw.). Jan Assmann zufolge ist ›Organisiertheit‹ – die Institutionalisierung des Gedächtnisses und die Spezialisierung seiner Trägerschaft – daher ein konstitutives Merkmal des kulturellen Gedächtnisses.

Ob im Rahmen des verbindlichen kulturellen Gedächtnisses oder des beiläufig entstehenden Familiengedächtnisses, ob beim religiösen, politischen oder alltagsweltlichen Vergangenheitsbezug – von einem Medium des kollektiven Gedächtnisses kann letztlich immer nur bei entsprechender **erinnerungskultureller Funktionalisierung** die Rede sein. Die jeweiligen Verwendungszusammenhänge tragen nicht nur maßgeblich zur Wirkung von Gedächtnismedien bei, sondern entscheiden bereits über deren Definition: Auch Großeltern und Freunde, ästhetische Formen und literarische Stoffe, Steine und Flüsse können in der Praxis der Erinnerungskultur durch entsprechende Zuschreibungen zu Medien des kollektiven Gedächtnisses werden. Zwei grundlegende Aspekte einer solchen Funktionalisierung sind zu unterscheiden:

- **Produktionsseitige Funktionalisierung:** Typisches Beispiel ist der Assmann'sche ›kulturelle Text‹ (vgl. Kap. 6.3.1), in den Botschaften an die Nachwelt kodiert werden. Von den ägyptischen Pyramiden über die Nationalgeschichtsschreibung des

19. Jahrhunderts bis hin zum »Mahnmal für die ermordeten Juden Europas« haben wir es mit produzentenseitigen (und prospektiven) Funktionalisierungen von Medien des kollektiven Gedächtnisses zu tun: Architekten, Historiker sowie herrschende Klassen und demokratische Gesellschaften, die Gedächtnismedien in Auftrag geben, beabsichtigen, dass diese Medien in Zukunft Erinnerungsprozesse auslösen.

- **Rezeptionsseitige Funktionalisierung:** Ein Medium des kollektiven Gedächtnisses ist auch das, was von einem Kollektiv als ein solches angesehen und funktionalisiert wird – selbst wenn es nie als Gedächtnismedium gedacht war. Dem im England des 17. Jahrhunderts in Geheimschrift verfassten und angesichts seiner pikanten Details wohl kaum für eine breite Öffentlichkeit gedachten Tagebuch des Samuel Pepys oder den in den ›Ostalgie‹-Shows präsentierten Überresten des Alltags in der DDR wird von sozialen Gemeinschaften nachträglich der Status ›Medium des kollektiven Gedächtnisses‹ zugesprochen. Gerade im Bereich der rezipientenseitigen (und retrospektiven) Funktionalisierung ist ein weiter Begriff des Gedächtnis-Medialen anzusetzen: Gedächtnismedium ist hier alles, was von einem Kollektiv als Vergangenheit vermittelnd begriffen wird. Die gemeinschaftliche Zuschreibung gedächtnis-relevanter Information macht selbst aus Körpern, Objekten und natürlichen Gegebenheiten Medien des kollektiven Gedächtnisses. Diese rezipientenseitige Funktionalisierung muss nicht intentional erfolgen. Oft wird erst in der Rückschau deutlich, dass bestimmte Medien oder Phänomene in einer Epoche offensichtlich als Medien des kollektiven Gedächtnisses gedient haben. Die Frage allerdings, welche Merkmale des Mediums eine solche Funktionalisierung nahe legen könnten, führt wieder zurück auf die erste, die materiale Ebene von Medien des kollektiven Gedächtnisses, d. h. zur Analyse des Funktionspotentials ihrer spezifischen Materialität.

Aus dem Konzept des Kompaktbegriffs ›Medium des kollektiven Gedächtnisses‹ mit seiner materialen und sozialen Dimension sowie seinen vier Komponenten folgt, dass sich ein Gedächtnismedium erst durch das Zusammenspiel von auf verschiedenen Ebenen anzusiedelnden Faktoren konstituiert. Dieses Zusammenspiel findet zudem in spezifischen erinnerungskulturellen Kontexten statt. Es ist damit **historisch und kulturell variabel** (zur kulturhistorischen Perspektivierung von Medien vgl. etwa Kittler 1995 [1985]; Stanitzek/Voßkamp 2001). Gedächtnismedien materialisieren sich stets im Horizont bestehender, kulturspezifischer Konfigurationen von Kollektivgedächtnis. Erfahrungsräume und Erwartungshorizonte, Wissensordnungen und Herausforderungslagen, Erinnerungspraktiken und Erinnerungskonkurrenzen prägen die Produktion, Tradierung und Rezeption von Gedächtnismedien. Auch und gerade deshalb ist ›Medium des kollektiven Gedächtnisses‹ ein (erinnerungs-)kulturwissenschaftlicher ›Kompaktbegriff‹. Denn wann immer Medien als Kollektivgedächtnis vermittelnde Phänomene untersucht werden, müssen sie aus einer generalisierenden, a-historischen Betrachtungsweise herausgelöst und in Beziehung zu ganz bestimmten erinnerungskulturellen Prozessen gesetzt werden.

> **Zusammengefasst:**
> Medien des kollektiven Gedächtnisses konstruieren Wirklichkeits- und Vergangenheitsversionen. An diesen Konstruktionen ist die Materialität des Mediums (Kommunikationsinstrument, Technologie und Objektivation) ebenso beteiligt wie seine sozialsystemische Dimension: Auch die Produzenten und Rezipienten eines Gedächtnismediums leisten aktiv Konstruktionsarbeit – bei der Entscheidung darüber, welchen Phänomenen überhaupt gedächtnismediale Qualitäten zugeschrieben werden sowie bei der Auswahl und Enkodierung und/oder bei der Dekodierung und Deutung des zu Erinnernden. Medien und ihre Benutzer erzeugen und perspektivieren kollektives Gedächtnis. Aber sie tun dies immer in ganz spezifischen kulturellen und historischen Kontexten. Ob und welche Vergangenheitsversionen, Werte oder Identitätskonzepte durch ein Gedächtnismedium konstruiert werden, hängt auch maßgeblich davon ab, wie es erinnerungskulturell situiert ist.

Literatur

Hoffmann, Stefan: *Geschichte des Medienbegriffs*. Hamburg: Meiner 2002 (= Sonderheft des *Archivs für Begriffsgeschichte*).
Jäger, Ludwig: »Die Sprachvergessenheit der Medientheorie. Ein Plädoyer für das Medium Sprache«. In: Werner Kallmeyer (Hrsg.): *Sprache und neue Medien*. Berlin/New York: de Gruyter 1999, 9–30.
Kittler, Friedrich A.: *Aufschreibesysteme. 1800/1900*. 3., vollst. überarb. Aufl. München: Fink 1995 [1985].
Luhmann, Niklas: *Die Kunst der Gesellschaft*. Frankfurt a. M.: Suhrkamp 1995.
Merten, Klaus, Siegfried J. Schmidt & Siegfried Weischenberg (Hrsg.): *Die Wirklichkeit der Medien. Eine Einführung in die Kommunikationswissenschaft*. Opladen: Westdeutscher Verlag 1994.
Rajewsky, Irina: *Intermedialität*. Tübingen/Basel: Francke 2002.
Schmidt, Siegfried J.: *Kalte Faszination Medien, Kultur, Wissenschaft in der Mediengesellschaft*. Weilerswist: Velbrück 2000.
Schröter, Jens (Hrsg.): *Handbuch Medienwissenschaft*. Stuttgart: Metzler 2014.
Stanitzek, Georg & Wilhelm Voßkamp (Hrsg.): *Schnittstelle. Medien und Kulturwissenschaften*. Köln: DuMont 2001 (= Mediologie 1).
Sumner, Angela: »Kollektives Gedenken individualisiert: Die Hypermedia-Anwendung *The Virtual Wall*«. In: Astrid Erll & Ansgar Nünning (Hrsg.): *Medien des kollektiven Gedächtnisses. Konstruktivität – Historizität – Kulturspezifität*. Berlin/New York: de Gruyter 2004, S. 255–276.
Zierold, Martin: *Gesellschaftliche Erinnerung: Eine medienkulturwissenschaftliche Perspektive*. Berlin/New York: de Gruyter 2006.

5.4 | Funktionen von Gedächtnismedien

5.4.1 | Auf der kollektiven Ebene: Speicherung, Zirkulation, Abruf

Die Kodierung eines Mediums als Medium des kollektiven Gedächtnisses ist also letztlich eine Sache der sozialen Institutionalisierung und Funktionalisierung. *Wozu* werden Medien in kollektiven Erinnerungsprozessen dann funktionalisiert? **Drei Funktionsaspekte** von Medien in der Erinnerungskultur können unterschieden werden: Speicherfunktion, Zirkulationsfunktion und Abruffunktion. Nur selten ist allerdings ein bestimmter Funktionsaspekt einem Gedächtnismedium eindeutig zuzuordnen. Die in der Erinnerungskultur erfolgreichsten Medien weisen wohl Anteile aller drei Funktionen zugleich auf.

Mit der **Speicherfunktion** ist die Aufgabe von Medien angesprochen, Inhalte (bzw. Gegenstände) des kollektiven Gedächtnisses zu speichern und durch die Zeit hindurch zur Verfügung zu halten. Dies ist sozusagen die klassische Funktion von Medien des kollektiven Gedächtnisses, denen sich auch die meisten kulturwissenschaftlichen Abhandlungen widmen. In der Assmann'schen Terminologie sind Speichermedien des kollektiven Gedächtnisses ›Texte‹. Sicher kann man trefflich über Leistungsvermögen und Reichweite von Speicherungstechniken streiten. Konstruktivistische Kommunikationsmodelle (z. B. Rusch 1999) zeigen, dass die Aktualisierung von Informationen durch Medienrezeption eher der Konstruktion einer Botschaft entspricht als dem originalgetreuen Empfang einer Sender-Intention. Da Speichermedien der Zeitdimension unterworfen sind, ist überdies die Gefahr des Zerfalls kollektiver Codes groß: Schriftsysteme, die nicht mehr entziffert werden können, Denkmäler, deren Symbolik nicht mehr dekodiert werden kann, sind erinnerungskulturell tote Materie.

Von der Speicherfunktion kann man zweitens die **Funktion der Zirkulation** von Gedächtnisinhalten unterscheiden. Medien ermöglichen kulturelle Kommunikation nicht nur durch die Zeit hindurch, sondern auch über weite Räume hinweg. Zirkulationsmedien kommt die Aufgabe zu, große Erinnerungsgemeinschaften, in denen *face to face*-Kommunikation nicht mehr möglich ist, zu synchronisieren. Eine solche Funktion erfüllte der Buchdruck seit der Frühen Neuzeit, Zeitschriften im 18. und 19. Jahrhundert, Fernsehen und Internet in einer Zeit der Globalisierung. Zirkulationsmedien sind Massenmedien (vgl. Luhmann 1995).

So weit orientiert sich die Darstellung von Funktionsaspekten der Gedächtnismedien an Harold A. Innis' Unterscheidung zwischen Speicher- und Verbreitungsmedien in *The Bias of Communication* (1951). Aber Zeitdimension und Raumdimension sind im Falle der Medien des kollektiven Gedächtnisses nicht die einzigen Unterscheidungsmerkmale zwischen Speicher- und Zirkulationsfunktion. Denn die konkreten Speichermedienangebote des kulturellen Funktionsgedächtnisses (wie Monumente, Epen, Historienmalerei) tendieren dazu, nicht allein auf die in ihnen kodierte Vergangenheit zu verweisen, sondern zugleich auch auf sich selbst. Kanonisierte und institutionalisierte Medien wie die Bibel, Homers *Ilias* oder der Arc de Triomphe sind häufig **Speichermedium *und* Gegenstand der Erinnerung** – Medien die an etwas erinnern und selbst erinnert werden.

Diese Doppelung ist im Falle der Zirkulationsmedien seltener zu beobachten. Es handelt sich vielmehr um Medien, die Vergangenheit vermitteln, selbst dabei aber den Anschein der Transparenz wahren. Druckgraphiken, Pamphlete, Zeitungsartikel, Fernsehdokumentationen, populäre Kinofilme (wie *Der Untergang*, 2004) und Websites sind eng an spezifische erinnerungskulturelle Herausforderungslagen geknüpft und erfüllen dabei zumeist auch **didaktische und ideologische Funktionen**. Weil sich ihre Funktion in der synchronen Verbreitung von Informationen erschöpft und sie schnell durch aktuellere Medienangebote ausgetauscht werden, bildet sich bei Zirkulationsmedien eine zusätzliche Dimension als Gegenstand des kollektiven Gedächtnisses nur selten heraus.

Die Rede von Speicher- und Zirkulationsfunktionen impliziert eine Vorstellung von Medien als Kommunikationsmedien in der Tradition von Shannon und Weaver (1949), mit den Instanzen Sender, Kanal und Empfänger sowie den Prozessen der Kodierung und Dekodierung. Gerade Gedächtnismedien müssen aber nicht unbedingt auf einen Sender zurückzuführen sein oder einen Code aufweisen – so lange ihnen die oben angesprochene rezipientenseitige Funktionalisierung zuteil wird. Daraus ergibt sich ein dritter Funktionsaspekt von Medien des kollektiven Gedächtnisses, der allerdings erst in den Blick gerät, wenn man die Erkenntnisse der psychologischen Gedächtnisforschung mit einbezieht. Erinnerungsprozesse werden durch *cues*, Abrufhinweise, in Gang gesetzt. Diese *cues* können intrapsychischer Natur sein, aber häufig sind es auch Bilder, Texte oder Gesprächsbeiträge, die als Erinnerungsanlass dienen. Auch auf kollektiver Ebene kann von **medialen *cues* des kollektiven Gedächtnisses** die Rede sein (vgl. ähnlich Echterhoff 2004).

Eine solche **Abruffunktion** erfüllen in der Erinnerungskultur insbesondere Orte oder Landschaften (Amselfeld, Rhein), die von der Erinnerungsgemeinschaft mit bestimmten Vergangenheitsversionen assoziiert werden. Viele der Nora'schen Erinnerungsorte (Eiffelturm, Kaffee) scheinen in erster Linie *cues* für das kollektive Gedächtnis zu sein. Weil diese Medien weder einen Sender noch einen semiotischen Code im engen Sinne aufweisen, sind sie außerhalb des erinnerungskulturellen Kontexts nicht aktualisierbar. Daher ist die gesellschaftliche Übereinkunft für Medien des kollektiven Gedächtnisses mit einer reinen Abruffunktion besonders wichtig. Meist leitet sich die Bedeutung solcher Medien aus den Narrativen ab, die sie umgeben (mündliche Geschichten, Historiographie, Romane etwa). Was dann allerdings in individuellen Gedächtnissen durch mediale *cues* abgerufen wird, ist keineswegs homogen. Die Gedanken und Erinnerungen beispielsweise beim Anblick des Grabmals des Unbekannten Soldaten in Westminster Abbey variieren nach Partizipation im Krieg und persönlichen Erfahrungen, nach Kenntnisstand und ideologischer Überzeugung. In Erinnerungskulturen herrscht vielleicht eine Einheit der medialen Erinnerungsanlässe, kaum aber eine Einheit der abgerufenen Inhalte.

	Speichermedium	**Zirkulationsmedium**	**mediale cues**
Funktion	Speicherung von Inhalten des kollektiven Gedächtnisses	Verbreitung/Zirkulation von Inhalten des kollektiven Gedächtnisses	Anlass zum Abruf von Erinnerungen
Art der Medialität	semiotischer Code/Kommunikationsmedium	semiotischer Code/Kommunikationsmedium	semiotischer Code ist nicht notwendig
	oft erinnerndes Medium und erinnerter Gegenstand des kulturellen Gedächtnisses *zugleich*	oft populäre Massenmedien	gedächtnismediale Dimension entsteht erst aufgrund kollektiver Zuschreibung und mit Hilfe von Erzählungen
Forschung	z.B. Aleida und Jan Assmanns ›Texte‹	alle wissenschaftlichen Untersuchungen zur Ausformung von Geschichtsbildern durch Medien	z.B. Pierre Noras ›Erinnerungsorte‹

Drei erinnerungskulturelle Funktionen von Medien des kollektiven Gedächtnisses

5.4.2 | Auf der individuellen Ebene: Die medialen Rahmen des Erinnerns

Welche Rolle spielen die Medien des kollektiven Gedächtnisses, als Medien eines *collective memory*, für das sozial geprägte individuelle Gedächtnis, als Medien eines *collected memory* also? Die drei oben genannten Funktionen gehören zur Dimension der erinnerungskulturellen Institutionalisierung von Medien, zur kollektiven Ebene von ›Kultur als Gedächtnisphänomen‹. Nun soll der Blick auf die andere Seite des kollektiven Gedächtnisses gerichtet werden, auf die individuelle Ebene des ›Gedächtnisses als Kulturphänomen‹. Als konkrete Medienangebote erzeugen die uns umgebenden Speicher- und Zirkulationsmedien sowie medialen *cues* ›Welten der (Gedächtnis-) Medien‹ (vgl. Schmidt 1996), die auf unsere Wahrnehmung und Erinnerung großen Einfluss nehmen. Die kollektive Geprägtheit des individuellen Gedächtnisses ist als eine inhärent mediale Geprägtheit zu verstehen. Das hat schon Lev S. Vygotsky (1978) festgestellt, der aus der Perspektive der Entwicklungspsychologie den Begriff der ›mediatisierten Erinnerung‹ einführt (zu aktuellen medienkulturwissenschaftlichen Konzepten vgl. Kap. 5.5.1).

Mit einer Modifikation der Begriffe von Maurice Halbwachs könnte man daher von **cadres médiaux**, medialen Rahmen des Erinnerns, sprechen. Halbwachs liefert selbst einige Beispiele für die Wirkung von medialen Rahmen des Erinnerns. In *Das kollektive Gedächtnis* (1991 [1950]) erzählt er die Anekdote eines ›**Spaziergangs durch London**‹: Ein Fremder besucht zum ersten Mal die Metropole und schaut sich ihre Sehenswürdigkeiten an. Die Art seiner Wahrnehmung des Neuen, seine Gedanken und Gefühle sind für Halbwachs keineswegs rein individuellen Ursprungs. Im Gegenteil, Halbwachs will anhand seines Beispiels verdeutlichen, dass Wahrnehmung und Erinnerung durch *cadres sociaux*, soziale Bezugsrahmen, geprägt sind und dass diese Bezugsrahmen aus der Kommunikation und Interaktion sozialer Gruppen hervorgehen. Die Wahrnehmung Londons, so erklärt Halbwachs, ist in hohem Maße durch andere Menschen, mit denen der Spaziergänger soziale Gruppen bildet, beeinflusst: Gespräche mit dem Architekten, dem Historiker, dem Maler oder dem Kaufmann richten die Aufmerksamkeit des Besuchers auf jeweils andere Facetten der überwältigenden Fülle von Eindrücken. Dazu müssen diese Personen nicht einmal anwesend sein – es genügt die Erinnerung an Gesagtes, die Lektüre ihrer Schriften, das Studieren von Plänen, Betrachten von Bildern.

> Vor Westminster habe ich daran gedacht, was mir mein Freund, der Historiker, darüber gesagt hatte (oder – was auf dasselbe hinausläuft – daran, was ich darüber in einem Geschichtsbuch gelesen hatte). Auf einer Brücke habe ich die Wirkung der Perspektive betrachtet, auf die mein Freund, der Maler, hingewiesen hatte (oder die mir auf einem Gemälde, auf einem Stich aufgefallen war) (ebd., S. 2 f.).

Gemeinsam ist diesen von Halbwachs angeführten Beispielen – Architektur, mündliche Rede, Schrift, Bild – dass es sich dabei um Medien handelt, anhand derer der Spaziergänger eine Verbindung zu sozialen Gruppen herstellt. Medien ermöglichen ihm, sich »zeitweilig« eine kollektive »Denkungsart zu eigen« zu machen: »Von keinem dieser Augenblicke, von keiner dieser Situationen kann ich sagen, daß ich allein war, daß ich allein nachdachte; denn in Gedanken versetzte ich mich in diese oder jene Gruppe« (ebd., S. 3). Über Medien findet das Individuum **Zugang** sowohl zu gruppenspezifischem Wissen, wie Daten und Fakten, als auch zu sozialen »Denk- und Erfahrungsströmungen« (ebd., S. 50) – kurz: **zu der Gesamtheit der symbo-**

lisch verfassten Vorstellungswelt, die Halbwachs als die »kollektiven Rahmen des Gedächtnisses« (ebd.) bezeichnet. Mitgedacht hat Halbwachs die Rolle von Medien bei der Herausbildung von *cadres sociaux* also von Anfang an. Für den Soziologen sind Medien allerdings Vehikel, die einen ungehinderten Zugang zu einer umfassenderen sozialen Dimension des Gedächtnisses ermöglichen. Ein solches Verständnis von Medien als neutralen Vermittlungsinstanzen ist aus konstruktivistischer und medientheoretischer Perspektive sicherlich zu überdenken (vgl. Kap. 5.1). Mit den medialen Rahmen des Erinnerns geht stets auch eine medienspezifische Gedächtniserzeugung einher.

Mediale Rahmen des Erinnerns ermöglichen und prägen die Vergegenwärtigung und Deutung von eigener und fremder Erfahrung. Mediale Darstellungen präformieren unsere Wahrnehmung und leiten den Abruf von Erinnerung. Für die Wirkungsweise von *cadres médiaux* gilt, was Halbwachs (ebd., S. 19) mit Blick auf soziale Denkströmungen festhält: Mediale Rahmen sind »gewöhnlich ebenso unsichtbar wie die Luft, die wir einatmen. Im normalen Leben spürt man ihre Existenz nur, wenn man [ihnen] Widerstand leistet«. Genau darauf gründet sich die **gedächtnisbildende Macht der Medien**. Museumsexponate, Geschichtsbücher, Historienfilme, Alltagserzählungen und Denkmäler bilden einen Horizont von Versionen des Zusammenhangs von Vergangenheit, Gegenwart und Zukunft, dessen Konstruiertheit in der Regel nur dann offensichtlich wird, wenn wir Widersprüche feststellen oder ganz bewusst eine Beobachterposition einnehmen. (Zu Literatur als medialem Rahmen des Erinnerns vgl. Kap. 6.3.3).

Literatur

Echterhoff, Gerald: »Das Außen des Erinnerns. Was vermittelt individuelles und kollektives Gedächtnis?«. In: Astrid Erll & Ansgar Nünning (Hrsg.): *Medien des kollektiven Gedächtnisses. Konstruktivität – Historizität – Kulturspezifität*. Berlin/New York: de Gruyter 2004, S. 61–82.
Halbwachs, Maurice: *Das kollektive Gedächtnis*. Frankfurt a. M.: Fischer 1991 (orig.: *La mémoire collective*. Paris: Presses universitaires de France 1950).
Innis, Harold A.: *The Bias of Communication*. Toronto: University of Toronto Press 1951.
Luhmann, Niklas: *Die Realität der Massenmedien*. Opladen: Westdeutscher Verlag 1995.
Rieger, Stefan: »Speichermedium«. In: Nicolas Pethes & Jens Ruchatz (Hrsg.): *Gedächtnis und Erinnerung. Ein interdisziplinäres Lexikon*. Reinbek: Rowohlt 2001, S. 550–553.
Ruchatz, Jens: »Externalisierung«; »Spur«. In: Nicolas Pethes & Jens Ruchatz (Hrsg.): *Gedächtnis und Erinnerung. Ein interdisziplinäres Lexikon*. Reinbek: Rowohlt 2001, S. 160–163; S. 553–561.
Rusch, Gebhard: *Konstruktivismus in der Medien- und Kommunikationswissenschaft*. Frankfurt a. M.: 1999.
Schmidt, Siegfried J.: *Die Welten der Medien*. Wiesbaden: Vieweg 1996.
Shannon, Claude Elwood & Warren Weaver: *The Mathematical Theory of Communication*. Urbana: University of Illinois Press 1949.
Vygotskij, Lev Semenovic: *Mind in Society*. Hrsg. v. Michael Cole. Cambridge, MA: Harvard UP 1978.

5.5 | Medienkulturwissenschaftliche Gedächtnisforschung

Neue Ansätze der medienkulturwissenschaftlichen Gedächtnisforschung widmen sich vor allem den **Massenmedien** und den sogenannten ›**Neuen Medien**‹. Die Gründe hierfür liegen wohl in der zunehmenden und sich weiter beschleunigenden, weltweiten Verbreitung von Bildern und Narrativen über die Vergangenheit durch Massenmedien wie das Fernsehen und in dem Triumphzug von Computer und Internet. Beide Kommunikationsmittel formen heute die Alltagserfahrung und Erinnerung der meisten Menschen, zumindest in den wohlhabenden Teilen der Welt. Andreas Huyssen zufolge nimmt die globale Medienzirkulation auch Einfluss auf das Gedächtnis. So entstehe eine **globale Erinnerungskultur**:

> Print and image media contribute liberally to the vertiginous swirl of memory discourses that circulate globally and locally. We read about Chinese and Korean comfort women and the rape of Nanjing; we hear about the ›stolen generation‹ in Australia and the killing and kidnapping of children during the dirty war in Argentina; we read about Truth and Reconciliation Commissions in South Africa and Guatemala; and we have become witnesses to an ever-growing number of public apologies by politicians for misdeeds of the past. Certainly, the voraciousness of the media and their appetite for recycling seems to be the sine qua non of local memory discourses crossing borders, entering into a network of cross-national comparisons, and creating what one might call a global culture of memory (Huyssen 2003, S. 95; zu globalen Erinnerungskulturen vgl. auch Kap. 4.7).

Neue digitale Technologien und Plattformen, wie digitale Fotografie, Instagram und YouTube, sind am Beginn des 21. Jahrhunderts zu Kernelementen individueller und kollektiver Gedächtnisse geworden. Gerade ›soziale Netzwerke‹ wie Facebook fungieren mehr und mehr als *cadre social de la mémoire*. So betont Erik Meyer in dem Band ***Erinnerungskultur 2.0*** (2009, S. 7): »Digitale Medien prägen nicht nur die Gegenwart gesellschaftlicher Kommunikation, sie bestimmen zunehmend unser Verständnis der Vergangenheit und begründen neue Formen von Geschichtsvermittlung und Opfergedenken«, die Meyer »mit dem Begriff ›Erinnerungskultur 2.0‹ adressiert« (vgl. auch Hein 2009; Rutten/Fedor/Zvereva 2013). Digitale Medien eröffnen neuartige Formen der Re-Konstruktion und Aneignung von Vergangenem (vgl. Grellert 2007). Das Interesse neuerer Forschung richtet sich dabei auch auf die ›Transformationen‹ oder ›Neuverhandlungen‹ des Holocaust (Keitz/Weber 2013; Frieden 2014).

Das, was Anna Reading (2009) ***globital memory*** nennt – globalisierte und digitalisierte Erinnerung –, stellt überkommene Vorstellungen vom ›**Archiv**‹ in Frage. Das ›Archiv‹ ähnelt in seinen neuen, computerisierten und Internet-basierten Formen oft mehr einem offenen, kollaborativen und partizipativen Unterfangen ›von unten‹, als dem Mechanismus der Macht, wie ihn Foucault, Derrida und Agamben theoretisierten (vgl. Dreier/Euler 2005; Garde-Hansen/Hoskins/Reading 2009). Es erscheint im Licht der digitalen Revolution weniger als Ort der Speicherung denn als Prozess der Übertragung, des dynamischen Recycling (vgl. Ernst 2007). Zugleich entstehen durch die Digitalisierung neue Herausforderungen für die Archivierung und Erhaltung beispielsweise von Medienkunst (Noordegraaf et al. 2013). Betont wird in den Digital Memory Studies nicht zuletzt die den neuen digitalen Gedächtnissen zugrunde liegende politische Ökonomie (Reading 2015).

Andrew Hoskins (2011) beschreibt die Wandlungen des Gedächtnisses im digitalen Zeitalter als Übergang vom kollektiven zum ›konnektiven‹ Gedächtnis, das sich in ›neuen Medienökologien‹ entfalte (vgl. auch Zierold 2006). Es bleibt abzuwarten, ob die ›Neuen Medien‹ (Gitelman 2006 erinnert uns daran, dass alle Medien einst ›neu‹ waren) wirklich jenen grundlegenden, qualitativen Wandel herbeigeführt haben, durch den sich kulturelle Erinnerung in unserem Zeitalter radikal von allen früheren Epochen unterscheidet. Sicherlich aber hat uns die Allgegenwart von Massenmedien und digitalen Medien die Tatsache bewusst gemacht, dass jede Erinnerung – individuell wie kollektiv – eine (im allerweitesten Sinne des englischen Begriffs *mediation*) mediatisierte Erinnerung ist. Daher kann unsere Gegenwart als eine hochgradig **medienreflexive Stufe in der Gedächtnisgeschichte** beschrieben werden.

5.5.1 | Mediatisierte Erinnerung: Konzepte

Wie wird mediatisierte Erinnerung in der kulturwissenschaftlichen Gedächtnisforschung konzipiert? Marita Sturken arbeitet mit der Metapher der ›**verwickelten Erinnerung**‹. In ihrer Studie *Tangled Memories* (1997) untersucht sie, wie der Vietnam-Krieg und die AIDS-Epidemie durch Fernsehen, Kinofilme und andere populäre Medien zu Gegenständen des kulturellen Gedächtnisses wurden. Sturken arbeitet dabei die komplexen Verflechtungen von Erinnerung und Medien heraus. Sie betont die aktive und erinnerungsproduktive Rolle der Medien, die sie als ›Technologien der Gedächtnisses‹ bezeichnet: »Cultural memory is produced through objects, images, and representations. These are technologies of memory, not vessels of memory in which memory passively resides« (ebd., S. 9). Stärker mit Blick auf die Rolle der Medien für individuelle Erinnerung, betonen Susannah Radstone und Katharine Hodgkin in ihrem Sammelband *Memory Cultures* (2006, S. 12 f.), dass eine wichtige erinnerungskulturelle Funktion von Massenmedien darin bestehe, dem Subjekt als eine ›**mediale Gedächtnisstütze**‹ zu dienen. Sie bezeichnen diese Aufgabe als »propping the subject«. Solche Stützen können individuellen Erinnerungen eine neue Kraft verleihen. Stephan Feuchtwang zeigt in seinem Beitrag zu dem Band beispielsweise, wie die gefälschte Autobiographie von Binjamin Wilkomirski zu einem *memory prop* wurde, und zwar »for those seeking recognition of their own *actual* Holocaust sufferings«.

José van Dijck geht in ihrer Studie über digitale Fotografie *Mediated Memories in the Digital Age* (2007) noch weiter und betont die inhärente Mediatisiertheit jeglicher Erinnerung. Sie geht aus von der Ko-Konstruktion bzw. der gegenseitigen Formung von Medien und Erinnerung und definiert ihren Begriff der *mediated memories* wie folgt: »Mediated memories are the activities and objects we produce and appropriate by means of media technologies, for creating and re-creating a sense of the past, present, and future of ourselves in relation to others« (ebd., S. 21).

Von Alison Landsberg wurden neue Formen der mediatisierte Erinnerung im Zeitalter der Massenkultur als ›**prothetische Erinnerung**‹ bezeichnet. In *Prosthetic Memory* (2004) untersucht sie die starken Effekte, die massenmediale Repräsentationen von Holocaust und Sklaverei in der US-amerikanischen Erinnerungskultur hatten. Sie betrachtet Literatur, Kino und Museen. Medien können kulturelles Erinnern so nachhaltig prägen, so Landsberg, weil sie erlauben, die Erfahrungen und Erinnerung anderer Menschen und Gruppen anzunehmen wie ›ein künstliches Gliedmaß‹ (vgl. ebd., S. 20). Mit diesem Bezug auf Marshall McLuhans Idee von Medien als ›Erweiterung des Menschen‹, aktualisiert Landsberg die klassische Medientheorie im Horizont der Gedächtnisforschung. Mit der Metapher der ›Prothese‹, von Erinnerungen-als-Gliedmaßen, hebt sie die körperliche, erfahrungshaftige, sinnliche und affektive Dimension von Medienerinnerungen hervor. Zugleich verweist sie auf die Austauschbarkeit kommodifizierter Medienerinnerung im Zeitalter der Massenkultur. Landsbergs Definition der ›prothetischen Erinnerung‹ lautet wie folgt:

Prosthetic memory emerges at the interface of a person and a historical narrative of the past, at an experiential site, such as a movie theatre or a museum. In this moment of contact, an experience occurs through which the person sutures himself or herself into a larger history [...] In the process the person does not simply apprehend a historical narrative but takes on a more personal, deeply felt memory of a past event through which he or she did not live. The resulting prosthetic memory has the ability to shape the person's subjectivity and politics (ebd., S. 2).

Ein auffälliges Merkmal von Landsbergs Theorie ist ihr ethisches, **utopisches Moment**. Sie schreibt *prosthetic memory* die Fähigkeit zu, Empathie und soziale Verantwortung sowie politische Allianzen zu produzieren, die Rassen-, Klassen- und Geschlechtergrenzen transzendieren (vgl. ebd., S. 21). Prothetisches Erinnern bedeutet, die Gedächtnisse anderer Menschen zu bewohnen; aber es impliziert zugleich das Erkennen und Anerkennen von Differenz (vgl. ebd., S. 24). Anstatt also kulturpessimistisch das ›Ende der Erinnerung‹ (Nora) zu proklamieren, bieten Ansätze zur Erforschung mediatisierte Erinnerung die Möglichkeit, das Verhältnis von Medialität und Gedächtnis differenziert zu beschreiben; teils entwerfen sie optimistische Szenarien und betonen die ermöglichenden Momente der neuen Medienökologien.

Das Forschungsfeld zu *mediated memory* hat sich im vergangenen Jahrzehnt in neue mediale und temporale Richtungen weiterentwickelt. So zeigen Arbeiten zum Verhältnis von **Journalismus und Erinnerung** etwa, wie öffentliche Mediendiskurse Erinnerungen vermitteln und prägen (Röger 2011; Zelizer/Tenenboim-Weinblatt 2014). Unter dem Begriff *memory in a mediated world* untersuchen die Beiträge in Hajek/Lohmeier/Pentzold (2016), wie mediatisierte Erinnerung auch die Zukunft (mit-)produziert.

5.5.2 | Visuelle Erinnerungskultur: Fotografie, Film, Fernsehen

Neben den verschiedenen Formen schriftlicher Dokumente sind es vor allem die visuellen Medien, auf die die Gedächtnisforschung ihre Aufmerksamkeit gelenkt hat (für neuere Studien zu auditiven Medien vgl. Bijsterveld/van Dijck 2009; Gerlof 2010; zu Musik und Erinnerung Nieper/Schmitz 2016). Tatsächlich kann die **Bedeutung der visuellen Kultur für das Erinnern** kaum überschätzt werden. Auch hier ist es das Gedenken an den Holocaust, an dem sich dieser Zusammenhang in paradigmatischer Weise zeigt. Barbie Zelizer etwa untersucht in ihrem Band *Visual Culture and the Holocaust* (2001) bildende Kunst ebenso wie Fernsehen, Spielfilme, Museumsartefakte, *graphic novels*, Fotografien, das Internet und tätowierte Körper. Die Macht der Bilder für die Konstruktion der Vergangenheit betonte bereits Walter Benjamin (1982, S. 596) in seinem *Passagen*-Werk: »Geschichte zerfällt in Bilder, nicht in Geschichten«. Den Einfluss des Visuellen auf das Gedächtnis ernst zu nehmen, bedeutet jedoch auch eine Provokation für das in der Gedächtnisforschung bislang vorherrschende narrativistische Paradigma. Denn kollektives Gedächtnis bedeutet für die meisten Forscher zunächst einmal die Geschichten, die über die Vergangenheit erzählt werden (vgl. Kap. 3.3.2; zu *visual history* vgl. Paul 2006). Um die **spezifische Logik visueller Gedächtnismedien** in den Blick zu nehmen, widmet dieses Kapitel dreier Medien, zu denen die Gedächtnisforschung bereits einschlägige Konzepte entwickelt hat: Fotografie, Kinofilm und Fernsehen.

Fotografie als Medium der Erinnerung zu betrachten, bedeutet eine doppelte Herausforderung: Fotografien werden im Alltag nicht selbst als ›Zeugen‹ der Vergangenheit genutzt; zugleich sind sie oft inszeniert, konstruiert und retuschiert. Jens Ruchatz (2004) betont, dass Fotografie als Gedächtnismedium in der Regel beides sei: ›**Externalisierung**‹ und ›**Spur**‹. Fotografien sind einerseits die aktive Konstruktion eines Bildes von der Vergangenheit (›Externalisierung‹); andererseits sind sie immer auch indexikalische Zeichen (›Spur‹), d. h. das Ergebnis von etwas, das vor der Kamera in dem Moment stattfindet, an dem sich der Verschluss öffnet. Aufgrund ihrer indexikalischen Qualität wurde der Fotografie seit ihrer Erfindung dokumentarischer

5.5 Medienkulturwissenschaftliche Gedächtnisforschung

Status zugeschrieben (und das scheint selbst heute, im Zeitalter der digitalen Fotografie, noch immer zu gelten, vgl. van Dijck 2007). Für die meisten Menschen haben Fotos eine einzigartige Verbindung zu einer vergangenen Wirklichkeit (vgl. Barthes 1989).

Dennoch wurde die inhärente **Konstrukthaftigkeit**, insbesondere der dokumentarischen Fotografie, schon längst in vielen Studien entlarvt – vielleicht am eindrücklichsten in Susan Sontags Reflexionen über Kriegsfotografie in *Das Leiden Anderer betrachten* (2003). Sontag betont: »Es ist eigentlich nicht verwunderlich, daß so viele eindringliche Reportagefotos der Vergangenheit, unter ihnen auch einige der Bilder aus dem Zweiten Weltkrieg, die sich der Erinnerung besonders tief eingeprägt haben, offenbar gestellt waren. Merkwürdig ist vielmehr, daß wir, wenn wir davon erfahren, überrascht und immer enttäuscht sind« (ebd., S. S. 65). Die erinnerungsprägende Kraft der Fotografie scheint nicht mit ihrem Wahrheitswert zu korrelieren.

Fotografie kann in verschiedener Hinsicht ein Zeichen für die Vergangenheit sein. Tatsächlich werden alle drei Dimensionen des Zeichens nach Charles Sanders Peirce relevant, wenn man Fotografie aus der Perspektive der Gedächtnisforschung betrachtet (vgl. Scott 1999). Als ›**Index**‹ ist die Fotografie materiell und kausal mit der Vergangenheit verknüpft. Hieraus ergibt sich ihre Funktion als ›Spur‹, ›Dokument‹ oder ›Zeuge‹ der Geschichte. Als ›**Ikon**‹ re-präsentiert Fotografie die spezifische visuelle Gestalt vergangener Ereignisse, Dinge und Personen. Und als ›**Symbol**‹ steht sie für die Bedeutung, die der Vergangenheit vom Betrachter zugeschrieben wird. Bei Fotografien, die sich als machtvolle Medien der Erinnerungskultur erweisen, werden meist alle drei Dimensionen ihrer Zeichenhaftigkeit aktualisiert. Robert Capas Fotografien des Spanischen Bürgerkriegs etwa wurden lange als untrügliche Dokumente der Ereignisse von 1936 bis 1939 gesehen (obgleich viele von ihnen inszeniert waren). Betrachter aktualisierten die Fotos auch als ikonische Repräsentationen: Bis heute stehen Capas Bilder für den *look* des Bürgerkriegs. Und schließlich stehen sie symbolisch für die Gräuel des Krieges und für die Leiden seiner Opfer. Aufgrund der arbiträren Relation zwischen Signifikant und Signifikat, durch die das Symbol (nach Peirce) charakterisiert ist, ist die erinnerungskulturelle Bedeutung Fotografien jedoch nicht inhärent, sondern das Resultat von Konvention. In verschiedenen Erinnerungsgemeinschaften kann die Bedeutung eines Bildes daher stark variieren. Fotos des 11. September beispielsweise werden in islamistischen Zirkeln womöglich als Symbole des Triumphs gesehen, während die gleichen Bilder in weiten Teilen der westlichen Welt symbolisch für eine Katastrophe und ihrer Opfer stehen.

Fotografie unterscheidet sich von den meisten schriftlichen und filmischen Gedächtnismedien dadurch, dass sie im Kern ein **nicht-narratives Medium** darstellt. Für sich selbst genommen, ›erzählt‹ ein fotografisches Bild keine Geschichte. Es kann allein das darstellen, was Gotthold Ephraim Lessing in *Laokoon* (1766) als »prägnanten Augenblick« bezeichnet hat. Fotografien können einen *Anlass* für Erzählungen bieten oder als *cue*, als Abrufhinweis für eine bestimmte, im Gedächtnis des Betrachters bereits vorhandene Geschichte dienen – d. h. auf verschiedene Weisen geschichteninduzierend wirken. Fotografien können erst dann als Gedächtnismedium funktionieren, wenn sie narrativ kontextualisiert sind, entweder durch Bildunterschriften oder durch (mündlich, schriftlich oder bildlich vermittelte) Geschichten, die das Medium umgeben. Studien, die Fotografie als Gedächtnismedium konzeptualisieren, betonen daher häufig deren soziale Einbettung und intermediale Bezüge.

Aus einer solchen narratologischen Perspektive erforscht Marianne Hirsch in *Family Frames* (1997) die **Familienfotografie**. Ihr zufolge basiert die mnemonische Relevanz jener Bilder auf einem »narrative act of adoption that transforms rectangular images of cardboard into telling details connecting lives and stories across continents and generations« (ebd., xii). Fotos werden also erst durch Narrationen zu Gedächtnismedien. Tatsächlich ›sagt‹ ein altes Familienfoto, das wir auf dem Flohmarkt finden, zunächst einmal wenig oder nichts. Es hat für den fremden Betrachter eine nur sehr vage gedächtnismediale Dimension (Kleidung und Haltung können etwa als typischer Ausdruck vergangener Epochen gedeutet werden). Eine mit den Familiengeschichten vertraute Großenkelin wird es hingegen als medialen *cue* für sehr viel reichhaltigere Erinnerungen an vergangene Zeiten aktualisieren können. Diese transgenerationelle Dimension fotografischer Erinnerung ist Hirschs Hauptanliegen. Sie führt den Begriff des ›**Postmemory**‹ ein, um zu erläutern, wie die traumatischen Erfahrungen von Eltern und Großeltern durch Fotografien und Erzählungen an die Kinder- und Enkelgenerationen vermittelt werden. Für Hirsch sind gerade Fotos »the medium connecting first- and second-generation remembrance, memory and postmemory« (ebd., S. 23; zum Generationengedächtnis vgl. auch Kap. 3.1.4).

Im Mittelpunkt der Forschung zum **historischen Film** stand traditionell die problematische Relation zwischen dem Anspruch des Historikers, im Medium der Geschichtsschreibung die einzig gesicherte, methodisch einwandfreie Repräsentationen der Vergangenheit zu bieten, und der unvergleichlich breiteren Wirkmacht filmischer Geschichtsdarstellungen, seien diese nun fiktionaler, semi-fiktionaler oder nicht-fiktionaler Art (vgl. Rosenstone 1995). Film als Gedächtnismedium zu begreifen, bedeutet sich stets seiner doppelten mnemonischen Dimension bewusst zu sein: Erstens tritt Film als (fiktionale) Repräsentation der Vergangenheit in Erscheinung (›Geschichtsfilm‹) und zweitens als archivalische Quelle (›dokumentarisches Bildmaterial‹). Kombinationen beider Dimensionen finden sich im Dokumentarfilm (zum Dokumentarfilm der DDR vgl. z. B. Ebbrecht/Hoffmann/Schweinitz 2009) und deren zunehmende Verschmelzung im relativ neuen Genre des ›**Dokudrama**‹, mit seiner Kombination von historischem Filmmaterial und fiktionalen *reenactments* vergangener Ereignisse (vgl. Ebbrecht/Steinle 2008; zum Essayfilm vgl. Brunow 2016).

Eine frühe, kritische Betrachtung zum Thema **Film und populäres Gedächtnis** finden wir bei Michel Foucault. In einem Interview aus dem Jahr 1974 betonte er, dass in dem ›Kampf‹ um das Gedächtnis billige Bücher, Fernsehen und Kino als Apparate fungieren, deren Funktion ein »*reprogramming* of popular memory« sei, ein ursprüngliches Gedächtnis, das Foucault vor allem in mündlichen Geschichten und Liedern kodiert vermutet. Die Kontrolle über das Gedächtnis bedeute die Kontrolle über die Energie, Erfahrung und das Wissen der Menschen. Neuere Beiträge zur Gedächtnisforschung stimmen wohl mit Foucault darin überein, dass der Einfluss der populären Kultur und ihrer Massenmedien auf die Formung unserer Geschichtsbilder kaum zu überschätzen ist (Jacke/Zierold 2008; Korte/Paletschek 2009). Sie zeigen allerdings auch, dass Massenkultur und die neuen Möglichkeiten des Erinnerns, die sie eröffnet, für Individuen und soziale Gruppen aktivierende, transformierende und ethische Funktionen erfüllen kann. Und sie betonen überdies die aktive, konstruktive Rolle des Publikums bei der Aneignung von Filmen, welche die Medienkommunikation in populären Erinnerungskulturen weit entfernt von einfacher Bewusstseinskontrolle erscheinen lässt (vgl. Grainge 2003; Kansteiner 2006).

Innerhalb der Gattung des ›**Erinnerungsfilms**‹ (Erll/Wodianka 2008) können zwei Ausprägungen unterschieden werden: Kinofilme wie *Blade Runner* (1982), *Total Recall* (1990) und *Memento* (2000) sind **gedächtnisreflexive Filme** (vgl. z. B. Seamon 2015). Sie bringen kulturelle Vorstellungen von Gedächtnis mit filmischen Mitteln zur Darstellung; sie inszenieren und problematisieren Akte des individuellen und kollektiven Erinnerns im Medium der Fiktion. *Apocalypse Now* (1978), *Schindlers Liste* (1993) und *Der Untergang* (2004) geben hingegen auf filminterner Ebene keinen besonderen Aufschluss über die Funktionsweisen und Probleme des Gedächtnisses. Allerdings haben sie weltweit eindrucksvolle Versionen von der Vergangenheit verbreitet und Geschichtsbilder nachhaltig mitgeprägt. Es handelt sich daher um gedächtnisbildende oder **gedächtnisproduktive Filme** (vgl. z. B. Ebbrecht 2011).

Die Forschung zum Erinnerungsfilm kann von verschiedenen Dimensionen des Mediums ausgehen und **technologische, ästhetische oder soziale Fragen** verhandeln. Mit Blick auf Filmtechnologien können beispielsweise die unterschiedlichen erinnerungsrelevanten Qualitäten analoger und digitaler Filme untersucht werden. Die Ästhetik eines Films wird dort relevant, wo bestimmte formale Strategien zu Erinnerungseffekten beitragen. Der Filmwissenschaftler Anton Kaes (1987) hat gezeigt, dass historische Filme durch ästhetische Strukturen die Geschichte für die Zuschauer/innen ›erfahrbar‹ machen. Ich habe an anderer Stelle argumentiert, dass sich viele gedächtnisbildende Filme durch ihre Kombination aus ›Erfahrungshaftigkeit‹ und ›Vergangenheitssättigung‹ auszeichnen und dass beide Effekte sowohl durch technologische als auch ästhetische Mittel erzeugt werden (in Erll/Wodianka 2008, S. 139–69). Die Einbeziehung der sozialen Dimension ist für ein Verständnis des Erinnerungsfilms schließlich unumgänglich. Zwar können technologische Merkmale und ästhetische Strategien einen Film als Gedächtnismedium auszeichnen. Aber wenn es um die tatsächliche Wirkung des Films in der Erinnerungskultur geht, weisen sie allenfalls ein *Wirkungspotential* auf (zu diesem Konzept vgl. auch Kap. 6.2.3). Dieses Potenzial muss in sozialen Kontexten aktualisiert werden. Einfacher gesagt, um zu einem Erinnerungsfilm zu werden, muss ein Film auch *als* Erinnerungsfilm gesehen werden. Filme, die keine Zuschauer/innen finden, können die komplexesten Bilder der Vergangenheit oder Reflexionen über die Funktionsweisen des Gedächtnisses bieten; sie werden jedoch keine Wirkung in der Erinnerungskultur entfalten.

Grundlegend für die Wirksamkeit von Erinnerungsfilmen ist also die Existenz eines sozialen Kontexts, in dem Filme als gedächtnisrelevante Medien vorbereitet und rezipiert werden. Wenn man einmal die sozialen Praktiken genauer betrachtet, die mit einflussreichen Erinnerungsfilmen – von *All Quiet on the Western Front* (1930) bis zu *Das Leben der Anderen* (2004) – verknüpft waren und sind, dann wird deutlich, dass das, was aus ›Filmen über die Vergangenheit‹ veritable Erinnerungsfilme macht, nicht allein *in* den Filmen selbst zu finden ist, sondern in dem, was *um sie herum* etabliert wurde: Ein dichtes Netzwerk verschiedener Medien bereitet den Boden für Erinnerungsfilme, leitet die Rezeption in bestimmte Bahnen, erzeugt und kanalisiert öffentliche Diskussionen und stattet die Filme auf diese Weise mit erinnerungskultureller Bedeutsamkeit aus. Rezensionen in nationalen und internationalen Zeitungen und Filmmagazinen, Sondersendungen im Fernsehen, gezielte Marketingstrategien, Merchandising, DVD-Versionen (mit dem ›making of‹, Interviews mit Produzenten und Schauspielern, Informationen zum historischen Hintergrund etc.), Preise und Auszeichnungen, politische Reden, akademische Kontroversen, die Publikationen eines ›Buchs zum Film‹ und nicht zuletzt die didaktischen Formate, die

Filme zu Unterrichtseinheiten in Klassenzimmern aufbereiten – all diese netzwerkartig miteinander verknüpften Formen der Bewerbung, des Kommentars, der Vermittlung und Kontroverse konstituieren jene **plurimedialen Konstellationen** (Erll/Wodianka 2008), die Filme erst zu Erinnerungsfilmen machen, d. h. zu Medien, die (in spezifischen sozialen Kontexten) gedächtnisbildende und/oder -reflexive Wirkung entfalten. Gute Beispiele dafür, wie verschiedene Erinnerungsgemeinschaften ein und denselben Film als sehr verschiedene Erinnerungsfilme aktualisieren, finden sich in den Studien zur Rezeption von *Schindlers Liste* (für Fallstudien zu Großbritannien, Frankreich, Deutschland, Israel, den Niederlanden und den USA vgl. Loshitzky 1997) und in van der Knaaps (2008) Untersuchung zur internationalen Rezeption von Alain Resnais' *Nuit et Brouillard* (1955; *Nacht und Nebel*). Eine dezidiert kulturvergleichende Perspektive zu Holocaust und Kollaboration in deutschen und französischen Spielfilmen bietet Vatter (2009). Dass und wie sich der aktuelle Erinnerungsfilm neue Themenfelder erschließt, etwa Migration und Familiengeschichte, zeigen die Arbeiten von Dagmar Brunow (2014).

Fernsehen ist heute vielleicht *das* Leitmedium der Geschichtsvermittlung. Auf dem Sofa, vor dem Fernseher, werden die meisten Menschen zuerst und am kontinuierlichsten mit Geschichtsbildern konfrontiert. **Geschichte im Fernsehen** ist zunächst einmal ein Geschäft. Markt und Quote sind bestimmend für die Auswahl und Darstellung von geschichtlichen Ereignissen. Das Format des Geschichtsfernsehens folgt dabei bestimmten Regeln. Es setzt vor allem auf **Personalisierung, Dramatisierung und Emotionalisierung** und sucht so, die Zuschauer in das dargestellte Geschehen zu involvieren. Oder mit den Worten Guido Knopps: »Wenn Sie um 20:15 Uhr historische Themen anbieten, dann unter der Maßgabe, dass Geschichte spannender sein kann als jeder Krimi, dass sie szenisch dargestellt wird, Menschen an Wendepunkten ihres Lebens zeigt. [...] Fernsehen und Film sind immer dann stark, wenn sie sich auf wenige Tage oder Stunden und auf einen Schauplatz konzentrieren können« (in: *Badische Zeitung* 15.3.2006; zit. n. Fischer/Wirtz 2008, S. 11).

Die Televisualisierung der Geschichte und die Popularisierung der Geschichte im Fernsehen sind etwa seit der Jahrtausendwende zu einem zentralen **Gegenstand der historischen Disziplinen** geworden (vgl. z. B. Lersch/Viehoff 2007; Keilbach 2008; zur Geschichte als TV-Ereignis vgl. Drews 2008; Cippitelli/Schwanebeck 2009). Geschichtsfernsehen und seine Darstellungslogik stellen heute einen zentralen Forschungsbereich der Geschichtsdidaktik dar (vgl. Baumgärtner/Fenn 2004; Schreiber/Wenzl 2006). Und auch die Zeitgeschichte, deren Quellen vielfach filmischer und digitaler Art sind, widmet sich zunehmend medienkulturwissenschaftlichen Fragestellungen (vgl. Popp et al. 2010 sowie Brockmanns 2006 Studie zur »Erinnerungsarbeit im Fernsehen« am Beispiel des 17. Juni 1953).

Fernsehereignisse können sich als Meilensteine und Wendepunkte in der Entwicklung gesellschaftlicher – und zunehmend auch globaler – Erinnerungsdiskurse erweisen. Ein einschlägiges Beispiel dafür ist die amerikanische vierteilige **Fernsehserie** *Holocaust* **(1978)**, die weltweit eine neue Phase der Holocaust-Erinnerung einläutete (vgl. Shandler 1999; Bösch 2007; zum Holocaust in Film und Fernsehen vgl. Wende 2007; Elm 2008). Für den Politologen Peter Reichel (2004, S. 261) markiert *Holocaust* »den Beginn der Bereitschaft nun auch eines Massenpublikums, sich mit der NS-Vergangenheit überhaupt auseinanderzusetzen«. Aleida Assmann (2013, S. 34 f.) hat den ZDF-Dreiteiler ***Unsere Mütter, unsere Väter*** (2013) als Fernsehereignis identifiziert, das »einen Wendepunkt des Geschichtsfernsehens nach dem Ende der Ära Knopp« markiere und mit seiner »Fiktionalisierung«, »Hypervisualisierung«

5.5 Medienkulturwissenschaftliche Gedächtnisforschung

und Emotionalisierung »Arbeit am deutschen Familiengedächtnis« leiste. Der Dreiteiler sei Erinnerungsanstoß und (durchaus problematische) Deckerinnerung zugleich (ebd., S. 42).

Allerdings sind Zuschauer nicht als passive Konsumenten einer vorgefassten Agenda des Geschichtsfernsehens zu begreifen. In seiner Untersuchung der Rolle des Fernsehens für das kollektive Gedächtnis in Deutschland, bezieht sich Wulf Kansteiner (2006, S. 109–180) auch auf **Zuschauerforschung** und kommt zu dem Schluss, dass dem Publikum eine äußerst aktive Rolle zukomme, wenn es darum gehe, welche Aspekte der Vergangenheit im Fernsehen wo, wann und wie dargestellt werden. Diesen Einfluss der Erinnerungskonsumenten beschreibt Kansteiner als »veto power« (ebd., S. 135). Die vielleicht größte methodische Herausforderung für die medienkulturwissenschaftliche Gedächtnisforschung bleibt die **Erforschung konkreter Rezeptionspraktiken** und die Frage, wie Film und Fernsehen Geschichtsbewusstsein tatsächlich prägen. Dazu liegen heute allerdings erst vereinzelte Studien vor (zum Kinofilm *Der Untergang* vgl. Hofmann/Baumert/Schmitt 2005; zu *Hotel Ruanda* vgl. Gudehus/Anderson/Keller 2010; zur transkulturellen Medienrezeption in Europa vgl. Erll/Rigney 2017 und Sindbæk-Andersen/Törnquist-Plewa 2017; zur historischen Rezeptionsforschung vgl. Kuhn 2002; Weckel 2012.)

Das Verhältnis von Fernsehen und Gedächtnis erschöpft sich nicht im vielbeachteten Format des Geschichtsfernsehens. Das Fernsehen ist genereller eine »Gedächtnismaschine« (Kramp 2011; vgl. auch Engell 2005). Wie Andrew Hoskins (2004, S. 116) betont, entfaltet das Fernsehen seine erinnerungsbildende Kraft durch schiere, unentwegte Präsenz. Fernsehnachrichten etwa produzierten einen »apparently reliable stream of historical consciousness of today's events«. Tatsächlich wird durch **Nachrichtenberichterstattung** zwar nicht die Vergangenheit dargestellt; aber gegenwärtige Ereignisse werden als geschichtsträchtig begreifbar und vor allem für zukünftige Erinnerung medial enkodiert. Nachrichtenmaterial ist das Rohmaterial der filmischen Erinnerung, auf das zukünftige Produzenten etwa von Geschichtsfernsehen zurückgreifen werden. Ganz wie die Pressefotografie erfüllt es die Funktion eines Dokuments, erweist sich jedoch bei genauerer Betrachtung als eine höchst selektive und konstruktive mediale Repräsentation. **Medienereignisse** wie der Golfkrieg von 1991 oder der 11. September zeigen die Logik der televisuellen Erinnerungsproduktion, wie sie gerade durch Nachrichtensender wie CNN erfolgt: Gleichzeitigkeit, kontinuierliche Präsenz, globale Verbreitung, die Wiederholung von bestimmten Bildern und Sequenzen, was letztlich zu deren Ikonisierung beiträgt.

Diese **Ikonisierung** von historischen Ereignissen und Personen ist das Ergebnis eines Prozesses, der sich aus dem Zusammenspiel der in diesem Kapitel vorgestellten visuellen Medien ergibt. Claus Leggewie (2009, S. 9 f.) definiert den Begriff wie folgt:

Ikonisierung stellt eine zugespitzte Visualisierung dar: Ein Sachverhalt oder Vorgang wird besonders prägnant und nachhaltig dargestellt, womöglich mit einer Aura umgeben. Darauf deutet die Herkunft des Begriffs Ikone hin, die ursprünglich ein transportables Kultbild mit biblischen Szenen war [...] Zur *Ikonabilität* von Bildern tragen historische Signifikanz, spezifische Bildeigenschaften und die Modalitäten ihrer Reproduktion bei [...] Ikonen mobilisieren kollektive Affekte, binden öffentliche Aufmerksamkeit und modellieren individuelle und kollektive Erinnerungen. Sie können dies, weil sie besonders intensiv, häufig, dauerhaft und breit gestreut gezeigt werden, sich damit auf Grund ihres raschen Wiedererkennungspotenzials aus einer gewaltigen Menge von Bildern herausheben und dabei auch soziale, politische und kulturelle Grenzen überschreiten.

Ikonisierung spielt eine Schlüsselrolle im Prozess kultureller Erinnerung (zur Diskussion um den Bildgebrauch und die Ikonisierung von Holocaust-Fotografien vgl. Brink 1998; Knoch 2001). Sie ist das visuelle Pendant zur im Medium der Sprache erfolgenden Topisierung. Solche begrifflichen und bildlichen Verdichtungen stellen zentrale Mechanismen bei der Herausbildung von Erinnerungsorten dar. Methodisch analysierbar werden diese Prozesse durch die Konzepte der ›Prämediation‹ und ›Remediation‹, um die es im folgenden Kapitel gehen wird.

5.5.3 | Diachrone Dynamik: Prämediation – Remediation

Erinnerung als einen dynamischen Prozess zu begreifen, bedeutet, die Aufmerksamkeit auf ihre Veränderungen durch die Zeit hindurch zu lenken. Aus medienkulturwissenschaftlicher Perspektive geht es also nicht so sehr darum, einzelne Medienprodukte als statische Repräsentationen der Vergangenheit in der Gegenwart zu analysieren, sondern die unablässigen Bewegungen in der Mediatisierung erinnerungsrelevanter Ereignisse in den Blick zu nehmen (vgl. Hoskins 2001; Erll/Rigney 2009). Das von David (Bolter und Richard Grusin eingeführte Konzept der **Remediation** eignet sich für ein solches Unterfangen besonders gut. Mit dem Untertitel ihres Bandes *Remediation: Understanding New Media* (1999) verweisen auch sie auf Marshall McLuhans klassische Medientheorie und unterstreichen so ihren Anspruch, die Logik der ›Neuen Medien‹ umfassend zu beschreiben. Interessanterweise fällt aus der Perspektive der kulturwissenschaftlichen Gedächtnisforschung schnell auf, dass es sich dabei um eine **Logik der Erinnerung** handelt. Der Begriff der Remediation bedeutet für Bolter and Grusin »the formal logic by which new media refashion prior media forms« (ebd., S. 273). Jeder Akt der Mediatisierung basiert auf vorgängigen Akten der Mediatisierung. »Media are continually commenting on, reproducing, and replacing each other, and this process is integral to media« (ebd., S. 55). Remediation zu erforschen bedeutet daher, die Aufmerksamkeit auf die diachrone Dynamik zu lenken, die jeder (neuen) Medientechnologie zugrunde liegt – auf die Tatsache, dass Medien stets auf ihre Vorgänger bezogen sind und diese imitieren, kritisieren und umgestalten. Beim Konzept der Remediation geht es daher um das, was man in Anlehnung an Lachmanns Intertextualitätstheorie (vgl. Kap. 3.2.2) als das ›Gedächtnis der Medien‹ bezeichnen kann (für den gleichermaßen wichtigen Aspekt des ›Vergessens der Medien‹ bzw. der »neglected, abandoned and trashed media technologies« vgl. Acland 2007, S. xix f.).

Ein Wort zur Übersetzung: Im deutschsprachigen Bereich wird *remediation* üblicherweise als ›Remediatisierung‹ oder ›Remedialisierung‹ übersetzt. Aus der Perspektive der Gedächtnisforschung schreibend wähle ich jedoch den dem englischen Original näherstehenden Begriff der ›Remediation‹, weil es im Folgenden um den gesamten Bereich der ›(Neu-)Vermittlung‹ geht (die ebenso über neueste Medientechnologien erfolgen kann wie über performative Akte oder das primäre Medium der Oralität). Diese weite Begriffsverwendung schwingt im englischen *(re)mediation* mit und ist in Bolters und Grusins Studie auch angelegt.

Die ›**doppelte Logik der Remediation**‹, wie sie sich insbesondere, aber nicht ausschließlich, in den Neuen Medien der 1990er Jahre zeigte (z. B. in *videogames*, zu deren Erinnerungsrelevanz vgl. auch Sandkühler 2009), besteht für Bolter und Grusin (1999, S. 5) in deren ständigem Oszillieren zwischen **Unmittelbarkeit und Hypermedialität** (*immediacy/hypermediacy*), zwischen Transparenz und Opazität, zwischen der Erzeugung von ›Realitätserfahrung‹ und ›Medialitätserfahrung‹. Diese Doppelheit zeichnet auch die Wirkungsweise von Gedächtnismedien aus. Auf der einen Seite streben viele Gedächtnismedien die Illusion der Unmittelbarkeit an. Ihre Funktion ist es, ein scheinbare transparentes ›Fenster‹ zur Vergangenheit zu öffnen, uns die Präsenz des Mediums vergessen zu lassen und stattdessen den Eindruck einer nicht-mediatisierten Erinnerung zu vermitteln. Paradoxerweise werden solche Unmittelbarkeitseffekte in der Regel durch Hypermedialität erzeugt, durch das Recycling und die Multiplikation von Medien: Internetplattformen des Gedenkens, wie etwa www.YadVashem.org, verknüpfen unterschiedliche Medien – Online-Fotoarchive, schriftliche Zeugnisse und virtuelle Museumsrundgänge – um ihren Nutzern Zugang zur Vergangenheit und Anlässe des Erinnerns zu bieten. Das relativ neue TV-Genre der Dokufiktion versucht, Zuschauern ein Fenster zur Vergangenheit zu öffnen, indem es filmische Dokumente mit Zeitzeugeninterviews und nachinszenierten Elementen (*reenactments*) verbindet. Viele Kriegsfilme und Historienfilme nutzen das, was man als Remediation-als-Realitätseffekt bezeichnen könnte: Dokumentarisches Material (filmisch und fotografisch) wird in neue Spielfilme eingearbeitet. Eine solche Integration von älteren Medien, die – so die landläufige Annahme – Geschichte bezeugen, in ein neues Medium generiert einen *effet de réel*. Der fiktionale Film erscheint plötzlich indexikalisch mit den Ereignissen, die er darstellt, verbunden. Die Hypermedialität des Gedächtnismediums suggeriert so den unmittelbaren Zugang zum Erinnerten. Remediation wird genutzt, um das Gedächtnismedium mit der **Aura der Authentizität** auszustatten (zu »Authentizitätsfiktionen« in populären Geschichtskulturen vgl. auch Pirker/Rüdiger et al. 2010).

Mit dem Begriff der Remediation können wir nicht nur das ›Gedächtnis der Medien‹ in der Evolution der Medientechnologien begreifen oder die doppelte Logik von Medien des kollektiven Gedächtnisses verstehen. Als spezifisches Konzept der kulturwissenschaftlichen Gedächtnisforschung hat ›Remediation‹ auch dazu beigetragen, die diachrone und intermediale Dynamik zu beschreiben, die der **Produktion kultureller Erinnerung** zugrunde liegt (vgl. Erll 2007; Erll/Rigney 2009). Im Rahmen der *Memory Studies* wurde Remediation als unablässige Transkription von Erinnerungsgegenständen in verschiedene Medien beschrieben (ebd.; zur transkulturellen Remediation filmischen Materials vgl. Brunow 2016).

Bilder und Narrative der Vergangenheit sind transmediale Phänomene; sie sind nicht an ein bestimmtes Medium gebunden. Inhalte des kollektiven Gedächtnisses können daher über das gesamte Spektrum verfügbarer Medien hinweg repräsentiert werden: in handschriftlichen Manuskripten, in gedruckten Zeitungsartikeln, in Geschichtsbüchern, in Romanen, Zeichnungen, Gemälden, Fotografien, in Filmen und auf Websites. Wer die **Mediengeschichte von ›Erinnerungsorten‹** wie ›Odysseus‹, ›die Französische Revolution‹ oder ›Anne Frank‹ nachvollzieht, stößt auf diesen Prozess. Die kulturelle Erinnerung an einen antiken Mythos, eine Revolution oder eine Heldin bezieht sich üblicherweise nicht so sehr auf das, was man vorsichtig ›das Original‹ oder ›die eigentlichen Ereignisse‹ nennen könnte, sondern stattdessen auf eine palimpsestartige Struktur von medialen Repräsentationen. Wiederholte Darstellung in unterschiedlichen Medien, über Jahrzehnte und Jahrhunderte hinweg, scheint genau das zu sein, was einen machtvollen Erinnerungsort oder Gegenstand des kollektiven Gedächtnisses auszeichnet.

Remediation hat die Tendenz, Erinnerung zu verfestigen, indem sie bestimmte Topoi, Narrative und Ikonen der Vergangenheit erzeugt und stabilisiert. Solche Verfestigungsprozesse durch Remediation können beispielsweise im Hinblick auf die Entstehung von ›9/11‹ als globalem Erinnerungsort beobachtet werden. Die brennenden Zwillingstürme wurden schnell zu dem *einen* ikonischen Bild des Ereignisses, und diese Ikone wurde seitdem unablässig remediatisiert: in Fernsehnachrichten, in Spielfilmen, Comics, auf Internetseiten usw. Eine solche **Ikonisierung-durch-Remediation** ist allerdings nicht auf visuelle Medien beschränkt. Ein anderes mit ›9/11‹ verknüpftes Beispiel ist das Bild des ›Falling Man‹, das für jene Opfer der Anschläge steht, die in den oberen Stockwerken des World Trade Center gefangen waren und sich dazu entschieden, aus dem Fenster zu springen anstatt in den Flammen zu sterben. Die erste Repräsentation des ›Falling Man‹ war eine Bild des Fotojournalisten Richard Drews. Es zeigt einen Mann, der kopfüber in den sicheren Tod springt. Sein Körper erscheint in unheimlicher Symmetrie mit der schwarz-weiß gestreiften Fassade des World Trade Center. Das Bild erschien in Zeitungen, im Fernsehen und im Internet, aber es wurde auch in narrativer Form remediatisiert, u. a. in einer Kurzgeschichte, in einem TV-Dokumentarfilm und schließlich in Don DeLillos Roman *Falling Man* (2007). Diese Remediationen operieren in verschiedenen semiotischen Systemen und Medientechnologien; sie erzählen recht verschiedene Geschichten und vermitteln sogar widersprüchliche Bedeutungen. Zugleich tragen sie alle dazu bei, das Bild des ›Falling Man‹ als Ikone in der Erinnerung an den 11. September zu verfestigen.

Aber warum wird *ein* Bild von ›9/11‹ immer wieder remediatisiert und damit in eine Erinnerungs-Ikone verwandelt, während tausende andere visuelle Repräsentationen desselben Ereignisses dem Vergessen anheim fallen? Ein Grund für solche Selektionsprozesse liegt in der **medienkulturellen Resonanz** von Repräsentation. In dem Bild des ›Falling Man‹ scheint die biblische Geschichte vom Sündenfall, dem *fall of man*, mitzuschwingen. Zugleich verweist die klare Schwarz-Weiß-Struktur des Fotos auf eine modernistische Ästhetik – und damit ironischerweise genau auf jene künstlerischen Verfahren, mit denen am Beginn des 20. Jahrhunderts versucht wurde, Ordnung in einer Welt zu schaffen, die aus den Fugen geraten schien.

Dies sind nur zwei Beispiele für die Wirkungsweisen von **Prämediation**, jenen Prozessen medienkultureller Erinnerung, die ablaufen noch lange *bevor* die bewusste Wahl auf ein bestimmtes Verfahren für die Darstellung von Ereignissen fällt (Erll 2017). (Der gleiche Begriff verweist bei Grusin 2010 auf ein anderes Konzept). Prämediation in diesem Sinne bedeutet, dass Medien, die in einem gegebenen Kontext zirkulieren, Schemata für zukünftige Erfahrung bereitstellen – für deren Antizipation, Repräsentation und Erinnerung (vgl. dazu auch Anne Fuchs' Begriff der *cultural templates*, 2012). Auf diese Weise prämediatisierten Darstellungen der Kolonialkriege etwa den Ersten Weltkrieg; und die Narrative und Ikonen des Ersten Weltkriegs wiederum wurden als Modelle benutzt, um die Erfahrung des Zweiten Weltkriegs sinnhaft zu deuten.

Aber nicht nur Repräsentationen früherer, vergleichbarer Ereignisse überformen unsere Wahrnehmung späterer Ereignisse. Auch Medien, die zu weiter entfernten kulturellen Systemen gehören, wie Kunst, Mythologie, Religion und Recht, können große prämediatisierende Wirkung ausüben. John Bunyans *The Pilgrim's Progress* (1678), mit seiner ›Valley of the Shadow and Death‹-Episode, beispielsweise, prämediatisierte zahlreiche Tagebücher und Briefe, die von britischen Frontsoldaten während des Ersten Weltkriegs verfasst wurden (zugleich ist Bunyans Text deutlich durch die Bibel prämediatisiert). Und die amerikanische Deutung und Darstellung von ›9/11‹ erscheint deutlich prämediatisiert durch Katastrophenfilme, Kreuzzugsnarrative und biblische Geschichten. Prämediation bezieht sich daher auf **kulturelle**

Praktiken des Sehens, Benennens und Erzählens. Sie ist das Ergebnis von *und* zugleich der Ausgangspunkt für jede Form des Erinnerns in Medienkulturen.

Die zweifache Dynamik von Prämediation und Remediation – die **mediale Präformation und wiederholte Re-Präsentation** von Topoi, Ikonen und Narrativen des kollektiven Gedächtnisses – verknüpft jede individuelle Repräsentation der Vergangenheit mit der Geschichte mediatisierter kultureller Erinnerung. Ihre erinnerungskulturellen **Funktionen** sind vielfältig: Zunächst machen Prämediation und Remediation sowohl die Vergangenheit als auch neue Erfahrung intelligibel; zugleich können sie Gedächtnismedien mit der Aura des Authentischen ausstatten; und sie spielen schließlich eine Schlüsselrolle im Prozess der Stabilisierung bestimmter Gedächtnisinhalte und deren Transformation zu machtvollen Erinnerungsorten.

Literatur

Acland, Charles R.: *Residual Media*. Minneapolis: University of Minnesota Press 2007.
Assmann, Aleida: *Das neue Unbehagen an der Erinnerungskultur. Eine Intervention*. München: Beck 2013.
Barthes, Roland: *Die helle Kammer. Bemerkungen zur Photographie*. Frankfurt a. M.: Suhrkamp 1989 (orig.: *La chambre claire: Note sur la photographie*. Paris: Gallimard 1980).
Baumgärtner, Ulrich & Monika Fenn (Hrsg.): *Geschichte und Film: Erkundungen zu Spiel-, Dokumentar- und Unterrichtsfilm*. München: Utz 2004.
Benjamin, Walter: »Das Passagen-Werk«. In: Walter Benjamin unter Mitwirkung von Theodor W. Adorno & Gershom Scholem: *Gesammelte Schriften V.I & V. II*. Bde. I–VII, Suppl. I–III. Hrsg. v. Rolf Tiedemann & Hermann Schweppenhäuser. Frankfurt a. M.: Suhrkamp 1982.
Bijsterveld, Karin & Jose van Dijck (Hrsg.): *Sound Souvenirs: Audio Technologies, Memory and Cultural Practices*. Amsterdam: Amsterdam UP 2009.
Bolter, Jay David & Richard Grusin (Hrsg.): *Remediation: Understanding New Media*. Cambridge, MA: MIT Press 1999.
Bösch, Frank: »Film, NS-Vergangenheit und Geschichtswissenschaft. Von ›Holocaust‹ zu ›Der Untergang‹«. In: *Vierteljahrshefte für Zeitgeschichte* 55,1 (2007), S. 1–32.
Brink, Cornelia: *Ikonen der Vernichtung: Öffentlicher Gebrauch von Fotografien aus nationalsozialistischen Konzentrationslagern nach 1945*. Berlin: Akademie 1998.
Brockmann, Andrea: *Erinnerungsarbeit im Fernsehen. Das Beispiel des 17. Juni 1953*. Köln/Weimar/Wien: Böhlau 2006.
Brunow, Dagmar: »Mediated Memories of Migration and the National Visual Archive : Fatih Akin's *Wir haben vergessen zurückzukehren*«. In: Fenner, Angelica & Robin Curtis (Hrsg.): *The Autobiographical Turn in German Non-Fiction Filmmaking*. Camden House 2011, S. 173–193.
Brunow, Dagmar: *Remediating Transcultural Memory: Documentary Filmmaking As Archival Intervention*. Berli/New York: de Gruyter 2016.
Cippitelli, Claudia & Axel Schwanebeck (Hrsg.): *Fernsehen macht Geschichte. Vergangenheit als TV-Ereignis*. Baden-Baden: Nomos 2009.
Dreier, Thomas & Ellen Euler (Hrsg.): *Kulturelles Gedächtnis im 21. Jahrhundert. Tagungsband des Internationalen Symposiums 23. April 2005, Karlsruhe*. Karlsruhe: Universitätsverlag Karlsruhe 2005.
Drews, Albert (Hrsg.): *Zeitgeschichte als TV-Event. Erinnerungsarbeit und Geschichtsvermittlung im deutschen Fernsehfilm*. Rehburg-Loccum: Evangelische Akademie 2008.
Ebbrecht, Tobias, Hilde Hoffmann & Jörg Schweinitz (Hrsg.): *DDR – Erinnern, Vergessen: Das visuelle Gedächtnis des Dokumentarfilms*. Marburg: Schüren 2009.
Ebbrecht, Tobias & Matthias Steinle: »Dokudrama in Deutschland als historisches Ereignisfernsehen – eine Annäherung aus pragmatischer Perspektive«. In: *MEDIENwissenschaft* 24,3 (2008), S. 250–255.
Ebbrecht, Tobias: *Geschichtsbilder im medialen Gedächtnis. Filmische Narrationen des Holocaust*. Bielefeld: transcript 2011.
Elm, Michael: *Zeugenschaft im Film: Eine erinnerungskulturelle Analyse filmischer Erzählungen des Holocaust*. Berlin: Metropol 2008.
Engell, Lorenz: »Jenseits von Geschichte und Gedächtnis. Historiographie und Autobiographie des Fernsehens«. In: *Montage/AV* 14,1 (2005), S. 60–79.

Erll, Astrid: *Prämediation – Remediation. Repräsentationen des indischen Aufstands in imperialen und post-kolonialen Medienkulturen (von 1857 bis zur Gegenwart)*. Trier: WVT 2007.

Erll, Astrid: »Media and the Dynamics of Memory: From Cultural Paradigms to Transcultural Premediation.« In: Brady Wagoner (Hrsg.): *Oxford Handbook of Culture and Memory*. Oxford: Oxford UP 2017 (im Druck).

Erll, Astrid & Ann Rigney (Hrsg.): *Mediation, Remediation, and the Dynamics of Cultural Memory*. Berlin/New York: de Gruyter 2009 (= Media and Cultural Memory/Medien und kulturelle Erinnerung 10).

Erll, Astrid & Stephanie Wodianka unter Mitarbeit von Sandra Berger und Julia Schütze (Hrsg.): *Film und kulturelle Erinnerung: Plurimediale Konstellationen*. Berlin/New York: de Gruyter 2008 (= Media and Cultural Memory/Medien und kulturelle Erinnerung 9).

Erll, Astrid & Ann Rigney (Hrsg.): *The Audiovisual Production of Transcultural Memory in Europe*. Special Issue *Image & Narrative* 18,1 (2017). (im Druck)

Erll, Astrid, Tea Sindbaek & Barbara Törnquist-Plewa: »Introduction: Transcultural Mediation and Reception.« In: Tea Sindbaek & Barbara Törnquist-Plewa (Hrsg.): *The Twentieth Century in European Memory: Transcultural Mediation and Reception*. Amsterdam: Brill 2017 (im Druck).

Ernst, Wolfgang: *Das Gesetz des Gedächtnisses: Medien und Archive am Ende des 20. Jahrhunderts*. Berlin: Kadmos 2007.

Fischer, Thomas & Rainer Wirtz (Hrsg.): *Alles Authentisch? Popularisierung der Geschichte im Fernsehen*. Konstanz: UVK 2008.

Fuchs, Anne: *After the Dresden Bombing: Pathways of Memory, 1945 to the Present*. Basingstoke: Palgrave Macmillan 2012.

Foucault, Michel: »Film and Popular Memory: An Interview with Michel Foucault. 1974«. In: *Radical Philosophy* 11 (1975), S. 24–29.

Frieden, Kirstin: *Neuverhandlungen des Holocaust: Mediale Transformationen des Gedächtnisparadigmas*. Bielefeld: Transcript 2014.

Garde-Hansen, Joanne, Andrew Hoskins & Anna Reading (Hrsg.): *Save As...Digital Memories*. Basingstoke: Palgrave Macmillan 2009.

Gerlof, Manuela: *Tonspuren: Erinnerungen an den Holocaust im Hörspiel der DDR (1945–1989)*. Berlin/New York: de Gruyter 2010.

Gitelman, Lisa: *Always Already New: Media, History and the Data of Culture*. Cambridge, MA: MIT Press 2006.

Grainge, Paul (Hrsg.): *Memory and Popular Film. Inside Popular Film*. Manchester: Manchester UP 2003.

Grellert, Marc: *Immaterielle Zeugnisse: Synagogen in Deutschland. Potentiale digitaler Technologien für das Erinnern zerstörter Architektur*. Bielefeld: Transcript 2007.

Grusin, Richard A.: *Premediation: Affect and Mediality After 9/11*. Basingstoke: Palgrave Macmillan 2010.

Gudehus, Christian, Stewart Anderson & David Keller. »Understanding Hotel Rwanda: a Reception Study«. In: *Memory Studies* 3,4 (2010), S. 344–363.

Hajek, Andrea, Christine Lohmeier & Christian Pentzold (Hrsg.): *Memory in a Mediated World: Remembrance and Reconstruction*. Basingstoke: Palgrave 2016.

Hein, Dörte: *Erinnerungskulturen online: Angebote, Kommunikatoren und Nutzer von Websites zu Nationalsozialismus und Holocaust*. Konstanz: UVK 2009.

Hirsch, Marianne: *Family Frames. Photography, Narrative, and Postmemory*. Cambridge, MA: Harvard UP 1997.

Hofmann, Wilhelm, Anna Baumert & Manfred Schmitt: »Heute Haben wir Hitler im Kino Gesehen«. In: *Zeitschrift für Medienpsychologie* 17,4 (2005), S. 132–146.

Hoskins, Andrew: »Television and the Collapse of Memory«. In: *Time & Society* 13,1 (2004), S. 109–127.

Hoskins, Andrew: »Media, Memory, Metaphor: Remembering and the Connective Turn.« In: *Parallax* 17,4 (2011), S. 19–31.

Huyssen, Andreas: *Present Pasts: Urban Palimpsests and the Politics of Memory*. Stanford, CA: Stanford UP 2003.

Jacke, Christoph & Martin Zierold (Hrsg.): *Populäre Kultur und soziales Gedächtnis. Theoretische und exemplarische Überlegungen zur dauervergesslichen Erinnerungsmaschine Pop*. Frankfurt a. M.: Peter Lang 2008 (= Sonderheft *SPIEL* 24,2).

Kaes, Anton: *Deutschlandbilder: Die Wiederkehr der Geschichte als Film*. München: Edition Text und Kritik 1987.

Keitz, Ursula von & Thomas Weber (Hrsg.): *Mediale Transformationen des Holocausts*. Berlin: Avinus 2013.

Kansteiner, Wulf: *In Pursuit of German Memory: History, Television, and Politics After Auschwitz*. Athens: Ohio UP 2006.

Keilbach, Judith: *Geschichtsbilder und Zeitzeugen: Zur Darstellung des Nationalsozialismus im Bundesdeutschen Fernsehen*. Münster: LIT 2008.

Knoch, Habbo. *Die Tat als Bild: Fotografien des Holocaust in der deutschen Erinnerungskultur*. Hamburg: Hamburger Edition 2001.

Korte, Barbara & Sylvia Paletschek (Hrsg.): *History Goes Pop. Zur Repräsentation von Geschichte in populären Medien und Genres*. Bielefeld: Transcript 2009.

Kramp, Leif: *Gedächtnismaschine Fernsehen*. Bd. 1: *Das Fernsehen als Faktor der gesellschaftlichen Erinnerung*. Bd. 2: *Probleme und Potenziale der Fernseherbe-Verwaltung in Deutschland und Nordamerika*. Berlin: Akademie Verlag 2011.

Kuhn, Annette; *An Everyday Magic: Cinema and Cultural Memory*. London Tauris 2002.

Landsberg, Alison: *Prosthetic Memory: The Transformation of American Remembrance in the Age of Mass Culture*. New York: Columbia UP 2004.

Leggewie, Claus. »Von der Visualisierung zur Virtualisierung des Erinnerns«. In: Erik Meyer (Hrsg.): *Erinnerungskultur 2.0. Kommemorative Kommunikation in digitalen Medien*. Frankfurt a. M./New York: Campus 2009, S. 9–28.

Lersch, Edgar & Reinhold Viehoff (Hrsg.): *Geschichte im Fernsehen. Eine Untersuchung zur Entwicklung des Genres und der Gattungsästhetik geschichtlicher Darstellungen im Fernsehen 1995 bis 2003*. Berlin: Vistas 2007.

Loshitzky, Yosefa (Hrsg.): *Spielberg's Holocaust: Critical Perspectives on Schindler's List*. Bloomington: Indiana UP 1997.

Meyer, Erik (Hrsg.): *Erinnerungskultur 2.0. Kommemorative Kommunikation in digitalen Medien*. Frankfurt a. M./New York: Campus 2009.

Nieper, Lena & Julian Schmitz (Hrsg.): *Musik als Medium der Erinnerung: Gedächtnis – Geschichte – Gegenwart*. Bielefeld: transcript 2015.

Noordegraaf, Julia, Cosetta G. Saba, Maître B. Le & Vinzenz Hediger (Hrsg.): *Preserving and Exhibiting Media Art: Challenges and Perspectives*. Amsterdam: Amsterdam UP 2013.

Paul, Gerhard (Hrsg.): *Visual History: Ein Studienbuch*. Göttingen: Vandenhoeck & Ruprecht 2006.

Pirker, Eva Ulrike, Mark Rüdiger et al. (Hrsg.): *Echte Geschichte. Authentizitätsfiktionen in populären Geschichtskulturen*. Bielefeld: Transcript 2010.

Popp, Susanne, Michael Sauer, Bettina Alavi, Marko Demantowsky & Gerhard Paul (Hrsg.): *Zeitgeschichte – Medien – Historische Bildung*. Göttingen: V&R unipress 2010 (= Beihefte für Zeitschrift für Geschichtsdidaktik 2).

Radstone, Susannah & Katharina Hodgkin (Hrsg.): *Memory Cultures: Memory, Subjectivity and Recognition*. New Brunswick, NJ: Transaction 2006 (orig.: *Regimes of Memory*. London: Routledge 2003).

Reading, Anna: »The Globytal: Towards an Understanding of Globalised Memories in the Digital Age«. In: Anna Maj & Daniel Riha (Hrsg.): *Digital Memories. Exploring Critical Issues*. Oxford: Inter-Disciplinary Press 2009, S. 31–40.

Reichel, Peter: *Erfundene Erinnerung: Weltkrieg und Judenmord in Film und Theater*. München: Hanser 2004.

Reading, Anna: »Seeing Red: a Political Economy of Digital Memory.« In: *Media, Culture & Society* 36,6 (2014), S. 748–760

Röger, Maren: *Flucht, Vertreibung und Umsiedlung. Mediale Erinnerungen und Debatten in Deutschland und Polen seit 1989*. Marburg: Verlag Herder-Institut 2011.

Rosenstone, Robert A. (Hrsg.): *Visions of the Past: The Challenge of Film to Our Idea of History*. Cambridge, MA: Harvard UP 1995.

Ruchatz, Jens: »Fotografische Gedächtnisse. Ein Panorama medienwissenschaftlicher Fragestellungen«. In: Astrid Erll & Ansgar Nünning (Hrsg.): *Medien des kollektiven Gedächtnisses. Konstruktivität – Historizität – Kulturspezifität*. Berlin/New York: de Gruyter 2004, S. 83–105.

Rutten, Ellen, Julie Fedor & V. V. Zvereva (Hrsg.): *Memory, Conflict and New Media: Web Wars in Post-Socialist States*. London: Routledge 2013.

Sandkühler, Gunnar: »Der Zweite Weltkrieg im Computerspiel: Ego-Shooter als Geschichtsdarstellung zwischen Remediation und Immersion«. In: Erik Meyer (Hrsg.): *Erinnerungskultur 2.0. Kommemorative Kommunikation in digitalen Medien*. Frankfurt a. M./New York: Campus 2009, S. 55–66.

Scott, Clive: *The Spoken Image: Photography and Language*. London: Reaktion 1999.

Schreiber, Waltraud & Anna Wenzl (Hrsg.): *Geschichte im Film. Beiträge zur Förderung historischer Kompetenz*. Neuried: Ars Una 2006 (= Themenhefte Geschichte 7).

Seamon, John G.: *Memory and Movies: What Films can Teach us about Memory*. Cambridge, MA: MIT Press 2015.
Shandler, Jeffrey: *While America Watches: Televising the Holocaust*. New York: Oxford UP 1999.
Sindbæk-Andersen, Tea & Barbara Törnquist-Plewa (Hrsg.): *Transcultural Memory and Reception in Europe*. Amsterdam: Brill 2017 (im Druck).
Sontag, Susan: *Das Leiden Anderer betrachten*. München: Hanser 2003 (orig.: *Regarding the Pain of Others*. New York: Farrar, Straus and Giroux 2003).
Sturken, Marita: *Tangled Memories: The Vietnam War, the AIDS Epidemic, and the Politics of Remembering*. Berkeley: University of California Press 1997.
van der Knaap, Ewout: *»Nacht Und Nebel«: Gedächtnis des Holocaust und internationale Wirkungsgeschichte*. Göttingen: Wallstein 2008.
van Dijck, José: *Mediated Memories in the Digital Age*. Stanford, CA: Stanford UP 2007 (= Cultural Memory in the Present).
Vatter, Christoph: *Gedächtnismedium Film. Holocaust und Kollaboration in deutschen und französischen Spielfilmen seit 1945*. Würzburg: Königshausen & Neumann 2009.
Weckel, Ulrike: *Beschämende Bilder. Deutsche Reaktionen auf alliierte Dokumentarfilme über befreite Konzentrationslager*. Stuttgart: Franz Steiner 2012.
Wende, Waltraud (Hrsg.): *Der Holocaust im Film. Mediale Inszenierungen und kulturelles Gedächtnis*. Heidelberg: Synchron 2007.
Zelizer, Barbie (Hrsg.): *Visual Culture and the Holocaust*. New Brunswick, NJ: Rutgers UP 2001.
Zelizer, Barbie & Keren Tenenboim-Weinblatt (Hrsg.): *Journalism and Memory*. Basingstoke: Palgrave Macmillan 2014.
Zierold, Martin: *Gesellschaftliche Erinnerung: Eine medienkulturwissenschaftliche Perspektive*. Berlin/New York: de Gruyter 2006.

6 Literatur als Medium des kollektiven Gedächtnisses

Literarische Texte sind als Medien des kollektiven Gedächtnisses allgegenwärtig: Das lyrische Gedicht, der Groschenroman, der historische Roman, *Fantasy-Fiction* oder Liebesgeschichten – Texte aller Gattungen und Genres, sowohl die populäre ›Trivialliteratur‹ als auch die kanonisierte ›Hochliteratur‹ dienten und dienen als Medien des kollektiven Gedächtnisses. Sie erfüllen vielfältige erinnerungskulturelle Funktionen, wie die Herausbildung von Vorstellungen über vergangene Lebenswelten, die Vermittlung von Geschichtsbildern, die Aushandlung von Erinnerungskonkurrenzen und die Reflexion über Prozesse und Probleme des kollektiven Gedächtnisses. **Literatur *wirkt* in der Erinnerungskultur.** An welchen Stellen berühren sich Erinnerungskultur und das Symbolsystem Literatur? Wie unterscheiden sich literarische Texte von nicht-literarischen Texten und anderen Medien des kollektiven Gedächtnisses? Wie nehmen literarische Darstellungen von Gedächtnis auf erinnerungskulturelle Kontexte und umgekehrt, Erinnerungskulturen auf Literatur Bezug? Wie wird ein literarischer Text zum Medium des kollektiven Gedächtnisses? Und welche Funktionen vermag er dann in der Erinnerungskultur zu erfüllen?

6.1 | Literatur als symbolische Form der Erinnerungskultur

Literatur ist eine **eigenständige symbolische Form** (Ernst Cassirer) der Erinnerungskultur. Sie stellt eine spezifische ›Weise der Welterzeugung‹ (Nelson Goodman) bzw. der Gedächtniserzeugung dar (vgl. Kap. 4.2). Damit steht sie neben anderen symbolischen Formen, wie Mythos, Religion, Recht und Wissenschaft. Welche Merkmale weist Literatur als symbolische Form auf und durch welches erinnerungskulturelle Leistungsvermögen zeichnet sich die literarische Welt- und Vergangenheitserschließung aus?

Die Wirkung von Literatur in der Erinnerungskultur beruht auf **Ähnlichkeiten und Differenzen zu kulturellen Gedächtnisprozessen**. Zum einen weisen literarische und gesamtkulturelle Prozesse der Welterzeugung einige auffällige Ähnlichkeiten auf. Zu solchen Konvergenzpunkten sind etwa die Bildung prägnanter Erinnerungsfiguren und die Tendenz zur Sinnstiftung durch Narrativisierung und Gattungsmuster zu zählen. Beide – Literatur und Gedächtnis – bringen auf konstruktive Weise Wirklichkeits- und Vergangenheitsversionen hervor. Zum anderen zeichnet sich Literatur durch wichtige Unterschiede zu anderen Symbolsystemen der Erinnerungskultur (etwa Geschichte, Religion und Mythos) aus. Spätestens seit der Herausbildung des modernen Sozialsystems Literatur im Laufe des 18. Jahrhunderts werden literarische Texte mit bestimmten Privilegien und Restriktionen ausgestattet, aus denen ihr spezifisches Leistungsvermögen in der Erinnerungskultur resultiert.

6.1.1 | Literatur und kollektives Gedächtnis: Schnittpunkte

Erinnerung verfährt selektiv. Aus der Fülle von Ereignissen, Prozessen, Personen und Medien der Vergangenheit werden einige Elemente ausgewählt. Wie beispielsweise Ernst Cassirer bemerkt, ist jede Erinnerung überdies verbunden mit einem »schöpferischen, konstruktiven Prozeß. Es genügt nicht, isolierte Daten aus vergangener Erfahrung herauszugreifen; wir müssen sie wirklich *er-innern*, neu zusammenstellen, organisieren und synthetisieren und sie zu einem Gedanken verdichten« (Cassirer 1990 [1944], S. 85 f.). Das Ausgewählte wird also auf eine bestimmte Weise bearbeitet, um zum Gegenstand von Erinnerung zu werden. Solche Bearbeitungsvorgänge kann man an vielen Medien und Praktiken der Erinnerungskultur nachweisen; man findet sie auch und vor allem in der Literatur. An drei zentralen Schnittpunkten kreuzen sich Literatur und Gedächtnis. Dabei handelt es sich erstens um verschiedene Verfahren der ›Verdichtung‹, welche für die Erzeugung und Vermittlung prägnanter Vorstellungen von der Vergangenheit bedeutsam sind, zweitens um die ›Narration‹ als ubiquitäres Sinnstiftungsformat und drittens um ›Gattungsmuster‹ als spezifische, konventionalisierte Weisen der Kodierung von Geschehensverläufen.

1. **Verdichtung:** Verdichtung ist ein grundlegendes Verfahren in Erinnerungskulturen. Begriffe wie ›verdichtete Vorstellungen‹ (Maurice Halbwachs), ›Erinnerungsorte‹ (Pierre Nora), ›Erinnerungsfiguren‹ (Jan Assmann) oder *convergence* (Ann Rigney 2005) zeigen an, dass komplexe vergangene Geschehnisse in der Erinnerung durch bestimmte Topoi, Narrative und Ikonen (vgl. Kap. 5.5.2) repräsentiert werden. In ihnen verdichtet sich die Bedeutung der Vergangenheit. So steht der Spruch »Wir sind das Volk« heute für die Prozesse, die 1989 zum Fall der Mauer geführt haben. Das Datum des 9. November führt gleich mehrere deutsche Erinnerungsorte zusammen: Die Öffnung der Mauer, die Novemberrevolution 1917, den Ludendorff-Hitlerputsch von 1923 und die Reichspogromnacht 1938. In den Bildern von den rauchenden Türmen des World Trade Centers z. B. verdichtet sich das Grauen der terroristischen Anschläge auf die USA vom 11. September 2001.
Verdichtung ist natürlich auch ein zentrales Merkmal der Literatur. Die Bezeichnung ›Gedicht‹ zeigt diese grundlegende Leistung der symbolischen Form bereits an. Der Effekt von **literarischen** Verfahren wie Metaphorik, Intertextualität oder Allegorien ist die Zusammenführung und Überblendung verschiedener semantischer Bereiche auf engstem Raum. Wie alle semiotischen Prozesse in der Erinnerungskultur sind auch die der Literatur stark rezeptions- und kontextabhängig. Man muss die Praktiken und Deutungsweisen einer Erinnerungsgemeinschaft kennen, um den Sinn eines symbolisch verdichteten ›Erinnerungsorts‹ (wie etwa Versailles für Deutschland vor dem Zweiten Weltkrieg) oder eines sprachlichen Bildes (wie z. B. der Metapher der ›Kette des Seins‹ für das elisabethanische England) entschlüsseln zu können.
2. **Narration:** Kollektives Gedächtnis beruht auf narrativen Prozessen. Genauer gesagt, jede bewusste Vergegenwärtigung vergangener, für die Gemeinschaft relevanter Erfahrung geht mit Strategien einher, die auch für die Konstitution literarischer Texte wie Roman, Novelle, Ballade, und vielfach auch Drama, von zentraler Bedeutung sind. In der strukturalistischen Narratologie wird bei der Analyse von Erzähltexten grundlegend zwischen dem paradigmatischen Aspekt der **Selektion** von Erzählgegenständen und dem syntagmatischen Aspekt ihrer **Kombination** bzw. Konfiguration unterschieden. Eine solche Differenzierung erweist sich auch

bei der Betrachtung kultureller Erinnerungspraxis als nützlich: So gilt für individuelle wie kollektive Gedächtnisse gleichermaßen, dass sie nur eine begrenzte Anzahl an Informationen aufzunehmen vermögen. Aus der Fülle von Eindrücken, Daten oder Fakten müssen daher zunächst einige wenige, zu erinnernde Elemente ausgewählt werden. Auf diese Weise wird schon das (für die Gegenwart) Bedeutsame vom Unbedeutenden unterschieden. Auch Gedächtnis beruht also auf Selektionsprozessen. Zu einer sinnhaften Geschichte werden die ausgewählten Elemente jedoch erst durch die Konfigurationstätigkeit im Erinnerungsprozess zusammengefügt. Durch Fabelbildung werden temporale und kausale Ordnungen konstruiert; die einzelnen Elemente erhalten ihren Ort im Gesamtgeschehen und damit auch ihre Bedeutung.

Die narrative Psychologie hat mit Blick auf den Vergangenheitsbezug im Rahmen des individuellen Gedächtnisses gezeigt, dass biographische Erinnerungen nachträglich unter Anwendung von narrativen Strukturen zu einer sinnvollen Lebensgeschichte konstruiert werden (vgl. Kap. 3.3.2). In Analogie zu solchen **narrativen Prozessen bei der individuellen Erinnerung** versteht Aleida Assmann die Funktionsweise des kulturellen Funktionsgedächtnisses (A. Assmann 1999, S. 135). Bei dem kollektiv Erinnerten haben wir es mit bedeutungsgeladenen, »in der Konfiguration der story gebundenen Elementen« zu tun. Wie die Erzählungen des autobiographischen Gedächtnisses, so beruht auch die *story* **des kulturellen Funktionsgedächtnisses** auf dem »Prozeß der Auswahl, der Verknüpfung, der Sinnkonstitution« (ebd., S. 137). Jan Assmann betont ebenfalls die enge Verbindung von Erzählen und kulturellem Gedächtnis: »Verinnerlichte – und genau das heißt: erinnerte – Vergangenheit findet ihre Form in der Erzählung« (J. Assmann 1992, S. 75). Die typischen Narrationen des kulturellen Gedächtnisses bezeichnet er als **Mythen** (vgl. Kap. 4.5.2).

Narrative Strukturen gehören zu jeder Erinnerungskultur. Die Funktion der Erzählung ist ›**Sinnbildung über Zeiterfahrung**‹ (Jörn Rüsen). Erst die Narrativisierung von historischem Geschehen oder pränarrativer Erfahrung zu einer Geschichte ermöglicht deren Deutung. Auch um die hochgradig verdichteten Erinnerungsorte oder Erinnerungsfiguren ranken sich üblicherweise Erzählungen. Die Welt der Kollektivgedächtnisse ist eine **Welt der Narrative**, in deren Rahmen die Vergangenheit bereits weitgehend in sinnhafte Strukturen überführt worden ist. (Das bedeutet *nicht*, dass sie eine Welt der ›Fiktion‹ ist. Fiktionalität gehört zu den Privilegien des Symbolsystems Literatur; vgl. Kap. 6.1.2). Derartige Gedächtnisnarrative reichen von den verbindlichen Mythen, die den Fernhorizont des kulturellen Gedächtnisses konstituieren, bis hin zu sinnstiftenden Alltags- und Mikroerzählungen, die den Nahhorizont des kommunikativen Gedächtnisses etablieren.

Gattungsmuster: Als konventionalisierte Weisen der Kodierung von Geschehensverläufen sind Gattungsmuster in der Erinnerungskultur allgegenwärtig. Repertoires gattungsspezifischer Formen gehören als Gegenstände des kollektiven Gedächtnisses zum gemeinsamen Wissen von Gesellschaften, das Individuen durch Sozialisation und Enkulturation erwerben. Dieses Wissen wird nicht nur bei der Rezeption literarischer Texte herangezogen. Es ist auch ein unverzichtbarer Bestandteil bei der autobiographischen Erinnerung. Genres wie Bildungsroman, Abenteuerroman, Seelentagebuch und Pilgerreise beinhalten **Modelle von Entwicklungsverläufen**, die Individuen zur Erklärung ihres Lebensweges heranziehen (vgl. Brockmeier 1999). Schließlich sind konventionalisierte Erzähl- und Gattungsmuster auch bei der Vergegenwärtigung der Vergangenheit im Rahmen der Geschichtsschreibung unverzichtbar. Hayden White (*Metahistory*, 1973) hat am Beispiel der Geschichtsschreibung des 19. Jahrhunderts gezeigt, wie sehr die Wahl der Plotstruktur den Sinn des Erinnerten präformiert. Bei der Verschlüsselung ausgewählter Elemente in Eröffnungs-, Übergangs- oder Schlussmotive und deren *emplotment* zu archetypischen Erzählformen (Northrop Frye) wie der Romanze, der Komödie, der Tragödie oder der Satire handelt es sich um verschiedene **Strategien der historischen Erklärung**, die White zudem mit bestimmten ideologischen Implikationen (anarchistisch, radikal, konservativ, liberal) in Zusammenhang bringt.

Über ihre konkrete Ausgestaltung von Gattungsmustern steht Literatur in engem Kontakt zu ihrem erinnerungskulturellen Kontext. Sie nimmt existente Muster auf, gestaltet sie und speist sie wieder in die Erinnerungskultur ein. So wurde etwa der Entwicklungs- und Bildungsverlauf um 1800 gerade durch seine Gestaltung im **Bildungsroman** zu einem zentralen kulturellen Sinnstiftungsmodell. Literarische Gattungen haben in verschiedenen Epochen zentrale erinnerungskulturelle Aufgaben erfüllt: Das **Epos** war für die Vergegenwärtigung des Ursprungs und der Eigenart von Kulturgemeinschaften lange Zeit ein zentrales Verständigungsmuster. Im 19. Jahrhundert wurde der **historische Roman** in England und Deutschland zu einer dominanten ›Gedächtnisgattung‹ (vgl. Kap. 3.2.2), die Geschichtsverläufe zur Darstellung brachte und Konzepte nationaler Identität mitprägte. Pierre Nora (1998 [1990]) hat gezeigt, dass zur selben Zeit **Staatsmemoiren** für das französische kulturelle Gedächtnis die Funktionen der Identitätsbildung und Wertevermittlung erfüllten.

Es ist anzunehmen, dass gerade stark konventionalisierte Gattungen in bestimmten erinnerungshistorischen Konstellationen bewusst oder unbewusst als ›kulturelle Paradigmen‹ (vgl. Kap. 6.3.3) herangezogen werden, um schwer zu deutende kollektive Erfahrungen durch bekannte Darstellungsmuster sinnhaft zu gestalten. So geben die Gattungsmuster der **Romanze** und des **Abenteuerromans** dem durch Konfrontation mit neuartigen Situationen oder Aufgaben entstehenden Erfahrungswandel eine Form. In englischen Kriegsromanen der 1920er Jahre übernahm die **Pastorale** die Aufgabe, traumatische kollektive Erfahrungen zu deuten und Modelle von kulturellem Gedächtnis zu entwerfen (vgl. Erll 2003). Umgekehrt kann die Neubildung von Gattungen auch als Antwort auf erinnerungskulturelle Herausforderungslagen verstanden werden. Am Ende des 20. Jahrhunderts fanden postmoderne fragmentierte Geschichtsbilder und Identitätskonzepte, sowie die auf breiter Basis der Erinnerungskultur erfolgte Einsicht in die Konstrukthaftigkeit von Vergangenheitsversionen, im Genre der *historiographic metafiction* ihren adäquaten Ausdruck (vgl. Nünning 1995).

6.1.2 | Literatur und Gedächtnismedien anderer Symbolsysteme: Unterschiede

Die literarische ›Welterzeugung‹ und Bedeutungsstiftung ähnelt also Prozessen des kollektiven Gedächtnisses. Aus diesem Grund eignet sich Literatur so hervorragend als Gedächtnismedium. Mit schriftlichen Medien anderer Symbolsysteme des kollektiven Gedächtnisses (Chronik, Geschichtsschreibung, Gesetzestexte, religiöse Schriften, mythische Erzählungen usw.) sind literarische Texte jedoch aus mehreren Gründen keineswegs gleichzusetzen. Literarische Werke weisen **symbolsystem-spezifische, distinktive Merkmale** bei der Vermittlung von Inhalten des kollektiven Gedächtnisses auf. Drei dieser Merkmale seien im Folgenden genannt: Fiktionale Privilegien und Restriktionen, Interdiskursivität und Polyvalenz.

1. **Fiktionale Privilegien und Restriktionen:** Die bedeutsamsten Unterschiede zwischen Literatur und anderen symbolischen Formen ergeben sich aus dem fiktionalen Status literarischer Werke, den Wolfgang Iser als Resultat von **Akten des Fingierens** begreift (vgl. Iser: *Das Fiktive und das Imaginäre*, 1991). Für Iser beruht jede fiktionale Darstellung auf zwei Formen der Grenzüberschreitung: Elemente der außerliterarischen Realität werden im Medium der Fiktion wiederholt, allerdings nicht um ihrer selbst willen. Im Kontext der dargestellten fiktionalen Welt wird die wiederholte Realität zum Zeichen und nimmt andere Bedeutungen an. Umgekehrt werden imaginäre Elemente – für Iser »diffus, formlos, unfixiert und ohne Objektreferenz« (ebd., S. 21) – durch ihre Darstellung im Medium der Fiktion in eine Gestalt überführt und erlangen damit eine Bestimmtheit und gewisse Realität, die sie zuvor nicht besaßen. Wir haben es also mit zwei unterschiedlichen Formen der Grenzüberschreitung zu tun: Elemente der beiden außerliterarischen Bereiche des Realen und des Imaginären werden im Medium der Fiktion ›irrealisiert‹ bzw. ›realisiert‹. Durch diese **Verbindungen von Realem und Imaginärem** werden kulturelle Wahrnehmungsweisen in der Fiktion neu strukturiert. Dieser Zugriff auf den Bereich des Imaginären ist qua gesellschaftlicher Übereinkunft dem Symbolsystem der Literatur vorbehalten. Imaginäre Elemente finden zwar auch in die Gedächtnisversionen mythischer, religiöser und wohl auch historiographischer Schriften Eingang. Markiert und *als* Imaginäres akzeptiert erscheinen sie jedoch üblicherweise nur im literarischen Text.
Aus ihrem Status als Ausdrucksform des ›kulturellen Imaginären‹ (vgl. Fluck 1997) ergeben sich für literarische Werke eine ganze Reihe von **fiktionalen Privilegien** (zu diesem Begriff vgl. Nünning: *Von historischer Fiktion zu historiographischer Metafiktion*, 1995). Fiktive Erzählinstanzen, Innenweltdarstellung, die Integration von nicht-belegten und sogar kontrafaktischen Elementen bei der Vergangenheitsdarstellung und schließlich die Imagination alternativer Wirklichkeiten gehören zu den Privilegien der symbolischen Form ›Literatur‹. Durch diese Privilegien kann etwa der historische Roman von der Geschichtsschreibung auf textueller Ebene unterschieden werden, wie Nünning (ebd.) gezeigt hat. Aus dem fiktionalen Status literarischer Werke und der damit verbundenen ›Entpragmatisierung‹ der Literatur (vgl. Zapf 2002) folgt aber auch ein stark **eingeschränkter Anspruch auf Referenzialität**, Faktentreue und Objektivität (vgl. z. B. Cohn 1990). Literarische Vergangenheitsdarstellungen unterscheiden sich darin von der Geschichtsschreibung, aber auch von Autobiographien und Memoiren.
2. **Interdiskursivität**: Literarische Werke sind vielstimmige Medien, wie bereits Michail M. Bachtin (1979) gezeigt hat. Sie repräsentieren verschiedene Redeweisen und Diskurse und führen sie modellhaft zusammen. Gerade im Gegensatz zu Medien wissenschaftlicher Spezialdiskurse (Geschichtswissenschaft, Theologie, Recht usw.) können literarische Werke die Diskursvielfalt einer Erinnerungskultur anklingen lassen. Daher ist Literatur als ›reintegrierender Interdiskurs‹ (Link 1988; Zapf 2002) bezeichnet worden.
3. **Polyvalenz**: Im Medium der Literatur wird die jedem Erinnerungsprozess zugrunde liegende Verdichtungsleistung gesteigert zu einer Komplexität, die andere Medien des kollektiven Gedächtnisses so nicht aufweisen. Hochkomplexe und da-

mit zumeist auch ambige Vergangenheitsdarstellungen sind dem Symbolsystem ›Literatur‹ vorbehalten.

> **Zusammengefasst:**
> Bei all den genannten distinktiven Merkmalen der Literatur handelt es sich um **Konventionen des modernen Literatursystems**. Gerade die Untersuchung der Rolle von Literatur in der Erinnerungskultur erfordert jedoch auch eine differenziertere Betrachtung und teilweise Modifikation solcher Grundannahmen (vgl. Kap. 6.3.2). Trotz dieser notwendigen Einschränkungen gilt: Das **spezifische Leistungsvermögen von Literatur** in der Erinnerungskultur beruht auf dem Zusammenspiel von Ähnlichkeiten mit Prozessen kollektiver Gedächtnisbildung und Differenzen zu Objektivationen benachbarter Symbolsysteme. Literatur ist *eine* ›Weise der Gedächtniserzeugung‹ unter anderen. Sie teilt viele Verfahren mit der Alltagserzählung, der Geschichtsschreibung oder dem Denkmal. Doch zugleich erzeugt sie aufgrund ihrer symbolsystem-spezifischen Merkmale Sinnangebote, die sich von denen anderer Gedächtnismedien deutlich unterscheiden. Literatur kann so Neues und Anderes in die Erinnerungskultur einspeisen.

Literatur

Assmann, Aleida: *Erinnerungsräume. Formen und Wandlungen des kulturellen Gedächtnisses*. München: Beck 1999.
Assmann, Jan: *Das kulturelle Gedächtnis. Schrift, Erinnerung und politische Identität in frühen Hochkulturen*. München: Beck 1992.
Bachtin, Michail M: *Die Ästhetik des Wortes*. Hrsg. v. Rainer Grübel. Frankfurt a. M.: Suhrkamp 1979.
Brockmeier, Jens: »Erinnerung, Identität und autobiographischer Prozeß«. In: *Journal für Psychologie. Theorie, Forschung, Praxis* 7,1 (1999), S. 22–42.
Cassirer, Ernst: *Versuch über den Menschen. Einführung in eine Philosophie der Kultur*. Frankfurt a. M.: Fischer ²1990 (orig.: *An Essay on Man. An Introduction to a Philosophy of Human Culture*. New Haven/London: Yale UP 1944).
Cohn, Dorrit: »Signposts of Fictionality. A Narratological Perspective«. In: *Poetics Today* 11,4 (1990), S. 775–804.
Erll, Astrid: *Gedächtnisromane. Literatur über den Ersten Weltkrieg als Medium englischer und deutscher Erinnerungskulturen in den 1920er Jahren*. Trier: WVT 2003.
Fluck, Winfried: *Das kulturelle Imaginäre: Eine Funktionsgeschichte des amerikanischen Romans 1790–1900*. Frankfurt a. M.: Suhrkamp 1997.
Goodman, Nelson: *Weisen der Welterzeugung*. Frankfurt a. M.: Suhrkamp 1984 (orig.: *Ways of Worldmaking*. Indianapolis: Hackett 1978).
Iser, Wolfgang: *Das Fiktive und das Imaginäre. Perspektiven literarischer Anthropologie*. Frankfurt a. M.: Suhrkamp 1991.
Link, Jürgen: »Literaturanalyse als Interdiskursanalyse. Am Beispiel des Ursprungs literarischer Symbolik in der Kollektivsymbolik«. In: Jürgen Fohrmann & Harro Müller (Hrsg.): *Diskurstheorien und Literaturwissenschaft*. Frankfurt a. M.: Suhrkamp 1988, S. 284–307.
Nora, Pierre: »Die Staatsmemoiren von Commynes bis de Gaulle«. In: Ders.: *Zwischen Geschichte und Gedächtnis*. Frankfurt a. M.: Fischer 1998 [1990], S. 96–137.
Nünning, Ansgar: *Von historischer Fiktion zu historiographischer Metafiktion*. 2 Bde. Trier: WVT 1995.
Rigney, Ann: »Plenitude, Scarcity and the Circulation of Cultural Memory«. In: *Journal of European Studies* 35,1/2 (2005), S. 209–226.
White, Hayden: *Metahistory. The Historical Imagination in Nineteenth-Century Europe*. Baltimore/London: Johns Hopkins UP 1973.
Zapf, Hubert: *Literatur als kulturelle Ökologie. Zur kulturellen Funktion imaginativer Texte an Beispielen des amerikanischen Romans*. Tübingen: Niemeyer 2002.

6.2 | Literarischer Text und erinnerungskultureller Kontext: Mimesis

Wie geht die literarische Konstruktion von Vergangenheitsversionen vor sich? Welche verschiedenen Prozesse sind zu beachten, wenn man von literarischer ›Gedächtniserzeugung‹ spricht? In welchem Verhältnis stehen literarischer Text und erinnerungskultureller Kontext?

Ein literaturwissenschaftliches Modell, das den komplexen Zusammenhang von kollektivem Gedächtnis, Literatur und ihrer Wirkung in der Erinnerungskultur veranschaulichen kann, ist das von **Paul Ricœur** in *Zeit und Erzählung* (1988–91; *Temps et récit*, 1983–85) entworfene Modell eines ›Kreises der Mimesis‹. Ricœur bezieht sich auf den klassischen, auf Aristoteles zurückgehenden Mimesis-Begriff, differenziert jedoch zwischen **drei Darstellungsstufen**, die er als Mimesis I, II und III bezeichnet. Für Ricœur beruht die literarische ›Welterzeugung‹ auf dynamischen Transformationsprozessen – auf einem Zusammenwirken der Präfiguration des Textes, d. h. seinem Bezug zur vorgängigen außertextuellen Welt (Mimesis I), der textuellen Konfiguration zu einem fiktionalen Gebilde (Mimesis II) und der Refiguration durch den Leser (Mimesis III). Der literarische Prozess erscheint so als ein aktiver, konstruktiver Vorgang, an dem kulturelle Sinnsysteme, literarische Verfahren und Rezeptionspraktiken gleichermaßen beteiligt sind und bei dem Realität nicht einfach abgebildet, sondern zuerst ›poietisch erzeugt‹ und dann ›ikonisch bereichert‹ wird (vgl. ebd., S. 107 und 127). Die symbolische Ordnung der außertextuellen Wirklichkeit und die im Medium der Fiktion erzeugten Welten treten in ein Verhältnis wechselseitiger Beeinflussung und Veränderung.

Welchen Beitrag kann Ricœurs Konzept zu einem Verständnis des Verhältnisses von Literatur und Erinnerungskultur leisten? Die Unterscheidung dreier Stufen der Mimesis ermöglicht, drei zentrale, und für Literatur als Medium des kollektiven Gedächtnisses entscheidende, Aspekte analytisch voneinander zu trennen:
- die erinnerungskulturelle Präfiguration,
- die Konfiguration neuartiger Gedächtnisnarrative und
- deren leserseitige, kollektive Refiguration.

6.2.1 | Erinnerungskulturelle Präfiguration: Der Bezug zur Wirklichkeit der Erinnerungskultur

Der Begriff der **Mimesis I** erweist sich für ein Verständnis des Verhältnisses von Literatur und Erinnerungskultur als besonders relevant, weil Ricœur die kollektive und symbolische Dimension der vorgängigen, außertextuellen Wirklichkeit akzentuiert: Jede »Fabelkomposition [ist] in einem Vorverständnis der Welt des Handelns verwurzelt: ihrer Sinnstrukturen, ihrer symbolischen Ressourcen und ihres zeitlichen Charakters« (ebd., S. 90). Ricœur betont, dass unsere Wirklichkeitserfahrung bereits symbolisch präformiert ist. In der kulturellen Praxis wird ein Begriffsnetz etabliert, das praktisches Verstehen ermöglicht (vgl. ebd., S. 91 f.). Kulturen schaffen sich symbolische Ordnungen, die u. a. eine Wertehierarchisierung und ein Verständnis von zeitlichen Prozessen einschließen. Innerhalb dieser komplexen, symbolisch vermittelten außerliterarischen ›Welt des Handelns‹ machen wir Erfahrungen, die sich Ricœur zufolge durch eine ›pränarrative Struktur‹ auszeichnen (vgl. ebd., S. 118).

Rückschlüsse auf die Mimesis I des literarischen Textes, seine Bezugnahme auf die erinnerungskulturelle Wirklichkeit, lassen sich aus der Analyse der paradigmatischen Achse der Selektion außertextueller Elemente ziehen. Die Selektionsstruktur, die man mit Wolfgang Iser auch als **Textrepertoire** bezeichnen kann, zeigt, aus welchen kulturellen Feldern der Text seine Elemente bezieht. Literatur kann Bezug nehmen auf die materiale Dimension der Erinnerungskultur (z. B. auf konkurrierende Gedächtnismedien), auf ihre soziale Dimension (z. B. Erinnerungsgemeinschaften, Institutionen) und schließlich auf ihre mentale Dimension (z. B. auf machtvolle Schemata der Vergangenheitsrepräsentation). Die Formen dieses Bezugs sind **Intertextualität, Intermedialität und Interdiskursivität**. Ricœurs Unterscheidung zwischen kultureller Wirklichkeit als paradigmatischer und dem literarischen Text als syntagmatischer Ordnung ist mit Blick auf Erinnerungskulturen sicherlich zu modifizieren. Denn wie bereits ausgeführt, haben wir es in weiten Teilen der Erinnerungskultur bereits mit narrativen Strukturen zu tun. Angesichts einer Vielzahl koexistenter und konkurrierender Gedächtnisse in jeder Erinnerungskultur kann mit Ricœur davon ausgegangen werden, dass literarische Werke auf ein Netz von Bedeutungen zugreifen – nur eben mit dem Unterschied, dass Teile dieses Netzes bereits konfiguriert sind. Literatur verwandelt also nicht nur Paradigmatisches in Syntagmatisches, sondern im Falle ihres Zugriffs auf kollektives Gedächtnis auch umgekehrt Syntagmatisches zurück in Paradigmatisches. Sie wählt neben den einzelnen Elementen eines kulturellen Begriffsnetzes auch bereits bestehende Konfigurationen, wie kulturell verfügbare Plotstrukturen, Mikroerzählungen oder Geschichtsnarrative, aus.

Zur Darstellung finden im literarischen Text überdies **implizite Formen der Erinnerungskultur**, d. h. nicht-bewusste und nicht-intentionale Formen des (kulturprozeduralen) kollektiven Gedächtnisses. Mit der literarischen Bezugnahme auf bestimmte Praktiken, Wahrnehmungen, Handlungsmuster oder Stereotypen ist immer auch deren Textualisierung und damit eine Artikulation des zuvor Unartikulierten oder Unartikulierbaren verbunden. Während Literatur durch die Einbeziehung von in einer Erinnerungskultur nicht aktualisierten Elementen eine **Erinnerungsfunktion** erfüllen kann, verweist die literarische Referenz auf kollektiv nicht-bewusste Formen zudem auf ihre **Artikulationsfunktion**. Durch die Selektionsstruktur werden im literarischen Text Elemente verschiedener Gedächtnisrahmen (etwa kommunikatives und kulturelles Gedächtnis), Erinnertes und Vergessenes verschiedener sozialer und kultureller Gruppierungen sowie das auf kollektiver Ebene Nicht-Bewusste und Nicht-Artikulierte zusammengebracht. Privilegien bei der Selektion, durch die sich die Literatur vor anderen Medien des kollektiven Gedächtnisses auszeichnet und die sowohl die Art des Ausgewählten (z. B. kontrafaktische Elemente) als auch deren Skopus (Elemente unterschiedlicher, konkurrierender Gedächtnisse) betreffen, führen dazu, dass literarische Texte in ihrem Textrepertoire verschiedene, in der Erinnerungskultur so nicht zugängliche Perspektiven auf Vergangenheit vereinen können.

6.2.2 | Literarische Konfiguration: Die Erzeugung fiktionaler Gedächtnisnarrative

Als **Mimesis II** bezeichnet Ricœur (1988, S. 88) »den konkreten Prozeß, durch den die Textkonfiguration zwischen der Vorgestaltung (*préfiguration*) des praktischen Feldes und seiner Neugestaltung (*réfiguration*) in der Rezeption des Werkes vermittelt«. Die im Rahmen der Mimesis I ausgewählten Elemente werden syntagmatisch miteinander verknüpft und zu einer bestimmten Geschichte geformt. Während die Elemente des außerliterarischen, kulturellen Begriffsnetzes »in einer Beziehung der Wechselbedeutung (*intersignification*)« (vgl. ebd., S. 91 f.) stehen, wird im literarischen Text eine exemplarische **temporale und kausale Anordnung** konstruiert. Es entsteht eine narrative Struktur, in der jedes Element seinen Platz und damit auch seine Bedeutung erhält. »Dieser Übergang vom Paradigmatischen zum Syntagmatischen ist gerade der Schritt zwischen *mimesis* I und *mimesis* II. Er ist das Werk der Konfigurationstätigkeit« (ebd., S. 106). Mit der Mimesis II treten wir Ricœur zufolge »in das **Reich des *Als ob*** ein« (ebd., S. 104). Die Konfiguration im Medium der Fiktion verändert also den ontologischen Status der ausgewählten Elemente. Bei der literarischen Konfiguration handelt es sich um einen Wirklichkeiten erzeugenden, aktiv gestaltenden Vorgang. Gerade hier ist daher auch von **Poiesis** zu sprechen (vgl. ebd., S. 107).

Spezifik und Vermittlungsfunktion von Literatur in der Erinnerungskultur liegen in der Zusammenführung und in der ***Neu-* oder *Um*strukturierung von Elementen des kollektiven Gedächtnisses** – von Inhalten und Formen, wie sie sich in literarischen und in nicht-literarischen Symbolsystemen materialisieren. Elemente der außertextuellen Wirklichkeit werden durch ihren Eingang in den literarischen Text aus ihren ursprünglichen Kontexten gelöst. Im Medium der Literatur können diese Elemente daher auf neuartige Weise strukturiert, aber auch bestehende Strukturen durch neue Elemente angereichert oder umgedeutet werden. Der literarische Konfigurationsvorgang ist somit ein Formungsprozess, bei dem bestimmte Versionen von Kollektivgedächtnis auf poietische Weise konstruiert werden.

Neben der Strukturierung der Elemente im Konfigurationsprozess tragen auch **literarische Darstellungsverfahren** in hohem Maße zur semantischen Dimension des Erzählten und zur literarischen Konstruktion von Gedächtnisnarrativen bei. Die Perspektivierung des Geschehens durch Erzähl- und Fokalisierungsinstanzen, die Verbindung von Raum- und Zeitdarstellung zu literarischen Gedächtnisräumen sowie die Sinnstiftung durch Metaphorik und Symbolik – um nur drei besonders signifikante Beispiele zu nennen – sind Verfahren, mit deren Hilfe im fiktionalen Text Kollektivgedächtnis inszeniert und dessen zentrale semantische Komplexe (z. B. Geschichtsbilder, Werte und Normen sowie Konzepte kollektiver Identität) vermittelt werden können (vgl. Kap. 7.).

6.2.3 | Kollektive Refiguration: Wirkungsweisen und Funktionen von Literatur in der Erinnerungskultur

Ricœur zufolge schließt sich mit dem Rezeptionsvorgang der Kreis der Mimesis. Die **Mimesis III** ist der »Schnittpunkt zwischen der Welt des Textes und der des Zuhörers oder Lesers« (Ricœur 1988, S. 114). Im **Rezeptionsakt** geht die Fiktion mit der Welt des Handelns erneut eine Verbindung ein. Ergebnis ist nicht nur die Aktualisierung des literarisch Dargestellten durch den Leser, sondern auch eine »*ikonische Bereicherung*« (ebd., S. 127) der Wirklichkeit (ich werde im Folgenden neutraler von einer **ikonischen Anreicherung** sprechen). »Erst *in* der Lektüre kommt die Dynamik der Konfiguration an ihr Ziel. Und erst *jenseits* der Lektüre, in der tatsächlichen Handlung, die bei den überkommenen Werken in die Lehre gegangen ist, verwandelt sich die Konfiguration des Textes in Refiguration« (Ricœur 1991, S. 255). Bedeutungszuschreibungen des Lesers wirken sich also nicht nur auf sein Textverständnis aus. Die literarische Darstellung verändert auch seine Wirklichkeitswahrnehmung und letztlich – durch seine Handlungen, die von literarischen Modellen beeinflusst sein können – auch die kulturelle Praxis und damit diese Wirklichkeit selbst.

Bei literarischen Texten, die in der Erinnerungskultur Wirkung entfalten, ist die Mimesis III als Schnittstelle zwischen Text und **kollektiver Refiguration** zu begreifen. Literatur wirkt in der Erinnerungskultur, wenn sie in breiten gesellschaftlichen Kreisen als ein Medium des kollektiven Gedächtnisses rezipiert wird (vgl. dazu Kap. 6.3). Als aus der Lektüre resultierende ›Handlung‹ ist zunächst die durch den literarischen Text beeinflusste ›Sinnbildung über Zeiterfahrung‹ zu nennen: Literatur prägt Kollektivvorstellungen vom Ablauf und vom Sinn vergangener Ereignisse, deutet die Gegenwart und weckt Erwartungen für die Zukunft. Aus der kollektiven Refiguration können aber auch tatsächliche Handlungen, von veränderten Formen der Alltagskommunikation bis hin zur politischen Aktion, hervorgehen.

Hinweise auf die Rezeption von literarischen Texten als Medien des kollektiven Gedächtnisses in weiten Teilen der Gesellschaft, auf den Eingang ihrer Gedächtnisnarrative in die Erinnerungskultur und auf ihre das Kollektivgedächtnis refigurierende Wirkung bieten Auseinandersetzungen im Feuilleton ebenso wie Bestsellerlisten, Formen der Institutionalisierung, etwa die Aufnahme der Werke in Lehrpläne, ihre Kanonisierung oder der Eingang von literarischen Zitaten in die alltägliche Redeweise. Die kollektive Rezeption kann dabei stark von gesellschaftlichen Institutionen gelenkt werden. Spezifika des Literatursystems, wie Veröffentlichungs- und Marketingstrategien, spielen dabei eine wichtige Rolle. Zu beachten sind zudem politische Eingriffe wie Zensur oder staatlich gelenkte Vielfachauflagen. Was die Aneignung und Deutung literarischer Werke angeht, ist von der Existenz erinnerungskultureller ›**Interpretationsgemeinschaften**‹ auszugehen (vgl. Fish 1980): Unterschiedliche so-

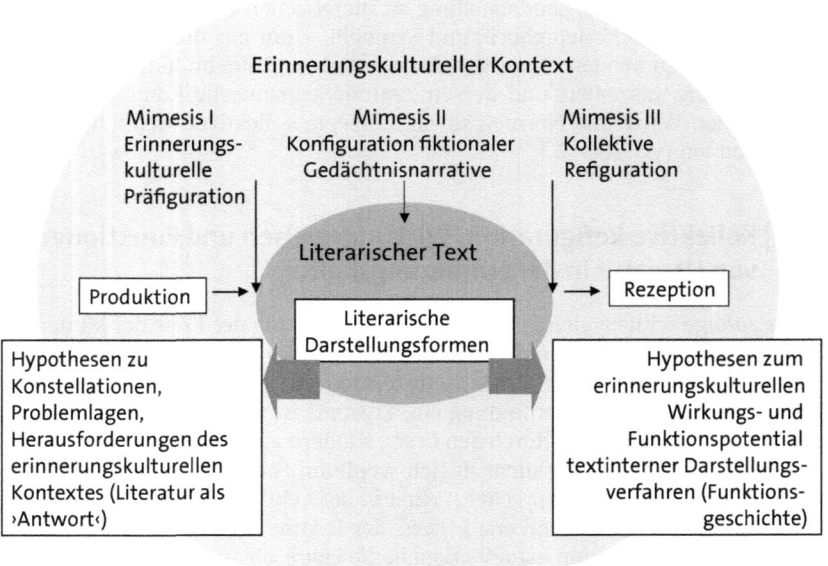

Dreistufige Mimesis des kollektiven Gedächtnisses

ziale Gruppen einigen sich auf Möglichkeiten der Aktualisierung. Bei all diesen gesellschaftlichen Prozessen ist Macht ein nicht zu unterschätzender Faktor: Literarische Texte bieten Deutungsmöglichkeiten kollektiver Vergangenheit und entfalten eine Reihe von – teils affirmativen, teils subversiven – Wirkungspotentialen. Es ist aber Sache der Leserschaft und damit auch leitender gesellschaftlicher Institutionen, diese zu forcieren oder einzudämmen.

Aus medienkulturwissenschaftlicher Perspektive können Präfiguration und Refiguration eines literarischen Werkes als deren Prämediation und Remediation beschrieben werden (vgl. Kap. 5.5.3). Refiguration manifestiert sich in der Medienkultur durch Intertextualität und andere Formen der intermedialen Referenz (Filmadaptionen, Digitalisierung usw.). Die Präfiguration eines literarischen Textes ist hingegen schwieriger zu fassen. Zu Aufschlüssen über die Frage, welche Medienschemata einen Text präfiguriert haben könnten, gelangen Wissenschaftler/innen erst über die quellenintensive Recherche und Analyse vorgängiger Repräsentationen, die beispielsweise ähnliche Themenkomplexe, narrative Strukturen oder rhetorische Strategien aufweisen.

> **Zusammengefasst:**
> Literarische Gedächtnisnarrative vermitteln zwischen präexistenten Erinnerungskulturen einerseits und ihrer möglichen Neuperspektivierung und Veränderung andererseits. Wir haben es bei diesem Vermittlungsprozess mit einer **Austauschbewegung** (*exchange*, in der Terminologie des New Historicism, vgl. Greenblatt 1990 [1988]) in zweifacher Richtung zu tun:
> - Erstens ist der Austausch zwischen Erinnerungskultur und literarischem Text auf der Ebene der Mimesis I zu lokalisieren. Der literarische Text nimmt Bezug auf Inhalte, Formen, Medien und Praktiken des kollektiven Gedächtnisses.
> - Zweitens findet eine Austauschbewegung in umgekehrter Richtung statt. Auf der Stufe der Mimesis III kann es durch Formen der kollektiven Rezeption zu einer ›ikonischen Anreicherung‹ der Erinnerungskultur kommen.

Ricœur betont allerdings, dass uns allein die Mimesis II, die Konfiguration des literarischen Textes, zugänglich und damit semiotisch analysierbar sei. Er stellt fest, dass »eine Wissenschaft vom Text allein von der Abstraktion der Mimesis II ausgehen und, ohne das Vorher und das Nachher des Textes zu betrachten, nur die inneren Gesetze des literarischen Kunstwerks berücksichtigen kann« (Ricœur 1988, S. 88). Die Gesamtheit der ›inneren Gesetze‹ des literarischen Textes kann man funktionsgeschichtlich als **Wirkungspotential** bezeichnen. Bei dem Wirkungspotential narrativ-fiktionaler Texte handelt es sich, so Roy Sommer, um »eine vom Text her begründbare Annahme über die möglichen Effekte der narrativen Strategien, die den nacherzählbaren Inhalt eines literarischen Textes strukturieren und organisieren und damit für den Sinn entscheidend sind« (Sommer 2000, S. 328).

Aus einer Untersuchung des textuellen Wirkungs- und Funktionspotentials sind daher nicht nur **Hypothesen über kollektive Wirkungsweisen und Funktionalisierungen** eines literarischen Textes in der Erinnerungskultur ableitbar, sondern – versteht man literarische Strategien als ›Antwort‹ (vgl. Voßkamp 1990) auf erinnerungskulturelle Herausforderungen – auch **Hypothesen über seine erinnerungs-**

kulturelle Präfiguration. Eine Abbildung tatsächlicher Prä- und Refigurationen in spezifischen kulturellen Kontexten ermöglichen diese Hypothesen jedoch nicht – obgleich sie eine Annäherung an die Wirklichkeit der Erinnerungskultur versprechen, wenn mit ihnen kulturhistorisch fundierte Kenntnisse der erinnerungskulturellen Kontexte einhergehen. (Einige Kategorien zur Untersuchung des textuellen Wirkungs- und Funktionspotentials von literarischen Gedächtnisnarrationen werden in Kap. 7 unter dem Begriff ›Rhetorik des kollektiven Gedächtnisses‹ vorgestellt.)

Literatur

Fish, Stanley: *Is There a Text in This Class? The Authority of Interpretive Communities*. Cambridge, MA/London: Harvard UP 1980.
Greenblatt, Stephen: *Shakespearean Negotiations. The Circulation of Social Energy in Renaissance England*. Oxford: Clarendon Press 1990 [1988].
Ricœur, Paul: *Zeit und Erzählung*. 3 Bde. München: Fink 1988–1991 (orig.: Temps et récit. Paris: Éditions du Seuil 1983–1985).
Sommer, Roy: »Funktionsgeschichten. Überlegungen zur Verwendung des Funktionsbegriffs in der Literaturwissenschaft und Anregungen zu seiner terminologischen Differenzierung«. In: *Literaturwissenschaftliches Jahrbuch* 41 (2000), S. 319–341.
Voßkamp, Wilhelm: »Utopie als Antwort auf Geschichte. Zur Typologie literarischer Utopien in der Neuzeit«. In: Hartmut Eggert, Ulrich Profitlich & Klaus R. Scherpe (Hrsg.): *Geschichte als Literatur. Formen und Grenzen der Repräsentation von Vergangenheit*. Stuttgart: Metzler 1990, S. 273–283.

6.3 | Literatur als Medium des *collective* und des *collected memory*

Medien des kollektiven Gedächtnisses bedürfen, wie bereits Aby Warburg gezeigt hat, der Aktualisierung, der Auflading mit Sinn, um ihr Bedeutungspotential zu entfalten und gesellschaftlich wirksam zu werden. Das trifft auch auf literarische Texte zu. Literatur als Medium des kollektiven Gedächtnisses ist ein **Rezeptionsphänomen**. Bei der Untersuchung von Literatur unter der Leitfrage, welche Funktionen sie als Medium in der Erinnerungskultur erfüllt, muss daher zunächst von der Aneignung literarischer Texte durch die Leserschaft – ihrer Refiguration – ausgegangen werden.

Auf kollektiver Ebene (*collective memory*) weisen literarische Werke alle drei Funktionsaspekte von Medien des kollektiven Gedächtnisses (vgl. Kap. 5.4) auf: Literatur ist ein **Speichermedium** (im Folgenden: ›kulturelle Texte‹), ein **Zirkulationsmedium** (im Folgenden: ›kollektive Texte‹) und sie dient in der Erinnerungskultur als **medialer *cue***, als Abrufhinweis, etwa wenn im Goethejahr bereits mit der Nennung von Begriffen wie ›Faust‹ und ›Wilhelm Meister‹ in breiten gesellschaftlichen Kreisen Assoziationen von deutscher Tradition und Nationalliteratur ausgelöst werden – auch wenn die dazugehörigen Texte in ebenso breiten Kreisen nie gelesen wurden. Schließlich trägt Literatur als **medialer Rahmen des autobiographischen Erinnerns** (*collected memory*) bei ihrer Leserschaft maßgeblich zur individuellen ›Sinnbildung über Zeiterfahrung‹, zur Kodierung und Deutung von Lebenserfahrung bei (zur Unterscheidung zwischen *collective* und *collected memory* vgl. Kap. 4.1).

6.3.1 | Kulturelle Texte: Literatur als Speichermedium

Die Bedeutung von Literatur als Medium des kollektiven Gedächtnisses (*collective memory*) ist in der kulturwissenschaftlichen Forschung mit dem Assmann'schen Konzept der ›kulturellen Texte‹ in den Blick gerückt worden. Literatur ist für Aleida und Jan Assmann allerdings zunächst einmal nichts anderes als ein schriftliches Medium des kulturellen Gedächtnisses. Literarische Texte stehen neben Texten anderer Symbolsysteme – etwa neben Gesetzestexten, religiösen und politischen Schriften. Diese Tendenz zur Gleichordnung der Objektivationen unterschiedlicher Symbolsysteme ist in gewissem Maße auf ihren **Textbegriff** zurückzuführen. ›Texte‹ werden im Anschluss an Konrad Ehlich (1983) als ›wiederaufgenommene Mitteilungen‹ verstanden. Für einen derartigen Textbegriff gilt: »Nicht die Schriftform ist entscheidend, sondern der Akt der Speicherung und Überlieferung.« »Texte sind Sprechakte im Kontext zerdehnter Situationen.« Sie verbinden »Sprecher und Hörer über raumzeitliche Grenzen hinweg« (J. Assmann 2000, S. 126 f.).

Bei den von Aleida und Jan Assmann als ›kulturell‹ bezeichneten Texten handelt es sich um eine **Steigerungsform** solcher ›Texte‹, denn sie besitzen eine »besondere normative und formative Verbindlichkeit« (ebd.) für die Gesellschaft. So gilt auch für kulturelle Texte, dass es sich um mündliche, ebenso wie um bildliche oder schriftliche Medien handeln kann. Der Spruch, das Gemälde, das Ritual oder der Gesetzestext können in einer Gesellschaft die Funktion des kulturellen Textes übernehmen. Ganz gleich, in welchen Medien die kulturellen Texte einer Gesellschaft gespeichert werden, so lautet Jan Assmanns These, sie alle vermögen kulturelle Identität und gesellschaftliche Kohärenz zu stiften: »Alles kann zum Zeichen werden, um Gemeinsamkeit zu kodieren. Nicht das Medium entscheidet, sondern die Symbolfunktion und Zeichenstruktur« (J. Assmann 1992, S. 139).

Wie werden literarische Werke zu kulturellen Texten? Eine Antwort hierauf erhält man in Aleida Assmanns 1995 erschienenen Aufsatz »**Was sind kulturelle Texte?**« Bei dem kulturellen Text handelt es sich nicht um eine anhand textinterner Merkmale bestimmbare Gattung, sondern um einen **Rezeptionsrahmen**. Assmann unterscheidet zwei »Rezeptionsrahmen [...], in denen sich Texte entweder als ›literarische‹ oder als ›kulturelle‹ konstituieren« (ebd., S. 234). Es handelt sich dabei um »unterschiedliche Zugangsweisen zu möglicherweise identischen Texten« (ebd.). Die jeweilige Lesart leitet sich also nicht aus den Texten inhärenten Merkmalen ab. Sie basiert vielmehr auf dem »dezisionistische[n] Akt« (ebd.) der Rezipienten, dem Text entweder den **Status ›kulturell‹ oder ›literarisch‹** zuzuweisen. Aus der Vielzahl literarischer Werke, die eine Gesellschaft produziert und bewahrt, werden einige ausgewählt, denen ein kanonischer (und d. h. für Aleida Assmann: kultureller) Status zugesprochen wird. Hierdurch ändert sich die Sicht auf die Texte auf fundamentale Weise. Mit ihrem Eingang in den Bereich des kulturellen Funktionsgedächtnisses gewinnen sie als verbindliche Texte eine zusätzliche Sinndimension: Sie vermitteln Konzepte kultureller, nationaler oder religiöser Identität sowie kollektiv geteilte Werte und Normen. Mit der Etablierung eines »Kanons von religiösen, nationalen oder Bildungs-Texten« (ebd., S. 241) beschreiben Kulturen sich selbst. Literatur als Speichermedium des kulturellen Funktionsgedächtnisses ist damit ein Rezeptions- und Kanonisierungsphänomen.

Kulturelle Texte unterscheiden sich von literarischen Texten durch eine **andere Form der Aneignung** und Textexegese: Statt einsamer Lektüre, ästhetischer Distanz und dem Verlangen nach Neuem zeichnet sich die Rezeption kultureller Texte durch

»Verehrung, wiederholtes Studium und Ergriffenheit« (ebd., S. 242) aus. Sie ist bestimmt von der Gewissheit, durch die Lektüre ein Teil des Kollektivs zu sein. Damit einher geht eine vorbehaltlose Identifikation mit dem Geschriebenen, ein Verlangen nach Aneignung von Wissen über Herkunft und Identität, Normen und Werte, die Suche nach Wahrheit. Die Bibel ist für Aleida Assmann daher das »Paradigma des kulturellen Textes« (ebd., S. 237).

Bei der Lesart eines literarischen Werkes als kultureller Text handelt es sich um eine nachträgliche **Vereindeutigung** *und* **Sinnanreicherung**. Die Veröffentlichung eines Textes als literarischer Text bedeutet eine Markierung als Wirklichkeits*version*, die keinesfalls eindeutig oder verbindlich ist, sondern sich durch ihren Status des fiktionalen *Als-ob* und durch einen gewissen Deutungsspielraum auszeichnet. Sicherlich handelt es sich auch hierbei um eine Rezeptionskonvention. Sie ist aber spätestens seit der Herausbildung des modernen Literatursystems im 18. Jahrhundert die vorgängige. Voraussetzung einer Lesart als ›kultureller Text‹ ist hingegen, den literarischen Text in seiner semantischen und historischen Dimension zugleich zu verkürzen und anzureichern. Die Mehrdeutigkeit des literarischen Textes wird zu einer einheitlichen Aussage hin aufgelöst, seine ursprüngliche historische Situiertheit – und damit die Standortgebundenheit, Perspektivität und Beschränktheit seines Blicks auf die Wirklichkeit – gerät aus dem Blick. Mit dem Verlust seiner ›literarischen‹ Merkmale gewinnt er allerdings eine ›kulturelle‹ Tiefendimension: Während der literarische Text nur unverbindliche Sinnangebote vermittelt, Teil seiner Epoche ist und mit ihrem Wandel auch seine Interessantheit verliert, vermittelt der kulturelle Text eine »verbindliche, unhintergehbare und zeitlose Wahrheit« (ebd., S. 242).

Der kulturelle Text ist damit ein **Speichermedium**; bzw. genauer: Durch den Rezeptionsrahmen ›kulturelle Texte‹ werden Texte des Symbolsystems Literatur als Speichermedien des kulturellen Funktionsgedächtnisses aktualisiert. Und wie für solche Speichermedien typisch, haben auch kulturelle Texte des Symbolsystems Literatur – wie z. B. Homers *Odyssee* (um 700 v. Chr.), Goethes *Faust* (1808/32) oder T. S. Eliots *The Waste Land* (1922) – in ihrer Erinnerungskultur einen exponierten Status inne: Sie sind **erinnerndes Medium** *und* **erinnerter Gegenstand** des kulturellen Gedächtnisses zugleich.

6.3.2 | Kollektive Texte und literarisches Nachleben: Literatur als Zirkulationsmedium

Was aber ist mit all jenen anderen literarischen Werken, die nicht kanonisiert sind, nicht als zentraler Bestandteil einer ›Kultur‹ begriffen werden? Um die Vielfalt möglicher **Funktionen von Literatur bei der Produktion kultureller Erinnerung** genauer beschreiben zu können, werden im Folgenden zwei Phänomene vorgestellt, die in den Blick geraten, wenn man literarische Werke als Zirkulationsmedium des Gedächtnisses betrachtet. Erstens geht es um eine synchrone Perspektive auf ›kollektive Texte‹, zweitens um eine diachrone Perspektive auf ›literarisches Nachleben‹.

Mit dem Begriff ›**kollektive Texte**‹ soll Literatur in ihrer Wirksamkeit als Zirkulationsmedium in bestimmten erinnerungskulturellen Kontexten beschrieben werden. Literarische Texte prägen Vergangenheitsversionen, Geschichtsbilder und Identitätskonzepte oft in bedeutendem Maße mit. Wie im Falle der Assmann'schen ›kulturellen Texte‹ handelt es sich bei ›kollektiven Texten‹ in erster Linie um Aneignungsphänomene, um ein Resultat von Konsensbildung in erinnerungskulturellen Interpretationsgemeinschaften. Anders als es bei dem Assmann'schen Konzept des kulturellen Textes der Fall ist, wird mit dem Begriff des kollektiven Texts jedoch auf ein Leseverhalten verwiesen, bei dem literarische Werke nicht als verbindliche Elemente, als zu erinnernde Gegenstände des kulturellen Gedächtnisses rezipiert werden, sondern als Vehikel der medialen Konstruktion und Vermittlung von Wirklichkeits- und Vergangenheitsversionen. Kollektive Texte erzeugen, perspektivieren und zirkulieren Inhalte des kollektiven Gedächtnisses.

Kollektive Texte gehören – anders als die (hoch-)kulturellen Texte – häufig der **Populärliteratur** an. Historische Romane, wie Walter Scotts *Waverley* (1914) oder Felix Dahns *Ein Kampf um Rom* (1876), Abenteuer- und Reiseromane des 19. Jahrhunderts, Kriegsromane des Ersten und Zweiten Weltkriegs oder die Landser-Heftchen, die heute noch an jedem Kiosk erhältlich sind, spielten und spielen bei der Konstitution kollektiver Gedächtnisse eine wichtige Rolle. Sie vermitteln dem Leser kollektive Identitäten, Geschichtsbilder, Werte und Normen. Um der Rolle der Literatur im Prozess der Ausformung von Erinnerungskulturen Rechnung zu tragen, ist von der nahe liegenden Vorstellung Abstand zu nehmen, nur sogenannte ›hohe Literatur‹ werde mit Bezug auf das kulturelle Gedächtnis gelesen. Gerade die Trivialliteratur bedient sich symbolischer Ressourcen, die dem kulturellen Gedächtnis zuzuordnen sind. In ihr werden Mythen erzeugt und perpetuiert, kulturspezifische Sinnstiftungsschemata vermittelt. Die Erinnerung an eine fundierende Vergangenheit und kollektive Sinnkonstruktionen normativer und formativer Art sind offensichtlich gesamtgesellschaftlich mehr durch populäre Zirkulationsmedien bestimmt als durch institutionell vermittelte Speichermedien, die im Rahmen der Enkulturation, etwa in der Schule oder bei der religiösen Unterweisung, aktualisiert werden.

Wie kommt es zu dem Phänomen der kollektiven Texte? Voraussetzung für die das Kollektivgedächtnis prägende Wirkung eines literarischen Werks ist, dass die Leserschaft ihm einen **Wirklichkeitsbezug** zuspricht. Wolfgang Braungart (1996, S. 149) ist daher zuzustimmen, wenn er argumentiert: »Die Entmächtigung des Textes durch das Fiktionalitätsbewußtsein gelingt offenbar bis heute nicht ganz. Das ist kein ausschließliches Problem der ›Logik der Dichtung‹, keines des (onto-)logischen Status der Fiktion und nicht allein in der Erzählform und der Erzählzeit zu begründen, sondern auch in der Rezeptionshaltung und in den Rezeptionsbedürfnissen der Leser.« In der Theoriebildung mag wohl aufgezeigt werden, dass und wie sich fiktionale Welten von Repräsentationen realer Welten unterscheiden. Dies ist auch nötig, um Aussagen über die spezifischen Ausdrucksformen und Erkenntnismöglichkeiten literarischer Texte treffen zu können und um einem allzu einfachen Konstruktivismus entgegenzuwirken, der alle Fakten für Fiktion und jede Gedächtnisnarration zur Literatur erklärt. Mit Blick auf die tatsächlichen Rezeptionsstrategien empirischer Interpretationsgemeinschaften scheint jedoch die Annahme gerechtfertigt, dass die theoretisch postulierte ontologische Kluft zwischen Fiktion und Realität überwunden wird und literarische Texte Wirklichkeits- und Vergangenheitsversionen einer Erinnerungskultur deutlich mitprägen.

Literatur wird in der Erinnerungskultur durchaus unter ganz pragmatischen Gesichtspunkten und oft genug mit einem referentialisierenden und vereindeutigenden Blick auf (vergangene) Wirklichkeiten produziert und rezipiert. Die ideologischen, didaktischen und normativen Funktionen von Kriegs-, Jugend- und Abenteuerliteratur sowie deren ›so war es‹-Duktus seien als Beispiel genannt. Obsolet werden die **Grenzen zwischen den Symbolsystemen** dabei allerdings nicht. Leser verwechseln den historischen Roman nicht mit der Geschichtsschreibung oder die Elegie mit dem

Gedenkgottesdienst. Im Gegenteil, welch sensibles Thema die Übergänge zwischen Symbolsystemen in der erinnerungskulturellen Praxis darstellen, zeigt der gesellschaftliche Umgang mit einem dem fiktionalen Erzähltext eng benachbarten Erinnerungsmedium, der **Autobiographie**: Sobald die Literarisierung eines gelebten Lebens in eine Fiktionalisierung übergeht, werden solche Texte von der Leserschaft in der Regel nicht mehr als autobiographisch akzeptiert. Der ›Fall Wilkomirski‹, die erhitze Diskussion um die Autobiographie eines scheinbaren Holocaust-Überlebenden (*Bruchstücke*, 1995), die sich – wie auch die Persona des Autors – bald als fiktiv erwies, ist zur Zeit das beste Beispiel für die rigiden Grenzen, die in der kulturellen Praxis, trotz aller Ähnlichkeiten und Überschneidungen, bei der Welterzeugung zwischen den Symbolsystemen gezogen werden.

Literatur als Zirkulationsmedium des kollektiven Gedächtnisses beruht auf einer geradezu **paradoxalen Aneignungsweise** von Literatur: Der literarische Text wird *als* Literatur wahrgenommen, wobei auch eine Aktualisierung seines symbolsystemspezifischen Leistungsvermögens (etwa als eine polyvalente und hochgradig interdiskursive Darstellungsform, die auch Imaginäres in die Vergangenheitsrepräsentation integriert) möglich ist. Doch *zugleich* erfolgt eine Zuschreibung von Referenzialität. Bei dieser Form des Wirklichkeitsbezugs geht es jedoch nicht so sehr um Referenzen auf die Ebene eines pränarrativen vergangenen Geschehens (wie das z.B bei der Lektüre historiographischer Texte der Fall ist), sondern um eine **Referenz auf die Sinnhorizonte des gegenwärtigen Kollektivgedächtnisses** – und damit auf eine ›Wirklichkeit‹, die bereits hochgradig symbolisch verdichtet, narrativ strukturiert und durch Gattungsmuster überformt ist. Es geht also um ›Wahrheit‹ im Sinne des kollektiven Gedächtnisses. Kollektive Texte müssen ›passen‹, anschließbar sein an die Sinnhorizonte, kulturspezifischen Schemata und Narrationsmuster sowie Imaginationen der Vergangenheit in der zeitgenössischen Erinnerungskultur.

Welche **Funktionen** literarische Texte als Zirkulationsmedien beispielsweise im öffentlichen Diskurs erfüllen können, zeigt Kirsten Prinz am Beispiel der zeitgenössischen deutschen Erinnerungsverhandlungen um die vormals tabuisierten Themen ›Flucht und Vertreibung‹ im Zweiten Weltkrieg, in denen Günter Grass' Novelle *Im Krebsgang* (2002) und das Feuilleton eine wichtige Rolle gespielt haben:

> Indem literarische Äußerungen als vorgängig aufgefasst werden, übernehmen sie gegenüber journalistischen Texten eine entlastende Funktion; denn Zeitschriften und Zeitungen beziehen sich auf die im fiktiven Bereich durchgespielten Vergangenheitsdeutungen und Erinnerungsmodi als auf bereits in der Öffentlichkeit kursierende Auffassungen. Die Grenze zwischen Fiktion und Non-Fiktion erhält somit eine funktionale Bedeutung: Literatur kann unter den Bedingungen einer relativen Unverbindlichkeit und Wirklichkeitsentlastung Vergangenheitsdarstellungen erproben, deren gesellschaftliche und politische Relevanz im journalistischen Bereich benannt wird (Prinz 2004, S. 193).

Während mit dem Konzept der ›kollektiven Texte‹ solche zeitgenössischen Diskussionen und ›plurimedialen Netzwerke‹ der Erinnerung (vgl. Kap. 5.2) in den Blick geraten, eröffnet der Begriff des ›**literarischen Nachlebens**‹ (der natürlich an Aby Warburgs ›Nachleben‹ künstlerischer Symbolik erinnert, vgl. Kap. 2.2) eine diachrone Perspektive. Kultur- und medienhistorisch orientierte, stark quellengesättigte Fallstudien zum andauernden und nachhaltigen Einfluss bestimmter literarischer Werke in der Erinnerungskultur gehören zu den einflussreichen neueren Beiträgen der literaturwissenschaftlichen Gedächtnisforschung. Ann Rigney hat zu den *The Afterlives of Walter Scott* (2012) bzw. der ›Portabilität‹ (Rigney 2004) seiner historischen Romane geforscht; die über 300-jährige Rezeptionsgeschichte von John Bunyans puritanischem Bestseller *The Pilgrim's Progress* und seine weltweite Verbreitung sind Gegenstand von Isabel Hofmeyrs *The Portable Bunyan* (2004); und die *Afterlives of Anticolonial Prophecy* (2009) in südafrikanischer Literatur und anderen Medien wurden von Jennifer Wenzel rekonstruiert. Die Kernfragen all dieser Forschungsbeiträge richten sich auf den grundlegenden Prozess kultureller Erinnerung: auf Wiederholung und Aktualisierung. Analysiert wird das, was Ann Rigney (2010, S. 17) als die Spezifik von Kunst und Literatur in der Erinnerungskultur identifiziert hat, nämlich deren Kombination *monumentality and malleability*, aus Monumentalität (die Wiederholbarkeit garantiert) und Form- bzw. Wandelbarkeit (die unterschiedliche Aktualisierungen zulässt).

Die Erforschung des ›**sozialen Lebens**‹ **von Literatur** (*sensu* Appadurai 1986; vgl. auch Erll 2011) bzw. der ›kulturellen Biographie‹ von Texten bedeutet zu fragen, wie literarische Werke – über lange Zeitabschnitte hinweg – rezipiert, diskutiert, gebraucht, kanonisiert, vergessen, zensiert und wieder-gebraucht wurde. Welche Aspekte tragen dazu bei, dass bestimmte literarische Texte wieder und wieder in sich stets wandelnden erinnerungskulturellen Kontexten ›zum Leben erweckt‹ werden, während andere vergessen werden bzw. in das kulturelle Archiv verschwinden? Diese Fragen können aus sozialgeschichtlicher, medienkulturwissenschaftlicher und textanalytischer Perspektive beantwortet werden. Das komplexe Phänomen des literarischen Nachlebens lässt sich dabei wohl am genauesten durch eine Kombination aller drei Perspektiven rekonstruieren.

Aus **sozialgeschichtlicher Perspektive** rückt die Aneignung eines literarischen Textes durch Lesergruppen in das Zentrum des Interesses. Wie rezipieren und re-aktualisieren soziale Formationen und Gesellschaften literarische Werke – im Horizont ihrer jeweiligen Geschichtsbilder und Gegenwartserfahrungen, Interessen und Erwartungen, Diskursregeln und Lesestrategien? Wie reagieren verschiedene Generationen, Klassen oder Geschlechter auf ein literarisches Werk und seine gedächtnisbildende Kraft? Jesseka Batteau (2009) hat am Beispiel der niederländischen Literatur gezeigt, dass und wie die soziale Performanz und öffentliche Reputation von ikonischen und umstrittenen Autoren wie Gerard Reve und Jan Wolkers sich kontinuierlich mit den Transformationen in der niederländischen Gesellschaft wandelt

Eine **medienkulturwissenschaftliche Perspektive** lenkt den Blick auf die intermedialen Netzwerke, die für die anhaltende Wirkung bestimmter Narrative, Topoi oder Ikonen sorgen, z. B. auf Intertextuelle und intermediale Verweise, Formen des *Re-writing* (Plate 2010) und der Adaption, des Kommentars und des Querverweises. Am Beispiel des indischen Aufstandes von 1857/58 (einer Revolte gegen die britische Kolonialmacht im Norden Indiens) habe ich gezeigt, wie die Narrative über ›1857‹ durch Geschichten über frühere, ähnliche Ereignisse bereits prämediatisiert waren; wie sie in kolonialen und postkolonialen Kontexten über das gesamte Spektrum verfügbarer Medientechnologien hinweg remediatisiert wurden (in Zeitungsartikeln, Briefen, Romanen, Fotografie, Film und Internet); und wie sie deshalb schließlich selbst prämediatisierende Wirkung entfalteten und andere Geschichten und Ereignisse medial vor-formen (wie etwa das Amritsar Massaker von 1919, nostalgische postimperiale Romane in den 1950er Jahren oder aktuelle Debatten über Terrorismus) (vgl. Erll 2007).

In einer stärker **textanalytischen Perspektive** kann gefragt werden, ob es bestimmte ästhetisch-formale Merkmale gibt, die einige literarische Werke ›aktualisierbarer‹ erscheinen lassen als andere, die also im Sinne eines Wirkungspotentials dazu führen, dass einige Texte immer wieder gelesen, umgeschrieben, remediatisiert und kontinuierlich diskutiert werden. Mit Blick auf das lange und facettenreiche ›Nachleben‹ von Walter Scotts *Ivanhoe* (1819) hat Ann Rigney (2010, S. 215 f.) gezeigt, dass die andauernde Wirkmächtigkeit jenes Romans aus der Kombination zweier (scheinbar kontradiktorischer) Merkmale seines Plots resultieren könnte: Mehr noch als jeder andere historische Roman von Scott ist *Ivanhoe* zugleich hochschematisiert *und* hochambivalent. Auf der einen Seite bietet er seiner Leserschaft ein einfaches narratives Muster (›Tradition gegen Moderne‹), das immer wieder als Modell bzw. als *script* genutzt werden konnte, um andere Ereignisse und Erfahrungen darzustellen und zu deuten (z. B. den amerikanischen Bürgerkrieg); auf der anderen Seite weist der Text unaufgelöste und destabilisierende Momente gerade in seiner Schlussgebung auf, die Leser/innen offenbar nicht aus dem Gedächtnis gingen und zu verschiedensten Formen des *rewriting*, des imaginativen Umschreibens und Neuschreibens, animierten.

›Kulturelle Texte‹, ›kollektive Texte‹ und ›literarische Nachleben‹ stellen **Zugangsweisen** dar, mit denen Literatur als ein Medium des kollektiven Gedächtnisses begriffen und erforscht werden kann. Mit ihnen können drei verschiedene Perspektiven auf Literatur eingenommen werden. Potentiell kann ein und derselbe Text anhand von allen drei Konzepten untersucht werden. Jedes Konzept wird dabei verschiedene Fragen aufwerfen und zu unterschiedlichen Erkenntnissen führen. Während der ›kulturelle Texte‹-Zugang literarische Werke als Speichermedien betrachtet und die sozialen Institutionen, die die Pflege, Tradierung und Interpretation eines Korpus kanonischer Texte gewährleisten, in den Mittelpunkt des Interesses rückt, ruht der Fokus mit dem ›kollektive Texte‹-Zugang auf der Rolle von (oft populären) literarischen Werken in aktuellen Erinnerungsdiskussionen, auf ihrer anschaulichen Darstellung der Vergangenheit und der Frage, wie sie kollektive Geschichtsbilder mitformen. Der ›Nachleben‹-Zugang schließlich überträgt diese Fragen auf die diachrone Achse und untersucht die soziale, mediale und textuelle Dynamik, die dafür sorgt, dass bestimmte Werke einen nachhaltigen Einfluss in der Erinnerungskultur ausüben, dass sie ›weiterleben‹, in Gebrauch bleiben und von Leser/innen verschiedener Epochen stets aufs Neue aktualisiert werden.

> **Zusammengefasst:**
> Die Untersuchung von Literatur in erinnerungshistorischer Perspektive erfordert eine differenzierte Betrachtung und teilweise Modifikation von Grundannahmen der Literaturwissenschaft über Konventionen des modernen Literatursystems (vgl. Schmidt 1991 [1980]). Literatur als Medium des kollektiven Gedächtnisses (*collective memory*) wird erst durch einen **Perspektivwechsel** sichtbar: »Was auf dem Boden literaturwissenschaftlicher Reflexion nicht sichtbar werden kann, das kann jedoch aus einer kulturwissenschaftlichen Perspektive thematisiert werden« (A. Assmann 1995, S. 234). Literatur als Medium des individuellen Gedächtnisses, des *collected memory*, ist Gegenstand des folgenden Kapitels.

	Kulturelle Texte (Aleida Assmann)	Kollektive Texte
Gegenstandsbereich	kanonische Texte	prinzipiell jeder literarische Text (häufig populäre Literatur)
Rezeptionsform	»bewusste Aneignung« »Verbindlichkeit«	häufiger: nicht-bewusste Wirkung; Referenz auf Narrative und Sinnhorizonte des kollektiven Gedächtnisses
Status/Funktion in der Erinnerungskultur	Speichermedium (und Gegenstand) des kulturellen Funktionsgedächtnisses	Zirkulationsmedium (Verbreitung und Aushandlung von Vergangenheitsversionen, Identitätskonzepten und Geschichtsbildern in der Erinnerungskultur)

Literatur als Medium des kollektiven Gedächtnisses (collective memory): Kulturelle und kollektive Texte

6.3.3 | Literatur als medialer Rahmen des Erinnerns

Literatur als **Medium des *collected memory*** ist nichts anderes als die Kehrseite von Literatur als Speicher- und Zirkulationsmedium: Denn um kollektiv wirksam zu werden, müssen literarische Vergangenheitsdarstellungen auch in organischen Gedächtnissen aktualisiert werden. Solche individuellen Aktualisierungen stimmen allerdings nicht notwendigerweise immer mit den sozialdominanten Lesarten überein.

Literatur als Gedächtnismedium übt aber auch noch in anderer Hinsicht Wirkung auf das individuelle Gedächtnis aus: Literarischen Werken entstammen **Modelle und Schemata**, die unsere Begegnung mit der Wirklichkeit präformieren und unsere persönlichsten Erinnerungen mitprägen. Insbesondere bei der Wahrnehmung und Erinnerung von individueller Lebenserfahrung spielt Literatur eine zentrale Rolle. Bereits Maurice Halbwachs (1991, S. 3) hat auf diese Bedeutung von **Literatur als Rahmen des Erinnerns** in seiner ›Spaziergang durch London‹-Anekdote aufmerksam gemacht (vgl. auch Kap. 5.5): »Als ich zum ersten Mal in London war«, so berichtet er, »vor Saint Paul oder Mansion House, auf dem ›Strand‹ oder in der Umgebung von Court's Law – brachten mir viele Eindrücke die Romane von Dickens in Erinnerung, die ich in meiner Kindheit gelesen hatte.« Die komplexen Interrelationen von Literatur und Gedächtnis treten hier auf eindrückliche Weise zutage: Die Wahrnehmung des Londoner Stadtbildes erinnert an ein literarisches Werk, und die vergangene Lektüre präformiert umgekehrt die Wahrnehmung der Stadt. Interessant ist Halbwachs' Erklärung zur Rolle der Literatur im Prozess des kollektiv geprägten Erinnerns: Er schlussfolgert, »so ging ich also dort mit Dickens spazieren« (ebd.). Halbwachs nimmt an, eine soziale Gruppe »mit einem Romancier« zu bilden. Wie der Architekt oder der Maler scheint also auch der Autor eines Romans als ein Kommunikationspartner bei der sozialen Gedächtnisbildung fungieren zu können.

Dem Literaturwissenschaftler mögen Halbwachs' Aussagen wenig präzise, vielleicht sogar als falsch erscheinen. Denn bei der Darstellung Londons in *Bleak House* (1852), *Great Expectations* (1860/61) oder *Oliver Twist* (1837/38) handelt es sich nicht um exakte und verifizierbare Repräsentationen der Metropole, wie wir sie in historischen Abhandlungen oder Stadtplänen erwarten würden. Dickens' Romane sind *fiktionale* Texte, die die Realität nicht mimetisch abbilden, sondern Wirklichkeitsmodelle poetisch erzeugen. Ebenso wenig erscheint es gerechtfertigt, die Schilderung des Ortes, der sich dort abspielenden, fiktiven Geschehnisse oder gar deren

Bewertung dem realen Autor Charles Dickens zuzuschreiben. Die Kommunikationssituation narrativ-fiktionaler Texte zeichnet sich dadurch aus, dass eine Erzählinstanz zwischen Autor und erzählter Geschichte geschaltet ist. Wie können also fiktive Schilderungen, die von einem ebenso fiktiven Erzähler vermittelt werden, eine gegenwärtige, reale Situation beeinflussen?

Literatur fungiert bei Halbwachs als ein Medium, aus dem sich soziale Bezugsrahmen ableiten. **Literatur ist ein *cadre médial*.** Die Lektüre literarischer Texte scheint das individuelle Gedächtnis ebenso zu prägen wie die soziale Interaktion in Gruppen oder die auf nicht-fiktionalen Texten basierende mediale Kommunikation.

Literarischen Werken entstammen **kulturelle Paradigmen**. Dieses Konzept geht auf Paul Fussell (1980, S. 175 f.) zurück. In Anlehnung an die Gestalttheorie, die von einem Zusammenspiel zwischen bottom-up Prozessen (›datengesteuerte‹ Wahrnehmung von Details der Wirklichkeit) und top-down Prozessen (›konzeptgesteuerte‹ Erwartungsfilter, die Selektion und Deutung der Daten beeinflussen) bei der Wirklichkeitserfassung ausgeht, definiert er den Begriff ›kulturelles Paradigma‹ folgendermaßen:

> Unter kulturellen Paradigmen verstehe ich Konventions- oder Erwartungssysteme, die weitgehend bestimmen, was von den objektiven Phänomenen in die Erfahrung des Einzelnen dringt – was er ›aus den Dingen macht‹, wie er neue Erfahrungen in die Schemata einpaßt, die als sinnvoll zu erachten seine Kultur ihn gelehrt hat.

Kulturelle Paradigmen haben eine prospektive und eine retrospektive Dimension, denn sie präformieren bereits die Erfahrung und sie leiten den erinnernden Abruf in bestimmte Bahnen. In der Terminologie der Kognitionspsychologie handelt es sich bei kulturellen Paradigmen um Konfigurationen von Schemata – Wissensstrukturen, die seit der Popularisierung des Begriffs durch den britischen Psychologen Sir Frederick Bartlett als kulturspezifisch betrachtet werden (vgl. Kap III.3.1).

Paul Fussell interessiert sich in seiner Beschäftigung mit der literarischen Verarbeitung des Ersten Weltkriegs vor allem dafür, »in welchem Ausmaß ihre Form und damit auch ihre Bedeutung auf frühere Literatur statt auf tatsächliche Ereignisse zurückgehen« (Fussell 1980, S. 177). Er belegt seine These von der **Kulturspezifik** wahrnehmungsleitender und Erinnerung formender Paradigmen anhand des Einflusses, den die Tradition des Schauerromans und die deutsche Romantik auf deutsche, die Hirtendichtung und das Theater auf englische Kriegsromane genommen haben. Kulturelle Paradigmen erlauben, spezifische Lebenserfahrung, für die (noch) keine etablierten kulturellen Codes existieren – neuartige, oft traumatische Kriegserfahrung etwa – mit Hilfe der Semantik des kulturellen Gedächtnisses sinnhaft zu gestalten. Auch und gerade die ›authentischsten‹ Gestaltungen von Erfahrung etwa im Medium von Memoiren verweisen daher oft weniger auf das tatsächliche Geschehen, als auf typisierte Annahmen, die verschiedenen Gedächtnisrahmen entstammen und die wir durch Sozialisation und Enkulturation erwerben. Denn authentisch wirkt eben derjenige literarische Text, der beim Leser Schemata aufruft, die ›als sinnvoll zu erachten seine Kultur ihn gelehrt hat‹.

Heute spielen gerade auch **massenmedial verbreitete Fiktionen** eine wichtige Rolle als Quellen kultureller Paradigmen. In ihrem Buch *An Intimate History of Killing* (1999, S. 28) gibt Joanna Bourke eine Reihe von Beispielen für die Wirkmächtigkeit von literarischen und filmischen Kriegsdarstellungen. So berichtet sie etwa, dass amerikanische Soldaten bei der Grenada-Invasion im Jahr 1983 Wagner-Opern abspielten und damit ›Colonel Kilgore‹ (Robert Duvall) imitierten – einen Protagonisten aus dem Spielfilm *Apocalypse Now*, der seine Hubschrauberangriffe zum Walküren-Ritt fliegt. Spielfilme, Theater und anderen Medien kollektiver ästhetischer Erfahrungsgestaltung sind von herausragender Bedeutung als Umschlagplätze für kulturelle Paradigmen. Von Homers *Ilias* über Shakespeares Dramen bis hin zu den Fernsehserien der Gegenwart besetzen Medien die *slots* kulturell verfügbarerer Schemata auf anschauliche Weise. Sie verfestigen so bestehende, aber generieren auch neue Wissensstrukturen; sie präformieren die Erfahrung historischer und lebensweltlicher Ereignisse (wie Krieg und Revolution, aber auch Schulabschluss und Heirat) und leiten den erinnernden Abruf. Sie werden schließlich zum Paradigma für nachfolgende literarische (und andere mediale) Gestaltungen (zum *literary mind* vgl. auch Turner 1996).

Die Wirkungsweise von Literatur und Kunst als mediale Rahmen des Erinnerns bzw. als Generatoren kultureller Paradigmen ist auch in der **Sozialpsychologie** untersucht worden. Harald Welzer (2002) etwa stellte in lebensgeschichtlichen Interviews zur Erinnerung an den Zweiten Weltkrieg fest, dass ästhetische Modelle, wie sie Filme (z. B. *Im Westen Nichts Neues*, 1930; ebd., S. 179 f.) und narrativ-fiktionale Texte (von der *Odyssee* über Karl May bis zu Grimms Märchen; vgl. ebd., S. 186) bereitstellen, als **Vorlagen für Inhalte und Strukturen autobiographischer Erinnerung** dienen. Welzer hält es daher für »ziemlich wahrscheinlich, daß wir alle unseren eigenen Lebensgeschichten Elemente und Episoden beigefügt haben, die andere – fiktive oder reale – Personen erlebt haben und nicht wir selbst« (ebd., S. 169). Gerade die Fiktion liefert Welzer zufolge »erprobte Modelle für erwiesenermaßen gelungene Erzählungen, mit denen man seine Zuhörer fesseln und begeistern kann« (ebd., S. 186). Der Zugriff auf vorhandene Erzählungen erfolgt allerdings nicht bewusst, denn die Interviewten halten ihre Erinnerungen in der Regel für ein recht genaues Abbild ihrer Vergangenheit. Zu dem Gefühl der Authentizität autobiographischer Erinnerungen tragen jedoch gerade die den literarischen Texten entnommenen Erzählelemente und Strukturen bei. Sie überformen die zusammenhangslosen Geschehnisse der Vergangenheit derart, dass sie auf eine plausible Weise auseinander folgen und gerade dadurch besonders authentisch und ›wirklich‹ erscheinen. Literarische Werke sind mediale Rahmen für die in sozialen Kontexten erfolgende Konstruktion autobiographischer Erinnerung.

Bedenkenswert hinsichtlich des Zusammenhangs von Literatur, Gedächtnis und unseren Vorstellungen von **Authentizität** ist zudem das von Welzer erwähnte Ergebnis neuropsychologischer Forschung, »daß die neuronalen Verarbeitungssysteme für visuelle Perzeptionen und für phantasierte Inhalte sich überlappen, so daß auch rein imaginäre Geschehnisse mit visueller Prägnanz ›vor den Augen‹ des sich Erinnernden stehen können« (ebd., S. 39). So erklärt sich vielleicht, dass die durch literarische Texte erzeugten verdichteten Vorstellungen in der Erinnerung manchmal nicht von tatsächlich Erlebtem unterschieden werden können. In gedächtnistheoretischer und sozialpsychologischer Perspektive erweist sich **Literatur als »Teil eines** sozialen, kulturellen und historischen intertextuellen Gewebes, eines **verteilten Gedächtnisses«** (ebd., S. 187).

6.3.4 | Literatur als Medium der Gedächtnisbildung und der Gedächtnisreflexion

Literatur als Medium des kollektiven Gedächtnisses weist zwei grundlegende Funktionspotentiale in der Erinnerungskultur auf: das der **Gedächtnis*bildung*** und das der **Gedächtnis*reflexion***. Zum einen prägen literarische Darstellungen unsere persönlichen Erinnerungen (*collected memory*) und unsere Vorstellungen von historischer Vergangenheit (*collective memory*), d. h. sie sind beteiligt an der Herausbildung von verschiedenen Formen des kollektiven Gedächtnisses. Zum anderen macht Literatur Erinnerungsprozesse – individuelle wie kollektive – auch beobachtbar. Literarische Texte stellen die Prozesse und Probleme des Gedächtnisses so dar, dass sie Gesellschaften eine Beobachtung und Kritik der Erinnerungskultur ermöglichen. William Shakespeares Geschichtsdramen, Marcel Prousts *À la Recherche du temps perdu* (1913–1927) oder die zeitgenössischen metahistorischen (oder besser metamnemonischen) Fiktion etwa von Christoph Ransmayr (*Die Letzte Welt*, 1988) oder Julian Barnes (*England England*, 1998) leisten einen genuin literarischen Beitrag zur gesellschaftlichen Reflexion auf Erinnerungskultur.

Im Bereich der literarischen Gedächtnisbildung lassen sich weiterhin zwei Funktionspotentiale unterscheiden: zum einen das der **Konstruktion und Affirmation** der in einer gegebenen Erinnerungskultur vorhandenen Vorstellungsstrukturen, zum anderen deren **Dekonstruktion und Revision**. Literarische Texte können mehr oder weniger neuartige, an die symbolische Sinnwelt einer Erinnerungskultur anschließbare imaginäre Wirklichkeiten erzeugen, indem sie Mythen, historische Ereignisse und Lebenserfahrung auf prägnante, anschauliche Weise darstellen und damit bestimmte Vergangenheitsversionen in die Erinnerungskultur einspeisen. Sie können jedoch auch, wie es nicht selten ein Anliegen von postkolonialer, Minoritäten- und sogenannter Frauen-Literatur ist, als revisionistische Geschichts- und Gedächtnis-Fiktionen bestehende Vergangenheitsversionen hinterfragen, dekonstruieren oder deutlich umgestalten und somit Geschichtsbilder, Wertstrukturen oder Vorstellungen vom Eigenen und vom Fremden revidieren.

Das gedächtnisbildende und/oder gedächtnisreflexive Potential literarischer Erinnerungsfiktionen kann in der Terminologie der Systemtheorie als **Möglichkeit der Gedächtnis-Beobachtung auf erster und auf zweiter Stufe** verstanden werden. Niklas Luhmann expliziert den Unterschied zwischen beiden Formen der Beobachtung in seinem Aufsatz »Weltkunst« (1990, S. 23) folgendermaßen:

Beobachter erster Ordnung beobachten Objekte, Beobachter zweiter Ordnung beobachten andere Beobachter. [...] Die Beobachter erster Ordnung diskriminieren. Sie bezeichnen etwas mit Hilfe einer Unterscheidung. Dasselbe tun die Beobachter zweiter Ordnung. Auch sie vollziehen die Operation Beobachten. Aber sie richten sie auf andere Beobachter, die eine gleiche Operation vollziehen. Sie unterscheiden also Unterscheider. Sie handhaben diese Operation reflexiv. Wie leicht einzusehen, gewinnen sie die Chance der Reflexivität durch Beschränkung auf einen bestimmten Objektbereich, aber mit dieser Beschränkung gewinnen sie zugleich Möglichkeiten, die der Beobachtung erster Ordnung nicht zur Verfügung stehen.

Das Gedächtnismedium Literatur zeichnet sich dadurch aus, dass es der Leserschaft zumeist beides ermöglicht: Erstens können fiktionale Texte die Illusion einer unmittelbaren Beobachtung von Vergangenheit erzeugen. Zahlreiche realistische historische Romane des 19. Jahrhunderts zeichnen sich durch dieses Wirkungspotential aus. Zweitens kann die Leserschaft ihre Aufmerksamkeit jedoch auch auf die Strategien richten, durch die solche Vergangenheitsversionen im Medium der Literatur konstruiert werden. Viele literarische Texte erleichtern und fördern diesen Perspektivwechsel von der ersten zur zweiten Beobachtungs-Ebene, indem sie etwa selbstreflexiv auf ihre eigenen Repräsentationsformen verweisen oder zur Erinnerungspraxis in außerliterarischen Gemeinschaften Stellung nehmen. Genau in dieser Ko-Präsenz zweier Perspektiven auf die Wirklichkeit besteht für Luhmann das spezifische Leistungsvermögen der Kunst: »Die Autonomie der Kunst [...] verdankt sich dieser Doppelung von Beobachtung erster und zweiter Ordnung. Sie besteht im Praktizieren dieser Differenz und in der Möglichkeit, aus der einen in die andere Position zu schlüpfen« (ebd., S. 27). Gedächtnisbildung und Gedächtnisreflexion des Mediums Literatur schließen daher einander nicht aus. Es lassen sich jedoch im Einzelfall Dominanzverhältnisse in der literarischen Gestaltung ausmachen, die einen Text eher zu der einen oder der anderen erinnerungskulturellen Wirkung tendieren lassen.

Literatur

Appadurai, Arjun: *The Social Life of Things: Commodities in Cultural Perspective*. Cambridge: Cambridge UP 1986.
Assmann, Aleida: »Was sind kulturelle Texte?«. In: Andreas Poltermann (Hrsg.): *Literaturkanon – Medienereignis – kultureller Text. Formen interkultureller Kommunikation und Übersetzung*. Berlin: Erich Schmidt 1995, S. 232–244.
Assmann, Jan: *Das kulturelle Gedächtnis. Schrift, Erinnerung und politische Identität in frühen Hochkulturen*. München: Beck 1992.
Assmann, Jan: »Kulturelle Texte im Spannungsfeld von Mündlichkeit und Schriftlichkeit«. In: Ders.: *Religion und kulturelles Gedächtnis. Zehn Studien*. München: Beck 2000, S. 124–147.
Batteau, Jesseka: »Literary Icons and the Religious Past in the Netherlands: Jan Wolkers and Gerard Reve«. In: Astrid Erll & Ann Rigney (Hrsg.): *Mediation, Remediation, and the Dynamics of Cultural Memory*. Berlin/New York: de Gruyter 2009, S. 229–244.
Bourke, Joanna: *An Intimate History of Killing. Face-to-face killing in Twentieth-Century Warfare*. London: Granta Books 1999.
Braungart, Wolfgang: *Ritual und Literatur*. Tübingen: Niemeyer 1996.
Ehlich, Konrad: »Text und sprachliches Handeln. Die Entstehung von Texten aus dem Bedürfnis nach Überlieferung«. In: Aleida Assmann, Jan Assmann & Christof Hardmeier (Hrsg.): *Schrift und Gedächtnis*. München: Fink 1983, S. 24–43.
Erll, Astrid: *Prämediation – Remediation. Repräsentationen des indischen Aufstands in imperialen und post-kolonialen Medienkulturen (von 1857 bis zur Gegenwart)*. Trier: WVT 2007.
Erll, Astrid: »›The social life of texts‹ – Erinnerungsliteratur als Gegenstand der Sozialgeschichte«. In: *IASL* 36,1 (2011), S. 255–259.
Fussell, Paul: »Der Einfluß kultureller Paradigmen auf die literarische Wiedergabe traumatischer Erfahrung«. In: Klaus Vondung (Hrsg.): *Kriegserlebnis. Der Erste Weltkrieg in der literarischen Gestaltung und symbolischen Deutung der Nationen*. Göttingen: Vandenhoeck & Ruprecht 1980, S. 175–187.
Halbwachs, Maurice: *Das kollektive Gedächtnis*. Frankfurt a. M.: Fischer 1991.
Hofmeyr, Isabel: *The Portable Bunyan: A Transnational History of the Pilgrim's Progress*. Princeton, NJ: Princeton UP 2004.
Luhmann, Niklas: »Weltkunst«. In: Ders., Frederick D. Bunsen & Dirk Baecker (Hrsg): *Unbeobachtbare Welt. Über Kunst und Architektur*. Bielefeld: Haux 1990, S. 7–45.
Plate, Liedeke: *Transforming Memories in Contemporary Women's Rewriting*. New York: Palgrave Macmillan 2010.
Prinz, Kirsten: »›Mochte doch keiner was davon hören‹ – Günter Grass' Im Krebsgang und das Feuilleton im Kontext aktueller Erinnerungsverhandlungen«. In: Astrid Erll & Ansgar Nünning (Hrsg.): *Medien des kollektiven Gedächtnisses. Konstruktivität, Historizität, Kulturspezifität*. Berlin/New York: de Gruyter 2004, S. 179–194.
Rigney, Ann: »Portable Monuments: Literature, Cultural Memory, and the Case of Jeanie Deans«. In: *Poetics Today* 25,2 (2004), S. 361–396.
Rigney, Ann: »The Many Afterlives of Ivanhoe«. In: Karin Tilmans, Frank van Vree & J. M. Winter (Hrsg.): *Performing the Past: Memory, History and Identity in Modern Europe*. Amsterdam: Amsterdam UP 2010, S. 207–34.

Rigney, Ann: *The Afterlives of Walter Scott: Memory on the Move*. Oxford: Oxford UP 2012.
Schmidt, Siegfried J.: *Grundriß der Empirischen Literaturwissenschaft*. Frankfurt a. M.: Suhrkamp 1991 [1980].
Turner, Mark: *The Literary Mind*. New York: Oxford UP 1996.
Welzer, Harald: *Das kommunikative Gedächtnis. Eine Theorie der Erinnerung*. München: Beck 2002.
Wenzel, Jennifer: Bulletproof: *Afterlives of Anticolonial Prophecy in South Africa and Beyond*. Chicago: The University of Chicago Press 2009.

7 Erzähltheoretische Kategorien: Die Rhetorik des kollektiven Gedächtnisses

In diesem Kapitel geht es um eine erzähltheoretische Annäherung an Literatur als Medium des kollektiven Gedächtnisses. Die vorgestellten Kategorien eignen sich daher insbesondere zur Untersuchung von fiktionalisierten Biographien, Autobiographien und Memoiren, von historischen Romanen und Zeitromanen, von der Vergangenheitsdarstellung in Novellen und *short stories*, aber auch zur Analyse und Interpretation narrativer Elemente in Balladen oder Dramen, die auf kollektives Gedächtnis bezogen sind. Auch mit Blick auf weitere Medien, die narrative Vergangenheitsfiktionen entwerfen (etwa Historienfilme, Comics), kann von einer Gedächtnisrhetorik die Rede sein. Weil das Verhältnis von literarischer Form und gedächtnismedialer Funktion stets nur im Kontext konkreter Erinnerungskulturen betrachtet werden kann, es also nicht stabil ist, sondern sich von Kultur zu Kultur sowie im Laufe der Zeit wandelt, können in diesem Kapitel keine Patentrezepte zur Untersuchung von Fiktionen des kollektiven Gedächtnisses angeboten, sondern lediglich flexible Kategorien einer stark kontextorientierten ›**erinnerungshistorischen Narratologie**‹ aufgezeigt werden.

7.1 | Fünf Modi der Rhetorik des kollektiven Gedächtnisses

Gibt es bestimmte **ästhetische Verfahren**, die den einen literarischen Text eher zu einem Medium des kollektiven Gedächtnisses werden lassen als einen anderen? Mit Blick auf kulturelle Texte verneint Aleida Assmann dies: »Eine intrinsische Qualitätsgarantie, die gegen Vergessen und Erosion in der Zeit immunisiert, gibt es nicht« (1995, S. 243). Dasselbe gilt für kollektive Texte und für die Wirkung von Literatur als *cadre médial*. Von einer Existenz bestimmter textueller Merkmale, die *notwendig* zu einer Rezeption als Medium des kollektiven Gedächtnisses führen, ist nicht auszugehen. Entscheidend wird in jedem Fall sein, welche Erwartungen und Sinnstiftungsstrategien die Leserschaft an die Lektüre heranträgt und ob sie das gedächtnismediale Potential des Symbolsystems Literatur im **Rezeptionsprozess** aktualisiert. Neben individuellen und kollektiven Rezeptionsstrategien spielen dabei Verfahren der erinnerungskulturellen Institutionalisierung und (nicht zu unterschätzen) die massenmediale Diskussion und Bewerbung von Literatur eine Rolle. Ob und wann ein literarischer Text zu einem Medium des kollektiven Gedächtnisses wird, kann damit letztlich nur über die Analyse seiner historischen Wirkung in der jeweiligen Erinnerungskultur beantwortet werden.

Wenngleich also von ›intrinsischen Garantien‹ nicht auszugehen ist, stellt sich doch die Frage nach Merkmalen literarischer Texte, die im Sinne eines **Wirkungspotentials** (vgl. Kap. 6.2.3) zur Rezeption als Gedächtnismedien anregen können. Führt man diese Überlegung in der Terminologie der kognitiven Narratologie weiter, dann ist davon auszugehen, dass bestimmte Ausdrucksformen die Leserschaft dazu verleiten können, den literarischen Text gemäß denjenigen kognitiven Schemata und *frames* zu rezipieren, die auch bei Prozessen kollektiven Erinnerns zur Anwendung kommen. Die literarischen Texte werden dann als Gedächtnismedien ›naturalisiert‹ (Culler 1975, S. 138; zur Einführung vgl. Strasen 2002; Zerweck 2002).

Dass und wie literarische Werke von der Leserschaft als Medien funktionalisiert werden, scheint daher auch in gewissem Maße auf die Rhetorik der Texte zurückführbar zu sein. Die (bewusste oder unbewusste) Aktualisierung eines literarischen Textes als Gedächtnismedium kann durch eine Strategie provoziert werden, die im Folgenden ›**Rhetorik des kollektiven Gedächtnisses**‹ genannt werden soll. Die Rhetorik des kollektiven Gedächtnisses findet ihre **Ausprägungen in unterschiedlichen Modi**, von denen im Folgenden fünf vorgestellt werden:

- Im **erfahrungshaftigen Modus** erscheint das Erzählte als Gegenstand des alltagsweltlichen kommunikativen Gedächtnisses.
- Im **monumentalen Modus** erscheint das Dargestellte als verbindlicher Gegenstand eines übergreifenden kulturellen (nationalen, religiösen) Sinnhorizonts, als Mythos des verbindlichen kulturellen Gedächtnisses.
- Im **historisierenden Modus** erscheint das Dargestellte als ein Teil einer abgeschlossenen Vergangenheit und als Gegenstand der wissenschaftlichen Geschichtsschreibung.
- Im **antagonistischen Modus** werden Erinnerungskonkurrenzen literarisch ausgehandelt.
- Ein **reflexiver Modus** liegt vor, wenn das literarische Werk eine erinnerungskulturelle Selbstbeobachtung ermöglicht.

Alle Modi der Rhetorik des kollektiven Gedächtnisses konstituieren sich als **Ensembles textueller Darstellungsverfahren**. Sie können durch eine Vielfalt literarischer Ausdrucksformen erzeugt werden, durch Selektionsstruktur, Konfiguration, paratextuelle Gestaltung, Erzählerdiskurs, Fokalisierung, Figurendarstellung, Intertextualität, Zeit- und Raumdarstellung, Symbolik und Metaphorik.

Literatur

Assmann, Aleida: »Was sind kulturelle Texte?«. In: Andreas Poltermann (Hrsg.): *Literaturkanon – Medienereignis – kultureller Text. Formen interkultureller Kommunikation und Übersetzung*. Berlin: Erich Schmidt 1995, S. 232–244.
Culler, Jonathan: *Structuralist Poetics: Structuralism, Linguistics and the Study of Literature*. London: Routledge & Kegan Paul 1975.
Nünning, Vera & Ansgar Nünning (Hrsg.): *Neue Ansätze in der Erzähltheorie*. Trier: WVT 2002.
Strasen, Sven: »Wie Erzählungen bedeuten: Pragmatische Narratologie«. In: Nünning/Nünning 2002, S. 185–218.
Zerweck, Bruno: »Der *cognitive turn* in der Erzähltheorie: Kognitive und ›Natürliche‹ Narratologie«. In: Nünning/Nünning 2002, S. 219–242.

7.2 | Erfahrungshaftiger und monumentaler Modus: Zwei literarische Vergangenheitsregister

Literatur ist ein zentrales Medium der Inszenierung kulturell-autobiographischer Erinnerung. Dargestellt werden in literarischen Werken tief in die Vergangenheit zurückreichende Mythen, etwa religiöser (John Miltons *Paradise Lost*, 1667) oder ethnisch-nationaler Art (Gustav Freytags Entwurf einer germanischen Genealogie in *Die Ahnen*, 1872–80). Als **Medien des kulturellen Gedächtnisses** vermögen literarische Texte die Konstruktion von Sinnwelten im ›Fernhorizont‹ der Kultur mitzuformen. Aber auch kommunikatives Gedächtnis kommt in der Literatur zur Darstellung, beispielsweise in der ›Generationenliteratur‹: Von Kriegsgenerationsromanen wie Erich

7.2 Erfahrungshaftiger und monumentaler Modus: Zwei literarische Vergangenheitsregister

Maria Remarques *Im Westen Nichts Neues* (1929) bis hin zu Florian Illies' Spaßgenerationsroman *Generation Golf* (2000) waren und sind literarische Werke ein wichtiges Medium der generationellen Selbstverständigung und Identitätsbildung – und damit der kollektiven Gedächtnisbildung ›diesseits des *floating gap*‹. Bedeutung als **Medium des kommunikativen Gedächtnisses** erlangt Literatur außerdem dort, wo sie traumatische Geschichtserfahrungen einer nahen Vergangenheit inszeniert, etwa Revolutionen (in Goethes *Unterhaltungen deutscher Ausgewanderter*, 1795), Kriege (Joseph Hellers *Catch 22*, 1961) und Terror (Friedrich Christian Delius' Trilogie über den »Deutschen Herbst«, 1981–1992; sowie die überbordende Literatur zum 11. September).

Welche literarischen Formen tragen dazu bei, dass die Leserschaft das Erzählte als Gegenstand des kulturellen und/oder kommunikativen Gedächtnisses wahrnimmt? Literarische Texte weisen **Affinitäten zu beiden Basis-Registern kollektiven Erinnerns** im Rahmen des kulturautobiographischen Gedächtnisses auf (vgl. dazu Kap. 4.5), denn sie ist zugleich erfahrungshaftig und monumental.

In der Literatur wird partikulare Erfahrung dargestellt. Individuen, ihr Handeln, Denken und Fühlen stehen im Vordergrund. Bestimmte Orte, Zeitpunkte, Verhaltens- und Redeweisen werden präsentiert. Literatur ist daher, wie Herbert Grabes (2001, S. 18) festhält, ›ästhetisch‹ in der ursprünglichen Bedeutung von *aisthetikos*. Sie ermöglicht uns die Illusion der sinnlichen Wahrnehmung einer ganz bestimmten fiktionalen Welt. Gerade Formen, die dem literarischen Realismus zuzuordnen sind, dienen der Evozierung von **Erfahrungshaftigkeit** (vgl. Fludernik 1996). Womit wir es in literarischen Texten daher stets auch zu tun haben, ist die Inszenierung typischer Inhalte von kommunikativen Alltags- und Gruppengedächtnissen: lebensweltliche Details und spezifische Erfahrungen.

Zugleich zeichnet sich Literatur durch ihre **Monumentalität** aus. Aleida Assmann (1991, S. 13 f.) zufolge handelt es sich bei Monumenten um Zeichen, die zur »Ansichtsseite der Kultur« gehören, jener »Seite der Kultur, die sich inszeniert, die sich für die Mit- und Nachwelt zur Schau stellt, die gesehen, bewahrt, erinnert sein will.« Das Monument ist »ein aufgerichtetes, ein gestiftetes Zeichen, das eine Botschaft kodiert«. Diese Botschaft soll in der Zeit überdauern. Sie impliziert einen Fernhorizont kultureller Kommunikation, den Horizont des kulturellen Gedächtnisses:

> Im Fernhorizont baut sich eine virtuell Jahrhunderte und Jahrtausende übergreifende Kommunikation auf. Statuen und Bauwerke, Texte und andere kulturelle Artefakte dürfen als Monumente verstanden werden, wenn sie über die Eigenschaft der Stilisierung hinaus eine an die Mit- und Nachwelt gerichtete Botschaft kodieren. Monument ist, was dazu bestimmt ist, die Gegenwart zu überdauern und in diesem Fernhorizont kultureller Kommunikation zu sprechen (A. Assmann 1991, S. 14).

Mit Aleida Assmanns Definition kultureller Monumente sind zugleich einige zentrale Charakteristika der Literatur angesprochen. Bei literarischen Werken haben wir es grundsätzlich mit stilisierten, auf sich selbst verweisenden und zur Überdauerung in der Zeit angelegten kulturellen Artefakten zu tun. Hierbei handelt es sich allerdings nicht um intrinsische Merkmale literarischer Werke, sondern um eine Setzung – eine konventionalisierte Übereinkunft, die im Literatursystem handlungsleitend wirkt. Denn ob das literarische Werk nun tatsächlich eine Botschaft an die Mit- und Nachwelt kodiert, ist anhand textueller Merkmale allein häufig nicht entscheidbar. Dennoch können literarische Werke auch textintern, durch einen dezidiert monumentalen Modus ihrer Gedächtnisrhetorik, als Medien des kulturellen Gedächtnisses inszeniert werden.

7 Erzähltheoretische Kategorien: Die Rhetorik des kollektiven Gedächtnisses

Eine Fülle **literarischer Darstellungsverfahren** kann danach unterschieden werden, ob sie im Rahmen einer Rhetorik des kollektiven Gedächtnisses stärker dazu beitragen, einen erfahrungshaftigen (und damit dem kommunikativen Gedächtnis näher stehenden) oder einen monumentalen (und damit dem kulturellen Gedächtnis näher stehenden) Modus zu konstituieren:

- So kann eine Analyse der **Selektionsstruktur** die Frage beantworten, aus welchen außerliterarischen Gedächtnisrahmen sich das Textrepertoire dominant speist: Werden die dargestellten Personen, Ereignisse und Dinge in der außertextuellen Erinnerungskultur im Rahmen kommunikativer oder kultureller Gedächtnisse erinnert?
- Auch die **paratextuelle Gestaltung** verweist auf den dominanten Modus der Rhetorik des kollektiven Gedächtnisses. Durch Mottos wie Bibelsprüche oder Shakespeare-Zitate kann eine ganze kulturelle Tradition mit ihrer Semantik aufgerufen werden. Widmungen an Mitglieder einer (fiktiven) kommunikativen Gedächtnisgemeinschaft hingegen können die Funktion erfüllen, das literarisch Dargestellte an außertextuelle, lebensweltliche Kontexte zurück zu binden.
- **Intertextualität** dient häufig der Etablierung eines monumentalen Modus. Literarische Werke beziehen Autorität aus vorgängiger Literatur, indem sie auf kanonische oder klassische Texte Bezug nehmen. Die von Aleida Assmann (1995, S. 237) angesprochene Bibel-Ähnlichkeit der Werke von Dante, Milton oder Bunyan ist ein Effekt dieser literarischen Funktionalisierung der Intertextualität. Die Werke übernehmen Zitate, Symbolik, sprachliche Besonderheiten, Plotstrukturen oder typische Figuren aus der Bibel und machen sich damit auch einen Teil der Autorität des Prätextes zu Eigen. Zugleich vermag Literatur, wie Jan Assmann bemerkt, selbst kulturelles Gedächtnis zu stiften, indem sie einen vorgängigen Text durch intertextuelle Bezugnahme zum fundierenden werden lässt. Denn, so Jan Assmann (1992, S. 102), »*klassisch* wird ein Text erst dann, wenn er zum Vorbild variierender Texte wird, so wie Homer für Vergil, Vergil für Milton usw.« Literarische Werke können intertextuelle Verweise funktionalisieren, um ihren Anspruch auf Deutungshoheit anzuzeigen oder um andere Medien der Erinnerungskultur mit Autorität auszustatten.

Of man's first disobedience, and the fruit Of that forbidden tree, whose mortal taste Brought death into the world, and all our woe, With loss of Eden, till one greater Man Restore us, and regain the blissful seat, Sing Heav'nly Muse, that on the secret top Of Oreb, or of Sinai, didst inspire That sheperd, who first taught the chosen seed, In the beginning how the heav'ns and earth Rose out of chaos. [...]	Und jenes untersagten Baumes Frucht, Die andre Welt durch sterblichen Genuß Den Tod gebracht und unser ganzes Leid Mit Edens Fall, bis, größer als der Mensch, Uns wieder einzusetzen Einer komme Und uns den Ort des Heils zurückgewinne, Besinge nun, himmlische Muse, die Du auf dem abgeschiednen Gipfel einst Des Horeb oder Sinai jenen Hirten Begeistertest, der dem erwählten Volk Von der Geburt des Himmels und der Erde, Da sie sich aus dem Chaos hoben, sagte; [...]
	John Milton: *Paradise Lost* (1667), I.1–10

Monumentaler Modus: Selbstautorisierung durch intertextuelle Bezugnahme auf Elemente der epischen Tradition (wie z. B. Nennung des Themas in den ersten Zeilen, Musenanruf)

- **Interdiskursivität:** Literatur zeichnet sich durch ihre hochgradige Bezogenheit auf außerliterarische Rede aus (vgl. Bachtins Begriff der ›Heteroglossie‹, 1979). Sprachliche Besonderheiten, wie etwa fingiertes mündliches Erzählen (vgl. Erzgräber/Goetsch 1987) und die Aufnahme alltagssprachlicher und gruppenspezifischer Ausdrücke können dabei zu einem erfahrungshaftigen Modus beitragen. Umgekehrt führt die literarische Inszenierung der ›Sprache des Monuments‹, etwa durch formelhafte und archaisierende Wendungen, zu einem monumentalen Modus.

- **Intermedialität** kann dann der Etablierung eines erfahrungshaftigen Modus dienen, wenn eine starke Bezugnahme auf Medien zu verzeichnen ist, die für das kommunikative Gedächtnis eine zentrale Rolle spielen (Fotos, Tonbandaufnahmen). Mit dem Aufruf von Medien des kulturellen Gedächtnisses (wie heilige Schriften, Denkmäler) kann der Übergang in einen monumentalen Modus verbunden sein.
- Es gibt **Plotstrukturen und Gattungsmuster**, die eher dem einen oder dem anderen Modus zugeordnet werden können: Tragödie oder Epos tendieren aufgrund der Tatsache, dass sie als *high mimetic modes* (vgl. Frye 1957) dem kulturellen Gedächtnis zugeordnet werden, zum monumentalen Modus. Romanze, Bildungsroman, Pikareske oder Reiseroman, *low mimetic modes*, hingegen werden von der Leserschaft eher als Ausdruck einer Alltags- und Lebenswelt verstanden.
- Zur **erzählerischen Vermittlung** von kulturellem Gedächtnis eignen sich insbesondere **auktoriale Erzählinstanzen** (Stanzel 1979), wenn sie als eine ›autoritative Stimme‹ (*authorial voice*, Lanser 1992) inszeniert werden. Solche Erzählinstanzen sind mit einer Anzahl von Privilegien ausgestattet: Da sie nicht selbst Figuren der Geschichte sind, sondern quasi göttlich über ihr stehen, haben sie Überblick über Zeit und Raum, über handelnde Figuren und ihre Motive. Sie erscheinen genauso wenig involviert in die alltäglichen Geschäfte der dargestellten Lebenswelt wie die Träger des kulturellen Gedächtnisses. Durch ihre übergeordnete Perspektive kommt ihnen die Macht zu, das Erzählte bewusst anzuordnen und zu deuten. Individualisierte heterodiegetische Erzähler (vgl. Genette 1994 [1972]) können durch ihren olympischen Überblick das Erzählte im Fernhorizont der Vergangenheit und Zukunft einer Kultur verorten. Sie kommentieren, bewerten, stiften Sinn. Durch Leseranreden kommt die asymmetrische Kommunikationssituation des kulturellen Gedächtnisses zur Darstellung: Allwissende Erzähler treten in ein Gespräch mit zu belehrenden fiktiven Lesern.
- Die Inszenierung der Trägerschaft kommunikativer Gedächtnisse steht hingegen häufig mit Erzählsituationen in Verbindung, die eine ›persönliche Stimme‹ (*personal voice*, Lanser 1992) evozieren. Lebenserfahrung als narratives Wissen, und damit der zentrale Gegenstand alltagsweltlichen sozialen Erinnerns, kommt im Medium der Literatur vor allem über homodiegetische Erzähler (und intradiegetisch erzählende Figuren) zur Darstellung. Diese Erzählinstanzen sind Teil der erzählten Geschichte. Sie sind Zeugen des Erzählten geworden. Durch **Ich-Erzählungen** bringt der literarische Text die typische Kommunikationssituation des kommunikativen Gedächtnisses zur Anschauung, bei der individuelle Erlebnisse und subjektive Wertungen durch Erzählen dem kollektiven Erfahrungsschatz hinzugefügt werden. Der *I-as-witness* Erzähler, der für Augenzeugenschaft steht und Selbsterlebtes mit der Beobachtung der Erfahrungen anderer verbindet, oder der autodiegetische Erzähler, der seine Erfahrungen als paradigmatisch ausgibt und somit auch für ein Kollektiv spricht, können zur literarischen Inszenierung der Trägerschaft kommunikativer Gedächtnisse im literarischen Text beitragen. Der fiktive Leser kann dabei als ein gleichberechtigter Kommunikationspartner erscheinen, dessen persönlichen Erinnerungen und Sinndeutungen ebensoviel

Wert beigemessen wird, wie denen des Erzählers. Appelle an die eigene Erfahrung des fiktiven Lesers sind möglich.

> It was about the beginning of September, 1664, that I, among the rest of my neighbours, heard in ordinary discourse that the plague was returned again in Holland; for it had been very violent there, and particularly at Amsterdam and Rotterdam, in the year 1663, whither, they say, it was brought, some said from Italy, others from the Levant, among some goods which were brought home by their Turkey fleet; others said it was brought from Candia; others from Cyprus. It mattered not from whence it came; but all agreed it was come into Holland again.
>
> Es war gegen Ende September 1664, als ich mit meinen Nachbarn zusammenstand und, recht beiläufig, erwähnen hörte, daß die Pest in Holland wieder ausgebrochen sei; sie hatte dort nämlich im Jahre 1663 sehr gewütet, besonders in Amsterdam und Rotterdam, wohin sie, so heißt es, von Italien oder auch aus der Levante mit irgendwelchen Waren, die die Türkenflotte geladen hatte, eingeschleppt worden war; manche meinten auch, sie sei von Kreta, wieder andere, von Zypern hergebracht worden. Was verschlug es, wo sie herkam! Alle waren sich jedenfalls einig, daß sie in Holland wieder herrschte.
>
> Daniel Defoe: *Journal of the Plague Year* (1722), S. 7

Erfahrungshaftiger Modus: Die *personal voice* eines Zeitzeugen der Pest, der Verweis auf orale Kommunikation und das Thema ›Gerüchte‹ – alles fundamentale Elemente des kommunikativen Gedächtnisses

- **Innenweltdarstellung** gehört zu dem besonderen Leistungsvermögen literarischer Texte in der Erinnerungskultur. Interne Fokalisierung bringt zur Darstellung, was in der Psychologie als ›Feld-Erinnerung‹ bezeichnet wird (vgl. Kap. 3.3.1): die Spezifität individueller Lebenserfahrung (**Erfahrungsspezifität**), Details, sinnliche Eindrücke und Emotionen, die Wahrnehmung von Ereignissen ›aus den Augen‹ der daran Beteiligten – Elemente also, die über Verbalisierung und Narrativisierung zu typischen Gegenständen kommunikativer Gedächtnisse werden. Literatur kann jedoch noch über die Möglichkeiten kommunikativer Gedächtnisse und anderer Gedächtnismedien hinausreichen und durch die Nutzung ihres Privilegs der uneingeschränkten Innenweltdarstellung Aspekte pränarrativer Erfahrung inszenieren, die in der kulturellen Praxis nur schwierig zu vermitteln sind – traumatische Erlebnisse und fragmentierte Wahrnehmungen etwa. Literarische Texte vermögen durch Techniken wie Gedankenbericht, erlebte Rede oder inneren Monolog das darzustellen, intersubjektiv zugänglich und damit zum Gegenstand der Erinnerungskultur zu machen, was durch andere Diskurse keinen Eingang findet, weil es dort nicht-artikuliert oder nicht-artikulierbar ist.

> »For God's sake don't come!« Septimus cried out. For he could not look upon the dead.
> But the branches parted. A man in Grey was actually walking towards them. It was Evans! But no mud was on him; no wounds; he was not changed. I must tell the whole world, Septimus cried, raising his hand (as the dead man in the grey suit came nearer) [...].
>
> »Um Gottes willen, kommt nicht!« schrie Septimus. Denn er konnte den Toten nicht in die Augen sehen.
> Aber die Zweige teilten sich. Ein Herr in Grau kam tatsächlich auf sie zu. Es war Evans! Aber kein Schlamm war an ihm; keine Wunden; er war nicht verändert. Ich muß es der ganzen Welt erzählen, rief Septimus und hob seine Hand (als der Tote in dem grauen Anzug näher kam) [...].
>
> Virginia Woolf: *Mrs Dalloway* (1924), S. 76

Erfahrungshaftiger Modus: Die literarische Darstellung von Kriegstraumatisierung durch erlebte Rede.

- An **Raum- und Zeitdarstellung** werden Übergänge vom erfahrungshaftigen zum monumentalen Modus greifbar. Raumzeitliche Koordinaten gehören zu den zentralen sozialen Rahmen, innerhalb deren Lebenserfahrung erst verortet werden kann. Aus solchen ›kommunikativen Chronotopoi‹ (Bachtin 1989) werden ›kulturelle Gedächtnisräume‹, wenn sie neben der lebensweltlichen Orientierungsfunktion eine zusätzliche, auch im Fernhorizont der Kultur relevante Dimension annehmen. Solche Prozesse zeigen sich etwa in englischen und deutschen Kriegsromanen der 1920er Jahre: Der Gedächtnisraum Westfront wird in ihnen anhand von atmosphärischen Details oder durch Unmittelbarkeit suggerierende Nahdeiktika – lokale (›hier‹ und ›da‹) und temporale (›jetzt‹ und ›gleich‹) – als Raum einer vergangenen Lebenswelt begreifbar. Zugleich wird die Westfront als mythisch überhöhter Gedächtnisraum dargestellt und damit im Fernhorizont des kulturellen Gedächtnisses verortet. Hierzu tragen vor allem ›kulturelle Paradigmen‹ (vgl. Kap. 6.3.3) bei: das Niemandsland wird zu ›Armageddon‹, Verdun zu ›Theben‹.

> **Zusammengefasst:**
> - Eine Dominanz von Verfahren, durch die der literarische Text als erfahrungsgesättigtes Medium und die in ihm dargestellte Wirklichkeit als spezifische Lebenserfahrung einer Epoche oder sozialen Gruppe inszeniert werden, führt zu einem **erfahrungshaftigen Modus**. Das fiktionale Geschehen wirkt als ›gelebte Erfahrung‹. Es dominiert eine Darstellungsweise, die der Repräsentation von Vergangenheit im Rahmen des individuell-autobiographischen Gedächtnisses sowie seiner kollektivierten und medialisierten Variante: des kommunikativen Gedächtnisses ähnelt. Der erfahrungshaftige Modus zeichnet sich durch literarische Formen aus, die Alltagshaltigkeit, sinnlicher Erfahrungsspezifität und Authentizität suggerieren.
> - Eine Dominanz von Verfahren, die den literarischen Text als traditionshaltiges, geformtes und Sinn stiftendes Medium erscheinen lassen, führt zu einem **monumentalen Modus**. Die im monumentalen Modus inszenierten Wirklichkeiten verweisen auf den ›Fernhorizont‹ der Kultur. Es dominiert eine Darstellungsweise, die der Repräsentation von Vergangenheit durch Medien und Praktiken des kulturellen Gedächtnisses (wie Mythos und Ritual) ähnelt.

Erfahrungshaftiger und monumentaler Modus sind als zwei sich nicht ausschließende, sondern vielmehr **stets ineinander greifende Formen des literarischen Vergangenheitsbezugs** zu verstehen. So kann jedes lebensweltliche Detail im Medium der Fiktion als bedeutungsvolles Element des kulturellen Gedächtnisses gelesen werden. Umgekehrt weist jedes mythische Ereignis – wenn es in die narrative Struktur eines fiktionalen Textes überführt wird – auch lebensweltliche Implikationen auf.

Durch eine Verbindung von erfahrungshaftigem und monumentalen Modus können literarische Texte zwei wichtige erinnerungskulturelle Funktionen erfüllen: Sie vermögen zum einen überkommene Elemente des kulturellen Gedächtnisses durch Erfahrungshaftigkeit anzureichern und damit in die Kontaktzone der Gegenwart (zurück)zuführen – was zugleich aber auch einen gewissen Verlust an Verbindlichkeit impliziert. Sie können zum anderen (bzw. häufig zugleich) Erfahrung, die im Rahmen außerliterarischer individueller und kommunikativer Gedächtnisse kodiert wird, exemplarisch als Gegenstand des ›kulturellen Fernhorizontes‹ darstellen und damit die Transposition von ›lebendiger Geschichte‹ etwa des Generationengedächtnisses in das kulturelle Gedächtnis literarisch mitformen. Das **Oszillieren zwischen beiden Modi** dient im literarischen Text daher der Überführung alltagsweltlicher Erinnerung in kulturelles Gedächtnis ebenso wie der Anreicherung von Inhalten des kulturellen Gedächtnisses durch Erfahrungshaftigkeit. Gerade aus der Möglichkeit zur literarischen Gestaltung solcher Übergänge – der Transformationen von ›gelebter Erfahrung‹ in ›kulturellen Sinn‹ und *vice versa*, die Anreicherung des kulturellen Gedächtnisses durch Erfahrungshaftigkeit – bezieht Literatur ihr besonderes Leistungsvermögen in der Erinnerungskultur. Beispiel hierfür ist die Aneignung antiker Mythen in der deutschen Literatur der 1980er und 1990er Jahre. Christa Wolfs Erzählungen *Kassandra* (1986) und *Medea* (1998) etwa gelingt es, antike Mythen durch Formen der Innenweltdarstellung und der Multiperspektivität mit Erfahrungsspezifität anzureichern, damit gleichsam wieder zu ›verflüssigen‹ und für neue Deutungsweisen zu öffnen.

Zentrale Bedeutung erlangen diese Verfahren insbesondere in Erinnerungskulturen, deren zentrale Sinnstiftungstätigkeit sich auf Ereignisse bezieht, die sowohl Gegenstand des kommunikativen als auch des kulturellen Gedächtnisses sind. So gehörte der Erste Weltkrieg in den 1920er Jahren und die Schoah in den 1980/90er Jahren zu einer nahen, von der Leserschaft noch erinnerbaren und ihre Lebenswelt noch beeinflussenden Vergangenheit. Zugleich waren und sind die genannten Ereignisse von so einschneidender Bedeutung, dass die Notwendigkeit bestand und besteht, sie im Rahmen des kulturellen Gedächtnisses zu verorten. Die literarische Erinnerung an Katastrophen, Kriege und Revolutionen ist oft geprägt von Versuchen, beide Gedächtnis-Rahmen durch die Verknüpfung von erfahrungshaftigen und monumentalen Darstellungsformen zueinander in Bezug zu setzen (siehe Erll 2003, S. 187–251).

Literatur

Zitierte Primärliteratur

Milton, John: *Paradise Lost*. Hrsg. v. Scott Elledge. New York: Norton 1993 [1667] (dt.: *Das verlorene Paradies*. Stuttgart: Reclam 1968).
Defoe, Daniel: *A Journal of the Plague Year. Being the Observations or Memorials of the Most Remarkable Occurrences, as well Public as Private, which Happened in London during the Last Great Visitation in 1665; Written by a Citizen who Continued all the While in London; Never Made Public Before.* Hrsg. v. Anthony Burgess. London: Penguin 1981 [1772] (dt.: *Die Pest zu London*. Frankfurt a. M.: Fischer 1961).
Woolf, Virginia: *Mrs Dalloway*. London: Penguin 1992 [1925] (dt.: *Mrs Dalloway*. Zürich: Manesse 2004).

Forschungsliteratur

Assmann, Aleida: »Kultur als Lebenswelt und Monument«. In: Aleida Assmann & Dietrich Harth (Hrsg.): *Kultur als Lebenswelt und Monument*. Frankfurt a. M.: Fischer 1991, S. 11–25.
Assmann, Aleida: »Was sind kulturelle Texte?«. In: Andreas Poltermann (Hrsg.): *Literaturkanon – Medienereignis – kultureller Text. Formen interkultureller Kommunikation und Übersetzung*. Berlin: Erich Schmidt 1995, S. 232–244.
Bachtin, Michail M.: *Die Ästhetik des Wortes*. Hrsg. v. Rainer Grübel. Frankfurt a. M.: Suhrkamp 1979.
Bachtin, Michail M.: *Formen der Zeit im Roman. Untersuchungen zur historischen Poetik*. Hrsg. v. Edward Kowalski & Michael Wegner. Frankfurt a. M.: Fischer 1989 [1975].

Erll, Astrid: *Gedächtnisromane: Literatur über den Ersten Weltkrieg als Medium englischer und deutscher Erinnerungskulturen in den 1920er Jahren*. Trier: WVT 2003.
Erzgräber, Willi & Paul Goetsch (Hrsg.): *Mündliches Erzählen im Alltag, fingiertes mündliches Erzählen in der Literatur*. Tübingen: Narr 1987.
Fludernik, Monika: *Towards a ›Natural‹ Narratology*. London: Routledge 1996.
Frye, Northrop: *Anatomy of Criticism. Four Essays*. Princeton, NJ/ Oxford: Princeton UP 1957.
Genette, Gérard: *Die Erzählung*. München: Fink 1994 (teilw. orig.: »*Discours du récit*.« In: Ders.: *Figures III*. Paris: Éditions du Seuil 1972 S. 67–273).
Grabes, Herbert: »Literary History and Cultural History: Relations and Difference«. In: Ders. (Hrsg.): *Literary History/Cultural History: Forcefields and Tensions*. REAL 17 (2001), S. 1–34.
Lanser, Susan Sniader: *Fictions of Authority: Women Writers and Narrative Voice*. Ithaca, NY: Cornell UP 1992.
Stanzel, Franz K.: *Theorie des Erzählens*. Göttingen: Vandenhoeck & Ruprecht [6]1995 [1979].

7.3 | Historisierender Modus: Geschichte in der Literatur

Auf den historisierenden Modus literarischer Vergangenheitsdarstellung wird im Folgenden nur kurz eingegangen, weil es sich dabei um einen dominierenden (wenngleich nicht einzigen) Modus historischer Romane handelt, deren Darstellungskonventionen in der entsprechenden Literatur bereits herausgearbeitet wurden (vgl. Demetz 1964; Aust 1994; Nünning 1995). Der historisierende Modus ist mehr dem Wissen als dem identitätskonkreten Erinnern zuzuordnen. Während vergangenes Geschehen im erfahrungshaftigen und im monumentalen Modus zum Teil des ›autobiographischen Gedächtnisses‹ einer Kultur wird, erscheint es im historisierenden Modus als **Bestandteil des kulturellen Wissenssystems**.

Kennzeichnend für diesen Modus der Gedächtnisrhetorik ist der markierte **Bezug zum Medium der wissenschaftlichen Geschichtsschreibung**. Der historisierende Modus literarischer Vergangenheitsdarstellung und der historische Roman als das Medium, in dem er sich entfaltet, bilden sich gleichzeitig mit der Geschichte als Wissenschaft am Beginn des 19. Jahrhunderts heraus. Von dem monumentalen Modus unterscheidet den historisierenden Modus sein spezifisches, modernes und mit dem Aufkommen der wissenschaftlichen Geschichtsschreibung verknüpftes Zeitbewusstsein. Historisierende Darstellungen beruhen auf dem »**Bewußtsein einer elementaren Unwiederbringlichkeit der Vergangenheit**, die sich niemals restlos in Gegenwart verwandelt« (Demetz 1964, S. 17). Historisieren bedeutet, die Geschichte als abgeschlossene Vergangenheit zu behandeln. In den Mythen des kulturellen Gedächtnisses hingegen erscheint sie, wie auch in den alltagsweltlichen Erzählungen des kommunikativen Gedächtnisses, als gegenwärtig.

Typische Darstellungsverfahren des historisierenden Modus sind erstens all jene Strategien, die sein spezifisches historisches Zeitbewusstsein zur Darstellung bringen. Peter Demetz hat dafür den Begriff der »**Rhetorik des Damals-und-Heute**« (1964, S. 18) geprägt. Zweitens kann der Dialog mit der wissenschaftlichen Geschichtsschreibung auf vielfältige Weise inszeniert werden: Belege für das Dargestellte in den Fußnoten, Verweise auf Quellen und geschichtswissenschaftliche Abhandlungen in den Paratexten (Buchrücken, Klappentexte usw.) zeigen die wissenschaftliche Korrektheit der Vergangenheitsdarstellung an. Die sorgfältige **Einbeziehung historischer Details** in die Erzählung evoziert dabei weniger die Erfahrungsspezifität einer vergangenen Epoche (wie es im Rahmen des erfahrungshaftigen Modus der Fall wäre), sondern dient dazu, ihre Fremdheit als Gegenstand einer vergangenen Epoche zu bewahren. In Deutschland entsteht in der zweiten

Hälfte des 19. Jahrhunderts der ›Professorenroman‹, der sich, zumeist von Historikern verfasst (etwa Joseph Victor Scheffels *Ekkehard*, 1855, oder Felix Dahns *Ein Kampf um Rom*, 1876), bald durch eine Hypertrophie des wissenschaftlichen Details auszeichnet: Der historisierende Modus nimmt überhand.

Der **historische Roman** ist nicht mit dem historisierenden Modus gleichzusetzen. An erfolgreichem historischen Erzählen waren immer verschiedene Vergangenheitsregister beteiligt. Ohne den erfahrungshaftigen Modus etwa kommt keine literarische Vergangenheitsdarstellung aus (und die meisten historischen Romane zumindest des 19. Jahrhunderts auch nicht ohne identitätsstiftende Monumentalisierung). Gerade auf der Möglichkeit zur Verknüpfung von historisierendem und erfahrungshaftigem Modus beruht das spezifische Leistungsvermögen von Geschichtsfiktionen in der Erinnerungskultur. Walter Scotts Roman *Waverley* (1814) ist beispielsweise auch deshalb zu einem viel gelesenen Modell historisch-literarischen Erzählens geworden, weil er Vergangenheit als distanziert beobachtbare Geschichte inszeniert, aber dabei zugleich auch die Spezifik einer vergangenen Lebenswelt anschaulich evoziert.

Literatur

Aust, Hugo: *Der historische Roman*. Stuttgart/Weimar: Metzler 1994.
Demetz, Peter: *Formen des Realismus. Theodor Fontane*. München: Hanser 1964.
Eggert, Hartmut, Ulrich Profitlich & Klaus R. Scherpe (Hrsg.): *Geschichte als Literatur. Formen und Grenzen der Repräsentation von Vergangenheit*. Stuttgart: Metzler 1990.
Fulda, Daniel & Silvia Serena Tschopp (Hrsg.): *Literatur und Geschichte: Ein Kompendium zu ihrem Verhältnis von der Aufklärung bis zur Gegenwart*. Berlin/New York: de Gruyter 2002.
Müller, Harro: *Geschichte zwischen Kairos und Katastrophe. Historische Romane im 20. Jahrhundert*. Frankfurt a. M.: Athenäum 1988.
Nünning, Ansgar: *Von historischer Fiktion zu historiographischer Metafiktion*. 2 Bde. Trier: WVT 1995.
Schabert, Ina: *Der historische Roman in England und Amerika*. Darmstadt: WBG 1981.
Sottong, Hermann J.: *Transformation und Reaktion. Historisches Erzählen von der Goethezeit zum Realismus*. München 1992.

7.4 | Antagonistischer Modus: Literarische Erinnerungskonkurrenz

Literatur stellt Vergangenheit nicht nur dar – als Gegenstand des kommunikativen Gedächtnisses, des kulturellen Gedächtnisses oder der wissenschaftlichen Geschichte. Literatur greift auch aktiv ein in aktuelle Erinnerungskonkurrenzen und das Ringen um Erinnerungshegemonie.

Zu **Medien der Aushandlung von Erinnerungskonkurrenzen** werden literarische Texte dort, wo sie Gegen-Erinnerung entwerfen, etwa indem sie das Gedächtnis marginalisierter Gruppen darstellen oder andere Selbstbilder und Werthierarchien als die der dominierenden Erinnerungskultur inszenieren. Ein antagonistisches Wirkungspotential weisen viele Ausprägungen des postkolonialen *writing back* auf (vgl. Ashcroft/Griffiths/Tiffin 1989). Es spielt eine Rolle in der afroamerikanischen Erinnerungsliteratur (vgl. Fabre/O'Meally 1994; Basseler 2003), in der literarischen Erinnerungskultur der anglophonen Karibik (Erichsen 2001), der Inuit (Birk 2004) oder des multikulturellen Kanada (Neumann 2004).

Mediale Vergangenheitsdarstellungen sind stets nur an die Gedächtnisse bestimmter Gemeinschaften und an deren Identitätskonzepte, Werte, Normen und Geschichtsbilder anschließbar. Andere werden durch sie unterrepräsentiert oder ausgeschlossen. Der antagonistische Modus steigert diese jedem Gedächtnismedium inhärente **Selektivität, Standortgebundenheit und Perspektivität**. Mit dem antagonistischen Modus bezieht der literarische Text als Medium einer von Erinnerungskonkurrenzen geprägten Erinnerungskultur Stellung.

Bei der Untersuchung der literarischen Konstitution antagonistischer Modi geht es in hohem Maße um die Analyse der **narrativen Konstruktion von Identität und Alterität**. ›Kollektive Identitäten‹ sind ein vieldiskutiertes und ebenso problematisches Konzept (vgl. Kap. 4.4). Jürgen Straub (1998, S. 102) bemerkt kritisch, dass »Kollektivsubjekte« eine »reichlich instabile Größe« seien, »deren empirischer Wirklichkeitscharakter und deren Identität letztlich allein von den *Identifizierungen* der dieses Kollektiv bildenden Personen abhängen«. Literarische Werke sind wichtige Instanzen, die solche Identifizierungen vornehmen. Sie stellen eine Stimme in der kulturellen Vielfalt der Identitätsdiskurse dar. Über Literatur als Medium der Erinnerungskonkurrenz werden diese Diskurse für den kulturhistorisch interessierten Betrachter beobachtbar, nicht weil sie sie abbildet, sondern weil sie sich in einem Antwortverhältnis zu brennenden zeitgenössischen Fragen befindet.

Literarische Verfahren der Inszenierung von Identität und Alterität werden im Rahmen der komparatistischen Imagologie oder der postkolonialen Narratologie untersucht. Auf das weite **Spektrum narrativer Verfahren**, die einen antagonistischen Modus zu konstituieren vermögen, verweist Fluderniks Zusammenfassung der Untersuchungsgegenstände und -methoden der postkolonialen Narratologie:

Identitäts- und Alteritätskonstruktionen werden in Texten auf verschiedenste Art produziert: durch imagologische Topoi (die auf der Textebene in Beschreibungen sowie in wertenden Aussagen des Erzählers aufscheinen); durch die gezielte Auswahl und Anordnung des Schauplatz-, Handlungs- und Figurenkomplexes; durch die Wahl der stilistischen und insbesondere nationalsprachlichen bzw. regionalen idiolektalen Register; durch die Modi der Fokalisierung sowie die systematische Regulierung des Zugriffs auf die Innenwelt strategisch ausgewählter Romanfiguren; durch die Wahl des Erzählerstandpunkts (Klassen-, Geschlechts- etc. Zugehörigkeit, zeitliche und lokale Situierung der Erzählerfigur/en); und durch die Einbindung in, bzw. Abgrenzung von, anderen Identitäts- und Alteritätsdiskursen (Fludernik 1999, S. 71 f.).

Im literarischen Text werden nicht nur Erinnerungskonkurrenzen auf nationaler Ebene antagonistisch verhandelt, sondern es werden auch die Vergangenheitsversionen verschiedener innergesellschaftlicher Gruppen einander gegenübergestellt: Aus der Vielfalt der Gedächtnisse von sozialen Klassen, Geschlechtern, Generationen oder religiösen Gemeinschaften ergeben sich die ›Fronten‹ antagonistischer Texte.

- Bereits die **Selektionsstruktur** des literarischen Textes kann Aufschluss darüber geben, welche konkurrierenden Gedächtnisse literarisch gegeneinander abgewogen werden. Wessen Erinnerungen werden durch das Ausgewählte repräsentiert, wessen Erinnerungen werden vergessen? Welche sozialen Gruppen – mit ihren spezifischen Erfahrungen, Identitätskonzepten, Normen und Werten, politischen Überzeugungen – werden erwähnt, welche nicht? Natürlich kann nicht alles ausgewählt werden. Kein Text wird der Gesamtheit von Erinnerungskulturen seiner Entstehungszeit gerecht. Aber gerade wo evident ist, dass durch die Selektionsstruktur zentrale Elemente einer Erinnerungskultur außer Acht gelassen und damit im Medium der Fiktion vergessen werden, kann von einem antagonistischen Modus, der gezielten Auf- bzw. Abwertung kollektiver Gedächtnisse, die Rede sein.

- Auch die **literarische Konfiguration** der ausgewählten Elemente ist für eine Untersuchung des antagonistischen Modus von besonderem Interesse. Strukturelle Verfahren, insbesondere Kontrast- und Korrespondenzrelationen im Text, erweisen sich als hochgradig bedeutungstragend, wenn es darum geht, Vergangenheitsversionen gegeneinander abzuwägen. Eine **kontrastierende Raumdarstellung** – Front vs. Etappe im Kriegsroman oder Heimat vs. Fremde im Migrationsroman – dient häufig der antagonistischen Gegenüberstellung von mit ihnen assoziierten sozialen Gruppen und ihren Erinnerungen. Die **Figurenkonstellation** kann verdeutlichen, welchen Gruppen relevante und ›richtige‹ Erinnerungen zugesprochen werden und welchen nicht.

  Figuren und individualisierte Erzählinstanzen werden im literarischen Erzähltext üblicherweise mit einer ›Perspektive‹ ausgestattet, die dem Leser einen Einblick in deren Informationsstand, psychologische Disposition und handlungsleitende Werte und Normen gewährt (vgl. Nünning/Nünning 2000; Surkamp 2003). Die **Perspektivenstruktur** narrativer Texte, die Gesamtheit der Kontrast- und Korrespondenzrelationen von Figuren- und Erzählerperspektiven, gehört zu den wichtigsten literarischen Formen, die ein antagonistisches Aushandeln verschiedener Gedächtnisversionen ermöglichen. Identitätskonzepte, Werte und Normen können über die Perspektivenstruktur inszeniert, hierarchisiert und gewichtet werden. Texte, in denen der antagonistische Modus vorherrscht, zeichnen sich – auch wenn in ihnen eine Vielfalt von Perspektiven dargestellt wird – durch eine relative Geschlossenheit ihrer Perspektivenstruktur aus. Als Medium des gesellschaftlichen Ringens um Erinnerungshoheit kann Literatur Elemente anderer Gedächtnisse zwar zulassen, wird sie aber entweder dekonstruieren oder mit der im Text privilegierten Perspektive in einem Fluchtpunkt zusammenführen. Antagonistischer Modus und ›echte Polyphonie‹ (Bachtin) schließen sich aufgrund seiner dezidiert weltanschaulich geprägten und standortgebundenen Darstellung von Vergangenheit zumeist gegenseitig aus. Ein Beispiel hierfür ist etwa die imperialistische Darstellung des Indischen Aufstandes von 1857 in G. A. Hentys *In Times of Peril* (1881). In Erinnerungstexten der Gegenwart gesellt sich allerdings zunehmend die Multiperspektivität reflexiver Modi (s. u.) zur antagonistischen Ausrichtung engagierter Literatur. J. G. Farrells *The Siege of Krishnapur* (1973) als distanzierte Renarration des britischen Mythos der ›Indian Mutiny‹ steht etwa für diese Tendenz.

- Auf der **Ebene der erzählerischen Vermittlung** sind insbesondere Erzählsituationen von Interesse, mit denen die ›Stimme einer Gemeinschaft‹ (*communal voice*, Lanser 1992) inszeniert wird. **Wir-Erzählungen**, die sequentielle Abfolge mehrerer Ich-Erzähler, aber auch explizite Leseranreden, die einem fiktiven Leser nahe legen, mit dem Erzähler eine Erinnerungsgemeinschaft zu bilden, gehören zu dem Bereich der *communal voice*. Wo ein ›wir‹ und damit kollektive Identität so deutlich artikuliert wird, liegt die Frage nach Alterität nahe, nach sozialen Gruppen also, die die dargestellten Erfahrungen und Sinndeutungen nicht teilen und gegen die die literarische Vergangenheitsdarstellung womöglich gerichtet ist. Identitätsbildung und -behauptung, gerade im Kontext eines Ringens um Erinnerungshoheit, ist eng mit »Artikulation, Stimme und Handlungsermächtigung« (Assmann/Friese 1998, S. 13) verbunden. *Communal voice* ist daher ein zentrales Mittel der Selbstautorisierung und der Ermächtigung marginalisierter Autoren. Im Rahmen einer Rhetorik des kollektiven Gedächtnisses stellt sie zugleich – anders als die Bezeichnung wohl zunächst vermuten ließe – eine literarische Strategie

7.4 Antagonistischer Modus: Literarische Erinnerungskonkurrenz

der Monopolisierung und Monophonisierung von Erinnerung dar. Sie ist ein hervorragendes Mittel der Artikulation von (Gegen-)Erinnerung in von Konkurrenzen beherrschten Erinnerungskulturen.

> Ich bin jung, ich bin zwanzig Jahre alt aber ich kenne vom Leben nichts anderes als die Verzweiflung, den Tod, die Angst und die Verkettung sinnlosester Oberflächlichkeit mit einem Abgrund des Leidens. Ich sehe, daß Völker gegeneinandergetrieben werden und sich schweigend, unwissend, töricht, gehorsam, unschuldig töten. Ich sehe, daß die klügsten Gehirne der Welt Waffen und Worte erfinden, um das alles noch raffinierter und noch länger dauernd zu machen. Und mit mir sehen das alle Menschen meines Alters hier und drüben, in der ganzen Welt, mit mir erlebt das meine Generation. Was werden unsere Väter tun, wenn wir einmal aufstehen und vor sie hintreten und Rechenschaft fordern? Was erwarten sie von uns, wenn die Zeit kommt, wo kein Krieg ist? Jahre hindurch war unsere Beschäftigung das Töten – es war unser erster Beruf im Dasein. Unser Wissen vom Leben beschränkt sich auf den Tod. Was soll danach noch geschehen? Und was soll aus uns werden?
>
> Erich Maria Remarque: Im Westen Nichts Neues (1929), S. 177f.

Antagonistischer Modus: Übergang von der Kriegserfahrung verbürgenden *personal voice* zu einer generationelle Identität stiftenden *communal voice* im Verlauf der zentralen Anklage Paul Bäumers (dem fiktionalen Sprachrohr der Generation junger Freiwilliger im Ersten Weltkrieg) gegen die kriegstreiberische Elterngeneration.

Gerade **implizite Verfahren** des antagonistisches Modus, etwa die Auslassung von Inhalten des kollektiven Gedächtnisses oder das Umschreiben bestehender Vergangenheitsversionen mit Hilfe von neuen Plotstrukturen, sind von zentraler Bedeutung für Literatur als Medium der Aushandlung von Erinnerungskonkurrenz. Sie sind ohne eine Kenntnis ihres erinnerungskulturellen Entstehungskontextes allerdings kaum zu erkennen. Diese Tatsache verweist auf die Notwendigkeit einer Verbindung von narratologischen Kategorien und kulturhistorischem Wissen bei der Untersuchung von Modi der Rhetorik des kollektiven Gedächtnisses.

Die zentrale Funktion von literarischen Werken, die einen dominant antagonistischen Modus aufweisen, ist ihr **Eingreifen in das gesellschaftliche Ringen um Erinnerungshoheit**. Ihr Leistungsvermögen beruht auf ihrer Möglichkeit, modellhaft kollektives Gedächtnis zu inszenieren und die Affirmation gewünschter sowie die Revision unerwünschter Gedächtnisnarrative durch literarische Strategien plausibel zu machen. Auf diese Weise stiften und zerstören sie Traditionen, legitimieren und delegitimieren sie gesellschaftliche Handlungen, vermitteln und dekonstruieren sie Konzepte kollektiver Identität, etablieren, bestätigen oder desavouieren sie Werthierarchien.

> **Zusammengefasst:**
> Ein **antagonistischer Modus** liegt vor, wenn literarische Vergangenheitsversionen explizit oder implizit als in Konkurrenz zu anderen – literarischen oder außerliterarischen – Gedächtnissen befindlich inszeniert werden. Der antagonistische Modus basiert auf literarischen Strategien, die dominant darauf abzielen, bestehende Gedächtnisnarrative affirmativ zu verstärken oder aber subversiv zu dekonstruieren und durch andere zu ersetzen. Literarische Werke, in denen dieser Modus dominiert, sind *dezidiert* standortgebunden und perspektivisch. Sie vermitteln Identität, Werte und Normen bestimmter sozialer oder kultureller Formationen und desavouieren zugleich die Sinnwelten anderer Gruppen und Nationen.

Wird der antagonistische Modus mit einem monumentalen Modus verknüpft, so wird das Leistungsvermögen des kulturellen Gedächtnisses für antagonistische Zwecke genutzt, vor allem zur Legitimierung eigener und zur Delegitimierung anderer Gedächtnisnarrative. Wo Erinnerung stark umkämpft ist (wie beispielsweise die Erinnerung an den Ersten Weltkrieg in den 1920er Jahren oder die Erinnerung an den Bürgerkrieg in Spanien noch heute, vgl. Bannasch/Holm 2005), eignet Antagonismen zumeist eine ›monumentale‹ Dimension: Bei der gesellschaftlichen Aushandlung von Vergangenheitsversionen geht es auch um nationale Selbstbilder, verbindliche Wertehierarchien, Traditionen und Zukunftsperspektiven. Rhetoriken des kollektiven Gedächtnisses, die sich durch die Kombination von antagonistischem und monumentalem (oder historiographischem) Modus auszeichnen, betreiben eine **monumentalisierende (oder historisierende) (De-)Legitimierung**. Insbesondere in der nationalistischen Literatur der Zwischenkriegszeit, etwa in Ernst Jüngers *In Stahlgewittern* (1920), wird ein mythisch-monumentaler Modus gezielt eingesetzt, um den Ersten Weltkrieg sowie seine Veteranen im Fernhorizont einer als positiv empfundenen germanischen Kriegskultur zu verorten und so pazifistische wie demokratische Stimmen in der Gegenwart der Weimarer Republik abzuwerten. In Joseph Magnus Wehners *Sieben vor Verdun* (1930) wird darüber hinaus versucht, mit vielen historiographischen Details die ›Wahrheit‹ die eigenen, proto-faschistischen, Erinnerungsversion zu belegen.

Aber gerade auch die literarische Inszenierung von kommunikativem Gedächtnis kann die identitätsstiftenden, legitimatorischen oder delegitimierenden Ansprüche eines Textes verschleiern, zur Authentisierung des literarisch Erinnerten beitragen und den antagonistischen Modus so ›durch die Hintertür‹ stützen. Die Verbindung von antagonistischem und erfahrungshaftigem Modus bedeutet daher häufig eine **erfahrungsgestützte Ermächtigung**. Das Berufen auf die Autorität der Augenzeugenschaft fehlt daher weder in den kriegsbefürwortenden Texten eines Ernst Jünger noch in den kriegskritischen Textes etwa eines Erich Maria Remarque oder eines Ludwig Renn (*Krieg*, 1928).

Literatur

Zitierte Primärliteratur
Remarque, Erich Maria: *Im Westen Nichts Neues*. Köln: Kiepenheuer & Witsch 1998 [1929].

Forschungsliteratur
Ashcroft, Bill, Gareth Griffiths & Helen Tiffin: *The Empire Writes Back: Theory and Practice in Post-Colonial Literatures*. London: Routledge 1989.
Assmann, Aleida & Heidrun Friese: »Einleitung«. In: Diess. (Hrsg.): *Identitäten*. Frankfurt a. M.: Suhrkamp, S. 11–23 (= Erinnerung, Geschichte, Identität 3).
Bannasch, Bettina & Christiane Holm (Hrsg.): *Erinnern und Erzählen: Der spanische Bürgerkrieg in der deutsch- und spanischsprachigen Literatur*. Tübingen: Narr 2005.
Basseler, Michael: »›Rendering African American Memory.‹ Die Inszenierung von Erinnerung und kollektivem Gedächtnis in Toni Morrisons *Beloved* und Alice Walkers *By the Light of my Father's Smile*«. In: Astrid Erll, Marion Gymnich & Ansgar Nünning (Hrsg.): *Literatur – Erinnerung – Identität. Theoriekonzeptionen und Fallstudien*. Trier: WVT 2003, S. 159–176.
Birk, Hanne: »Kulturspezifische Inszenierungen kollektiver Gedächtnismedien in autochthonen Literaturen Kanadas: Alootook Ipellies *Arctic Dreams and Nightmares* und Ruby Slipperjacks *Weesquachak and the Lost Ones*«. In: Astrid Erll & Ansgar Nünning (Hrsg.): *Medien des kollektiven Gedächtnisses. Konstruktivität, Historizität, Kulturspezifität*. Berlin: Walter de Gruyter 2004, S. 217–234.

Erichsen, Ulrike. 2001. *Geschichtsverarbeitung als kulturelle Selbstreflexion. Eine Untersuchung ausgewählter postkolonialer Gegenwartsromane der anglophonen Karibik*. Trier: WVT.

Fabre, Geneviève & Robert O'Meally (Hrsg.): *History and Memory in African-American Culture*. New York/Oxford: Oxford UP 1994.

Fludernik, Monika: »›When the Self is an Other‹: Vergleichende erzähltheoretische und post-koloniale Überlegungen zur Identitäts(de)konstruktion in der (exil)indischen Gegenwartsliteratur«. In: *Anglia* 117,1 (1999), S. 71–96.

Neumann, Birgit: »Literarische Inszenierungen und Interventionen: Mediale Erinnerungskonkurrenz in Guy Vanderhaeghes *The Englishman's Boy* und Michael Ondaatjes *Running in the Family*«. In: Astrid Erll & Ansgar Nünning (Hrsg.): *Medien des kollektiven Gedächtnisses. Konstruktivität, Historizität, Kulturspezifität*. Berlin: Walter de Gruyter 2004, S. 195–215.

Nünning, Vera & Ansgar Nünning (Hrsg.): *Multiperspektivisches Erzählen· Zur Theorie und Geschichte der Perspektivenstruktur im englischen Roman des 18. bis 20. Jahrhunderts*. Trier: WVT 2000.

Straub, Jürgen: »Personale und kollektive Identität: Zur Analyse eines theoretischen Begriffs«. In: Aleida Assmann & Heidrun Friese (Hrsg.): *Identitäten*. Frankfurt a. M.: Suhrkamp 1998 (=Erinnerung, Geschichte, Identität 3), S. 73–104.

Surkamp, Carola: *Die Perspektivenstruktur narrativer Texte: Zu ihrer Theorie und Geschichte im englischen Roman zwischen Viktorianismus und Moderne*. Trier: WVT 2003.

7.5 | Reflexiver Modus: Literarische Beobachtung von Erinnerungskultur

Die Untersuchung des reflexiven Modus erfordert einen Perspektivwechsel: Die drei bereits vorgestellten Modi der ›Rhetorik des kollektiven Gedächtnisses‹ – erfahrungshaftiger, monumentaler, historisierender und antagonistischer Modus – gehören dem Bereich der literarischen Gedächtnis*bildung* an. Durch den reflexiven Modus zeigt der literarische Text an, dass die Gedächtnis*reflexion* zu seinen zentralen Anliegen gehört (vgl. dazu Kap. 6.3 4).

Die **Multifunktionalität literarischer Formen** wird im Hinblick auf Verfahren, die den reflexiven Modus konstituieren, besonders deutlich. So können stark einseitig gestaltete Selektionsstrukturen (mit denen z. B. die Erinnerungen einer bestimmten sozialen Gruppe privilegiert werden) zwar die Dominanz eines antagonistischen Modus anzeigen. Sie können aber auch auf die literarische Konstitution eines reflexiven Modus hindeuten. Wolfgang Iser (1991, S. 24–26) erläutert, dass die aus der Wirklichkeit ausgewählten Realitätselemente im Medium der Fiktion »nicht mehr an die semantische oder systematische Strukturiertheit der Systeme gebunden sind, denen sie entnommen wurden«. Damit aber »rücken die Bezugsfelder als solche in den Blick, da erst der selektive Eingriff in sie und die sich darin anzeigende Umstrukturierung ihrer Organisationsform diese als Bezugsfelder gewärtigen läßt«. Der literarische Text macht sie so »zum Gegenstand der Wahrnehmung«. Literarische Texte, die sich durch eine Rhetorik des kollektiven Gedächtnisses auszeichnen, verweisen also üblicherweise schon durch ihr Textrepertoire auf die Gegenstände und Prozesse der Erinnerungskultur. Sie vermögen zur Reflexion über Erinnertes und Vergessenes in der Gesellschaft anzuregen, denn durch die »Spaltung in solche Elemente, die im Text aktualisiert werden, und solche, die inaktiv bleiben«, verweisen sie auch auf das Ausgeschlossene, so dass »Gegenwärtiges aus Abwesendem visiert werden kann und Abwesendes sich in Gegenwärtiges einzeichnen kann«.

Mit Blick auf den **paradigmatischen Aspekt der Selektion** von Erzählgegenständen sind folgende mögliche Kennzeichen eines reflexiven Modus zu erwähnen:

- Im reflexiven Modus wird die für literarische Texte konstitutive **Selektivität**, gesteigert, allerdings nicht etwa um antagonistische Gedächtnisversionen zu ent-

werfen, sondern um die für jede Konstruktion von Vergangenheitsversionen notwendigen Auswahlmechanismen beobachtbar zu machen.
- Da durch den reflexiven Modus die gesellschaftlichen Formen und Funktionsweisen der Erzeugung von Kollektivgedächtnis zum Gegenstand der Wahrnehmung gemacht werden, nehmen **Referenzen auf die Diskurse, Medien, Institutionen und Praktiken der Erinnerungskultur** sowie auf machtvolle Denkschemata und Erinnerungsfiguren eine dominante Stellung im Textrepertoire ein.
- Im Textrepertoire von literarischen Werken mit einem dominant reflexiven Modus finden sich zudem üblicherweise Elemente aus den Bereichen der zeitgenössischen – sei es der alltagsweltlichen oder der spezialdiskursiven – Gedächtnisreflexion. Der Bereich der alltagsweltlichen, interdiskursiven Gedächtnisreflexion wird in hohem Maße durch Gedächtnismetaphern bestimmt. Durch **Gedächtnismetaphorik** werden in der Literatur kulturspezifische Vorstellungen von Erinnerung und Gedächtnis zur Anschauung gebracht. Daneben hat gerade das 20. Jahrhundert eine Reihe von **Spezialdiskursen** zu Erinnerung und Gedächtnis hervorgebracht. Elemente zeitgenössischer Gedächtnisreflexion – etwa der Psychoanalyse, der kognitiven Psychologie oder der Geschichtstheorie – werden im reflexiven Modus durch intertextuelle Referenzen aufgenommen.
- Weil literarische Texte selbst Medien des kollektiven Gedächtnisses sind, können **Selbstreferenzen** hinzukommen, anhand derer der Status literarischer Werke als Gegenstände und Medien der Erinnerungskultur einer kritischen Reflexion unterzogen wird.

Zwei Ausprägungen von literarischen Darstellungsverfahren, die im Rahmen des **syntagmatischen Aspekts der narrativen Konfiguration** zu einem reflexiven Modus beitragen, können unterschieden werden: die explizite Thematisierung und die implizite Inszenierung der Beobachtung von Erinnerungskultur.

Zu den **impliziten Verfahren** der literarischen Inszenierung von Funktionsweisen und Problemen des kollektiven Gedächtnisses gehört neben sprachlichen (z. B. Metaphorik) und strukturellen (z. B. Multiperspektivität) Besonderheiten schlicht die Darstellung der Bildung und Kontinuierung von kollektivem Gedächtnis auf der Handlungsebene: Dialoge der Figuren über die gemeinsame Vergangenheit können den Leser ebenso zur Reflexion über kollektives Gedächtnis anregen wie die Darstellung von Ritualen oder der Errichtung von Denkmälern (wie etwa in Heinrich Manns Roman über die Erinnerungskultur des wilhelminischen Bürgertums *Der Untertan*, 1918).

Explizite Reflexionen über den Problemzusammenhang von Kultur und Gedächtnis können in der Rede der Erzählinstanzen und der Figuren sowie durch Formen der Bewusstseinsdarstellung erfolgen. Dabei kann es um das ganze Spektrum dieses Verhältnisses – von ›Gedächtnis als Kulturphänomen‹ bis hin zu ›Kultur als Gedächtnisphänomen‹– gehen: um die sozialen Rahmen der individuellen Erinnerung, um Generationengedächtnisse, um die Rolle der Medien oder sozialen Institutionen bei der Herausbildung von kollektivem Gedächtnis, um Selektivität und Anordnungsmuster von Geschichtsnarrationen, um die identitätsstiftenden oder legitimatorischen Funktionen des kulturellen Gedächtnisses usw. Die bekanntesten Erzählerreflexionen über die Möglichkeiten und Grenzen individueller Erinnerung finden sich in Marcel Prousts *À la recherche du temps perdu* (1913–1927) und in Jorge Louis Borges' Erzählung *Funes el memorioso* (1942). Geschichte und kulturelles Gedächtnis werden insbesondere im »›anderen‹ [d. h. reflexiven] historischen

Roman« (Geppert 1976) thematisiert, etwa in Wilhelm Raabes *Das Odfeld* (1888) und in Bertolt Brechts *Die Geschäfte des Julius Caesar* (1938/39). In der vor allem im angloamerikanischen Bereich weit verbreiteten Gattung der historiographischen Metafiktion ist der reflexive Modus der Vergangenheitsdarstellung wohl am stärksten ausgeprägt: Salman Rushdies *Midnight's Children* (1981) und Graham Swifts *Waterland* (1983) sind Beispiele für eine dominante Thematisierung und Inszenierung der Prozesse und Probleme des kollektiven Gedächtnisses (vgl. Nünning 1995).

Auf der **Ebene der erzählerischen Vermittlung** weisen vor allem folgende drei Darstellungsverfahren ein gedächtnisreflexives Potential auf:
- In **Ich-Erzählungen**, d. h. in homodiegetischen, vor allem aber in autodiegetischen Texten – Memoiren, Autobiographien und autobiographisch geprägten Romanen – wird soziokulturell geprägte individuelle Erinnerung (*collected memory*) beobachtbar. Zentrales Merkmal von Texten dieser Gattungen ist die narrative Inszenierung von Erinnerungsprozessen. Üblicherweise wird dabei zwischen einem erlebenden und einem erzählenden Ich unterschieden und damit eine zweifache Perspektive auf die Erinnerungsproblematik gewährt. Auf der Handlungsebene präsentieren die Texte dem Leser die Erlebnisse eines in soziale Kontexte eingebetteten Individuums, dessen Wahrnehmung der Ereignisse bereits durch vielfältige kollektive Bezugsrahmen geprägt ist. Auf der Ebene der erzählerischen Vermittlung kommt mit der Instanz eines gealterten, rückschauenden, kommentierenden, analysierenden, wertenden und damit sinnstiftenden erzählenden Ich die Situation des Abrufs von Gedächtnisinhalten zur Darstellung. Die literarische Inszenierung der Rekonstruktion und Aneignung von Vergangenheit – individuell-biographischer wie kollektiv-geschichtlicher – auf der Erzählebene kann zu Reflexionen über die Diskrepanz zwischen vergangener Erfahrung und Erinnerung, über Individualität und kulturelle Bedingtheit des Gedächtnisses, über Konstruktivität, Perspektivität und Standortgebundenheit der Erinnerung und die sinnstiftenden Funktionen des Erzählens anregen.
- Auch **unzuverlässiges Erzählen** (vgl. Nünning/Surkamp/Zerweck 1998) als eine Sonderform der Ich-Erzählung ist ein literarisches Verfahren, das dominant dem reflexiven Modus zuzuordnen ist. Unzuverlässige Erzählinstanzen, deren Vergangenheitsversionen interne Unstimmigkeiten und Widersprüche aufweisen, können zeigen, wie Erinnerung durch gegenwärtige Erfahrungen, Interessen und Problemlagen geleitet wird. Für Modi der Rhetorik des kollektiven Gedächtnisses, die ein gedächtnisbildendes Wirkungspotential aufweisen – erfahrungshaftiger, monumentaler, historisierender und antagonistischer Modus – gilt das Gegenteil: Erzählinstanzen als fiktionale Trägerschaft des kollektiven Gedächtnisses müssen von der Leserschaft als zuverlässig empfunden werden. Das heißt nicht, dass Ich-Erzähler nicht auch Gedächtnislücken haben dürften. Im Gegenteil handelt es sich bei der Darstellung von Schwierigkeiten des Abrufs um eine Authentisierungsstrategie, denn Vergessen und Verdrängen gehören zur menschlichen Erinnerung. Das, was erinnert/erzählt wird, muss jedoch an in außertextuellen Erinnerungskulturen vorhandene Gedächtnisinhalte anschließbar sein oder zumindest plausibel erscheinen, um gedächtnisbildende Wirkung zu entfalten.

7 Erzähltheoretische Kategorien: Die Rhetorik des kollektiven Gedächtnisses

> There was a strict discipline on the Ark; that's the first point to make. It wasn't like those nursery versions in painted wood which you might have played with as a child – all happy couples peeing merrily over the tail from the comfort of their well-scrubbed stalls. Don't imagine some Mediterranean cruise on which we played languorous roulette and everyone dressed for dinner; on the Ark only the penguins wore tailcoats. Remember: this was a long and dangerous voyage [...]. It wasn't a nature reserve, that Ark of ours; at times, it was more like a prison ship.
>
> Es herrschte strenge Diszplin auf der Arche; das ist schon mal der erste Punkt. Es war nicht so wie bei diesen Kindergartenausgaben aus angemaltem Holz, mit denen ihr früher vielleicht auch gespielt habt – allenthalben glückliche Pärchen, die aus der Behaglichkeit fein geschrubbter Boxen fröhlich über die Rehling lugen. Ihr dürft Euch das nicht wie eine Mittelmeerkreuzfahrt vorstellen, wo wir träge Roulette spielten und alle sich zum Dinner umzogen: auf der Arche gingen nur die Pinguine im Frack. Denkt daran: das war eine lange und gefährliche Seereise [...]. Das war kein Naturschutzpark da auf unserer Arche; bisweilen war das eher so etwas wie ein schwimmendes Gefängnis.
>
> Julian Barnes: *A History of the World in 10½ Chapters* (1989), S. 3f.

Gedächtnisreflexion durch unzuverlässiges Erzählen: Die Geschichte der Arche Noah wird von einem Holzwurm erzählt, dessen abweichende Vergangenheitsversion weit über die übliche Standortgebundenheit der mythischen Erinnerung hinausgeht und auf humoristische Weise zur Reflexion über die Perspektivität jeder Vergangenheitsversion anregt.

- **Multiperspektivität** spielt eine bedeutende Rolle bei der reflexiven Inszenierung von kollektivem Gedächtnis. In Ford Madox Fords *Parade's End* (1924–28) werden vergangene Ereignisse, öffentliche (Suffragettenbewegung, Weltkrieg) wie private (Bruderzwist, Ehebruch), allein durch eine hochgradig multiperspektivische interne Fokalisierung vermittelt. Die Inhalte des kollektiven Gedächtnisses existieren (und widersprechen sich) allein in den Köpfen der Figuren. Julian Barnes' *Talking it Over* (1991; vgl. auch Henke 2001) gewährt durch multiperspektivisches Erzählen Einblick in die Funktionsweisen des kommunikativen Gedächtnisses. Der Roman präsentiert verschiedene Versionen einer Dreiecksgeschichte. Die zentralen, sich erinnernden Erzähler sind eine Frau und ihre beiden Liebhaber.

Es ist Bachtins Verdienst, aufgezeigt zu haben, dass jede individuelle Rede im Roman zugleich die Weltsicht einer Gruppe repräsentiert: Bachtin betont, dass »alle Sprachen der Redevielfalt [...] für spezifische Sichten der Welt, für eigentümliche Formen der verbalen Sinngebung, besondere Horizonte der Sachbedeutung und Wertung« (1979, S. 183) stehen. Bachtins stark soziologisch geprägte Perspektive auf die Stilistik des Romans ist damit an Halbwachs' Theorie des kollektiven Gedächtnisses anschließbar. So wie Halbwachs konstatiert, dass jedes individuelle Gedächtnis ein ›Ausblickspunkt‹ auf das kollektive Gedächtnis sei, könnte man Bachtins Überlegungen dahingehend formulieren, dass mit jedem im Roman dargestellten ›Wort‹ ein ›Ausblickspunkt‹ auf eine ganze soziale Gruppe, ihre Wirklichkeitsdeutungen und Gedächtnisnarrative zur Darstellung kommt.

> So verlief ihr Rollenspiel: wie eingeübt. [...] »Euch Deutschen wird Auschwitz als Zeichen der Schuld ewiglich eingebrannt sein...« Oder: »Du bist ein deutliches Beispiel für das nachwachsende Unheil...« Oder Sätze, in denen sich David im Plural versteckte: »Uns Juden bleibt die nie endende Klage.« – »Wir Juden vergessen nie!« Worauf Wilhelm mit Sätzen aus dem Lehrbuch des Rassismus gegenhielt, in denen das »Weltjudentum« überall, doch besonders mächtig in New Yorks Wall Street seßhaft war.
>
> Günter Grass: *Im Krebsgang* (2002), S. 118

Stereotype Versatzstücke der Rede von Juden und der Rede von Nazis, als Rollenspiel im Internet, machen konkurrierende Erinnerungskulturen im Deutschland der Gegenwart beobachtbar.

7.5 Reflexiver Modus: Literarische Beobachtung von Erinnerungskultur

Reflexive Modi der Rhetorik des kollektiven Gedächtnisses ermöglichen der Leserschaft die Beobachtung von Erinnerungskultur und damit auch ein kritisches Hinterfragen der Selektionsmechanismen, der Produktion, Kontinuierung, Manipulation und politischen Funktionalisierung kollektiver Gedächtnisse. Deshalb gehen mit dominant reflexiven Modi häufig auch antagonistische Modi einher. **Antagonistische Reflexion** im Medium der Literatur dient nicht selten der Kritik an zeitgenössischer Erinnerungspolitik.

> Man sieht schon, diese Aufzeichnungen handeln fast gar nicht von den Nazis, über die ich wenig aussagen kann, sondern von den schwierigen, neurotischen Menschen, auf die sie stießen, Familien, die ebenso wenig wie ihre christlichen Nachbarn ein ideales Leben geführt hatten. Wenn ich den Leuten erzähle, meine Mutter sei auf meinen Vater eifersüchtig gewesen, als dieser in Frankreich war und dass sich die beiden in ihrem letzten gemeinsamen Jahr gestritten hätten, dass meine Mutter und ihre Schwester einander in meinem Beisein buchstäblich an den Haaren gerissen hätten, [...] so tun die Leute erstaunt und sagen, unter solchen Umständen wie denen, welche ihr in der Hitlerzeit auszustehen hattet, hätten die Verfolgten sich doch näher kommen sollen. Besonders die jungen Leute hätten das tun sollen (so die Alten). Das ist rührseliger Unsinn und beruht auf fatalen Vorstellungen von Läuterung durch Leid.
>
> Ruth Klüger: *weiter leben* (1992), S. 54f.

Verknüpfung von antagonistischem und reflexivem Modus: Das erzählende Ich dieses autobiographischen Textes befindet sich stets im Dialog mit zeitgenössischen Erinnerungskulturen und unterzieht deren konventionalisierte Erwartungen an ›gelungene‹ Holocaust-Erzählungen einer kritischen Reflexion.

Zusammengefasst:
Den **reflexiven Modus** konstituieren Darstellungsverfahren, die den literarischen Text zu einem Medium der Beobachtung zweiter Ordnung werden lassen. Im reflexiven Modus werden Funktionsweisen und Probleme des kollektiven Gedächtnisses inszeniert. Er ermöglicht der Leserschaft, an einer distanzierten Betrachtung von Erinnerungskulturen teilzuhaben.

Die Rhetorik des kollektiven Gedächtnisses in literarischen Vergangenheitsnarrationen basiert zumeist auf der **Verbindung verschiedener Modi**. Ohne einen erfahrungshaftigen Modus sind monumentalisierende oder historisierende Darstellungen der Vergangenheit in der Literatur kaum goutierbar. Der antagonistische Modus baut auf den zuvor genannten Modi auf, denn erst wenn der Text von der Leserschaft als Medium der Vermittlung von Vergangenheit (als Nah- oder Fernhorizont oder als Geschichte) wahrgenommen wird, werden auch die in ihm inszenierten Antagonismen glaubhaft und wirksam. Reflexive Modi bleiben in von Konkurrenzen beherrschten Erinnerungskulturen nur selten auf die distanzierte Beobachtung des kollektiven Gedächtnisses beschränkt. Sie weisen häufig auch antagonistische Implikationen auf. In literarischen Texten können die Modi der Rhetorik des kollektiven Gedächtnisses also in variablen Mischungsverhältnissen auftreten.

Durch ihre jeweiligen Ausprägungen und Kombinationen eröffnen die Modi der Rhetorik des kollektiven Gedächtnisses verschiedene **Optionen der erinnerungskulturellen Funktionalisierung** von Literatur: Literatur kann als Medium der Herausbildung und Transformation von kulturellem Gedächtnis fungieren; sie kann kommunikative Gedächtnisse ikonisch anreichern; sie kann Mythos und rezente Alltagserfahrung modellhaft zusammenführen; sie kann Vorstellungen von Geschichte

7 Erzähltheoretische Kategorien: Die Rhetorik des kollektiven Gedächtnisses

mitprägen; sie kann bestehende Vergangenheitsversionen dekonstruieren und Gegen-Erinnerung in das kollektive Gedächtnis einschreiben; sie kann schließlich die kritische Reflexion auf Funktionsweisen und Probleme des kollektiven Gedächtnisses anregen.

Modi der Rhetorik des kollektiven Gedächtnisses literarische Formen	monumentaler Modus	erfahrungshaftiger Modus	antagonistischer Modus	reflexiver Modus
grundlegende Weisen des literarischen Gedächtniserzeugens: (Selektion/Konfiguration)				
Selektionsstruktur	Referenzen auf kulturelle Gedächtnisse (dominant Intertextualität und Intermedialität)	Referenzen auf kommunikative Gedächtnisse (dominant Interdiskursivität)	Referenzen auf Selbst- und Fremdbilder (intertextuell/-medial/-diskursiv)	Referenzen auf (Spezial-) Diskurse über kollektives Gedächtnis
Plotstrukturen und Gattungsmuster	geschlossene Strukturen *high mimetic modes*	offene Strukturen (Episodenhaftigkeit) *low mimetic modes*		
soziales Erinnern im literarischen Text				
sprachliche Gestaltung	archaisierende Sprache	Alltagssprache Soziolekt	stereotypisierende Wendungen	Lexikon der Spezialdiskurse/ Gedächtnismetaphorik
erzählerische Vermittlung	*authorial voice*	*personal voice* (auch: intradiegetische Erzählungen/ interne Fokalisierung)	explizite *communal voice*	Gedächtnis thematisierende *authorial voice*/ erinnernde *personal voice* (auch: *unreliable narration*)
Figurendarstellung	Vertreter wissenssoziologischer Eliten/ Autoritäten als Perspektivträger	Alltagshelden als Perspektivträger (›Sicht von unten‹)	Oppositionen in der Figurenkonstellation	
Perspektivenstruktur	tendenziell geschlossen	tendenziell offen	geschlossen	offen (Multiperspektivität)
kulturelle Paradigmen				
Intertextualität (Intertextuelle, -mediale und -diskursive) Verweise auf das kollektive Gedächtnis	Autoreferentielle Funktionalisierung > Selbstmonumentalisierung	Heteroreferentielle Funktionalisierung > Deutung von Erfahrung anhand kulturspezifischer Schemata	ironische Funktionalisierung > Abwertung der mit den kulturellen Paradigmen verbundenen Erinnerungsgemeinschaften	
literarische Gedächtnisräume				
Zeit- und Raumdarstellung	mythisierter Gedächtnisraum (z. B. durch kulturelle Paradigmen, Symbol, Allegorie)	lebensweltlicher Gedächtnisraum (z. B. durch Deixis; *effet de réel*)	Kontrastierung semantisierter Räume	

Einige *Tendenzen der Konstitution* verschiedener Modi der Rhetorik des kollektiven Gedächtnisses durch Ensembles literarischer Formen

Literatur

Zitierte Primärliteratur
Barnes, Julian: *A History of the World in 10 ½ Chapters*. London: Picador 1990 [1989] (dt.: *Eine Geschichte der Welt in 10 ½ Kapiteln*. Zürich: Haffmanns 1990).
Grass, Günter: *Im Krebsgang. Eine Novelle*. Göttingen: Steidl 2002.
Klüger, Ruth: *weiter leben. Eine Jugend* Göttingen: Wallstein 1992.

Forschungsliteratur
Bachtin, Michail M.: *Die Ästhetik des Wortes*. Hrsg. v. Rainer Grübel. Frankfurt a. M.: Suhrkamp 1979.
Geppert, Hans Vilmar: *Der ›andere‹ historische Roman. Theorie und Strukturen einer diskontinuierlichen Gattung*. Tübingen: Niemeyer 1976.
Henke, Christoph: *Vergangenheitsobsessionen. Geschichte und Gedächtnis im Erzählwerk von Julian Barnes*. Trier: WVT 2001.
Iser, Wolfgang: *Das Fiktive und das Imaginäre. Perspektiven literarischer Anthropologie*. Frankfurt a. M.: Suhrkamp 1991.
Nünning, Ansgar, Carola Surkamp & Bruno Zerweck (Hrsg.): *Unreliable Narration: Studien zur Theorie und Praxis unglaubwürdigen Erzählens in der englischsprachigen Erzählliteratur*. Trier: WVT 1998.
Nünning, Ansgar: *Von historischer Fiktion zu historiographischer Metafiktion*. 2 Bde. Trier: WVT 1995.

7.6 | Perspektiven der erinnerungshistorischen Narratologie

Die Rhetorik des kollektiven Gedächtnisses ist ein Konzept, das auf der **Verknüpfung von narratologischen und gedächtnistheoretischen Kategorien** beruht. Ermöglicht wird diese Verbindung durch die Annahme, dass literarischen Verfahren ›semantisiert‹ sind (vgl. Nünning 2008): Sie sind keine einfachen ›Behälter‹ für das Darzustellende, sondern tragen selbst Bedeutung. Allerdings waltet auch in der Erinnerungskultur das von Meir Sternberg (1982) sogenannte ›**Proteus‹-Prinzip**, das besagt, dass die gleichen Formen in verschiedenen Kontexten unterschiedliche Funktionen erfüllen können und, umgekehrt, gleiche Funktionen auf unterschiedliche Formen zurückführbar sind. Eine eindeutige Korrelation von literarischer Form und erinnerungskultureller Funktion ist also kaum möglich. Vielmehr müssen narrative Verfahren und erinnerungskulturelle Kontexte zusammengedacht werden. Erzählerische Vermittlung, Zeitdarstellung oder Intertextualität werden bei der leserseitigen Aktualisierung von Literatur als Medium des kollektiven Gedächtnisses auf die Wirklichkeit der Kollektivgedächtnisse bezogen. Aus diesem Grunde handelt es sich bei der Rhetorik des kollektiven Gedächtnisses ebenso um ein narrativ-fiktionales Phänomen wie um eine Ausdrucksweise pluraler historischer Erinnerungskulturen. Sie kann nur im Rahmen einer **erinnerungshistorischen Narratologie** erfasst werden, die die geschichtlich und kulturell variablen Inhalten, Formen, Medien, Praktiken und Machtstrukturen des kollektiven Gedächtnisses bei der Analyse literarischer Formen mit bedenkt und ihre erzähltheoretischen Kategorien darauf ausrichtet (zur kulturgeschichtlichen Narratologie vgl. Erll/Roggendorf 2002).

Die Modi der Rhetorik des kollektiven Gedächtnisses stellen somit narratologische *und* erinnerungshistorische Kategorien dar: Die Analyse textinterner Phänomene muss mit einer Kenntnis historischer Erinnerungskulturen einhergehen. Denn ob beispielsweise ein monumentaler Modus dominiert, kann nur mit dem Wissen um historische Konfigurationen von kulturellem Gedächtnis beantwortet werden. Ob ein antagonistischer Modus vorliegt, ist ohne eine Kenntnis vorherrschender wie latenter Antagonismen einer kulturellen Formation kaum zu klären. Und ob etwa die literarische Inszenierung individueller Erinnerungsprozesse dominant der Authentisierung des Erzählten als lebensweltliche Erfahrung dient (und damit dem erfahrungshaftigen Modus zuzurechnen wäre) oder ein dominant reflexives Wirkungspotential entfaltet und damit zur (kritischen) Beobachtung ebendieser Prozesse anregt, kann ebenfalls nur mit dem Wissen um zeitgenössische Gedächtnisvorstellungen und -diskurse entschieden werden.

Die ›**erinnerungshistorische Literaturwissenschaft**‹, als deren Teilbereich der hier vorgestellte narratologische Ansatz zu begreifen ist (vgl. Erll 2004; zu weiteren Konzepten vgl. Kap. 3.2), ist notwendigerweise ein stark kontextorientierter Ansatz. Damit ist sie im Rahmen der seit nunmehr knapp zwei Jahrzehnten verstärkt betriebenen kulturwissenschaftliche Erweiterung der Literaturwissenschaft zu begreifen (vgl. (Böhme/Scherpe 1996; Nünning/Sommer 2004). Anders als die oben abgebildete Tabelle suggerieren mag, sind die Relationen zwischen Formen und Funktionen keinesfalls stabil. Sie scheinen zwar für die westlich geprägte Literatur der Moderne und Postmoderne einige Gültigkeit beanspruchen zu können, aber in jeder erinnerungskulturellen Konstellation wird es vermutlich zu interessanten Besonderheiten und Modifikationen des Modells kommen. Gleichwohl ist ein solcher narratologischer Ansatz fruchtbar: Erzählen als eine der Haupttätigkeiten in Erinnerungskulturen ist stets bedeutungsgeladen, machtvoll, wirklichkeits- und vergangenheitskonstituierend. An der Schnittstelle des Narrativen treffen sich die Gedächtniskonzepte von Soziologie, Psychologie, Geschichtstheorie und Literaturwissenschaft. Gerade durch die Weiterentwicklung von Ansätzen zur narrativen und medialen Dimension von Literatur in der Erinnerungskultur verspricht die Literaturwissenschaft einen wichtigen disziplinspezifischen Beitrag zu einem anregenden interdisziplinären Dialog zu leisten und bedenkenswerte Einsichten in die Dynamik von historischen und gegenwärtigen Erinnerungskulturen zu eröffnen.

Literatur

Böhme, Hartmut & Klaus R. Scherpe (Hrsg.): *Literatur und Kulturwissenschaften. Positionen, Theorien, Modelle*. Reinbek bei Hamburg: Fischer 1996.
Erll, Astrid & Simone Roggendorf: »Kulturgeschichtliche Narratologie. Die Historisierung und Kontextualisierung kultureller NarratIIIive«. In: Vera Nünning & Ansgar Nünning (Hrsg.): *Neue Ansätze in der Erzähltheorie*. Trier: WVT 2002, S. 73–114.
Erll, Astrid: »Erinnerungshistorische Literaturwissenschaft: Was heißt... und zu welchem Ende...?«. In: Nünning/Sommer 2004, S. 115–128.
Nünning, Ansgar: »Semantisierung literarischer Formen«. In: Ders. (Hrsg.): *Metzler Lexikon Literatur- und Kulturtheorie. Ansätze – Personen – Grundbegriffe*. Stuttgart/Weimar: Metzler ⁴2008 [1998], S. 652 f.
Nünning, Ansgar & Roy Sommer (Hrsg.): *Literaturwissenschaftliche Kulturwissenschaft. Positionen – Projekte – Perspektiven*. Tübingen: Narr 2004.
Sternberg, Meir: »Proteus in Quotation Land: Mimesis and the Forms of Reported Discourse«. In: *Poetics Today* 3,2 (1982), S. 107–156.

8 Anhang

8.1 | Auswahlbibliographie: Grundlagen, Handbücher und Lexika der kulturwissenschaftlichen Gedächtnisforschung

Assmann, Aleida: *Erinnerungsräume. Formen und Wandlungen des kulturellen Gedächtnisses*. München: Beck 1999.
Assmann, Aleida: *Das neue Unbehagen an der Erinnerungskultur. Eine Intervention*. München: Beck 2013.
Assmann, Jan: *Das kulturelle Gedächtnis. Schrift, Erinnerung und politische Identität in frühen Hochkulturen*. München: Beck 1992.
Bal, Mieke, Jonathan Crewe & Leo Spitzer (Hrsg.): *Acts of Memory: Cultural Recall in the Present*. Hanover/London: UP of New England 1999.
Bartlett, Frederic C.: *Remembering. A Study in Experimental and Social Psychology*. Cambridge: Cambridge UP 1932.
Berns, Jörg Jochen & Wolfgang Neuber (Hrsg.): *Ars memorativa. Zur kulturgeschichtlichen Bedeutung der Gedächtniskunst 1400–1750*. Tübingen: Niemeyer 1993.
Bond, Lucy & Jessica Rapson (Hrsg.): *The Transcultural Turn: Interrogating Memory Between and Beyond Borders*. Berlin/New York: de Gruyter 2014.
Boym, Svetlana: *The Future of Nostalgia*. New York: Basic Books 2001.
Brockmeier, Jens: *Beyond the Archive: Memory, Narrative, and the Autobiographical Process*. Oxford: Oxford UP 2015.
Burke, Peter: »History as Social Memory«. In: Thomas Butler (Hrsg.): *Memory. History, Culture and the Mind*. New York: Blackwell 1989, S. 97–113.
Crownshaw, Rick (Hrsg.): *Transcultural Memory*. Sonderheft *Parallax* 17,4 (2011).
Cubitt, Geoffrey: *History and Memory: Historical Approaches*. Manchester: Manchester UP 2007.
De Cesari, Chiara & Ann Rigney (Hrsg.): *Transnational Memory: Circulation, Articulation, Scales*. Berlin/New York: de Gruyter 2014.
Diner, Dan: *Gegenläufige Gedächtnisse. Über Geltung und Wirkung des Holocaust*. Göttingen: Vandenhoeck & Ruprecht 2007.
Draaisma, Douwe: *Die Metaphernmaschine. Eine Geschichte des Gedächtnisses*. Darmstadt: Primus 1999.
Echterhoff, Gerald & Martin Saar (Hrsg.): *Kontexte und Kulturen des Erinnerns. Maurice Halbwachs und das Paradigma des kollektiven Gedächtnisses*. Konstanz: UVK 2002.
Erll, Astrid: »Travelling Memory«. In: *Parallax* 17,4 (2011), S. 4–18.
Erll, Astrid & Ansgar Nünning (Hrsg.): *Cultural Memory Studies. An International and Interdisciplinary Handbook*. Unter Mitarbeit von Sara B. Young. Berlin/New York: de Gruyter 2008.
Erll, Astrid & Ann Rigney (Hrsg.): *Mediation, Remediation, and the Dynamics of Cultural Memory*. Berlin/New York: de Gruyter 2009.
Erwägen, Wissen, Ethik 13,2 (2002) (Forum mit Beiträgen von über 30 Vertreter/innen der kulturwissenschaftlichen Gedächtnisforschung).
Esposito, Elena: *Soziales Vergessen. Formen und Medien des Gedächtnisses der Gesellschaft*. Frankfurt a. M.: Suhrkamp 2002.
Fleckner, Uwe (Hrsg.): *Die Schatzkammern der Mnemosyne. Ein Lesebuch mit Texten zur Gedächtnistheorie von Platon bis Derrida*. Dresden: Verlag der Kunst 1995.
François, Etienne & Hagen Schulze (Hrsg.): *Deutsche Erinnerungsorte*. 3 Bde. München: Beck 2001.
Gudehus, Christian, Ariane Eichenberg & Harald Welzer (Hrsg.): *Gedächtnis und Erinnerung. Ein interdisziplinäres Handbuch*. Stuttgart/Weimar: Metzler 2010.
Halbwachs, Maurice: *Das Gedächtnis und seine sozialen Bedingungen*. Frankfurt a. M.: Suhrkamp 1985 (orig.: *Les cadres sociaux de la mémoire*. Paris: Alcan 1925).
Halbwachs, Maurice: *Das kollektive Gedächtnis*. Frankfurt a. M.: Fischer 1991 (orig.: *La mémoire collective*. Paris: Presses universitaires de France 1950).

Harth, Dietrich (Hrsg.): *Die Erfindung des Gedächtnisses.* Texte zusammengestellt und eingeleitet von Dietrich Harth. Frankfurt a. M.: Keip 1991.
Hirsch, Marianne: *The Generation of Postmemory: Writing and Visual Culture After the Holocaust.* New York: Columbia University Press 2012.
Hirsch, Marianne & Nancy K. Miller (Hrsg.): *Rites of Return: Diaspora Poetics and the Politics of Memory.* New York: Columbia UP 2011.
Huyssen, Andreas: *Present Pasts: Urban Palimpsests and the Politics of Memory.* Stanford, CA: Stanford UP 2003.
Irwin-Zarecka, Iwona: *Frames of Remembrance: The Dynamics of Collective Memory.* New Brunswick, NJ: Transaction Publishers 1994.
Kattago, Siobhan (Hrsg.): *The Ashgate Research Companion to Memory Studies.* Farnham, Surrey, UK: Ashgate 2014.
Keightley, Emily & Michael Pickering (Hrsg.): *Research Methods for Memory Studies.* Edinburgh: Edinburgh UP 2013.
Landsberg, Alison: *Prosthetic Memory: The Transformation of American Remembrance in the Age of Mass Culture.* New York: Columbia UP 2004.
Leggewie, Claus & Anne Lang: *Der Kampf um die europäische Erinnerung: Ein Schlachtfeld wird besichtigt.* München: C. H. Beck 2011.
Levy, Daniel & Natan Sznaider: *Erinnerung im globalen Zeitalter: Der Holocaust.* Frankfurt a. M.: Suhrkamp 2007 [2001].
Markowitsch, Hans J. & Harald Welzer: *Das Autobiographische Gedächtnis: Hirnorganische Grundlagen und Biosoziale Entwicklung.* Stuttgart: Klett-Cotta 2005.
Middleton, David & Derek Edwards (Hrsg.): *Collective Remembering.* London/Newbury Park/New Delhi: Sage 1990.
Misztal, Barbara A.: *Theories of Social Remembering.* Maidenhead: Open UP 2003.
Neiger, Mordechai, Oren Meyers & Eyal Zandberg (Hrsg.): *On Media Memory: Collective Memory in a New Media Age.* Basingstoke: Palgrave Macmillan 2011.
Nora, Pierre (Hrsg.): *Les lieux de mémoire I–III.* Paris: Gallimard 1984–1992.
Nora, Pierre: *Zwischen Geschichte und Gedächtnis.* Frankfurt a. M.: Fischer 1998 [1990].
Oexle, Otto Gerhard (Hrsg.): *Memoria als Kultur.* Göttingen: Vandenhoeck & Ruprecht 1995.
Olick, Jeffrey K.: *The Politics of Regret: On Collective Memory and Historical Responsibility.* London: Routledge 2007.
Olick, Jeffrey K., Vered Vinitzky-Seroussi & Daniel Levy (Hrsg.): *The Collective Memory Reader.* Oxford: Oxford UP 2010.
Pethes, Nicolas & Jens Ruchatz (Hrsg.): *Gedächtnis und Erinnerung. Ein interdisziplinäres Lexikon.* Reinbek: Rowohlt 2001.
Pethes, Nicolas: *Kulturwissenschaftliche Gedächtnistheorien. Zur Einführung.* Hamburg: Junius 2008.
Pollmann, Judith: *Memory in Early Modern Europe, 1500–1800.* Oxford: Oxford UP 2017
Radstone, Susannah (Hrsg.): *Memory and Methodology.* Oxford/New York: Berg 2000.
Radstone, Susannah & Bill Schwarz (Hrsg.): *Memory: Histories, Theories, Debates.* New York: Fordham UP 2010.
Rigney, Ann: »Plenitude, Scarcity and the Circulation of Cultural Memory«. In: *Journal of European Studies* 35,1 (2005), S. 11–28.
Rigney, Ann: *The Afterlives of Walter Scott: Memory on the Move.* Oxford: Oxford UP 2012.
Rothberg, Michael: *Multidirectional Memory: Remembering the Holocaust in the Age of Decolonization.* Stanford, CA: Stanford UP 2009.
Rüsen, Jörn & Jürgen Straub (Hrsg.): *Die dunkle Spur der Vergangenheit. Psychoanalytische Zugänge zum Geschichtsbewusstsein.* Frankfurt a. M.: Suhrkamp 1998.
Schacter, Daniel L.: *Wir sind Erinnerung. Gedächtnis und Persönlichkeit.* Reinbek: Rowohlt 2001 (orig.: *Searching for Memory. The Brain, the Mind, and the Past.* New York: Basic Books 1996).
Straub, Jürgen (Hrsg.): *Erzählung, Identität und historisches Bewußtsein. Die psychologische Konstruktion von Zeit und Geschichte.* Frankfurt a. M.: Suhrkamp 1998.
Sturken, Marita: *Tangled Memories: The Vietnam War, the AIDS Epidemic, and the Politics of Remembering.* Berkeley: University of California Press 1997.
Tota, Anna L. & Trever Hagen (Hrsg.): *Routledge International Handbook of Memory Studies.* London/New York: Routlegde 2016.
Tulving, Endel & Fergus I. M. Craik (Hrsg.): *The Oxford Handbook of Memory.* New York: Oxford UP 2000.
Wagoner, Brady (Hrsg.): *The Oxford Handbook of Culture and Memory.* Oxford: Oxford UP 2017.
Warburg, Aby: *Der Bilderatlas Mnemosyne.* Hrsg. v. Martin Warnke unter Mitarbeit v. Claudia Brink. Berlin: Akademie-Verlag 2000.

Weinrich, Harald: »*Lethe*«: *Kunst und Kritik des Vergessens*. München: Beck 1997.
Welzer, Harald: *Das kommunikative Gedächtnis. Eine Theorie der Erinnerung*. München: Beck 2002.
Wertsch, James V.: *Voices of Collective Remembering*. Cambridge: Cambridge UP 2002.
Whitehead, Anne: *Memory. The New Critical Idiom*. London: Routledge 2009.
Yates, Frances: *Gedächtnis und Erinnern: Mnemonik von Aristoteles bis Shakespeare*. Berlin: Akademie Verlag ^{6}2001 (orig.: *The Art of Memory*. London: Routledge 1966).
Yerushalmi, Yosef Hayim: *Zachor. Erinnere Dich! Jüdische Geschichte und jüdisches Gedächtnis*. Berlin: Wagenbach 1988 (orig.: *Zakhor. Jewish Memory and Jewish History*. Seattle: Univ. of Washington Press 1982).
Zelizer, Barbie & Keren Tenenboim-Weinblatt (Hrsg.): *Journalism and Memory*. Basingstoke: Palgrave Macmillan 2014.

8.2 | Personenregister

A
Abelson, Robert P. 84
Acland, Charles R. 160
Adorno, Theodor W. 48
Agamben, Giorgio 152
Agarwal, Pooja K. 118
Albertus Magnus 60
Alexander, Jeffrey C. 50
Althaus, Claudia 45
Althoff, Gerd 42
Anastasio, Thomas J. 88
Anderson, Benedict 43, 106
Anderson, Stewart 159
Anheier, Helmut K. 50
Antze, Paul 85
Appadurai, Arjun 183
Appiah, Kwame A. 105
Arendt, Hannah 48
Arenhövel, Mark 45
Argenti, Nicolas 49
Aristoteles 7, 71, 94, 173
Arnold-de Simine, Silke 59
Ashcroft, Bill 200
Assmann, Aleida 1, 3–8, 11–12, 21, 24–25, 27–30, 33, 36, 41, 43, 46, 49, 58, 60, 66, 68, 70–72, 87, 93, 95, 102, 105–106, 108–112, 115, 119, 123, 130, 132, 135–136, 138–139, 144, 149, 158, 179–180, 184, 191, 193–194, 202
Assmann, Jan 2–3, 6–7, 11–12, 24–27, 29, 33, 37, 41, 43, 46, 49, 66, 87, 93–95, 102, 105–106, 108–113, 116, 138–140, 144–145, 149, 168, 179, 194
Augé, Marc 118
Augstein, Rudolf 36
Augustinus 7, 61, 120
Aust, Hugo 199

B
Bachtin, Michail 63, 171, 194, 197, 202, 208
Baer, Alejandro 126
Baeumer, Max L. 63
Bahrick, Harry P. 84
Bal, Mieke 6, 8
Bangerter, Adrian 84
Bannasch, Bettina 69, 204
Banyard, Victoria L. 82
Barnes, John A. 49
Barnes, Julian 188, 208
Bar-On, Dan 46
Baronian, Marie-Aude 129
Barthes, Roland 155
Bartlett, Frederic C. 15, 18, 79, 84, 186
Bartoniczek, Andre 59
Basseler, Michael 69, 200
Batteau, Jesseka 183
Baudelaire, Charles 70
Bauerkämper, Arnd 131
Bauerle, Dorothée 17
Bauman, Zygmunt 49
Baumert, Anna 159
Baumgärtner, Ulrich 158
Beck, Ulrich 124
Becker, Anette 12
Beier-de Haan, Rosemarie 59
Bell, Terry 50
Ben-Amos, Dan 50
Benjamin, Walter 19, 70, 142, 154
Benoit, Roland G. 118
Berek, Mathias 48
Berg, Nicolas 36, 40
Berger, Peter L. 48, 106
Berger, Stefan 22, 37
Bergson, Henri 7, 11, 70, 81
Berliner, David C. 49
Berndt, Frauke 63
Berns, Jörg Jochen 61, 71
Beronja, Vlad 131
Beyer, Marcel 72
Bietti, Lucas M. 85
Bijl, Paul 129
Bijsterveld, Karin 154
Birk, Hanne 200
Birke, Dorothee 69
Blacker, Uilleam 131
Bloch, Marc 12, 94
Blondel, Charles 12
Bloom, Harold 63, 65, 67
Bloxham, Donald 50
Blum, André L. 118
Blustein, Jeffrey 49
Bock, Petra 50
Bodnar, John 41, 108
Bohleber, Werner 47
Böhme, Hartmut 212
Bolter, Jay David 160
Bond, Lucy 124
Borges, Jorge Louis 117, 206

Borgolte, Michael 42
Bornscheuer, Lothar 63
Borschberg, Peter 132
Borsò, Vittoria 72, 135
Bösch, Frank 158
Bourke, Joanna 186
Bowker, Geoffrey C. 50
Boyer, M. Christine 59
Boyer, Pascal 85
Boym, Svetlana 121
Braese, Stephan 69
Braungart, Wolfgang 181
Brecht, Bertolt 207
Breuer, Dieter 63
Brink, Cornelia 160
Brockmann, Andrea 158
Brockmeier, Jens 85–86, 169
Broszat, Martin 36
Brown, Steven D. 107
Brubaker, Rogers 105
Bruce, Darryl 84
Bruner, Jerome 84
Bruno, Giordano 7, 61
Brunow, Dagmar 124, 156, 158, 161
Buchinger, Kirstin 23
Buckner, Randy L. 83
Buelens, Geert 23, 71
Bull, Anna Cento 132
Bunyan, John 162, 182, 194
Burke, Peter 38
Buschmann, Nikolaus 106–107
Butler, Judith 119
Butt, Nadia 124
Butzer, Günter 61, 71, 118

C

Camillo, Giulio 61
Cancik, Hubert 96
Capa, Robert 155
Carbaugh, Donal 85
Carcenac-Lecomte, Constance 22
Carl, Horst 106
Carrier, Peter 20
Carruthers, Mary J. 61
Caruth, Cathy 70
Cassirer, Ernst 16, 101, 167–168
Chakrabarty, Dipesh 50
Cicero 60
Cippitelli, Claudia 158
Clark, Noel K. 84
Clifford, James 125
Cohen, Stanley 50
Cohn, Dorrit 171

Confino, Alon 37, 41
Connerton, Paul 47, 118
Conrad, Sebastian 123
Conway, Martin A. 81, 120
Coombes, Annie E. 129
Cooper, Frederick 105
Cornelißen, Christoph 41
Craik, Fergus I.M. 83
Crane, Susan A. 59
Craps, Stef 71, 124, 129
Creet, Julia 130
Crewe, Jonathan 6
Crivellari, Fabio 135
Crownshaw, Rick 121, 124
Csáky, Moritz 23, 124
Cubitt, Geoffrey 8
Culler, Jonathan 84, 191
Curtius, Ernst Robert 62–63, 65

D

Dabag, Mihran 46
Dabydeen, David 129
Dahn, Felix 181, 200
Damasio, Antonio R. 83
Dante Alighieri 60, 194
De Cesari, Chiara 123–124
Defoe, Daniel 196
Delius, Friedrich Christian 193
Della Sala, Sergio 118
de Man, Paul 70
Demetz, Peter 199
den Boer, Pim 21, 23
Derrida, Jacques 43, 139, 152
Desai, Anita 129
Dessingué, Alexandre 120
de Vries, Hent 8
D'haen, Theo 59
Diawara, Mamadou 49
Dickens, Charles 185
Dickhaut, Kirsten 72
Didi-Huberman, Georges 17
Diers, Michael 17
Dilthey, Wilhelm 47
Dimbath, Oliver 51
Diner, Dan 40, 50, 128, 130
Djebar, Assia 129
Dockhorn, Klaus 60
Donald, Merlin 84
Draaisma, Douwe 7, 71, 94, 117
Dreier, Thomas 152
Drews, Albert 158
Drews, Richard 162
Dudai, Yadin 83

Dunker, Axel 129
Durkheim, Émile 11
Durrant, Sam 71
Dutceac Segesten, Anamaria 35

E
Eaglestone, Robert 71
Easthope, Anthony 106
Ebbinghaus, Hermann 79
Ebbrecht, Tobias 156–157
Echterhoff, Gerald 15, 80, 84–85, 87, 149
Eckel, Winfried 72
Eckstein, Lars 70
Eco, Umberto 118
Eder, Klaus 130
Edwards, Derek 85
Ehlich, Konrad 27, 139, 179
Eich, Eric 82
Eichenberg, Ariane 8, 70
Eichmann, Adolf 51
Eigler, Friederike U. 70
Eisenman, Peter 5
Elam, Yigal 96
Eliot, T.S. 63, 180
Elm, Michael 41, 158
Elster, Jon 50
Emrich, Hinderk M. 118
Engell, Lorenz 159
Engel, Ulf 130
Erdbrügger, Torsten 46
Erdfelder, Edgar 80, 86
Erichsen, Ulrike 200
Ernst, Wolfgang 44, 152
Erzgräber, Willi 194
Eschebach, Insa 46
Eshel, Amir 121
Esposito, Elena 6, 48, 95, 97, 117, 138, 140, 144
Etkind, Aleksander 129, 131
Euler, Ellen 152
Ewers, Hans-Heino 47

F
Fabre, Geneviève 200
Falser, Michael 125–126, 129
Farrell, J.G. 202
Farr, Ian 58
Fedor, Julie 152
Felman, Shoshana 40, 70
Fenn, Monika 158
Fentress, James 47
Ferrándiz, Francisco 51
Feuchert, Sascha 69

Feuchtwang, Stephan 153
Figes, Orlando 46
Fischer, Thomas 158
Fischer, Torben 45
Fish, Stanley 176
Fitzpatrick, Susan M. 83
Fivush, Robyn 81
Fleckner, Uwe 7
Fluck, Winfried 171
Fludd, Robert 61
Fludernik, Monika 193, 201
Flusser, Vilém 142
Foerster, Heinz von 82
Foley, Malcom 50
Ford, Ford Madox 208
Forster, E.M. 68
Förster, Larissa 129
Foucault, Michel 43, 50, 139, 152, 156
Franco, Francisco 51, 118
François, Etienne 20, 22–23
Franke, Anselm 51
Frei, Norbert 45
Freud, Sigmund 7, 11, 18, 43–44, 61, 70–71, 78, 97, 118
Frevert, Ute 41
Freytag, Gustav 192
Fried, Johannes 39, 42
Frieden, Kirstin 152
Friedländer, Saul 8, 36, 40
Friese, Heidrun 106, 202
Frijhoff, Willem 21
Fritzsche, Peter 41
Frye, Northrop 170, 195
Fuchs, Anne 69, 162
Fukuyama, Francis 4
Funkenstein, Amos 39
Fussell, Paul 186

G
Gansel, Carsten 70
Garde-Hansen, Joanne 121, 135, 152
Geary, Patrick J. 42
Gedi, Noa 96
Genette, Gérard 195
Georgi, Viola B. 130
Geppert, Hans Vilmar 207
Gerlof, Manuela 154
Geyer-Ryan, Helga 46
Ghezzi, Alessia 118
Gibbons, Joan 58
Giesen, Bernhard 50
Gillis, John R. 50
Gilroy, Paul 125

Ginzburg, Carlo 17
Giotto di Bondone 60
Gitelman, Lisa 152
Gladigow, Burkhard 139
Gluck, Carol 51
Godard, Jean-Luc 129
Goethe, Johann Wolfgang von 62, 67, 180, 193
Goetsch, Paul 195
Goffman, Erving 119
Goldmann, Stefan 60
Gombrich, Ernst H. 16–17
Goodman, Nelson 167
Goody, Jack 49, 138–139
Göttsche, Dirk 129
Grabes, Herbert 66, 193
Grainge, Paul 156
Grass, Günter 69, 182, 208
Graumann, Carl F. 84
Greenblatt, Stephen 177
Greenwald, Anthony G. 85
Grellert, Marc 152
Griffiths, Gareth 200
Grimm, Jacob 126
Grimm, Wilhelm 126
Groes, Sebastian 121
Groll, Stephan 84
Großegger, Elisabeth 124
Große-Kracht, Klaus 40
Groys, Boris 43
Grünbein, Durs 68
Grusin, Richard 160, 162
Grzonka, Sabine Alice 22
Gudehus, Christian 8, 159
Gudmundsdottir, Gunnthorunn 118
Günter, Manuela 118
Gymnich, Marion 59

H
Habermas, Jürgen 36
Hagendorf, Herbert 83
Hagen, Trever 8
Halbwachs, Maurice 5, 9, 11–15, 18, 20, 22, 24, 36–39, 45, 48, 79–80, 94–95, 98–99, 105, 111, 115, 119, 124, 128, 135, 145, 150–151, 168, 185–186, 208
Hall, Stuart 124
Hamilton, Carolyn 44
Hansen, Hans Lange 132
Hardmeier, Christof 139
Harth, Dietrich 7, 24
Hartog, François 30
Hausmann, Frank-Rutger 62

Havelock, Eric A. 136, 139
Haverkamp, Anselm 61
Hayner, Priscilla B. 50
Healy, Chris 129
Hebel, Udo 22–23
Hegel, G.W.F. 7
Hein, Dörte 152
Heinlein, Michael 47, 51
Heiser, Sabine 72
Heller, Joseph 193
Hemken, Kai-Uwe 58
Henke, Christoph 208
Henty, G.A. 202
Herrmann, Meike 70
Herzfeld, Michael 49
Hess-Lüttich, Ernest W.B. 59
Heydebrand, Renate von 66
Higgins, E. Tory 84
Hirsch, Marianne 46, 71, 128–129, 156
Hirschbiegel, Oliver 5
Hirst, William 87–88, 108, 120
Hobsbawm, Eric 42–43
Hockerts, Hans Günter 45
Hodgkin, Katharine 50, 153
Hoffmann, Hilde 156
Hoffmann, Stefan 142
Hofmann, Wilhelm 159
Hofmeyr, Isabel 183
Holm, Christiane 69, 72, 204
Hölscher, Tonio 24, 139
Hölscher, Uvo 139
Homer 62, 126, 136, 144, 148, 180, 187, 194
Honneth, Axel 49
Horstkotte, Silke 72
Hoskins, Andrew 8, 152, 159–160
Howard, Mildred 58
Hume, David 7
Humphrey, Richard 65
Hungerford, Amy 70
Husserl, Edmund 7
Hutton, Patrick 37, 61
Huyssen, Andreas 1, 22, 41, 70, 127, 152

I
Ibsch, Elrud 69
Illies, Florian 193
Innis, Harold A. 139, 148
Irwin-Zarecka, Iwona 6, 47
Isar, Mudhishthir R. 50
Iser, Wolfgang 171, 174, 205
Isnenghi, Mario 22

J

Jacke, Christoph 156
Jacobeit, Sigrid 46
Jäger, Ludwig 142
Jeftic, Karolina 58
Jehn, Peter 63
Jelin, Elizabeth 41
Jenninger, Philipp 5
Jimerson, Randall C. 44
Jing, Jun 49
Jochimsen, Jess 40
Johnson, Mark 84, 94
Judt, Tony 22
Juneja, Monica 125–126, 129
Jünger, Ernst 204
Jureit, Ulrike 45
Jussen, Bernhard 44

K

Kabir, Ananya J. 118
Kaes, Anton 157
Kaiser, Gerhard R. 66
Kalyvas, Stathis 131
Kammen, Michael 2, 22, 41
Kandel, Eric R. 82
Kansteiner, Wulf 2, 37, 41, 70, 97, 156, 159
Kant, Immanuel 7
Kany, Roland 17
Karugia, John Njenga 132
Katriel, Tamar 121
Kattago, Siobhan 8
Keenan, Thomas 51
Keightley, Emily 8, 35
Keilbach, Judith 158
Keitz, Ursula von 152
Keller, David 159
Kellermann, Nathan 83
Kennedy, John F. 88
Kennedy, Rosanne 124
Keppler, Angela 46, 111
Kertész, Imre 5
Ketcham, Katherine 82
Kiefer, Anselm 58
Kilby, Jane 121
Kittler, Friedrich A. 139, 142, 146
Kitzmann, Andreas 130
Klein, Kerwin Lee 39, 97
Klein, Stanley B. 120
Klinkhammer, Lutz 41
Klix, Friedhart 83
Klüger, Ruth 46, 209
Kmec, Sonja 23
Knigge, Volkhard 130

Knoch, Habbo 160
Knopp, Guido 3, 158
Koch, Torsten 46
Kölbl, Carlos 79
Kolboom, Ingo 22
Kollmorgen, Raj 50
Kölsch, Julia 50
König, Helmut 50, 130
Konitzer, Werner 30
Korte, Barbara 69, 156
Koselleck, Reinhart 4, 30, 32, 39, 106, 116, 121
Kößler, Gottfried 41
Kracauer, Siegfried 18
Kraft, Andreas 47
Krämer, Sybille 136–137
Kramp, Leif 159
Krassnitzer, Patrick 109
Kristeva, Julia 63
Kritz, Neil J. 50
Kuhn, Annette 159
Kuijpers, Erika 45
Kurz, Gerhard 61

L

Lacan, Jacques 139
LaCapra, Dominick 40, 97
Lachmann, Renate 61–65, 116, 160
Lakoff, George 84, 94
Lambek, Michael 85
Landsberg, Alison 128, 153–154
Lang, Anne 131–132
Langenbacher, Eric 51
Langenohl, Andreas 48, 50
Langer, Lawrence 41
Lanser, Susan Sniader 195, 202
Laqueur, Walter 45
Lass, Uta 83
Lategan, Bernard 49
Latour, Bruno 30
Laub, Dori 40
Lavisse, Ernest 21
Le Rider, Jacques 23
LeDoux, Joseph 83
Leggewie, Claus 47, 50, 131–132, 159
LeGoff, Jacques 37, 138
Lennon, J.J. 50
Leonhard, Nina 46
Leroi-Gourhan, André 138
Lersch, Edgar 158
Lessing, Gotthold Ephraim 155
Levy, Daniel 48, 123, 127–128
Lewis, Bernard 38

8.2 Personenregister

Leydesdorff, Selma 46
Leys, Ruth 70
Link, Jürgen 101, 171
Locke, John 7, 28, 81
Loftus, Elisabeth F. 82
Lohmeier, Christine 154
Lorenz, Matthias N. 45
Löschnigg, Martin 69
Loshitzky, Yosefa 158
Lothe, Jakob 69
Lotman, Jurij 8, 98
Lottes, Günter 32
Lowenthal, David 41
Luckhurst, Roger 71
Luckmann, Thomas 48, 106
Lüer, Gerd 83, 86
Luhmann, Niklas 48, 136, 140, 144, 148, 188–189
Lundin, Matthew 45
Lyotard, Jean-François 4

M

O'Meally, Robert 200
Macdonald, Sharon 132
MacLeod, Andrew K. 120
Magona, Sindiwe 129
Majerus, Benoît 23
Mandela, Nelson 50
Manier, David 87–88, 108
Mann, Heinrich 206
Mannheim, Karl 19, 47
Marcel, Jean-Christophe 12
Margalit, Avishai 49
Markowitsch, Hans-Joachim 80–82, 86
Maron, Monika 72
Marx, Friedhelm 69
Matsuda, Matt K. 41
Matthews, Paul M. 85
Maturana, Humberto R. 82
Matuschek, Stefan 66
Mauss, Marcel 42
Mayer-Schönberger, Viktor 118
McClelland, James I. 83, 85
McLuhan, Marshall 136, 139, 142, 153, 160
McNally, Richard J. 82
Megill, Allan 37
Meier, Christian 118
Meier, Cordula 58
Messerschmidt, Astrid 129
Meyer, Erik 50, 152
Meyers, Oren 135
Michaelian, Kourken 120
Michaud, Philippe-Alain 17

Michelet, Jules 136
Michels, Karen 16
Middell, Matthias 130
Middleton, David 85, 107
Miller, Nancy K. 129
Milton, John 144, 192, 194
Misztal, Barbara A. 8
Moers, Walter 5
Mohr, Hubert 96
Moller, Sabine 46–47
Montaigne, Michel de 7
Morris-Suzuki, Tessa 72
Moses, Dirk A. 50, 129
Mosse, George L. 41
Mucchielli, Laurent 12
Müller, Sabine Lucia 46
Musarra-Schroeder, Ulla 65

N

Nadj, Julijana 65
Nagelschmidt, Ilse 46
Nalbantian, Suzanne 68, 85
Namer, Gérard 12
Neiger, Mordechai 135
Neisser, Ulric 80, 84
Neubauer, John 45
Neuber, Wolfgang 61
Neumann, Birgit 65, 69, 85, 200
Niemeyer, Katharina 121
Nieper, Lena 154
Niethammer, Lutz 15, 22, 36, 45, 50, 105
Nietzsche, Friedrich 7, 28, 118
Nikulin, Dmitri 8
Niven, William 37
Noordegraf, Julia 152
Nora, Pierre 1, 11, 20–22, 36–37, 39, 88, 95, 98, 102, 105, 124, 149, 154, 168, 170
North, Michael 132
Ntsebeza, Dumisa B. 50
Nugent, Maria 124
Nünning, Ansgar 8, 35, 59, 66, 68–69, 72, 135, 170–171, 199, 202, 207, 211–212
Nünning, Vera 202

O

O'Meally, Robert 200
Ochsner, Beate 135
Oesterle, Günter 7, 72
Oexle, Otto Gerhard 42
Ohliger, Rainer 130
Öhlschläger, Claudia 69
Ohly, Friedrich 42
Olick, Jeffrey K. 4, 8, 35, 41, 43, 47–48, 50–51, 65, 95–96

221

Olschowsky, Burkhard 131
Ong, Walter 139
Ortiz, Fernando 125

P
Paaß, Michael 69
Páez, Dario 85
Paletschek, Sylvia 46, 156
Panofsky, Erwin 16
Passerini, Luisa 46, 120, 130
Paul, Gerhard 154
Pederson, Joshua 71
Peirce, Charles Sanders 155
Penkwitt, Meike 46
Pennebaker, James W. 85
Pentzold, Christian 154
Pepys, Samuel 146
Perec, Georges 129
Pereira, Ângela G. 118
Perks, Robert 45
Pethes, Nicolas 2, 4–5, 8, 70, 93
Phelan, James 69
Phillips, Caryl 129
Phillips, Kendall R. 132
Picasso, Pablo 144
Pickering, Michael 8, 35
Pinder, Wilhelm 19, 111
Pirker, Eva Ulrike 161
Plate, Liedeke 58, 119, 183
Plato, Alexander von 45–46
Platon 7, 71, 94
Platt, Kristin 46
Poirier, Anne 58
Poirier, Patrick 58
Polkinghorne, Donald E. 85
Pollmann, Judith 45
Pompe, Hedwig 43
Popp, Susanne 158
Posner, Roland 99, 114
Postman, Neil 142
Prinz, Kirsten 182
Probst, Inga 46
Proust, Marcel 67, 69–70, 188, 206

Q
Quintillian 60

R
Raabe, Wilhelm 207
Radebold, Hartmut 47
Radonic, Ljiljana 2
Radstone, Susannah 8, 50, 153
Rajewsky, Irina O. 144

Ranger, Terence 42–43
Ranke, Leopold von 136
Ransmayr, Christoph 188
Rapson, Jessica 124
Reading, Anna 46, 121, 152
Reichel, Peter 50, 158
Reik, T. 18
Remarque, Erich Maria 193, 203–204
Renn, Ludwig 204
Resnais, Alain 129, 158
Reulecke, Jürgen 47
Reve, Gerard 183
Reyes, G. Mitchell 132
Ricœur, Paul 49, 118, 173–175, 177
Rieger, Stefan 61
Rigney, Ann 6, 22, 50, 72, 121, 123–124,
  130, 132, 159–161, 168, 182, 184
Rimé, Bernard 85
Ritter, Hellmut 16
Robben, Antonius C.G.M. 51
Robbins, Joyce 4, 47, 51
Roediger, Henry L. 83, 118
Roesler, Frank 83
Röger, Maren 154
Roggendorf, Simone 211
Rosenstone, Robert A. 156
Rossington, Michael 8
Roth, Gerhard 82–83, 89
Roth, Michael S. 41
Rothberg, Michael 71, 123, 128, 130
Rothermund, Dietmar 129
Rousso, Henry 41
Rowland, Antony 121
Rubin, David 81
Ruchatz, Jens 2, 4–5, 8, 93, 154
Rüdiger, Mark 161
Rumelhart, David E. 84
Rupp, Jan 65
Rusch, Gebhard 148
Rüsen, Jörn 38, 40, 49, 85, 102, 169
Rushdie, Salman 207
Rutten, Ellen 152

S
Saar, Martin 15, 85
Sabrow, Martin 23
Saltzman, Lisa 58
Samuel, Raphael 37
Sandkühler, Gunnar 160
Sandl, Marcus 32, 36
Schabert, Ina 66
Schacter, Daniel L. 58, 80–83, 117, 120
Schaffner, Ingrid 58

Schank, Roger C. 84
Schanze, Helmut 63
Scheffel, Joseph Victor 200
Scheiding, Oliver 63
Scherpe, Klaus R. 212
Schiller, Friedrich 120
Schirren, Thomas 63
Schlusche, Günter 59
Schmauks, Dagmar 99
Schmeling, Manfred 72
Schmid, Karl 42
Schmidt, Christoph J. 46
Schmidt, Julia 130
Schmidt, Patrick 21
Schmidt, Siegfried J. 62, 82, 85, 142–143, 145, 150, 184
Schmitt, Manfred 159
Schmitz, Julian 154
Schmitz-Emans, Monika 72
Schneider, Christian 45
Schneider, Christoph 50
Schneider, Ralf 69
Scholz, Leander 43
Schönpflug, Wolfgang 97
Schooler, Jonathan W. 82
Schramm, Katharina 49
Schraut, Sylvia 46
Schreiber, Waltraud 158
Schröter, Jens 142
Schudson, Michael 50
Schulze, Hagen 22
Schulze-Engler, Frank 124
Schuman, Howard 47
Schütze, Julia 70
Schwanebeck, Axel 158
Schwartz, Barry 50
Schwarz, Anja 46
Schwarz, Bill 8
Schweinitz, Jörg 156
Schwelling, Birgit 8, 50
Schwentker, Wolfgang 41
Scott, Clive 155
Scott, Jacqueline 47
Scott, Walter 72, 181, 184, 200
Seamon, John G. 157
Sebald, W.G. 69, 71–72
Seegers, Lu 47
Seel, Martin 136
Seibel, Klaudia 65
Seiffert, Joana 22
Semon, Richard 17, 65, 82
Sen, Amartya 105
Sengupta-Frey, Indra 129

Serrier, Thomas 23
Shain, Yossi 51
Shakespeare, William 67–68, 187–188, 194
Shandler, Jeffrey 158
Shannon, Claude Elwood 148
Shriver, Donald Jr. 50
Sichert, Margit 66
Sick, Franziska 135
Sicking, Manfred 130
Sierp, Aline 51, 132
Sigurdsson, Sigrid 58
Silverman, Max 129
Simonides von Keos 60
Sindbæk Andersen, Tea 131, 159
Singer, Wolf 82, 89
Sinz, Rainer 83
Sivan, Emmanuel 41
Smelik, Anneke 58
Smith, Gary 118
Smith, Grover Cleveland 63
Smith, Richard Candida 58
Smith, Valerie 46
Snyder, Timothy 132
Sokolowska-Paryz, Marzena 69
Solomon, Paul R. 83
Sommer, Monika 23
Sommer, Roy 177, 212
Sontag, Susan 155
Speitkamp, Winfried 124
Spiegelman, Art 71
Spitzer, Leo 6
Spohn, Willfried 130
Stalin, Josef 132
Stanitzek, Georg 146
Stanzel, Franz K. 195
Starn, Randolph 50
Steinle, Matthias 156
Stephenson, Geoffrey M. 84
Sternberg, Claudia 69
Sternberg, Meir 211
Stiegler, Bernd 40
Stoler, Ann 44, 118–119
Stone, Charles B. 85, 120
Strasen, Sven 191
Straub, Jürgen 40, 79, 84–85, 105–106, 201
Strong-Wilson, Teresa 121
Sturken, Marita 2, 153
Suleiman, Susan Rubin 69
Sumner, Angela 144
Surkamp, Carola 202, 207
Sutton, John 84
Swift, Graham 207

Sznaider, Natan 123, 126–128
Szpunar, Karl K. 120

T
Tai, Hue Tam Ho 22, 41
Taithe, Bertrand 22
Tamm, Marek 37
Tausch, Harald 59
Tavuchis, Nicholas 50
Taylor, Diana 44, 119
Tellenbach, Gerd 42
Tenenboim-Hajek, Andrea 154
Tenenboim-Weinblatt, Meren 121, 154
Terdiman, Richard 70
Themistokles 118
Thomas von Aquin 60
Thompson, Paul 46
Thomson, Alistair 45
Tiffin, Helen 200
Timm, Uwe 69
Tizian 60
Tollebeek, Jo 23
Tolstoi, Leo 67
Tomasello, Michael 85
Törnquist-Plewa, Barbara 131, 159
Tota, Anna L. 8
Troebst, Stefan 130–131
Tschuggnall, Karoline 46–47
Tulving, Endel 80–83
Turner, Mark 187

U
Ueding, Gert 63
Uhl, Heidemarie 2
Uspeskij, Boris 8

V
van Alphen, Ernst 107
van der Knaap, Ewout 158
van Dijck, José 153–155
van Gorp, Hendrik 65
Vansina, Jan 25, 49, 110
Varela, Francisco J. 82
Vatter, Christoph 158
Vermeulen, Pieter 124
Vervaet, Stijn 131
Vesnić-Alujević, Lucia 118
Viehoff, Reinhold 158
Viejo-Rose, Dacia 50
Vinitzky-Seroussi, Vered 48
Vinken, Gerhard 59
Virilio, Paul 142
Voßkamp, Wilhelm 66, 146, 177

Vromen, Suzanne 12
Vygotsky, Lev S. 150

W
Wachs, Marina-Elena 59
Wägenbaur, Thomas 68
Wagner, Anthony D. 83
Wagoner, Brady 85
Wappler, Friederike 58
Warburg, Aby 11, 16–18, 20, 62, 65, 99, 103, 135, 178, 182
Warnke, Martin 17
Weaver, Warren 148
Weber, Matthias 131
Weber, Max 8
Weber, Thomas 152
Weckel, Ulrike 159
Wehler, Hans-Ulrich 30
Wehner, Joseph Magnus 204
Weigel, Sigrid 44, 47, 64
Weinberg, Manfred 59, 135
Weinrich, Harald 71, 94, 118
Weinstein, Yana 118
Weissberg, Liliane 50
Weißhaupt, Mark 47
Weizman, Eyal 51
Welsch, Wolfgang 125
Welzer, Harald 8, 46–47, 81, 85–86, 103, 109, 128, 144, 187
Wende, Waltraud 158
Wenk, Silke 46
Wenzel, Horst 72
Wenzel, Jennifer 183
Wenzl, Anna 158
Wertsch, James V. 85–86, 99
Wesseling, Henk 23
Wettengl, Kurt 58
Wheeler, Mark A. 80
White, Hayden 36, 69, 170
Whitehead, Anne 8
Wickam, Chris 47
Wiesinger, Peter 67
Wilkomirski, Binjamin (= Bruno Dössekker) 3, 153, 182
Willer, Stefan 44
Williams, Linda M. 82
Windisch, Martin 135
Winogrod, E. 84
Winter, Jay 41, 120
Winzen, Matthias 58
Wirtz, Rainer 158
Wischermann, Clemens 36, 39, 46
Wodianka, Stephanie 61, 113, 156–158

Wohl, Robert 47
Wolf, Christa 198
Wolfrum, Edgar 41
Wolkers, Jan 183
Wollasch, Joachim 42
Woolf, Virginia 70, 196
Wordsworth, William 68
Wunberg, Gotthart 50
Wüstenberg, Jenny 35, 51

Y

Yates, Frances A. 60–61
Yerushalmi, Josef Hayim 37–38
Yildiz, Yasemin 130
Yoneyama, Lisa 49
Young, James E. 40

Z

Zandberg, Eyal 155
Zapf, Hubert 171
Zelizer, Barbie 5, 154
Zemon Davis, Natalie 50
Zerubavel, Eviatar 50
Zerweck, Bruno 191, 207
Zierold, Martin 143, 152, 156
Zimniak, Pawel 70
Zinnecker, Jürgen 47
Ziolkowski, Jan M. 61
Zumbusch, Cornelia 19
Zvereva, V.V. 152
Zweig, Arnold 18

8.3 | Sachregister

A
Abruf 80
Abrufreiz 82, 147, 149, 155
adressatenorientierte Kommunikation 84
Akte des Fingierens 171
Akte kollektiver Erinnerung 93, 100
Aktualisierung, individuelle 101, 185
Allegorie 168, 210
Alterität 105, 201
Amnesie
– Quellenamnesie 84
– strukturelle 49
– traumatische 82
Amnesiologie 119
anamnesis 60
antagonistischer Modus 200–204
Anthropozen 121
Archiv 42–44, 152
– Archivübel (Derrida) 43
– digitales 44, 152
– und Repertoire 44
ars, Gedächtnis als 27–28
ars memoriae 60
Artikulation 124
Artikulationsfunktion der Literatur 174
auktoriale Erzählsituation 195
Ausformung von Erinnerungskulturen 32
Austausch (*exchange*) 125, 177
Authentizität 161, 186–187, 197
authorial voice 195
Autobiographie 171, 182
autobiographisches Gedächtnis 80–81, 83, 86–87

B
Beobachter-Erinnerung 80
Bewegung von Erinnerung 125–126
Bildgedächtnis 17, 63, 159
Bildungsroman 169
Blitzlichterinnerung (*flashbulb memory*) 88
Botschaft 193
Buchdruck 139–140

C
cadres médiaux 150
cadres sociaux 11
Chronotopos 197
Code 99–100, 148–149
collected memory 95

collective memory 95
communal voice 202
Computer 71, 139, 151
conversational remembering 84–85
cue/retrieval cue 82

D
Deckerinnerung 40, 78, 97, 119, 128
De- und Re-Semiotisierung 62, 116
Digitalisierung 151–152
Dissoziierbarkeit 80
distant semantic memory 87
Dokudrama 156

E
Ebenen des Gedächtnisses (psychische und soziale) 95
effort after meaning (Bartlett) 79
Einflussangst 63
Ekphorie 82
Elfter September 88
Emotion 83
Emotionalisierung 159
emplotment 85, 170
Engramm 17, 82
Enkodierung 79
Epigenetik 83
episodisches Gedächtnis 80–81
Epos 144, 170, 195
Erfahrung 106–107
– erfahrungshafter Modus 192, 194–197
– Erfahrungshaftigkeit 193
– Erfahrungsspezifität 196
Erinnern 6
Erinnerung 6
– diasporische 129
– fundierende 27
– gemeinsame und geteilte (Margalit) 49
– kontrapräsentische 27
– kosmopolitische 127
– kulturelle 6–7
– migrantische 129
– normative und formative 27, 127, 179
– postimperiale 129
– postkoloniale 129
– transkulturelle 123, 129–130
Erinnerungsarbeit, Typen der 33
Erinnerungsdistanz 113
Erinnerungsfiguren 26

Erinnerungsfilm 156–157
Erinnerungsfunktion der Literatur 174
Erinnerungsgattungen (vgl. auch Gedächtnisgattungen) 32
Erinnerungsgeschehen 33
erinnerungshistorische Literaturwissenschaft 212
erinnerungshistorische Narratologie 211
Erinnerungshoheit 32, 202
Erinnerungsinteresse 32, 115
Erinnerungskonflikt 50
Erinnerungskonkurrenz 115, 128, 200–203
Erinnerungskultur 6, 31–33, 40, 98–100
- 2.0 152
- ethische 29
Erinnerungsliteratur 70
Erinnerungsnähe 113
Erinnerungsorte 20–23, 149, 161–162, 168
Erinnerungsregionen 131
Erinnerungsroman 65
Erinnerungstechniken 32
Erzählen und Erinnern 69, 84, 156, 168, 174–176, 191
erzählerische Vermittlung 195, 202, 207
Erzähltheorie 69, 191, 211
Ethik der Erinnerung 29, 49, 128, 154
ethnisches Paradox 130
europäische Erinnerung 130–132
Exogramm 84
extended mind 84
Externalisierung 48, 143, 154

F
false memory debate 82
Familienfotografie 156
Familiengedächtnis 14, 46
Faschismus 41
Feld-Erinnerung 80
Fernhorizont 110, 112, 192–193, 195, 197
Fernsehen und Erinnerung 158
- Fernsehereignisse 158
- Nachrichtenberichterstattung 159
Figurenkonstellation 202
fiktionale Privilegien und Restriktionen 171
Film und Erinnerung 154, 156–157
- Dokudrama, Dokufiktion 156, 161
- Erinnerungsfilm 156–157
- gedächtnisreflexive und -produktive Filme 157
- historischer Film 156
floating gap 25, 45, 109–110
Forensik 51

Formativperiode 47
Form (vgl. auch Geformtheit) 25, 144
- Multifunktionalität literarischer Formen 205, 211
Forschungsgeschichte des Gedächtnisses 11
Fotografie und Erinnerung 71, 139, 154–155
- digitale Fotografie 153
- dokumentarische Fotografie 155
- Familienfotografie 156
Funktionalisierung 145, 147–148, 177
Funktionsgedächtnis 28–29, 140, 176
Funktionspotential 177

G
Gattungsgedächtnis 65
Gattungsmuster 169–170
Gebräuche 42
Gedächtnis 6
- europäisches 130–131
- geschlechtsspezifisches 46
- individuelles 12–13, 95
- jüdisches 37
- kollektives 4–6, 95
- kommunikatives 24–26, 111–114
- kosmopolitisches 127
- kulturelles 24–26, 111–114
- nationales 20, 22
- soziales 17, 38, 47, 129
- transnationales 123, 127
Gedächtnis-Aktivisten 51
›Gedächtnis‹ als Abbreviatur 97
Gedächtnis als Kulturphänomen 94
›Gedächtnis‹ als Sammelbegriff 4–5, 96
Gedächtnis (Begriff) 4
Gedächtnis der Literatur 61–67
Gedächtnisforschung
- ethnologische 49
- geschichtswissenschaftliche 35–51
- kognitionspsychologische 79–83
- kognitionswissenschaftliche 82
- kulturwissenschaftliche 1, 7, 17, 85–88
- kunsthistorische 16, 58–59
- literaturwissenschaftliche 59–72
- medienkulturwissenschaftliche 151–163
- neurobiologische 83
- philosophische 7, 49
- politikwissenschaftliche 50
- psychoanalytische 40, 70, 78, 97
- psychologische 79–88
- sozialpsychologische 84–85
- sozialwissenschaftliche 47–51
- soziologische 47–51

- systemtheoretische 48, 140
- transdisziplinäre 2, 35–36, 93

Gedächtnisgattung 65
Gedächtnis in der Literatur 68–72
Gedächtniskonzepte 41
- der Literaturwissenschaft 59
Gedächtniskunst 60
Gedächtnismetaphorik 71, 94
Gedächtnismodi 101, 108–116
Gedächtnisparagone 143
Gedächtnisproduktion 151, 157–158, 188–189
Gedächtnisreflexion 7, 157, 188–189, 205
Gedächtnisregister 101
Gedächtnisroman 65
Gedächtnissysteme (individuelle) 80, 86–87
Gedächtnissysteme (kulturelle) 102–104
Gedächtnis vs. Erinnerung 6, 33
Gedächtnis vs. Geschichte 6, 14, 20, 22, 35–39
Geformtheit (vgl. auch Form) 25
Gegengedächtnis 50
Geisteswissenschaften 4
Genealogie 44
Generationalität 47
Generationengedächtnis (intergenerationelles Gedächtnis) 14, 46–47
Generationsgedächtnis (intragenerationelles Gedächtnis) 47
Genozidstudien 50
Geschichtsphilosophie 4
Geschichtsschreibung 22, 36–38
Gesellschaftsformation 32
Globalisierung 22, 59, 123, 127, 151
- globale Erinnerungskultur 152
- und Lokalisierung 127
globital memory 152

H

Hegemonie des kulturellen Gedächtnisses 115
Herausforderungslage 32
Hirnforschung 82
historiographic metafiction 170
historischer Roman 68–69, 181, 184, 199–200
historisierender Modus 199–200
Holocaust 3, 30, 36, 40–41, 45–46, 69–71, 127–131, 209
Hypermedialität (hypermediacy) 160

I

Ich-Erzählung 69, 195, 207
Identität, kollektive 14, 25–26, 105–106, 128
Identitätskonkretheit 25
Identitätstheorien 105–106
Ikon 155
Ikonabilität 159
Ikonisierung 159–160, 162
Imaginäres 171
imagined communities 43
implizites Gedächtnis 81
Index 155
Innenweltdarstellung, literarische 196
Institutionalisierung 26, 48, 142–143, 145
Inszenierung, literarische 68
integrative Modelle des Gedächtnisses 85–88
Interdiskursivität 68, 171, 174, 194
Interdisziplinarität 1–2, 85
Intermedialität 72, 174
Internalisierung 48
Internet 3, 143–144, 151
Interpretationsgemeinschaften 176
Intertextualität 61–65, 174
invented traditions 42

J

Journalismus 154

K

Kalter Krieg 3
Kanon 27, 66–67
Kanonrevision 67
kollektiv-episodisches Gedächtnis 87
kollektiver Text 180–182
kollektiv-prozedurales Gedächtnis 88
kollektiv-semantisches Gedächtnis 87
Kollektivsingular ›Geschichte‹ 39
Kolonialismus und Dekolonialisierung 3, 44, 128
Kommunikationsinstrument 142–143
Konfiguration 174
Konnektionismus 82
konnektive Struktur 26, 105
Konsolidierung 88
Konstruktivismus 6, 14, 48, 107, 135
Konstruktivität 6, 11, 14
Kriegskinder 47
Krypta 43
Kultur 7, 18, 98–99
- als Gedächtnisphänomen 94
kulturautobiographisches Gedächtnis 102
kulturelle Paradigmen 186–187
kultureller Text 179–180
kulturprozedurales Gedächtnis 103

kultursemantisches Gedächtnis 102
Kultursemiotik 98–99
Kulturspezifik 79, 186
Kulturwissenschaften 4
kumulative Heroisierung 46
Kurzzeitgedächtnis 80

L
Langzeitgedächtnis 80
Lebenserfahrung 80, 85, 107, 116
Lebenswelt 110, 112
Legitimierung, Delegitimierung 24, 28
Lethotechnik 118
lieux de mémoire 20
Literalität 139
Literaturgeschichtsschreibung 66–67
Literatur und Gedächtnis
– Inszenierung von individuellem Gedächtnis 68–69
– Inszenierung von kulturellem Gedächtnis 68
– literarische Affirmation und Dekonstruktion 188
– literarische Beobachtung von Gedächtnis 205–206
– literarische Darstellungsverfahren 206–207, 209–210
– literarische Gedächtnisbildung 188
– literarische Gedächtnisreflexion 188
lived semantic memory 87
loci et imagines 60
loci (vgl. auch *topoi*) 20

M
Massenmedien 148, 151, 156
materiale Dimension der Erinnerungskultur 99
mediale Abrufhinweise 149
mediale Rahmen des Erinnerns 150–151, 187
Medialität des Gedächtnisses 72, 135–136
mediatisierte Erinnerung 150, 153–154
mediatisierte Handlung (mediated action) 86
Medienangebot 143–144
Medienbegriff (als ›Kompaktbegriff‹) 141–143
Medienereignis 159
Mediengeschichte 138–140
Medienreflexivität 152
Medientechnologie 3, 140, 142–144, 160
Meditation 61
Medium als Spur und Apparat 136
Memoiren 170, 207
Memoria als Kultur 42

Memoria-Forschung 42, 61
Memory Studies 8, 35
memory talk 84
mentale Dimension der Erinnerungskultur 99
Metaphern des Gedächtnisses 71
Metaphern im Gedächtnisdiskurs 94–97
methodologischer Nationalismus 124
Mimesis 173–175
Mnemosyne 16
Moderne und Erinnerung 30, 70
– vormoderne Erinnerung 45
– Zeitregime der Moderne 30
monumentaler Modus 192–198
Monumentalität 183, 192
multidirectional memory 128
Multiperspektivität 208
Multi-Skalarität 124
Mündlichkeit 26, 49, 138–139
Mythomotorik 27
Mythos 27, 112

N
Nachleben 16
– literarisches 182–184
Nahhorizont 112
Narration 168
narrative Glättung 85
narrative Psychologie 84
Narratologie 69, 168, 191–212
Nationalismus, methodologischer 124–125
Neue Medien 151–152
Neuroimaging 83
Nostalgie
– restaurative und reflexive 121

O
Objektivation 48
Ökologie des Gedächtnisses 84
Opferorientierung (versus Opferidentifizierung) 30
Oral History 45–46
Oralität 138
Organisiertheit 26

P
Paratext 194
Partizipation 130
Pathosformeln 16
personal voice 195–196
Perspektivenstruktur 202
Plastizität des Gehirns 86
Plotstruktur 85, 170, 195

Pluralität der kulturellen Erinnerung 32, 114–115
plurimediale Konstellationen der Erinnerung 158
Politik der Reue 50
Polyvalenz 171
Populärliteratur 181
Posthumanismus 121
postimperiale Erinnerung 129
postkoloniale Erinnerung 129
Postmemory 71, 156
Poststrukturalismus 4, 63, 70
Präfiguration 173
Prämediation 160, 162–163
Priming 81
prosthetic memory 153
prozedurales Gedächtnis 81

R
Rahmenbedingungen des Erinnerns 32
Rahmenbildung (*framing*) 119
Raumdarstellung 202
Raum und Gedächtnis 14
reenactment 161
Referenzialität 181
Refiguration 175–176
reflexiver Modus 205–209
Reflexivität (der Erinnerungskultur) 26
Rekonstruktivität 25
Remediation 160–163
Repräsentation 40
Resonanz 162
retrospektive Teleologie 85
Re-Writing 183
Rezeption 113, 146, 157–159, 175–176
Rhetorik 60–61
– der Erinnerung 69
– des Damals-und-Heute 199
– des kollektiven Gedächtnisses 191–192

S
Sachgeschichte des Gedächtnisses 7
Scheinerinnerung 82
Schema/Schemata 13, 79, 116, 127, 162, 186
Schoah 3, 40–41
Schriftlichkeit 26, 138–140
Schweigen 118, 120
Sedimentbildung 48
Selbstreferenz, literarische 206
Selektion 67, 168, 174
Selektionsstruktur (vgl. auch Textrepertoire) 174
Semantik 48

semantisches Gedächtnis 80
serielle Einspeicherung 80
sites of memory 20
social memory studies 47
Sonderforschungsbereich »Erinnerungskulturen« 31–33
soziale Dimension der Erinnerungskultur 99
soziale Rahmen des Erinnerns 13, 152
soziales Leben von Literatur 183
Sozialsystem, Literatur als 62, 66
Speichergedächtnis 28, 115
Speichermedien 148, 179
Speicherung 79–80, 139
Symbol 16–17, 21, 155
symbolische Form 101, 167
Symbolsystem, Literatur als 62
Systemtheorie 48, 140

T
Tätergedächtnis 41, 71
Textbegriff, Assmann'scher 179–180
Topik 62–63
topoi (vgl. auch *loci*) 21, 61–63, 161, 168
Tradition 15, 29, 48, 63
– erfundene 42
Transdisziplinarität 8
Transkulturalität 123–126
Transmedialität 144, 161
transnationale Erinnerungsorte 23
Transnationalität 123–124
Transregionalität 132
transistional justice 50
Trauma
– individuelles 82
– kulturelles 40, 50, 97
– literarische Inszenierung von 70
– transgenerationelles 40
– und Erzählen 71
travelling memory 125–126

U
Ultrakurzzeitgedächtnis 80
Universalisierung des Bösen 127
Unmittelbarkeit (*immediacy*) 160
unzuverlässiges Erzählen 207

V
Valenz 87
Validierung 88
Verbindlichkeit 26, 179
Verbreitungsmedien 148
Verdichtung 78, 168

Vergangenheit, erfahrene und nicht-erfahrene 33, 108
Vergangenheitsbewältigung 45
Vergessen 6–7, 117–119
Veridikalität 82
Verzerrung 79
Vietnam Veterans Memorial 144
vis, Gedächtnis als 27
visuelle Kultur 154

W

Wahrheits- und Versöhnungskommissionen 3, 50
Weltkrieg, Erster 186
Weltkrieg, Zweiter 187
Wir-Erzählung 202
Wirklichkeitsbezug 181
Wirkungspotential 157, 177

Wissensordnung 32
Wissenssoziologie 48

Z

zachor! 37
Zeichenprozess 48, 98
Zeichensystem, (Erinnerungs-)Kultur als 99
Zeitbewusstsein 32, 113, 199
Zeitdarstellung 197
Zeiterfahrung, Sinnbildung über 169
Zeitgeschichte 45–46
Zeitregime 30
Zeitzeuge 45
zerdehnte Situation 27, 139, 179
Zeugenschaft 41
Zirkulationsmedien 148, 180–181
Zukunft 51, 120–121, 132

GPSR Compliance

The European Union's (EU) General Product Safety Regulation (GPSR) is a set of rules that requires consumer products to be safe and our obligations to ensure this.

If you have any concerns about our products, you can contact us on ProductSafety@springernature.com

In case Publisher is established outside the EU, the EU authorized representative is:

Springer Nature Customer Service Center GmbH
Europaplatz 3
69115 Heidelberg, Germany

Batch number: 09769321

Printed by Printforce, the Netherlands